Crime.
Medidas de Coação e Prova

O AGENTE INFILTRADO, ENCOBERTO E PROVOCADOR

Crime.
Medidas de Coação e Prova

O AGENTE INFILTRADO, ENCOBERTO E PROVOCADOR

2015

Fernando Gonçalves
Manuel João Alves

CRIME. MEDIDAS DE COAÇÃO E PROVA
O AGENTE INFILTRADO, ENCOBERTO E PROVOCADOR

AUTORES
Fernando Gonçalves
Manuel João Alves

EDITOR
EDIÇÕES ALMEDINA, S.A.
Rua Fernandes Tomás, nºs 76, 78 e 79
3000-167 Coimbra
Tel.: 239 851 904 · Fax: 239 851 901
www.almedina.net · editora@almedina.net

DESIGN DE CAPA
FBA.

EDITOR
EDIÇÕES ALMEDINA, S.A.

IMPRESSÃO E ACABAMENTO
PAPELMUNDE

Setembro, 2015
DEPÓSITO LEGAL
398462/15

Os dados e as opiniões inseridos na presente publicação são da exclusiva responsabilidade dos seus autores.

Toda a reprodução desta obra, por fotocópia ou outro qualquer processo, sem prévia autorização escrita do Editor, é ilícita e passível de procedimento judicial contra o infrator.

 GRUPOALMEDINA

BIBLIOTECA NACIONAL DE PORTUGAL – CATALOGAÇÃO NA PUBLICAÇÃO

GONÇALVES, Fernando   e outro

Crime, medidas de coação e prova : o agente infiltrado, encoberto e provocador / Fernando Gonçalves, Manuel João Alves. – (Monografias)
ISBN 978-972-40-6210-5

I – ALVES, Manuel João

CDU 343

PREFÁCIO

O Dr. Fernando Gonçalves foi meu aluno em duas cadeiras no curso de Direito.

Foi um dos alunos que não se esquece, não obstante os anos decorridos. Recordo a sua personalidade afirmativa, o interesse em adquirir conhecimentos, a sua experiência de vida posta ao serviço da aprendizagem teórica. Homem de grande qualidade intelectual, foi mantendo comigo ao longo do tempo um contacto esporádico, mas sempre vivo.

Não podia por tudo isso deixar de corresponder à solicitação que me fez de escrever um breve prefácio.

Acresce que desde o primeiro livro que publicou ("Os Tribunais, as Polícias e o Cidadão"), tomei também conhecimento da escrita do co-autor Manuel João Alves e pude apreciar a síntese entre a prática e a teoria, que norteava a obra, e revelava as experiências cheias de conhecimentos, adquiridos pelos autores nos quadros da Polícia de Segurança Pública.

É este, aliás, o primeiro aspecto que entendo dever realçar no livro "A Prova do Crime".

O Direito não pode esquecer a realidade concreta que o justifica e para a qual existe, sob pena de o divórcio entre o Direito e a Vida provocar aquilo a que um Jurista chamou a "revolta dos factos contra o Código".

A lenta maturação das leis não acompanha a acelerada evolução da sociedade, as transformações sócio-económicas, a queda de vários padrões morais, o desenvolvimento tecnológico.

Por tudo isso é necessário, muitas vezes, partir da prática para a teoria, teorizar a prática e não só resolver as questões do dia-a-dia com recurso e "citação" dos teóricos. Essa ausência de teorização da prática é um dos males de que padecem as nossas leis.

Daí o interesse desta obra, que mistura os dois conhecimentos, os dois mundos, da teoria e da prática, fruto, aliás, da vivência dos autores.

Importa, por outro lado, salientar que se impõe hoje uma Justiça mais próxima do cidadão, mais transparente, mais perceptível.

São requisitos que contribuirão para uma maior credibilidade e uma maior aceitação das decisões judiciais.

Tornar a Justiça menos rígida e complexa, despir alguns formalismos e procurar a cada momento separar aquilo que é provisório daquilo que são os valores essenciais da pessoa humana e da sua vivência em sociedade, é uma imposição cada vez maior dos tempos modernos.

O Trabalho de Fernando Gonçalves e Manuel João Alves não tendo a pretensão de tratado, acabou por transformar-me num, além de ser uma obra acessível que aproxima o mundo tantas vezes enigmático do Direito, do cidadão.

Por tudo isso penso que o livro, que os dois autores apresentam, não só pela capacidade intelectual dos mesmos, como pelo mérito da obra, será de grande utilidade para todos aqueles a quem o Direito diz alguma coisa e que, em última análise, somos todos nós.

Cita-se Albert Camus no início do livro, para terminar permito-me também citar o grande escritor, lembrando uma frase que me tem acompanhado na vida de magistrado: "A Justiça é simultaneamente uma ideia e uma chama de alma. Sirvamo-nos do que ela possui de humano, e não a transformemos nessa terrível paixão abstracta que mutilou tantos homens".

Fernando Pinto Monteiro
Juiz Conselheiro do Supremo Tribunal de Justiça, Jubilado.
Ex-Procurador-Geral da República

SIGLAS

Ac	– Acórdão
BMJ	– Boletim do Ministério da Justiça
CC	– Código Civil
CEDH	– Convenção Europeia dos Direitos do Homem
CJ	– Coletânea de Jurisprudência
CJ-Acs-STJ	– Coletânea de Jurisprudência – Acórdãos do Supremo Tribunal de Justiça
CP	– Código Penal
CPP	– Código de Processo Penal
CRP	– Constituição da República Portuguesa
DUDH	– Declaração Universal dos Direitos do Homem
DL	– Decreto-Lei
DR	– Diário da República
JIC	– Juiz de Instrução Criminal
MP	– Ministério Público
OPC	– Órgãos de Polícia Criminal
PIDCP	– Pacto Internacional sobre Direitos Civis e Políticos
PJ	– Polícia Judiciária
RLP	– Revista de Legislação e Jurisprudência
RMP	– Revista do Ministério Público

RPCC – Revista Portuguesa de Ciência Criminal
STJ – Supremo Tribunal de Justiça
TC – Tribunal Constitucional
TRC – Tribunal da Relação de Coimbra
TRE – Tribunal da Relação de Évora
TRL – Tribunal da Relação de Lisboa
TRP – Tribunal da Relação do Porto

PARTE I

DAS MEDIDAS DE COAÇÃO

Capítulo I
Finalidades e Pressupostos do Processo Penal

Secção I
Finalidades do Processo Penal

É melhor prevenir os crimes do que puni-los.
CESARE BECCARIA

Servir a justiça é o melhor caminho para combater a injustiça.
ALBERT CAMUS

1. Considerações gerais

Num Estado de Direito o Processo Penal é a ferramenta de aplicação do Direito Penal que impõe garantias de defesa e disciplina os atos praticados no âmbito da função punitiva do Estado, ou seja, é o conjunto de normas jurídicas dirigidas à concretização da justiça, à proteção dos direitos humanos fundamentais e à efetivação da paz social. O consagrado autor Cavaleiro de Ferreira afirmava que "se o Código Penal é um código para os delinquentes, o Código de Processo Penal é um código de extrema importância para os homens honestos. É que o direito penal só é aplicável mediante a verificação do facto criminoso em decisão condenatória, enquanto os preceitos do processo penal são aplicáveis a todos os arguidos, culpados

DAS MEDIDAS DE COAÇÃO

ou inocentes, e tanto se dirigem, por isso, quer a uns quer a outros. Reflete rigorosamente a sensibilidade moral e o grau de cultura de uma nação".[1]

O processo penal, como, aliás, os restantes processos, de um Estado de Direito democrático, baseado na dignidade da pessoa humana, no respeito e na garantia de efetivação dos direitos e liberdades fundamentais do cidadão, como o nosso, numa perspetiva jurídico-processual, visa a aplicação da lei penal aos casos concretos, a procurando garantir que nenhum responsável fique sem punição *(impunitum non relinqui facinus)* nem nenhum inocente seja condenado *(innocentum non condennari).*

A dignidade da pessoa humana franqueia a nossa Constituição que a consagra logo no artigo primeiro e a impõe como princípio limite. Ela ganha assim valor próprio através da expressão normativa específica e pressupõe inerentemente o direito à vida, à integridade física e à liberdade, entre outros. Fixa-se assim um regime de intangibilidade dos direitos fundamentais, cumprindo ao Estado «não apenas respeitar os **direitos e liberdades fundamentais**, mas também garantir a sua efetivação» [2].

É hoje entendimento comum que os direitos fundamentais são pressupostos elementares de uma vida humana livre e digna, tanto para o indivíduo como para a comunidade[3]. Da verificação de um conjunto de referentes éticos jurídicos depende o próprio Estado de direito democrático enquanto tal. Este só se concretiza quando cumpridos os postulados dos direitos humanos em todas as suas dimensões. Essa exigência ética não pode ser negligenciada sob pena de se fazer perigar a autoridade moral do Estado e por consequência a sua legitimidade, já que o Estado de direito democrático está vinculado e limitado juridicamente em ordem à proteção, garantia e realização efetiva dos direitos fundamentais[4].

Com fins comuns aos do reconhecimento intersubjetivo imanente à sua dimensão substantiva a função instrumental tem como corolário a *reali-*

---

[1] Manuel Cavaleiro de Ferreira, *Curso de Processo Penal I – Lições proferidas no ano lectivo de 1954-55*, Lisboa, UCE, 1995, p. 143.

[2] Gomes Canotilho e Vital Moreira, *Constituição da República Portuguesa Anotada*, vol. I, Coimbra Editora, 2007, p. 208.

[3] José Carlos Vieira de Andrade, *Os Direitos Fundamentasi na Constituição Portuguesa de 1976*, 4ª edição, Almedina, 2009.

[4] Jorge Reis Novais, *Contributo para uma Teoria do Estado de Direito*, Almedina, 2009, p. 26.

zação da justiça, a qual pressupõe a *descoberta da verdade material*, por meios processualmente admissíveis, e o *restabelecimento da paz jurídica*[5].

O sistema de justiça é, antes de mais e de tudo, um sistema de garantia. De garantia de direitos historicamente estabelecidos, sedimentados e aprofundados[6].

2. A descoberta da verdade material e a realização da justiça

> *A justiça é a verdade em ação.*
> BENJAMIM DISRAELI

A *verdade processual* não assenta numa ideia de certeza cientificamente comprovada, mas sim numa ideia de probabilidade. Na expressão de GERMANO MARQUES DA SILVA[7], ela não é senão o resultado probatório processualmente válido, isto é, a convicção de que certa alegação singular de facto é justificavelmente aceitável como pressuposto da decisão, obtida por meios processualmente válidos.

O que está verdadeiramente em causa no processo penal, como escrevemos já[8], não é a *verdade formal* mas bem diferentemente a *verdade material*, implicando tal desiderato que esta última se equacione num duplo sentido. Por um lado que seja uma verdade imune às influências que a acusação e defesa queiram exercer sobre ela, *ex vi* dos respetivos comportamentos. Por outro que seja uma verdade processualmente legitimada e consequentemente válida e não obtida a todo ou a qualquer preço. Uma verdade obtida, em suma, no escrupuloso e integral respeito dos direitos fundamentais dos cidadãos, arguidos num determinado processo penal.

A *realização da justiça* pressupõe, pois, a descoberta da verdade material, pressuposto legitimador da necessidade e sujeição da sanção penal, que visa a proteção de bens jurídicos fundamentais, mas também a reintegração do agente do crime na sociedade, sendo certo que, em caso algum, a pena

---

[5] GERMANO MARQUES DA SILVA, *Curso de Processo Penal I*, Editorial Verbo, 4ª edição, 2000, p. 24.

[6] JOSÉ MOURAZ LOPES, *Justiça – um olhar (descomprometido)*, Almedina, p. 6.

[7] *Curso de Processo Penal II*, Editorial Verbo 3ª, 2002, p. 115.

[8] Cfr. O nosso *Os Tribunais As Polícias e o Cidadão – O Processo Penal Prático –*, 2ª Edição revista e atualizada, Almedina Coimbra 2002, p. 139.

DAS MEDIDAS DE COAÇÃO

pode ultrapassar a medida da culpa[9], e ainda o restabelecimento da paz jurídica comunitária, posta em causa através do cometimento do crime.

Como KELSEN, a justiça é, portanto, a qualidade de uma específica conduta humana, que é o mesmo que dizer, uma conduta que consiste no tratamento dado a outros homens[10]. Como DORMAT, no seu Traité des Lois, nada mais deveria ser conhecido dos Homens do que os primeiros princípios das leis que regulam a conduta de cada particular e a ordem da sociedade.

3. A proteção dos direitos fundamentais dos cidadãos perante o Estado

A execução da lei no combate ao crime deve manter
Invioladas as históricas liberdades individuais.
JOHN EDGARD HOOVER

Com objetivo de ficarem a salvo das ingerências do monarca Inglês João (Sem Tera) os nobres impuseram ao rei a promulgação de uma *lei de terras* que, devido ao fato do verdadeiro nome do monarca ser *Magnânimo João*, ficou para a história como *Magna Carta* – na verdade esta era para ser acima *prima facie* uma lei sobre o direito às terras (*per legem terrae*). A sua cláusula 39 rezava:

Nullus liber homo capiatur, vel imprisonetur, aut disseisiatur, aut utlagetur, aut exuletur, aut aliquo modo destruatur, nec super eum ibimus, nec super eum mitte-mus, nisi per legale judicium parium suorum vel per legem terre (nenhum homem livre será capturado, ou levado prisioneiro, ou privado dos bens, ou exilado, ou de qualquer modo destruído, e nunca usaremos da força contra ele, e nunca mandaremos que outros o façam, salvo em processo legal **através dos seus pares** ou de acordo com as leis da terra).

Esta cláusula histórica criou também o tribunal de júri (o julgamento através de pares), sendo que a *Magna Carta* viria a tornar-se uma garantia para todos os ingleses e não apenas àqueles para quem se destinava origi-nariamente, ou seja, os nobres numa primeira fase e, posteriormente, os burgueses.

---

[9] Cfr. art. 40º do *Código Penal*.
[10] *In Justiça e o Direito Natural*, Almedina, Coimbra, p. 42.

Entre nós e hodiernamente, a proteção dos direitos fundamentais das pessoas, enquanto fim também do processo penal, tem como um dos corolários a consideração de certos métodos de obtenção de prova como inadmissíveis ou ilegítimos, com a consequente proibição de valoração das provas obtidas mediante, designadamente, tortura, coação, ofensa da integridade física ou moral das pessoas, abusiva intromissão na vida privada, no domicílio, na correspondência ou nas telecomunicações (arts. 32º, nº 8, da Constituição da República e 126º do Código de Processo Penal), como adiante veremos.

A estas limitações à obtenção da prova, cederá, naturalmente, a descoberta da verdade material que será, assim, sacrificada. O que, aliás, se compreende, na medida em que elas emergem das regras de um Estado de direito, segundo as quais, a decisão penal final, condenatória ou absolutória, deverá resultar de um modo processualmente admissível e válido, no integral respeito dos direitos fundamentais dos cidadãos, arguidos num processo penal.

4. O restabelecimento da paz jurídica

> *O meio mais eficaz de combate ao crime é investir na educação.*
> CESARE BECCARIA

O restabelecimento da paz jurídica dos cidadãos, posta em causa através do cometimento do crime ou mesmo da suspeita da sua prática, incide, como refere GERMANO MARQUES DA SILVA[11], tanto no plano individual, do arguido e da vítima, como no plano mais amplo da comunidade jurídica. Esta finalidade liga-se, em grande parte, a valores de segurança e, por isso, merece destaque a posição de GOLDSCHMIDT, para quem o fim do processo era a obtenção de uma sentença com força de caso julgado. Daí que uma das finalidades do processo penal visa não só a condenação dos culpados mas também a absolvição dos inocentes tendo em vista precisamente o desiderato da paz pública.

---

[11] *Curso de Processo Penal I, cit.*, p. 24.

Secção II
Pressupostos Processuais

1. Conceito e considerações gerais[12]

Pressupostos processuais são, na *perspetiva funcional*, como refere GERMANO MARQUES DA SILVA[13], requisitos de admissibilidade, condições prévias para a tramitação de uma relação processual, e, na *estrutural*, são elementos constitutivos da relação jurídica processual, que devem verificar-se para que possa proferir-se no processo uma decisão sobre o seu objeto. Por isso, a falta de algum dos sujeitos processuais, arguido, Ministério Público ou tribunal, implica a inexistência jurídica de uma eventual decisão de mérito.

Sendo os pressupostos processuais *condições* da existência do processo ou de alguma das suas fases, a sua falta determina a *inexistência jurídica*[14] do processo ou de determinada fase a que diga respeito.

Diferente dos *pressupostos processuais* são os *requisitos de validade da relação processual ou dos atos processuais*. Enquanto a falta dos pressupostos processuais determina a *inexistência jurídica* do processo ou de alguma das suas fases, a falta dos requisitos de validade da relação processual ou dos atos processuais determina apenas a *nulidade* ou *irregularidade* dos atos ou do processo.

A falta de qualquer pressuposto processual pode ser conhecida a *todo o tempo*, ainda que, como refere GERMANO MARQUES DA SILVA[15], a lei, por uma razão de ordem obrigue à verificação da sua presença ou da sua falta em determinados momentos.

Pode ocorrer desde logo no decurso do inquérito. Na fase de instrução deve conhecer-se no momento da admissão do requerimento e necessariamente na decisão instrutória.

---

[12] Sobre os pressupostos processuais seguimos, de muito perto, GERMANO MARQUES DA SILVA, *Curso de Processo Penal III*, Editorial Verbo, 2ª edição, 2000, pp. 31 e ss.

[13] *Curso de Processo Penal, cit.*, vol. III, p. 31.

[14] Neste sentido, GERMANO MARQUES DA SILVA, *Curso de Processo Penal I, cit.*, p. 46.

[15] *Curso de Processo Penal cit.*, vol. III, pp. 32-33.

No início da fase do julgamento a lei manda também conhecer das questões prévias[16], incluindo, por isso, a decisão sobre os pressupostos processuais, mas no decurso de todo o processo podem ser conhecidos a todo o tempo.

2. Pressupostos processuais relativos aos sujeitos

2.1. Relativos ao tribunal

O tribunal só pode decidir sobre determinada matéria se ela respeitar o âmbito da sua jurisdição. A *jurisdição* é, pois, pressuposto da existência das fases processuais em que o tribunal é *dominus*.

Em sentido etimológico, a palavra jurisdição significa *dizer o direito*. Porém, como salienta GERMANO MARQUES DA SILVA[17], o sentido, hoje, é mais limitado e significa apenas a *declaração do direito realizada pelos tribunais*. Por isso, quando falamos de *jurisdição penal* referimo-nos à *jurisdição judicial penal*.

A jurisdição, enquanto emanação e manifestação direta da soberania, constitui um poder dever exclusivo do Estado, ao contrário do que aconteceu noutras épocas, em que vigorou o sistema da justiça privada, que o exerce através de tribunais independentes em relação a quaisquer outros poderes, designadamente o político, sujeitos apenas à lei (art. 203º da CRP), com independência também dos juízes, garantida pela sua inamovibilidade e irresponsabilidade (art. 216º, nºs 1 e 2, da CRP), cujas decisões são obrigatórias para todas as entidades públicas e privadas e prevalecem sobre as de quaisquer outras autoridades (art. 205º, nº 2, da lei fundamental).

A jurisdição penal, integra um conjunto de poderes e deveres em ordem, designadamente, à declaração do facto como crime e do agente penalmente por ele responsável ou não, à aplicação da respetiva pena à execução da mesma e, bem assim, à verificação dos pressupostos das medidas de segurança criminais, sua aplicação e execução.

---

[16] *Código de Processo Penal*, «Artigo 311º (...). 1 – Recebidos os autos no tribunal, o presidente pronuncia-se sobre as nulidades e outras questões prévias ou incidentais que obstem à apreciação do mérito da causa, de que possa desde logo conhecer».

[17] *Curso de Processo Penal I, cit.*, p. 103.

DAS MEDIDAS DE COAÇÃO

A jurisdição não deve confundir-se com a *competência*. Enquanto a *jurisdição* é pressuposto da existência das fases do processo em que o tribunal é *dominus*, a *competência* é requisito da validade do processo.

A falta de jurisdição verifica-se quer porque a entidade atuante não é um tribunal, quer porque, sendo tribunal, não possui jurisdição relativamente ao objeto do processo em questão. Os atos jurisdicionais penais praticados por entidade que não seja órgão jurisdicional ou por tribunal sem jurisdição *são inexistentes*. Sendo a competência um requisito da validade do processo, a sua falta tem como efeito que o processo seja remetido para o tribunal competente, nos termos do art. 33º do CPP[18]-[19].

2.2. *Relativos ao Ministério Público*

O Ministério Público tem legitimidade para promover o processo penal, com as restrições constantes dos artigos 49º a 52º (art. 48º do CPP)[20].

---

[18] *Código de Processo Penal*, «Artigo 33º *(Efeitos da declaração de incompetência)*. 1 – Declarada a incompetência do tribunal, o processo é remetido para o tribunal competente, o qual anula os atos que se não teriam praticado se perante ele tivesse corrido o processo e ordena a repetição dos atos necessários para conhecer da causa. 2 – O tribunal declarado incompetente pratica os atos processuais urgentes. 3 – As medidas de coação ou de garantia patrimonial ordenadas pelo tribunal declarado incompetente conservam eficácia mesmo após a declaração de incompetência, mas devem, no mais breve prazo, ser convalidadas ou infirmadas pelo tribunal competente. 4 – Se para conhecer de um crime não forem competentes os tribunais portugueses, o processo é arquivado».

[19] Neste sentido, GERMANO MARQUES DA SILVA, *Ob. cit.*, vol. III, p. 33.

[20] *Código de Processo Penal*, «Artigo 49º *(Legitimidade em procedimento dependente de queixa)* 1 – Quando o procedimento criminal depender de queixa, do ofendido ou de outras pessoas, é necessário que essas pessoas deem conhecimento do facto ao Ministério Público, para que este promova o processo. 2 – Para o efeito do número anterior, considera-se feita ao Ministério Público a queixa dirigida a qualquer outra entidade que tenha a obrigação legal de a transmitir àquele. 3 – A queixa pode ser apresentada pelo titular do direito respectivo, por mandatário judicial ou por mandatário munido de poderes especiais. 4 – O disposto nos números anteriores é correspondentemente aplicável aos casos em que o procedimento criminal depender da participação de qualquer autoridade».

«Artigo 50º *(Legitimidade em procedimento dependente de acusação particular)* 1 – Quando o procedimento criminal depender de acusação particular, do ofendido ou de outras pessoas, é necessário que essas pessoas se queixem, se constituam assistentes e deduzam acusação particular. 2 – O Ministério Público procede oficiosamente a quaisquer diligências que julgar

FINALIDADES E PRESSUPOSTOS DO PROCESSO PENAL

O exercício da ação penal é, pois, da competência do Ministério Público, que é seu legítimo titular, competindo-lhe, no processo penal, colaborar com o tribunal na descoberta da verdade e na realização do direito, obedecendo em todas as intervenções processuais a critérios de estrita objetividade, e em especial, receber as denúncias, as queixas e as participações e decidir o seguimento a dar-lhes, dirigir o inquérito, deduzir acusação e sustentá-la efetivamente na instrução e no julgamento, interpor recursos, ainda que no exclusivo interesse da defesa e promover a execução das penas e das medidas de segurança (art. 53º, do CPP).

A legitimidade do Ministério Público constitui requisito de validade do processo.

O exercício da ação penal pelo Ministério Público, como resulta do disposto nos artigos 49º a 52º e 285º, do CPP, nos crimes semipúblicos e particulares é condicionado pelo exercício do direito queixa dos assistentes, constituindo, assim, requisito de legitimidade do Ministério Público, em relação à promoção do procedimento por estes tipos de crime.

------

indispensáveis à descoberta da verdade e couberem na sua competência, participa em todos os atos processuais em que intervier a acusação particular, acusa conjuntamente com esta e recorre autonomamente das decisões judiciais. 3 – É correspondentemente aplicável o disposto no nº 3 do artigo anterior».

«Artigo 51º *(Homologação da desistência da queixa ou da acusação particular)* 1 – Nos casos previstos nos artigos 49º e 50º, a intervenção do Ministério Público no processo cessa com a homologação da desistência da queixa ou da acusação particular. 2 – Se o conhecimento da desistência tiver lugar durante o inquérito, a homologação cabe ao Ministério Público; se tiver lugar durante a instrução ou o julgamento, ela cabe, respectivamente, ao juiz de instrução ou ao presidente do tribunal. 3 – Logo que tomar conhecimento da desistência, a autoridade judiciária competente para a homologação notifica o arguido para, em cinco dias, declarar, sem necessidade de fundamentação, se a ela se opõe. A falta de declaração equivale a não oposição. 4 – Se o arguido não tiver defensor nomeado e for desconhecido o seu paradeiro, a notificação a que se refere o número anterior efectua-se editalmente».

«Artigo 52º *(Legitimidade no caso de concurso de crimes)* 1 – No caso de concurso de crimes, o Ministério Público promove imediatamente o processo por aqueles para que tiver legitimidade, se o procedimento criminal pelo crime mais grave não depender de queixa ou de acusação particular, ou se os crimes forem de igual gravidade. 2 – Se o crime pelo qual o Ministério Público pode promover o processo for de menor gravidade, as pessoas a quem a lei confere o direito de queixa ou de acusação particular são notificadas para declararem, em cinco dias, se querem ou não usar desse direito. Se declararem: *a)* Que não pretendem apresentar queixa, ou nada declararem, o Ministério Público promove o processo pelos crimes que puder promover; *b)* Que pretendem apresentar queixa, considera-se esta apresentada».

DAS MEDIDAS DE COAÇÃO

A ausência da ação penal implicará a falta de um pressuposto processual da existência do processo. Porém, como salienta GERMANO MARQUES DA SILVA[21], podem faltar apenas condições concretas do seu exercício, caso em que o que falta é um requisito de validade do processo.

Constitui *nulidade insanável*, que deve ser oficiosamente declarada em qualquer fase do procedimento, a falta de promoção do processo pelo Ministério Público, nos termos do art. 48º, do CPP, bem como a sua ausência a atos relativamente aos quais a lei exigir a respetiva comparência (art. 119º, al. *b*), do CPP). Com o Prof. GERMANO MARQUES DA SILVA[22] diremos que este preceito legal refere-se apenas à ilegalidade da promoção do processo pelo Ministério Público, por falta de queixa, nos crimes semipúblicos e particulares, ou de acusação particular, nos crimes particulares, e a qualquer outra irregularidade na promoção do processo, *v. g.* por delegação do Ministério Público, mas não, por exemplo, *à usurpação das funções* do Ministério Público, caso este que será causa de *inexistência do processo*.

2.3. Relativos ao arguido

Embora na denúncia, bem como no auto de notícia, não seja obrigatória a identificação do agente do crime, podendo mesmo ser desconhecido(s) (artigos 242º e 243º, do CPP), a acusação não é possível sem a imputação a determinada pessoa de um certo crime. A partir da acusação não pode, pois, haver processo sem arguido(s)[23]. A partir da acusação, a existência de arguido(s) constitui um pressuposto da existência do processo.

3. Pressupostos processuais relativos ao objeto do processo

Objeto do processo penal são os factos que fundamentam a aplicação ao arguido de uma pena ou medida de segurança, ou seja, factos qualificados pela lei penal como crime.

---

[21] *Curso de Processo Penal III, cit.*, p. 34.

[22] *Ob. cit.*, vol. III, p. 34.

[23] *Código de Processo Penal*, «Artigo 283º (Acusação pelo Ministério Público) (...) 3 – A acusação contém, sob pena de nulidade: *a*) As indicações tendentes à identificação do arguido...».

Em bom rigor, como refere GERMANO MARQUES DA SILVA[24], não são os factos o objeto do processo, mas sim as alegações de facto, na medida em que o que se trata no processo é de verificar se determinada alegação de facto se pode dar ou não como verdadeira. Só por simplificação se pode dizer que o objeto do processo são os factos, pois os factos podem não existir e nem por isso a relação foi inexistente.

O objeto do processo constitui, pois, a relação jurídica processual, a qual pode estar inquinada, quer devido à inexistência do próprio objeto, ou porque já o foi em relação a outro processo, não podendo, assim, voltar a sê-lo (*non bis in idem*), quer porque está pendente outro processo com o mesmo objeto (*litispendência*) ou ainda porque aquele objeto não pode ser submetido a julgamento, devido à sua prescrição ou à extinção do direito de queixa.

3.1. *O caso julgado material: o princípio* non bis in idem

O caso julgado material, relativamente a outros processos **com o mesmo objeto**, tem uma função ou efeito negativo, na medida em que impede novo julgamento relativo à mesma questão.

O *efeito negativo* do caso julgado penal constitui, pois, um pressuposto processual negativo, por força do princípio *non bis in idem*, consagrado no art. 29º, nº 5, da Constituição da República: «Ninguém pode ser julgado mais do que uma vez pela prática do mesmo crime». No Pacto Internacional sobre os Direitos Civis e Políticos (art. 14º, nº 7) e na Convenção Europeia dos Direitos do Homem (art. 4º do Protocolo nº 7).

O princípio *non bis in idem* constitui, pois, uma garantia fundamental do arguido, cujo preceito constitucional que a consagra é diretamente aplicável e vincula as entidades públicas e privadas (art. 18º, nº 1, da CRP).

A existência de caso julgado, como se referiu, impede novo julgamento relativamente ao mesmo crime. Assim, qualquer eventual decisão posterior à primeira, resultante de um novo julgamento será, necessariamente, juridicamente inexistente.

---

[24] *Ob. cit.*, vol. III, p. 35.

3.2. *A litispendência*

A litispendência consiste na existência de um processo, com determinado objeto ou determinada causa, estando pendente, no mesmo tribunal ou em tribunais diferentes, um outro processo com o mesmo objeto ou a mesma causa.

O Código de Processo Penal não disciplina a litispendência devendo, assim, aplicar-se subsidiariamente a disciplina estabelecida no Código de Processo Civil, *ex vi* do art. 4º, do CPP, com a consequente absolvição da instância.

A litispendência, tendo como fim, à semelhança do caso julgado, evitar a contradição de julgados e, por outro lado, prejuízos pecuniários, de economia processual e dispêndio de esforços, é, também, uma consequência do princípio *non bis in idem*, na medida em que, como impõe o art. 29º, nº 5, da Constituição da República Portuguesa, «Ninguém pode ser julgado mais do que uma vez pela prática do mesmo crime», pelo que, um processo que jamais poderá conduzir a um julgamento não deverá manter-se.

Tradicionalmente, como refere GERMANO MARQUES DA SILVA[25], entendia-se que só existia litispendência a partir da acusação em juízo, uma vez que é pela acusação que se define o objeto do processo e, por isso, só a partir da acusação se pode verdadeiramente considerar a pendência de mais uma causa sobre o mesmo objeto. Porém, o princípio tem de sofrer adaptações em consonância com a natureza do processo penal. É que se é certo que a fase jurisdicional do processo começa apenas com a acusação formal ou equiparada, certo é também que mesmo na fase do inquérito pode já haver intervenção jurisdicional, nomeadamente para aplicação ao arguido de medidas de coação.

A litispendência, enquanto exceção, parece dever ser deduzida no processo em que a jurisdição intervém em segundo lugar, como, aliás, no processo civil.

3.3. *A prescrição do procedimento criminal*

A prescrição do procedimento criminal é uma das causas de extinção da responsabilidade criminal, pelo decurso do tempo, a contar sobre a prá-

---

[25] *Ob. cit.*, vol. III, pp. 46-47.

tica do crime, o que significa que, relativamente a determinado crime, não pode haver lugar a procedimento criminal por extinção da punibilidade do facto e da consequente responsabilidade criminal.

A prescrição do procedimento criminal, cujo prazo varia, consoante a gravidade do crime cometido, está prevista nos artigos 118º a 121º, do Código Penal.

Uma das questões que se têm colocado a propósito da prescrição do procedimento criminal é justamente a de saber qual a sua natureza: processual, substantiva, mista?

A este propósito decidiu o Tribunal da Relação do Porto[26] que, o instituto da prescrição do procedimento criminal, que se traduz numa renúncia do Estado ao *jus puniendi*, é de natureza *substantiva*.

Germano Marques da Silva[27], por seu turno, entende, a nosso ver bem, que a prescrição, enquanto referida ao procedimento, tem natureza *processual*. Porém, como em matéria penal não há punibilidade sem procedimento e sendo certo que a prescrição impede o procedimento, tendo, assim, efeitos de extinção da responsabilidade penal, da punibilidade, tem também natureza *substantiva*. Daí que a disciplina da prescrição do procedimento criminal conste no Código Penal.

3.4. A extinção da responsabilidade criminal por renúncia ou caducidade do direito de queixa ou por desistência da queixa

Relativamente aos crimes semipúblicos e particulares, o procedimento criminal depende de queixa, nos primeiros, queixa e acusação nos segundos.

O direito de queixa extingue-se no prazo de seis meses a contar da data em que o titular tiver conhecimento do facto e dos seus autores, ou a partir da morte do ofendido, ou da data em que ele se tiver tornado incapaz (art. 115º, nº 1 do Código Penal).

O direito de queixa também não pode ser exercido se o titular a ele expressamente tiver renunciado ou tiver praticado factos donde a renúncia

---

[26] Acórdão de 23 de Março de 1984, *Coletânea de Jurisprudência*, IX, Tomo II, p. 253.

[27] *Ob. cit.*, vol. III, p. 47.

necessariamente se deduza ou, tendo-o exercido, tiver desistido da queixa (art. 116º, nº 1 do CP).

Se o direito de queixa tiver caducado pelo decurso do prazo referido ou porque o seu titular a ele renunciou ou desistiu da queixa que antes apresentara, o procedimento criminal extinguiu-se, não podendo mais instaurar-se, com a consequente impunidade do facto.

Secção III
Princípios Estruturantes do Processo Penal Português

1. Considerações gerais

> *"Um crime praticado durante mil séculos deixa de ser um crime.*
> *Esta é a lei dos costumes que está acima de todas as outras.*
> MARK TWAIN

Nos termos do art. 2º, nº 1, da lei nº 43/86, de 26 de setembro (lei de autorização legislativa em matéria de processo penal), o Código de Processo Penal «observará os princípios constitucionais e as normas constantes de instrumentos internacionais relativos aos direitos da pessoa humana e ao processo penal a que Portugal se encontra vinculado».

A propósito do estudo dos princípios estruturantes ou fundamentais do processo penal, é frequente afirmar-se que o direito processual penal é "direito constitucional aplicado", "espelho da realidade constitucional ou do espírito político-constitucional de um determinado ordenamento jurídico" ou "sismógrafo dos valores constitucionalmente consagrados numa certa ordem jurídica"[28].

O direito processual penal é, assim, o espelho do estádio da evolução cultural, ético social e jurídico de uma determinada sociedade ou comunidade, da sua tradição histórica e dos seus mais relevantes valores de civilização e cultura.

---

[28] TERESA PIZARRO BELEZA com a colaboração de FREDERICO ISASCA e RUI SÁ GOMES, *Apontamentos de Direito Processual Penal*, AAFDL, 1992, p. 48.

FINALIDADES E PRESSUPOSTOS DO PROCESSO PENAL

Compreende-se, pois, que muitas das normas e princípios fundamentais do processo penal, tenham consagração constitucional, *verbi gratia*, nos artigos 27º, 28º, 31º e 32º, da CRP [29].

---

[29] *Constituição da República Portuguesa*, «Artigo 27º (*Direito à liberdade e à segurança*) 1. Todos têm direito à liberdade e à segurança. 2. Ninguém pode ser total ou parcialmente privado da liberdade, a não ser em consequência de sentença judicial condenatória pela prática de ato punido por lei com pena de prisão ou de aplicação judicial de medida de segurança. 3. Excetua-se deste princípio a privação da liberdade, pelo tempo e nas condições que a lei determinar, nos seguintes casos: *a*) Detenção em flagrante delito; *b*) Detenção ou prisão preventiva por fortes indícios de prática de crime doloso a que corresponda pena de prisão cujo limite máximo seja superior a três anos; *c*) Prisão, detenção ou outra medida coativa sujeita a controlo judicial, de pessoa que tenha penetrado ou permaneça irregularmente no território nacional ou contra a qual esteja em curso processo de extradição ou de expulsão; *d*) Prisão disciplinar imposta a militares, com garantia de recurso para o tribunal competente; *e*) Sujeição de um menor a medidas de proteção, assistência ou educação em estabelecimento adequado, decretadas pelo tribunal judicial competente; *f*) Detenção por decisão judicial em virtude de desobediência a decisão tomada por um tribunal ou para assegurar a comparência perante autoridade judiciária competente; *g*) Detenção de suspeitos, para efeitos de identificação, nos casos e pelo tempo estritamente necessários; *h*) Internamento de portador de anomalia psíquica em estabelecimento terapêutico adequado, decretado ou confirmado por autoridade judicial competente. 4. Toda a pessoa privada da liberdade deve ser informada imediatamente e de forma compreensível das razões da sua prisão ou detenção e dos seus direitos. 5. A privação da liberdade contra o disposto na Constituição e na lei constitui o Estado no dever de indemnizar o lesado nos termos que a lei estabelecer.

Artigo 28º (*Prisão preventiva*) 1. A detenção será submetida, no prazo máximo de quarenta e oito horas, a apreciação judicial, para restituição à liberdade ou imposição de medida de coação adequada, devendo o juiz conhecer das causas que a determinaram e comunicá-las ao detido, interrogá-lo e dar-lhe oportunidade de defesa. 2. A prisão preventiva tem natureza excecional, não sendo decretada nem mantida sempre que possa ser aplicada caução ou outra medida mais favorável prevista na lei. 3. A decisão judicial que ordene ou mantenha uma medida de privação da liberdade deve ser logo comunicada a parente ou pessoa da confiança do detido, por este indicados. 4. A prisão preventiva está sujeita aos prazos estabelecidos na lei.

Artigo 31º (*Habeas corpus*) 1. Haverá *habeas corpus* contra o abuso de poder, por virtude de prisão ou detenção ilegal, a requerer perante o tribunal competente. 2. A providência de *habeas corpus* pode ser requerida pelo próprio ou por qualquer cidadão no gozo dos seus direitos políticos. 3. O juiz decidirá no prazo de oito dias o pedido de *habeas corpus* em audiência contraditória.

Artigo 32º (*Garantias de processo criminal*) 1. O processo criminal assegura todas as garantias de defesa, incluindo o recurso. 2. Todo o arguido se presume inocente até ao trânsito em julgado da sentença de condenação, devendo ser julgado no mais curto prazo compatível com as garantias de defesa. 3. O arguido tem direito a escolher defensor e a ser por ele assistido em todos os atos do processo, especificando a lei os casos e as fases em que a assistência por

DAS MEDIDAS DE COAÇÃO

Estas normas, que respeitam aos direitos, liberdades e garantias dos cidadãos (Título II, da Parte I, da CRP) são diretamente aplicáveis e vinculam as entidades públicas e privadas, só podendo ser restringidas nos casos expressamente previstos na Constituição, devendo tais restrições limitar-se ao necessário para salvaguardar outros direitos ou interesses constitucionalmente protegidos (art. 18º, nºs 1 e 2, da Constituição da República Portuguesa).

São, pois, normas constitucionais de aplicação imediata ou exequíveis por si mesmas, cujo sentido específico consiste, no dizer do Prof. JORGE MIRANDA [30] «na possibilidade imediata de invocação dos direitos por força da Constituição, ainda que haja falta ou insuficiência da lei. A regulamentação legislativa, se se der, nada acrescenta de essencial: apenas pode ser útil (ou, porventura, necessária), pela certeza e segurança que cria quanto às condições de exercício dos direitos ou quanto à delimitação frente a outros direitos».

Os princípios estruturantes mais relevantes do processo penal português são: o princípio da separação de funções ou do acusatório, o princípio do contraditório, o princípio da investigação e a verdade processual o princípio *in dubio pro reo*, o princípio da imediação, o princípio da igualdade de armas, o princípio da presunção da inocência, o princípio democrático, o princípio da lealdade, o princípio da oficialidade, o princípio da legalidade, o princípio da jurisdição e do juiz natural.

---

advogado é obrigatória. 4. Toda a instrução é da competência de um juiz, o qual pode, nos termos da lei, delegar noutras entidades a prática dos atos instrutórios que se não prendam diretamente com os direitos fundamentais. 5. O processo criminal tem estrutura acusatória, estando a audiência de julgamento e os atos instrutórios que a lei determinar subordinados ao princípio do contraditório. 6. A lei define os casos em que, assegurados os direitos de defesa, pode ser dispensada a presença do arguido ou acusado em atos processuais, incluindo a audiência de julgamento. 7. O ofendido tem o direito de intervir no processo, nos termos da lei. 8. São nulas todas as provas obtidas mediante tortura, coação, ofensa da integridade física ou moral da pessoa, abusiva intromissão na vida privada, no domicílio, na correspondência ou nas telecomunicações. 9. Nenhuma causa pode ser subtraída ao tribunal cuja competência esteja fixada em lei anterior. 10. Nos processos de contraordenação, bem como em quaisquer processos sancionatórios, são assegurados ao arguido os direitos de audiência e defesa».

[30] *Manual de Direito Constitucional*, Tomo IV, Direitos Fundamentais, Coimbra Editora, pp. 283-284.

2. Princípio da Separação de funções ou do acusatório e inquisitório

Só se pode ser julgado por um crime precedendo acusação por esse crime
por parte de um órgão distinto do julgador, sendo a
acusação condição e limite do julgamento
GOMES CANOTILHO/VITAL MOREIRA

2.1. Concetualização

Relativamente a este princípio, a doutrina portuguesa, tem preferido utilizar a expressão "princípio do acusatório" com o significado da divisão das funções em processo penal: quem julga, não é o mesmo órgão que pronuncia ou acusa, nem o mesmo que investiga, Pela nossa parte entendemos que o legislador constitucional ao consagrar a estrutura acusatória pretendeu preservar a ideia de separação de atividade no processo penal, pelo que preferimos utilizar a terminologia "princípio de separação de funções"[31].

Dispõe o nº 5, do art. 32º, da Constituição da República Portuguesa que «O processo criminal tem estrutura acusatória, estando a audiência de julgamento e os atos instrutórios que a lei determinar subordinados ao princípio do contraditório».

Esta norma constitucional, consagrando a *estrutura acusatória* do processo penal, é, como acentua o Prof. FIGUEIREDO DIAS [32], «a mais importante de todas elas (...) dado ser através dela que mais claramente se dá conteúdo à máxima do Direito Processual Penal como Direito Constitucional aplicado e se opera a conexão entre o Estado de direito democrático e o Processo Penal (...). Esta norma, cujo conteúdo normativo direto é por demais conhecido (...), serve de fundamento à construção de um direito processual penal de futuro: de um direito processual penal que há de potenciar a participação constitutiva dos sujeitos processuais na finalidade e no objeto do processo, ao mesmo tempo que levanta um veto terminante a qualquer veleidade de regresso a ideias típicas do processo inquisitório...».

---

[31] Terminologia utilizada pela doutrina francesa, cfr. JEAN LARGUIER, *La Procédure Pénale*, Presses Universitaires de France, 1976, p. 16; GASTON STEFANI, GEORGES LEVASSEUR e BERNARD BOULOC, *Procédure Pénale*, Dalloz, Paris, 17ª Edition, pp. 35 e ss.

[32] «A Revisão Constitucional e o Processo Penal», in *Textos de Direito Processual Penal*, coligidos por TERESA PIZARRO BELEZA e FREDERICO ISASCA, AAFDL, 1991/1992, pp. 18-19.

DAS MEDIDAS DE COAÇÃO

O princípio de separação de funções (ou do acusatório) significa, nas palavras de GOMES CANOTILHO e VITAL MOREIRA, «que só se pode ser julgado por um crime precedendo acusação por esse crime por parte de um órgão distinto do julgador, sendo a acusação condição e limite do julgamento».

Quanto à expressão *estrutura acusatória* – continuam os ilustres Professores de Coimbra – semanticamente, tem de ser entendida em duas dimensões: a «dimensão material (fases do processo)» e a «dimensão orgânico – *subjetiva (entidades competentes)*». Na *dimensão material* a estrutura acusatória do processo pressupõe a «distinção entre instrução, acusação e julgamento», prescrevendo a existência de fases processuais distintas. A *dimensão orgânico – subjetiva* pressupõe a «diferenciação entre juiz de instrução (órgão de instrução) e juiz julgador (órgão julgador) e entre ambos o órgão acusador»[33], ou seja, a cada função orgânica cabe um órgão próprio, independente, imparcial, isento e limitado pela lei.

O *sistema acusatório*, ao contrário do inquisitório, procura, como salienta o Prof. GERMANO MARQUES DA SILVA[34], a igualdade de poderes de atuação processual entre acusação e defesa, ficando o julgador numa situação de independência, super «partes», caraterizando-se, pois, essencialmente por uma disputa entre duas partes, uma espécie de duelo judiciário entre acusação e a defesa, disciplinado por um terceiro, o juiz ou o tribunal, que ocupa uma situação de supremacia e de independência relativamente ao acusador e ao acusado, não podendo promover o processo *(ne procedat judex ex officio)*, nem condenar para além da acusação *(setentia debet esse conformis libello)*.

No *sistema inquisitório* o juiz é o *dominus* do processo, atua *ex officio*, pesquisa oficiosamente e de forma livre todas e quaisquer provas conducentes à descoberta da verdade material, promovendo buscas, apreensões, audição de testemunhas, a realização de perícias, vistorias, enfim, todas as diligências promissoras do conhecimento da verdade.

Neste sistema há uma negação do processo penal, uma vez que se confiam ao mesmo órgão poderes de acusação, defesa e julgamento, conjugados com a negação da igualdade jurídica entre acusador e acusado, não bastando o juiz ser o *dominus* da instrução como ainda deter funções de

---

[33] *Constituição da República Portuguesa Anotada*, Coimbra Editora, 1993, p. 205-206.
[34] *Curso de Processo Penal I, cit.*, pp. 58-59.

julgamento, tratando-se, sem dúvida, de uma pura investigação policial, apesar de confiada a um juiz[35].

No *sistema inquisitório*, o processo decorre *secretamente*, sem *contraditório*, e é totalmente escrito, ou seja, só conta o que esteja nos autos. O acusado é, em regra, privado da liberdade durante o processo, pelo menos relativamente aos crimes mais graves, não tendo praticamente quaisquer direitos, encontrando-se à mercê do poder do juiz, que é ao mesmo tempo acusador e, por isso, perde a independência necessária a um julgamento imparcial[36].

Este sistema, que mais não é do que uma pura ficção da justiça, baseado no secretismo e na ausência do contraditório, em que o juiz é simultaneamente investigador, acusador e julgador, conduz a abusos de poder, contra os quais os suspeitos são totalmente impotentes, por não terem quaisquer direitos ou garantias processuais.

O processo de tipo inquisitório é característico do direito dos Estados absolutistas e dos Estados de polícia totalitários, predominantes nos séculos XVII e XVIII, embora o modelo inquisitório tivesse nascido muito antes. O absolutismo utilizou este modelo processual para garantir a supremacia da sociedade sobre o indivíduo, enfim, a proteção do coletivo em detrimento do individual.

As reformas do liberalismo, como nos dá conta o Prof. GERMANO MARQUES DA SILVA[37], «consagraram um processo de *tipo misto*. O princípio inquisitório dominava no que respeitava à investigação pré-acusatória e o princípio acusatório na fase de julgamento, mas a prova recolhida naquela fase não constituía diretamente a prova para o julgamento. Esta devia encontrar-se, como no processo acusatório, na audiência, na qual se apresentava, discutia e apreciava com a participação da acusação, da defesa e do juiz. Agora a promoção ou acusação no processo não cabia mais ao juiz, mas ao Ministério Público, enquanto representante da coletividade ou do Estado ofendidos pelo crime, ou ao particular vítima do crime ou seus representantes»[38].

---

[35] GERMANO MARQUES DA SILVA, «Princípios Gerais do Processo Penal e Constituição da República Portuguesa», in *Direito e Justiça*, RFCHUCP, 1987/88, vol. III, p. 172.

[36] GERMANO MARQUES DA SILVA, *Curso de Processo Penal I, cit.*, p. 59.

[37] *Ob. cit.*, vol. I, p. 60.

[38] Para mais desenvolvimentos sobre os princípios da separação de funções (ou acusatório) e inquisitório, cfr. o nosso *Lei e Crime...*, *cit.*, pp. 27-90 e GERMANO MARQUES DA SILVA, «Princípios Gerais do Processo Penal...», *cit.*, e *Curso de Processo Penal I, cit.*, p. 49 e ss.

DAS MEDIDAS DE COAÇÃO

Na sequência deste trilho surge o primeiro Código de Processo Penal Português, precisamente o código de 1929, que vigorou até em 1 de Janeiro de 1988 (data do início da vigência do CPP de 1987), relativamente aos processos iniciados a partir dessa data. Aos processos que já se entravam instaurados continuou a ser aplicado o CPP de 1929.

De matriz fortemente inquisitória, o CPP de 1929 concedia um papel reforçado ao juiz e ao mesmo tempo um estatuto diminuído ao arguido.

A instrução contraditória era da competência de um juiz que era também competente para o julgamento. Apesar disso e pelo menos nos processos de querela, a submissão de alguém a julgamento passou a efetivar-se obrigatoriamente ao abrigo de um despacho de pronúncia ou seja uma ponderação judicial de suficiência dos indícios feita por um juiz.

Sob a égide do CPP de 1929, a fase preparatória do processo subdividia-se em duas: a *instrução preparatória*, e a *instrução contraditória*, que no seu conjunto visavam satisfazer o disposto no artigo 3º, nº 20 da Constituição de 1911 e posteriormente o artigo 8º, nº 10 da Constituição de 1933, que estipulavam ambos, que toda a instrução *"é contraditória, assegurando aos arguidos, antes e depois da formação de culpa, todas as garantias de defesa"*.

A estapa seguinte deu-se já em 1945 com o Decreto nº 35 007, de 13 de Outubro que veio erigir uma estrutura acusatória ao processo penal sendo proibido que o mesmo juiz interviesse na instrução e no julgamento, concedendo-se ao MP, enquanto órgão a quem competia o exercício da ação penal, entidade exclusiva com competencia para ordenar o arquivamento do processo, deixando o poder judicial de poder usar essa prorrogativa. No entanto a figura do Juiz de Instrução propriamente dita só surge com a publicação da Lei nº 2/72, de 10 de Maio, e apenas nas comarcas em que o movimento de processos penais o impusesse[39].

Com o 25 de abril de 1974 os "ventos" da revolução fizeram-se sentir através da publicação do Decreto-Lei nº 605/75, de 3 de Novembro, que criou *ex novo* o "inquérito policial", com dispensa de instrução nos crimes menos graves, puníveis com pena correcional. A submissão a esta nova figura só não ocorria quando o arguido tivesse sido detido preso preventi-

---

[39] *Vide* J. MARQUES BORGES e A. PROENÇA FOUTO, «*Inquérito Policial, Inquérito Preliminar, Comentário ao Decreto-lei 377/77, de 6 de Setembro*», Peres-Artes Gráficas, Lisboa 1978, p. 84.

vamente, casos em que tinha lugar a instrução preparatória, cuja competência era atribuída ao Ministério Público e à polícia[40].

Figueiredo Dias apresenta uma diferente visão quanto à evolução do processo penal português na medida em que considera a existência de quatro etapas que refletem as diversas realidades político-jurídicas a que foi sujeito o CPP de 1929. Considera este reconhecido autor, como primeira estapa, a da vigência do Decreto nº 35 007; a segunda, a que espelhou na "primavera marcelista" o reforço da posição processual do arguido, através da publicação do Decreto-Lei nº 185/72, de 31 de Maio; a terceira, pós revolução dos cravos, que determinou a submissão da legislação processual penal à Constituição de 1976 e, por fim, a quarta que sobreveio à entrada em vigor do Código Penal de 1982 e à publicação do CPP de 1987[41].

2.2. *O Código de Processo Penal Português não consagra uma estrutura acusatória pura*

Embora o nº 5, do art. 32º, da CRP, disponha, como já se referiu, que o processo criminal tem *estrutura acusatória*, no entanto, o nosso Código de Processo Penal não consagra uma estrutura acusatória pura.

Efetivamente, a *fase de inquérito*[42], dirigida pelo Ministério Público, assistido pelos órgãos de polícia criminal, que atuam sob a sua direta orientação e dependência funcional (artigos 53º, nº 2, al. *b*), 55º, nº 1 e 263º, do CPP), é essencialmente *inquisitória*.

De facto, ao Ministério Público, enquanto *dominus* do inquérito, é atribuído o poder de esclarecimento *oficioso* do facto sob suspeita, dispondo, para o efeito, dos mais amplos poderes de investigação (artigos 264º e

---

[40] Cfr. J. Marques Borges e A. Proença Fouto, «*Inquérito Policial, Inquérito Preliminar*», *ob.cit.*, p. 17

[41] Cfr. Figueiredo Dias, "Para uma Reforma Global do Processo Penal Português", in *Para uma nova justiça penal* (Ciclo de Conferências noConselho Distrital do Porto), Almedina, Coimbra 1983, p. 194.

[42] Que compreende o conjunto de diligências que visam investigar a existência de um crime, determinar os seus agentes e a responsabilidade deles e descobrir e recolher as provas, em ordem à decisão sobre a acusação, art. 262º, nº 1, do CPP.

DAS MEDIDAS DE COAÇÃO

267º, do CPP). A defesa não tem acesso aos autos do processo e por isso desconhece as provas que contra o arguido vão sendo recolhidas[43].

O arguido, tem o direito de intervir no inquérito e na instrução, mas apenas para oferecer provas e para requerer as diligências que se lhe afigurarem necessárias (art. 61º, nº 1, al. *g*), do CPP).

No que respeita à *fase da instrução*[44], dirigida pelo juiz de instrução, assistido pelos órgãos de polícia criminal (art. 288º, nº 1, do CPP), também esta é dominada pelo princípio do *inquisitório*, como resulta do disposto no nº 4, do mesmo preceito legal: *o juiz investiga autonomamente o caso submetido a instrução, tendo em conta a indicação, constante do requerimento da abertura de instrução*, praticando, para o efeito, todos os atos necessários (art. 290º, nº 1, do CPP).

Porém, ao contrário do que sucede na fase de inquérito, a instrução culmina com um *debate instrutório*, oral e contraditório, que tem por finalidade permitir uma discussão perante o juiz, por forma oral e contraditória, sobre se, no decurso do inquérito e da instrução, resultam indícios de facto e elementos de direito suficientes para justificar a submissão do arguido a julgamento (art. 298º, do CPP).

No *debate instrutório* podem participar o Ministério Público, o arguido, o defensor, o assistente e o seu advogado, mas não as partes civis (art. 289º, nº 1, do CPP), devendo o juiz de instrução assegurar a contraditoriedade na produção da prova e a possibilidade de o arguido ou o seu defensor se pronunciarem sobre ela em último lugar (art. 301º, nº 2, do mesmo diploma legal)[45].

A *fase de julgamento* é dominada pelo princípio do acusatório, temperado, no entanto, pelo princípio da *investigação judicial*, consagrado no art. 340º, nº 1, do CPP: *O tribunal ordena, oficiosamente ou a requerimento, a produção de todos os meios de prova cujo conhecimento se lhe afigure necessário à descoberta da verdade e à boa decisão da causa.*

Em síntese, e recorrendo às palavras do Prof. GERMANO MARQUES DA SILVA[46], o Código de Processo Penal, «não consagra uma estrutura

---

[43] GERMANO MARQUES DA SILVA, *Curso de Processo Penal I, cit.*, pp. 37-38.

[44] Que visa a comprovação judicial da decisão de deduzir acusação ou de arquivar o inquérito em ordem a submeter ou não a causa a julgamento, art. 286º, nº 1, do CPP.

[45] Sobre o debate instrutório, vide ANTÓNIO CARVALHO MARTINS, *O Debate Instrutório no Código de Processo Penal Português de 1987*, Coimbra Editora, 1989.

[46] *Curso de Processo Penal I, cit.*, p. 63.

FINALIDADES E PRESSUPOSTOS DO PROCESSO PENAL

acusatória pura. Assim, a proclamada *igualdade de armas* entre a acusação e a defesa só tem lugar na fase de instrução formal e na de julgamento, mas já não na fase do *inquérito*. O inquérito é dominado pelo Ministério Público e a sua estrutura tem natureza predominantemente inquisitória e não acusatória.

Outra limitação, prossegue o autor, resulta da possibilidade de aplicação ao arguido de medidas privativas e restritivas da liberdade com base exclusiva nas provas recolhidas pela acusação. Na verdade, neste caso, é negada a igualdade, pois o arguido vai ficar sujeito a medidas privativas ou restritivas da sua liberdade com base nas provas recolhidas exclusivamente pela acusação sem que tenha efetiva oportunidade de as ilidir antes de lhes sofrer os efeitos».

Refira-se, finalmente, como muito bem observa o Prof. GERMANO MARQUES DA SILVA[47], que, o princípio do inquisitório, no nosso direito processual penal, é bastante limitado, em virtude das restrições que a legalidade processual impõe à utilização dos meios de prova e à proibição de certos métodos de obtenção da prova (art. 126º, do CPP e art. 32º, nº 8, da CRP). Na fase de inquérito, destacam-se as restrições resultantes da atribuição ao juiz de instrução da competência *exclusiva* para a prática de certos atos de investigação (art. 268º, do CPP) e que outros só possam ser praticados quando por ele autorizados (art. 269º, do mesmo diploma legal).

3. Princípio do contraditório

> *Quem decide um caso sem ouvir a outra parte não pode ser considerado justo, ainda que decida com justiça.*
> SÉNECA

A discussão *contraditória* constitui uma caraterística fundamental de um processo penal de estrutura *acusatória*.

O princípio do contraditório é um princípio fundamental do processo penal na produção e valoração da prova e tem assento constitucional.

---

[47] *Curso de Processo Penal I, cit.,* p. 64.

DAS MEDIDAS DE COAÇÃO

Na verdade, dispõe o nº 5, do art. 32º, da Constituição da República Portuguesa que, o processo criminal tem estrutura acusatória, estando a audiência de julgamento e os atos instrutórios que a lei determinar subordinados ao princípio do contraditório.

A consagração constitucional do princípio do contraditório significa, recorrendo às palavras de GOMES CANOTILHO e VITAL MOREIRA[48], que: «*a*) o juiz tem o dever e o direito de ouvir as razões das partes (da acusação e da defesa) em relação a assuntos sobre os quais tenha de proferir uma decisão; *b*) direito de audiência de todos os sujeitos processuais que possam vir a ser afetados pela decisão, de forma a garantir-lhes uma influência efetiva no desenvolvimento do processo; *c*) em particular, direito do arguido de intervir no processo e de se pronunciar e contraditar todos os testemunhos, depoimentos ou outros elementos de prova ou argumentos jurídicos trazidos ao processo, o que impõe designadamente que ele seja o último a intervir no processo».

Este princípio traduz o *direito* que tem a acusação e a defesa de se pronunciarem sobre as alegações, as iniciativas, os atos ou quaisquer atitudes processuais de qualquer delas e traduz-se na estruturação da audiência em termos de um debate ou discussão entre a acusação e a defesa. Cada um destes sujeitos é chamado a aduzir as suas razões de facto e de direito, a oferecer as suas provas, a controlar as provas contra si oferecidas e a discretear sobre o resultado de umas e outras[49].

Este princípio define, assim, as "regras do jogo" a observar na audiência de julgamento de modo a proporcionar a igualdade material de armas no processo, entre acusação e defesa [50].

O princípio do contraditório tem grande importância. Desde logo, como salienta o Prof. GERMANO MARQUES DA SILVA[51], porque se as provas hão de ser objeto de apreciação em contraditório na audiência, fica excluída a possibilidade de decisão com base em elementos de prova que nela não tenham sido apresentados e discutidos.

---

[48] *Ob. cit.*, p. 206. Sobre o princípio do contraditório no processo tutelar educativo, ANABELA MIRANDA RODRIGES e ANTÓNIO CARLOS DUARTE FONSECA, *Comentário da Lei Tutelar Educativa*, Coimbra Editora, 2000, pp. 22 e 445 e ss.

[49] GERMANO MARQUES DA SILVA, *Curso de Processo Penal I, cit.*, p. 77.

[50] Cfr. o nosso *Os Tribunais, As Polícias e o Cidadão.... cit.*, 2ª edição revista e atualizada, Almedina – Coimbra, 2002, p. 143.

[51] *Ob. cit.*, volume I, p. 77.

FINALIDADES E PRESSUPOSTOS DO PROCESSO PENAL

O princípio do contraditório tem consagração expressa para os meios de prova apresentados em audiência (art. 327º, nº 2, 348º e 360º, do CPP).

Dispõe ainda o nº 5, do art. 32º, da CRP, que ficam também subordinados ao princípio do contraditório «os *atos instrutórios que a lei determinar...*». Estes atos são o *debate instrutório*, que tem lugar na fase *da instrução*, os meios de prova discutidos durante o mesmo debate e ainda as *declarações para memória futura* (artigos 298º, 301º, nº 2, 294º e 271º, nº 5, do CPP) mas já não a prova produzida fora do *debate instrutório*, mas ainda no âmbito da fase da instrução, como inequivocamente resulta dos artigos 290º e 291º, do mesmo Código e, na *fase do inquérito*, apenas as *declarações para memória futura* estão subordinadas ao aludido princípio do contraditório, como resulta do disposto do art. 271º, nº 5, do mesmo diploma legal.

Em suma, a atual estrutura do Processo Penal Português funda-se quer no modelo inquisitório (originária e maioritariamente), quer no modelo acusatório, hoje predominante no atual Código de Processo Penal[52].

O modelo do **processo inquisitório**, que vigorou na maioria das legislações europeias do sistema Romanístico dos séculos XVII e XVIII, assumia como implícito o princípio de que a repressão criminal tinha por base o interesse público e a sua aplicação era prorrogativa exclusiva do Estado[53].

No processo inquisitório, o juiz era inquiridor, acusador e julgador, detendo nas suas mãos um poder discricionário tal que, não raras vezes, assumia características de poder arbitrário face à ausência de mecanismos que garantissem a imparcialidade do juiz, quadro que transformava o

---

[52] Sobre a estrutura do Processo Penal Português destacamos desde logo FIGUEIREDO DIAS in «o Novo Código de Processo Penal» *in* BMJ, 369 (1987), p. 14, o estudo de RODRIGUES MAXIMIANO "A Constituição e o Processo Penal – Competência e Estatuto do Ministério Público, do Juiz de Instrução Criminal e do Juiz Julgador" *in* RMP, Ano 2, Vol. 5, p. 119-138, e vol. 6, p. 91-130 e a excelente comunicação de FRANCISCO TEODÓSIO JACINTO «O Modelo de Processo Penal entre o Inquisitório e o Acusatório: Repensar a Intervenção Judicial na Comprovação da Decisão de Arquivamento do Inquérito» Colóquio de Direito Penal e Processo Penal, Supremo Tribunal de Justiça, 3 de junho de 2009.

[53] Cf. CASTANHEIRA NEVES, "Sumários de Processo Criminal", Coimbra 1968, p. 23, e Figueiredo Dias, "Direito Processual Penal", 1º Vol., Coimbra Editora, 1981, p. 61.

DAS MEDIDAS DE COAÇÃO

arguido num mero instrumento de investigação, sem qualquer mecanismo de defesa[54].

Ao invés do modelo inquisitório o **modelo acusatório** caracteriza-se, por seu turno, pela separação entre quem investiga e acusa e quem julga, ou seja, o investigador e acusador não pode julgar nem o julgador pode acusar.

Hoje em dia, na verdade nenhum dos modelos *tout court* vigora em qualquer dos países da Europa continental (sistema Romanístico)[55],

Nos países do sistema Anglo-Saxónico destacamos a **Grã-Bretanha,** onde o *Crown Prosecution Service* é assegurado por funcionários públicos não magistrados, que exercem em nome da coroa britânica funções similares às do Ministério Público da Europa continental[56]. O modelo de *Common Law* é na pátria do sistema o expoente máximo do modelo acusatório[57], embora, as características mais paradigmáticas do modelo como p.e. o da igualdade de armas, não existir durante toda a fase de investigação e acusação em que a polícia e o *Crown Prosecution Service* desempenham o papel principal.

Apesar de adotar o sistema de *Common Law*, os Estados Unidos da América consagram um processo base que se afasta do modelo inglês, desde logo porque ao contrário dos britânicos, os americanos possuem Ministério Público que nos EUA circunscrevem a sua acção a acusar ou não acusar, não lhe cabendoa função investigatória "*tout court*", apesar de sobre ele recair o ónus de carrear a *matéria probatório e a requerer a audiência preliminar*[58].

---

[54] Cf. Figueiredo Dias e Castanheira Neves, *obras citadas*, pp. 62 e 24, respetivamente.

[55] Mireille Delmas-Marthy, "European Criminal Procedures", Cambridge University Press, 2002

[56] Cf. Anabela Miranda Rodrigues, "As relações entre o Ministério Público e o Juiz de Instrução Criminal ou a matriz de um processo penal europeu, in "Que futuro para o direito processual penal? Simpósio em homenagem a Jorge Figueiredo Dias", Coimbra Editora, 2009, p. 716.

[57] Cfr. Paulo de Sousa Mendes, *Sumários de Direito Processual Penal – ano lectivo de 2008/2009,* Lisboa 2008, p. 8.

[58] Cfr. José Souto de Moura, "Inquérito e Instrução" in *Jornadas de Direito Processual Penal – O novo Código de Processo Penal* (Centro de Estudos Judiciários), Almedina 1995, pp. 87.

FINALIDADES E PRESSUPOSTOS DO PROCESSO PENAL

No **Brasil** o sistema processual penal tem duas fases: a primeira, inquisitória e a segunda, acusatória cuja origem remonta ao Código Napoleónico (1808). A primeira fase é a da investigação preliminar puramente inquisitória cujo procedimento é presidido por um juiz, recolhe provas e indícios que suportarão *a posteriori* a acusação que será remetida ao correspondente juizo. A segunda fase é a judicial ou fase processual na qual a figura do acusador, seja ela o MP ou seja ela o particular, é necessàriamente diversa do julgador que será, obrigatoriamente, um juiz de direito.

A elaboração do CPP brasileiro ainda em vigor inspirou-se na codificação da Itália fascista e autoritária da década de 30 do século passado. Assim, a redação original do CPP brasileiro determinava p.e. que até a sentença absolutória, não era suficiente, por si só, para libertar o réu (antigo art. 596, CPP) e que uma denúncia, quando era recebida, permitia que fosse decretada automàticamente a prisão preventiva do acusado, como se este fosse culpado (juízo de culpa prévio) dependendo essa possibilidade apenas da pena que era abstratamente culminada ao fato (antigo art. 312, CPP).

De entre muitas alterações que tiveram lugar ao longo das últimas duas décadas destaca-se a relativamente recente alteração operada pela Lei 12.403 de 5 de maio de 2011, que introduziu várias medidas cautelares pessoais alternativas às prisões cautelares.

As tendências de pendor reformista em torno do reforço dos poderes do Ministério Público, que atualmente preponderam por toda a Europa, foram também já consagradas no projeto do Código de Processo Penal brasileiro de 2011, que tramitou no Congresso Nacional como PLS nº 156 (PL nº 8.045/10).

A crescente exigência e escrutínio do público não apenas demandam como exigem o reforço cada vez maior, senão mesmo inatacável (ainda que utopicamente), das garantias de isenção e imparcialidade no que tange às decisões dos tribunais. Do lado de cá do Atlântico, um pouco por toda a Europa continental, "ecoam vozes" em nome do reforço das garantias de imparcialidade judicial que vão no sentido da repartição de poderes (competências) entre o juiz e o ministério público e não entre juízes (juiz de julgamento e juiz de instrução).

A velha e porventura já desadequada divisão de competências levanta hoje as maiores reservas. O sistema ganharia imenso com a atribuição da

DAS MEDIDAS DE COAÇÃO

maior parte das tarefas instrutórias, incluindo ao despacho de pronúncia ou arquivamento, ao Ministério Público. Nessa fase o magistrado judicial interviria apenas como Juiz dos Direitos Liberdades e Garantias à imagem do que acontece em França com o *juge des libertés*. Deste modo o juiz de julgamento faria a sua apreciação sem estar condicionado ao facto de a questão *sub iudice* já ter sido apreciada por um juiz que tenha "julgado" o arguido.

A transferência da missão investigatória ao Ministério Público é uma realidade crescente em todo o continente, da qual destacamos:

A **França,** berço da figura do juiz de instrução transformou o juiz de instrução em juiz das liberdades (juge des libertés) investido de funções jurisdicionais limitadas e apenas na fase do inquérito dado que a direção deste cabe ao procurador da República que responde perante o poder executivo. Este quadro revela no entanto uma frágil autonomia do Ministério Público face ao poder político muito em especial relativamente a crimes como o abuso de poder o tráfico de influências ou a corrupção.

O reino da **Bélgica** está em vias de seguir o modelo francês sem as fragilidades que apontámos a este.

A **Alemanha** abandonou o juiz de instrução em 1975. Por fim,

A **Suíça,** suprimiu a figura em 2007 com a aprovação do Código de Processo Penal que entrou em vigor apenas em 2011, uma longa *vacatio* que permitiu uma profunda reflexão e discussão.

Em conclusão, na europa ocidental, no que tange à competência do Juiz na condução da totalidade da fase instrutória, restam praticamente apenas os casos da **Espanha** onde a figura do juiz de instrução permanece "intocável" na *Lei* do *Enjuiciamento Criminal* e **Portugal** no Código de Processo Penal.

Assim, também nós defendemos a alteração da lei no sentido de que as tarefas instrutórias, incluindo a despacho de pronúncia ou arquivamento, sejam acometidas ao Ministério Público cabendo a um magistrado judicial intervir apenas como garante dos Direitos Liberdades e Garantias.

4. O princípio da investigação e a verdade processual

Dê-me seis linhas escritas acerca do homem mais honrado
que eu encontrarei nelas algo que me permita enforcá-lo.
CARDEAL RICHELIEU

A lei nº 43/86, de 26 de setembro (lei de autorização legislativa em matéria de processo penal), art. 2º, nº 2, al. 4), determinou o *estabelecimento da máxima acusatoriedade do processo penal, temperada com o princípio da investigação judicial.*

O princípio da investigação está consagrado no art. 340º, nº 1, do CPP, que estatui que «O tribunal ordena, oficiosamente ou a requerimento, a produção de todos os meios de prova cujo conhecimento se lhe afigure necessário à descoberta da verdade e à boa decisão da causa».

No mesmo sentido dispõe o art. 323º, als. *a*) e *b*), ainda em sede de julgamento e relativamente aos poderes-deveres que cabem ao presidente do tribunal em vista à *descoberta da verdade.*

Outras referências ao mesmo princípio podem ver-se nos artigos 53º, nº 1, «Compete ao Ministério Público, no processo penal, colaborar com o tribunal na descoberta da verdade...», 158º, 179º, nº 1, al. *c*), 181º, nº 1 e 299º, todos do CPP.

O princípio da investigação significa que, em última instância, recai sobre o juiz o ónus de investigar e determinar oficiosamente o facto submetido a julgamento. Ele obsta a que recaia sobre as partes qualquer ónus de afirmar, contradizer ou impugnar e impõe-se ao tribunal que se socorra não apenas dos meios de prova apresentados pelos sujeitos processuais, mas também que recorra oficiosamente a outros meios de prova cujo conhecimento se afigura necessário à *descoberta da verdade* e à boa *decisão da causa*[59].

A *verdade processual* não assenta numa ideia de certeza cientificamente comprovada, mas sim numa ideia de probabilidade. Como refere GERMANO MARQUES DA SILVA[60] «ela não é senão o resultado probatório processualmente válido, isto é, a convicção de que certa alegação singular de facto é justificavelmente aceitável como pressuposto da decisão, obtida por meios processualmente válidos».

---

[59] Cfr. o nosso *Os Tribunais As Polícias e o Cidadão....*, *cit.*, 2ª edição, pp. 138-139.
[60] *Curso de Processo Penal, cit.*, vol. II, p. 115.

DAS MEDIDAS DE COAÇÃO

O que está verdadeiramente em causa no processo penal não é a *verdade formal* mas bem diferentemente a *verdade material*, implicando tal desiderato que esta última se equacione num duplo sentido. Por um lado, que seja uma verdade imune às influências que a acusação e a defesa queiram exercer sobre ela *ex vi* dos respetivos comportamentos processuais. Por outro, que essa verdade não seja, como ensina o Prof. FIGUEIREDO DIAS[61], «absoluta ou ontológica, há de ser antes de tudo uma verdade judicial e, sobretudo não uma verdade obtida a todo o preço mas processualmente válida».

Em suma, o princípio da *investigação* tem como características essenciais, nomeadamente:

a) A competência acometida ao juiz para investigar e esclarecer *ex oficio* o facto sujeito a julgamento e a carrear para o processo todas as provas necessárias a uma justa decisão. São disso exemplo o disposto no n.º 2, do art. 164.º *(junção oficiosa de documentos)*; 288.º, n.º 4 *(direção da instrução)*; 290.º, n.º 1 *(atos de instrução)*; 294.º *(inquirição de testemunhas)*; 340.º *(produção dos meios de prova)* e 348.º, n.º 5 *(inquirição de testemunhas em julgamento)*, todos do CPP.

b) A inexistência do ónus de contradizer e impugnar.

c) A irrelevância da falta de contestação.

d) A não sujeição do tribunal à prova apresentada pelas partes.

Como verdadeiros corolários do princípio da investigação temos: o princípio *in dubio pro reo* e o princípio da *imediação*, que veremos de seguida.

5. Princípio *in dubio pro reo*

> *É melhor deixar um crime impune*
> *do que punir um inocente.*
> ULPIANO

A propósito do princípio da investigação referimos que é sobre o juiz que recai o encargo de investigar e esclarecer oficiosamente o facto submetido a julgamento. Assim sendo, em processo penal, não impende sobre

---

[61] *Direito Processual Penal*, Coimbra Editora, 1981, pp. 193-194.

as partes – Ministério Público, enquanto acusador e arguido, enquanto acusado – qualquer ónus de prova, na fase de julgamento.

Tanto mais que, o Ministério Público encontra-se vinculado a critérios de estrita *objetividade*[62] e o *direito ao silêncio* é um direito processual do arguido, consagrado na al. *d*), do nº 1, do art. 61º, do CPP[63].

No processo penal não se verifica o ónus da prova formal que requeira às partes o dever de produção da prova sob pena de não verem provados os factos em discussão[64].

O princípio *in dubio pro reo* significa que, um *non liquet* na questão da prova tem de ser sempre valorado a favor do arguido, não apenas em relação aos elementos constitutivos do tipo de crime, mas também quanto aos tipos justificadores[65]. Em caso de dúvida em matéria probatória absolve-se o arguido.

O princípio *in dubio pro reo*, na medida em que prescreve que em caso de dúvida quanto à matéria probatória a decisão deve ser a mais favorável ao arguido, é um corolário do *princípio da presunção de inocência* do arguido.

Nas palavras de JOSÉ SOUTO DE MOURA[66], «parte importante do fundamento da decisão reside na matéria de facto dada por provada, ou seja, nas provas. O «in dubio» é a dúvida, ou seja, a não prova, o infundado. Na "não prova" não se pode cimentar o quer que seja. Nem a absolvição nem

---

[62] Cfr. art. 53º, nº 1, do CPP: «Compete ao Ministério Público, no processo penal, colaborar com o tribunal na descoberta da verdade e na realização do direito, obedecendo em todas as intervenções processuais a critérios de estrita objetividade». O que demonstra que o Ministério Público não é parte no processo. Ele estará, assim, apenas interessado no resultado do processo, enquanto tal resultado corresponder à realização da justiça e do direito e não, forçosamente, porque se tenha realizado a sua pretensão. É por isso é que o Ministério Público pode interpor recursos no exclusivo interesse da defesa (do arguido), artigos 53º, nº 2, al. *d*) e 401º, nº 1, al. *a*), do CPP.

[63] *Código de Processo Penal*, «Artigo 61º *(Direitos e deveres processuais)* 1. O arguido goza, em especial, em qualquer fase do processo e, salvas as exceções da lei, dos direitos de: (...) *d*) Não responder a perguntas feitas, por qualquer entidade, sobre os fatos que lhe forem imputados e sobre o conteúdo das declarações que acerca deles prestar».

[64] FIGUEIREDO DIAS, *Direito Processual Penal, cit.*, p. 212.

[65] MARQUES FERREIRA, «Meios de Prova», in *Jornadas de Direito Processual Penal / O Novo Código de Processo Penal*, Centro de Estudos Judiciários, Almedina – Coimbra, 1991, p. 233 e GERMANO MARQUES DA SILVA, «Princípios Gerais do Processo Penal e Constituição da República Portuguesa» in *Revista Direito e Justiça da Universidade Católica Portuguesa*, volume III, 1987/1988, p. 166.

[66] «A Questão da Presunção de Inocência do Arguido», in *RMP*, nº 42, ano 11º, pp. 45-46.

DAS MEDIDAS DE COAÇÃO

a condenação. Mas porque o juiz não pode terminar o julgamento com um *non liquet* tem que optar por uma coisa ou outra. Porque é que vai optar pela absolvição? Porque as consequências da "não prova" devem ser sofridas por quem tinha a obrigação de fazer a prova.

Em primeiro lugar o Ministério Público, e subsidiariamente o juiz. Responsável pelo estado da dúvida não pode ser o arguido, porque a este não incumbe um esclarecimento no sentido de se dar por segura, logicamente, a sua inocência...».

Saliente-se que, e recorrendo, uma vez mais, às palavras de SOUTO MOURA, «num puro sistema acusatório conjugado com o princípio da inocência, a *acusação tem o ónus de provar os factos que imputa ao arguido*. Se o não conseguir, nem por isso a defesa tem qualquer ónus de provar a inocência para que a absolvição surja. A absolvição surgirá, exatamente porque o juiz se não poderá substituir à acusação na prova dos factos que a este interessam. O *princípio da inocência opera assim uma concentração do ónus da prova na acusação*, dispensando a defesa de qualquer ónus. E percebe-se: se se ficciona o arguido inocente, para que é que se vai provar a inocência? A haver algo que careça de prova é o contrário, ou seja a culpa» (itálicos nossos).

A não prevalência do princípio *in dubio pro reo*, como princípio jurídico acerca da prova dos factos, consigna a violação do *princípio da culpa*[67] quando o juiz «não convencido sobre a existência dos pressupostos de facto, pronuncia uma sentença de condenação[68]».

O princípio *in dubio pro reo*, como corolário importante na materialização do princípio da presunção de inocência, apresenta-se-nos como limite normativo do princípio da livre apreciação de prova, pois impede o julgador de tomar uma decisão segundo o seu critério no que respeita aos factos duvidosos desfavoráveis ao arguido, uma vez que os factos favoráveis devem dar-se como provados, quer sejam certos ou duvidosos[69].

---

[67] A culpa (do agente), como princípio fundamental e estruturante do direito penal, é o fundamento e o limite da pena. Assim, a medida da pena nunca pode ser superior à medida da culpa, art. 40º, nº 2, do Código Penal.

[68] GOMES CANOTILHO e VITAL MOREIRA, *Constituição da República Portuguesa Anotada*, Coimbra Editora, 2ª edição, 1984, 1º vol., p. 215.

[69] Neste sentido CRISTINA LÍBANO MONTEIRO, «Perigosidade de Inimputáveis e *In Dubio Pro Reo*», B.F.D. *Studia Jurídica Universidade de Coimbra*, Coimbra Editora, nº 24, 1997, pp. 51, 53 e 166.

O princípio *in dubio pro reo* é, pois, uma garantia subjectiva e, além disso, uma imposição dirigida ao juiz no sentido de este se pronunciar de forma favorável ao arguido, quando não tiver a certeza sobre os factos decisivos para a solução da causa [70].

O princípio *in dubio pro reo* não só limita o exercício do *ius puniendi* do Estado, como legitima a sua intervenção. A comunidade jurídica jamais acataria uma condenação baseada em suspeitas, porque a mesma seria contrária à justiça.

6. Princípio da imediação

O *princípio da imediação*, em sede de produção e valoração de provas, segundo o Prof. GERMANO MARQUES DA SILVA[71], pode ser considerado sob duas perspetivas: «o dever de apreciar ou obter os meios de prova mais diretos e na receção da prova pelo órgão legalmente competente.

No primeiro sentido a imediação traduz-se na utilização dos meios de prova originais.

No segundo sentido a imediação pressupõe a oralidade do processo; os sujeitos processuais devem conhecer direta e pessoalmente das provas, para obterem uma visão conjunta dos fundamentos de facto da causa.

O princípio da imediação, nas palavras do Prof. FIGUEIREDO DIAS[72], significa «a relação de proximidade comunicante entre o tribunal e os participantes no processo, de modo tal que aquele possa obter uma perceção própria do material que haverá de ter como base de decisão».

Embora não exista formulação expressa do princípio da imediação no Código de Processo Penal, no entanto, a sua validade pode extrair-se do disposto nos artigos 128º, nº 1, «A testemunha é inquirida sobre factos *de que possua conhecimento direto e que constituam objeto da prova»*, 129º – proibição do depoimento indireto –, 130º, nºs 1 e 2 – inadmissibilidade como depoimento de vozes ou rumores públicos e convicções pessoais –, 138º,

---

[70] J. J. GOMES CANOTILHO e VITAL MOREIRA, *ob. cit.*, p. 215.

[71] *Curso de Processo Penal, cit.*, vol. II, p. 114.

[72] Citado por JOSÉ ANTÓNIO BARREIROS, «O Julgamento no Novo Código de Processo Penal», in *Jornadas de Direito Processual Penal*, Centro de Estudos Judiciários, Almedina Coimbra, 1991, p. 277.

n.º 1, «O depoimento é um ato *pessoal que não pode, em caso algum, ser feito por intermédio de procurador»*, 141.º – carácter pessoal do interrogatório do arguido –, 354.º, «O tribunal pode, quando o considerar necessário à boa decisão da causa, deslocar-se ao local onde tiver ocorrido qualquer facto cuja prova se mostre essencial e convocar para o efeito os participantes processuais cuja presença entender conveniente» e 355.º, «Não valem em julgamento, nomeadamente para o efeito de formação da convicção do tribunal, quaisquer provas que não tiverem sido produzidas ou examinadas em audiência», todos do CPP, entre outros.

7. Princípio da igualdade de armas

> *"... é necessário que a acusação tenha meios de inquirir,*
> *e de convencer; e que a defesa tenha meios de justificar:*
> *(...) é finalmente necessário que um e outro encontrem nas*
> *instituições judiciárias uma proteção igualmente eficaz,*
> *garantias igualmente fortes"*
> F. HÉLIE[73]

7.1. *Noção e considerações gerais*

A lei n.º 43/86, de 26 de setembro (lei de autorização legislativa em matéria de processo penal) estabeleceu, no seu art. 2.º, n.º 2, al. 3), a «parifi-cação do posicionamento jurídico da acusação e da defesa em todos os *atos do processo e incrementação da igualdade material de "armas" no processo»* e, na al. 9), a «garantia *efetiva da liberdade de atuação do defensor em todos os atos do processo, sem prejuízo do carácter não contraditório da fase de inquérito prelimi-nar...»*. O que significa que, na fase de inquérito o princípio da *igualdade de armas* é claramente limitado em razão da estrutura não contraditória do mesmo.

O *princípio da igualdade de armas*, de origem anglo-saxónica, como coro-lário do princípio do contraditório, consiste na colocação frente a frente

---

[73] F. HÉLIE, *apud* DUARTE NAZARETH, *Elementos do Processo Criminal, Coimbra, Imprensa da Universidade*, 2ª Edição, 1849, p. 25, nota 2.

e num mesmo patamar, a acusação e defesa para um debate, com recurso aos mesmos instrumentos jurídicos, sobre a matéria de facto e de direito existente no processo visando, através das suas próprias conceções sobre a mesma, influenciar, a seu favor, a decisão final.

O *princípio da igualdade de armas* encontra-se constitucionalmente consagrado, no art. 32º, nº 1, da CRP que, ao estabelecer que *o processo criminal assegura todas as garantias de defesa, incluindo o recurso,* funciona como «cláusula geral englobadora de todas as garantias que, embora não explicitadas, hajam de decorrer do princípio da proteção global e completa dos direitos de defesa do arguido em processo criminal»[74]-[75].

A expressão *todas as garantias de defesa* integra, continuam os mesmos autores, «todos os direitos e instrumentos necessários e adequados para o arguido defender a sua posição e contrariar a acusação», porque há uma desvantagem à partida entre a acusação, *apoiada no poder institucional do Estado,* e a defesa, devendo esta ser compensada por meio de *específicas garantias* para que se atenue *essa desigualdade de armas*[76].

O nº 1, do art. 32º, da CRP constitui, pois, uma *fonte autónoma de garantias de defesa*[77] que não estejam expressamente consagradas neste preceito e na legislação ordinária.

7.2. Igualdade instrumental e não matemática

Relativamente ao *princípio da igualdade de armas,* chama o Prof. FIGUEIREDO DIAS[78] a atenção, a nosso ver com inteira razão, para, atendendo à

---

[74] GOMES CANOTILHO e VITAL MOREIRA, *Constituição da República Portuguesa Anotada,* Coimbra Editora, 3ª edição, 1993, p. 202.

[75] Para FIGUEIREDO DIAS, «A Revisão Constitucional e o Processo Penal», in *Textos de Direito Processual Penal,* coligidos por TERESA PIZARRO BELEZA e FREDERICO ISASCA, AAFDL, 1991/1992, p. 19, o preceito do nº 1, do art. 32º, da CRP, é «eminentemente programático (...) sem prejuízo de um eminente conteúdo normativo imediato a que se pode recorrer diretamente, em casos limite, para inconstitucionalizar certos preceitos da lei ordinária...».

[76] GOMES CANOTILHO e VITAL MOREIRA, *ob. cit.,* 3ª edição, 1993, p. 202.

[77] *Idem, ibidem.*

[78] «Sobre os Sujeitos Processuais no Novo Código de Processo Penal», in *Jornadas de Direito Processual Penal, O Novo Código de Processo Penal,* Centro de Estudos Judiciários, Almedina – Coimbra, 1991, p. 29.

posição jurídica do arguido, «um entendimento erróneo, mas que parece com tendência para fazer curso entre nós, do princípio da *igualdade de armas* entre a acusação e a defesa do julgamento penal. Este princípio (...) não pode – prossegue o autor –, sob pena de erro crasso, ser entendido como obrigando ao estabelecimento de uma *igualdade matemática ou sequer lógica*. Fosse assim e teriam de ser fustigadas pela crítica numerosas normas com bom fundamento – e, na verdade, *ainda maior número delas* referentes a faculdades concedidas ao arguido do que ao ministério público! Desde logo feririam aquela "igualdade" princípios – até juridico-constitucionais! – como os da inviolabilidade do direito de defesa, da presunção de inocência do arguido, ou do *in dubio pro reo*. Mas feri-la-iam também faculdades especificamente conferidas ao arguido no julgamento e que não têm qualquer correspondência quanto à acusação, como, entre tantas outras, a de tomar conhecimento do que na audiência se tiver passado na sua ausência (art. 332º-7), o direito ao silêncio (art. 343º-1), a especial extensão da proibição de leitura de declarações suas (art. 357º) e – enfim, mas paradigmaticamente – o direito à última palavra (arts. 360º-1 e 2 e 361º). E sobretudo – se ali se tratasse de uma igualdade puramente formal – tornar-se-ia necessário, ou desligar o ministério público do seu dever (estrito) de objetividade, ou pôr um dever correspondente a cargo do arguido!

Torna-se assim evidente, refere ainda o ilustre autor, que a reclamada "igualdade" de armas processuais (...) só pode ser entendida com um mínimo aceitável de correção quando lançada no contexto mais amplo da estrutura lógico-material global da acusação e da defesa e da sua dialéctica. Com a consequência de que uma concreta conformação processual só poderá ser recusada, como violadora daquele princípio de igualdade, quando dever considerar-se *infundamentada, desrazoável*, ou *arbitrária*; como ainda quando possa reputar-se *substancialmente discriminatória* à luz das finalidades do processo penal, do programa político-criminal que àquele está assinado ou dos referentes axiológicos que comandam» (negrito nosso).

O princípio da *igualdade de armas* não significa, pois, uma igualdade lógica ou matemática de "armas", uma vez que a própria lei processual penal atribui à acusação e à defesa armas desiguais. Na verdade, enquanto ao Ministério Público compete defender a *legalidade democrática* e *exercer a ação* penal orientada pelo princípio da legalidade (art. 219º, nº 1, última parte da CRP), devendo, nesta veste, *colaborar com o tribunal na descoberta*

FINALIDADES E PRESSUPOSTOS DO PROCESSO PENAL

da verdade e na realização do direito, obedecendo em todas as intervenções proces-suais a critérios de estrita objetividade (art. 53º, nº 1, do CPP), o arguido tem o *direito ao silêncio*[79] cujo exercício nunca o pode desfavorecer (arts. 61º, nº 1, al. *d*), 343º, nº 1 e 345º, nº 1, do mesmo Código). Por outro lado, enquanto à acusação compete o ónus da prova dos factos incriminadores, o arguido é protegido pela *presunção de inocência* até ao trânsito em julgado da sentença de condenação (art. 32, nº 1, da CRP).

Essencial é, a nosso ver, que os *meios de defesa* ao dispor do arguido sejam suficientemente bastantes, idóneos e eficazes, de modo a permitir--lhe expor em *juízo* as suas razões de facto e de direito, ante uma acusação contra si formulada, através dos quais visa influenciar, a seu favor, a decisão final, por forma a concluir-se por um processo *equitativo* e *justo*.

Acrescente-se, ainda, que, como veremos de seguida, o nosso processo penal não é um *processo de partes*.

7.3. *O processo penal português não é um* processo de partes

Atendendo à interação dos respetivos sujeitos processuais, a questão que se coloca é justamente a de saber se o processo penal português se encontra estruturado como um verdadeiro *processo de partes*.

Embora, o princípio do contraditório tenha como pressuposto um *processo de partes*, resulta para nós evidente que o nosso Código de Processo Penal não é um processo de partes. Na verdade, como refere o Prof. Figueiredo Dias[80] «o ministério público (...) não é interessado na con-

---

[79] Se, no entanto, o arguido decidir prestar declarações pode confessar os fatos, pode negá-los ou contrariá-los, sem que nunca lhe possa ser exigido que diga a verdade (nº 5, do art. 141º, do CPP). Assiste, assim, ao arguido um duplo direito: ao *silêncio* e o de *não dizer a verdade*, cujo exercício nunca o pode desfavorecer (arts. 343º, nº 1 e 345º, nº 1, do CPP), ou nas palavras de Marques Ferreira, in *Jornadas de Direito Processual Penal, O Novo Código de Processo Penal, cit.*, p. 247, «não poderá ser valorado como indício ou presunção de culpa nem tão pouco como circunstância relevante para a determinação da pena caso o crime se prove». O arguido é apenas obrigado a dizer a verdade no concernente à sua identificação e, no âmbito do primeiro interrogatório judicial de arguido detido (e já não em sede de julgamento), aos seus antecedentes criminais, sob pena de responsabilidade penal (arts. 141º, nº 3 e 342º, do CPP).

[80] «Sobre os Sujeitos Processuais no Novo Código de Processo Penal», in *Jornadas de Direito Processual Penal..., cit.*, p. 31.

DAS MEDIDAS DE COAÇÃO

denação mas unicamente na obtenção de uma decisão justa: nesta medida, ele compartilha com o juiz um dever de intervenção estritamente *objetiva*; e isto, acentue-se, não apenas nas fases, contraditórias e presididas pelo juiz, do julgamento e da instrução, mas também e em igual medida na fase de inquérito de que ele é *dominus*. Do início até ao fim do processo a vocação do ministério público não é a de "parte", mas a de entidade unicamente interessada na descoberta da verdade e na realização do direito. Logo a partir daqui, falar de um "processo de partes" não tem qualquer sentido útil».

Ao Ministério Público, como já referimos, compete defender a *legalidade democrática e exercer a* ação penal orientada pelo princípio da legalidade (art. 219º, nº 1, última parte, da CRP), devendo, nesta veste, *colaborar com o tribunal na descoberta da verdade e na realização do direito, obedecendo em todas as intervenções processuais a critérios de estrita objetividade* (art. 53º, nº 1, do CPP), tornando--se assim claro, que o Ministério Público não é interessado na acusação, mas sim na descoberta da verdade material e na realização da justiça, em estrita obediência a critérios de *legalidade* e *objetividade*. Tanto assim é que, ao Ministério Público compete, em especial, *interpor recurso, ainda que no exclusivo interesse da defesa* (arts. 53º, nº 2, al. *d*) e 401º, nº 1, al. *a*), do CPP), o que é bem demonstrativo de que ele intervém mas não é parte no processo, isto, pelo menos no plano teórico.

Ao contrário do que sucede num processo puro de partes, os sujeitos processuais, face ao Código de Processo Penal Português, não têm o domínio do objeto do processo. O Ministério Público, quanto à acusação (ou não acusação), obedece a critérios de estrita *legalidade* e *objetividade*, não se lhe reconhecendo assim, qualquer discricionaridade. No que respeita ao arguido, a sua eventual confissão dos factos incriminadores é desprovida de qualquer eficácia, a não ser em sede de julgamento[81].

Como já escrevemos noutro local[82], as funções de *acusação* e de *defesa* são complementares. À função de acusar terá de corresponder, sem dúvida, uma função de defesa, logo a um órgão de acusação deve corresponder um órgão de defesa. É nesta perspetiva que se poderá ver semelhanças muito próximas de um *processo de partes*, uma vez que a função de *investigação*

---

[81] Em sede de julgamento, se o crime for punível com pena de prisão igual ou inferior a 5 anos, a *confissão integral e sem reservas* pode constituir "a rainha de todas as provas", como resulta do disposto no art. 344º, números 1 e 2, do CPP.

[82] Cfr. o nosso *Lei e Crime O Agente Infiltrado...*, *cit.*, p. 113.

implica sempre a formação de uma determinada convicção: de inocência ou de responsabilidade, resultando esta na formulação da acusação.

Como duas forças com a mesma finalidade (a descoberta da verdade dos factos), carreadas de responsabilidades individuais e coletivas na promoção do direito e da justiça, acusação e defesa funcionam como dois centros dialéticos, impedidos de subsistir um sem o outro.

7.4. As investigações privadas da defesa

Ainda a propósito do princípio da *igualdade de armas*, a questão que se coloca é a de saber se a defesa pode também levar a cabo investigações sobre os factos de que o arguido é suspeito de ter cometido, de que é acusado ou pronunciado.

A doutrina portuguesa, com a qual concordamos inteiramente, tem vindo a defender que, face ao nosso Código de Processo Penal, não é possível aos defensores protagonizarem investigações paralelas às efetuadas pelo Ministério Público na fase de inquérito.

Na verdade, como refere EDUARDO MAIA COSTA[83], o nosso processo penal não é um processo de tipo «acusatório puro, em que existe a repartição do ónus da prova», não sendo desta forma um «processo de partes, mau grado a acentuação do princípio do acusatório», além do mais, ao Ministério Público compete-lhe o «dever de investigar não só a responsabilidade criminal do arguido, como também apurar todos os factos que demonstrem a sua inocência», porque o «inquérito não é um processo administrativo destinado a servir de apoio à intervenção do Mº Pº», mas pertence ao tribunal, sendo a «fase processual dirigida à investigação da verdade, qualquer que ela seja, é o lugar único de investigação processual, para o qual devem ser canalizadas todas as provas de que o arguido e seu defensor tenham conhecimento, nos termos do art. 61º, nº 1, al. *g*)» (itálico e negrito nossos).

No mesmo sentido, Prof. FIGUEIREDO DIAS[84], ao afirmar que «ao contrário do que no processo penal anglo-saxónico sucede – compreensivelmente, dado que nele recai sobre a defesa o ónus da prova das circunstâncias que justifiquem o facto ou atenuem a responsabilidade

---

[83] *Fundamento e Posição do Defensor*, in *RMP*, ano 13 (1992), nº 49, pp. 90-91.

[84] *Direito Processual Penal*, Coimbra Editora, 1º vol., p. 488.

DAS MEDIDAS DE COAÇÃO

– não é entre nós tarefa específica do defensor proceder a investigações autónomas do material fático, paralelas às que cabem ao MP e aos órgãos auxiliares», sem prejuízo de o defensor poder efetuar as «próprias averiguações complementares, sempre que tal seja imposto ou aconselhado pela função da defesa». Isto porque, o Ministério Público, enquanto órgão de administração da justiça, tem o dever de colaborar com o tribunal na descoberta da verdade e na realização do direito, obedecendo em todas as intervenções processuais a critérios de *estrita objetividade*, devendo por isso realizar, ainda segundo as palavras deste reputado Professor de Coimbra, «não só as diligências conducentes a provar a culpabilidade dos arguidos, mas também aquelas que possam concorrer para demonstrar a sua inocência e irresponsabilidade».

Também o Prof. GERMANO MARQUES DA SILVA[85] entende que o novo Código perfilha a orientação tradicional e por isso também não concede ao defensor quaisquer meios necessários à eficácia da investigação e apenas lhe permite que no inquérito e na instrução requeira as diligências de prova que se lhe afigurem necessárias (arts. 61º, nº 1, al. *g*) e 287º, nº 2).

Porém, uma vez que nem o Ministério Público, no inquérito, nem o juiz, na instrução, estão vinculados à realização das diligências requeridas, defende o mesmo autor que, «e sem que às autoridades judiciárias e órgãos de polícia criminal seja de exigir menos objetividade nas diligências de investigação para o esclarecimento dos factos, apresenta-se mais necessária, sendo por vezes essencial para a eficácia da defesa, a atividade de investigação a realizar autonomamente pelo defensor, sem o que a defesa se limitará em grande parte a procurar desacreditar, no plano argumentativo ou através do contraexame, as provas apresentadas pela acusação.

Para tanto – prossegue o autor –, não importará só uma mudança de perspetiva da função do defensor, mas também que sejam criadas condições para que essa atividade de investigação necessária para a defesa seja legalmente possível.

Isto porque – continua o autor – o arguido tem o direito de se defender provando, donde que deva poder usar dos meios necessários para provar a tese da defesa ou ilidir a da acusação, tornando eficaz aquele direito».

Acresce que, segundo ainda o mesmo autor, «se só o MP puder investigar os elementos de prova que hão de ser produzidos no processo, dis-

---

[85] *Curso de Processo Penal*, vol. I, p. 322.

FINALIDADES E PRESSUPOSTOS DO PROCESSO PENAL

pondo dos respetivos meios, poderá haver tendencial igualdade formal na produção desses meios de prova no debate instrutório e na audiência de julgamento, mas não haverá igualdade substancial, já que outros elementos, eventualmente essenciais para a defesa e descoberta da verdade, não puderam ser apresentados por a defesa não ter podido descobri-los e recolhê-los.

Ora, não estando o MP vinculado na fase do inquérito aos requerimentos de prova apresentados pelo arguido e não o estando também o juiz na fase da instrução, a potencial igualdade de "armas", consistente na idêntica possibilidade de apresentação de elementos de prova pela acusação e pela defesa, essencial ao processo de modelo acusatório, não existirá»[86].

Por outro lado, num processo de tipo acusatório, a garantia da defesa exprime-se, também, «no direito de poder apresentar provas *Ex adverso* e de examiná-las nas mesmas condições das que forem apresentadas pela acusação. Para tanto necessita de poder procurar as provas a seu favor e de verificar a possibilidade de utilizar vantajosamente uma determinada fonte de prova»[87].

Pelo que, conclui o autor, «impõe-se a regulamentação legal da atividade privada de investigação probatória, o que deve passar pela disciplina legal dos investigadores privados, sem o que a necessidade da investigação conduzida pelo defensor pode ser fonte de conflitos e de incompreensão pela sua função», não obstante o princípio da investigação que "tempera" o nosso processo, pois a defesa não pode limitar-se a esperar pela atividade probatória a levar a cabo pelas autoridades judiciárias.

Esta solução, proposta pelo Prof. GERMANO MARQUES DA SILVA, parece-nos aceitável face ao nosso processo penal de estrutura acusatória temperada pelo princípio da investigação. Porém, a nosso ver, torna-se absolutamente necessário que a regulamentação da atividade privada de investigação probatória e da disciplina legal dos investigadores privados

---

[86] *Ob. cit.*, pp. 323-324.

[87] GERMANO MARQUES DA SILVA, *Ob. cit.*, vol. I, p. 324, que ilustra da seguinte forma: «Assim, por exemplo, para que a defesa possa arrolar uma testemunha, necessita de saber previamente se ela tem conhecimento dos fatos, se o seu depoimento terá relevância, se ela é credível. Para bem conduzir um contrainterrogatório é necessário conhecer se a testemunha adversária tem deficiências de perceção, de memória, de expressão verbal; qual o seu grau de moralidade, se tem ideias feitas sobre a questão que possam prejudicar a objetividade do seu depoimento, se tem relações de amizade ou de interesse com o ofendido, etc.».

deve ser objeto de particulares cautelas e de um controlo jurisdicional rigoroso, devido aos bens jurídicos que podem estar em causa no exercício de tal atividade investigatória, tais como a identidade pessoal, o bom nome e reputação, a imagem, a reserva da intimidade da vida privada e familiar, a liberdade, entre outros, previstos nos arts. 26º e 27º, da Constituição da República Portuguesa.

8. Princípio da presunção de inocência

> *"Um homem não pode ser chamado culpado*
> *antes da sentença do juiz"*
> CESARE BECCARIA[88]

8.1. Considerações gerais

Com o advento do iluminismo o princípio da *presunção de inocência* surgiu como uma necessidade de rutura (Apontada por Montesquieu, Voltaire e, mais tarde, Beccaria) com a mentalidade processual da época em que reinava o processo de tipo inquisitório, em que o acusado se presumia culpado, cabendo-lhe o ónus probatório, sendo tratado como objeto do processo, cujo abuso de tratamento surgia como meio de obtenção da confissão (com recurso à tortura) e em que a prisão preventiva, aplicada indiscriminadamente pelo juiz, aparecia como medida de caráter ordinário da atuação policial, transformada, não raras vezes, em meio fundamental para a obtenção de provas[89].

O Iluminismo carrega a ansiedade de reação contra o processo criminal inquisitório, adequado a um Estado que se "sobrepunha implacavelmente à liberdade individual do cidadão". Essa ansiedade iniciada por intelectuais como Beccaria, promovida por Montesquieu e Voltaire, reflete-se na efetivação de romper e de cortar os excessos e arbítrios do poder punitivo consignados no modelo inquisitório[90].

---

[88] *Dos Delitos e das Penas* (tradução de Lucia Guidicini e de Alessandro Berti Contessa), MARTINS FONTES, S. Paulo, 1991, p. 73.

[89] Neste sentido, ALEXANDRA VILELA, *Considerações Acerca da Presunção de Inocência em Direito Processual Penal*, Coimbra Editora, 2000, pp. 29-30.

[90] ALEXANDRA VILELA, *ob. cit.*, p. 30.

FINALIDADES E PRESSUPOSTOS DO PROCESSO PENAL

Hoje, entre nós, como direito cívico e garantia jurídica dos direitos à honra, à imagem e à liberdade, a presunção de inocência aparece associada, ao "princípio da exigência de culpa formada, como pressuposto da validade da prisão preventiva"[91], a qual, enquanto medida cautelar, tem natureza excecional, não devendo ser decretada nem mantida sempre que possa ser aplicada caução ou outra medida mais favorável prevista na lei, ao contrário do que tantas vezes parecer acontecer, como impõe o art. 28º, nº 2 da Constituição da República Portuguesa.

8.2. Sentido normativo-constitucional

O princípio processual da *presunção de inocência* do arguido está consagrado no art. 32º, nº 2, da CRP[92], no art. 11º, nº 1, da Declaração Universal dos Direitos do Homem de 10 de Dezembro de 1948[93], no art. 6º, nº 2, da Convenção Europeia dos Direitos do Homem[94], entre outros instrumentos jurídicos de direito internacional, cujas normas são diretamente aplicáveis e vinculam as entidades públicas e privadas (art. 18º, nº 1, da Constituição da República Portuguesa).

O conteúdo do princípio da presunção de inocência do arguido está no seu âmago ligado à liberdade individual do indivíduo, no sentido de proibir quaisquer medidas cautelares como antecipação de pena com base no rótulo de culpado. Sendo uma trave orientadora do processo penal, a presunção de inocência prescreve a honestidade do indivíduo. Consequentemente, as medidas de coação devem considerar este princípio como critério de orientação e limite, de forma que, quando aplicadas, devam fundar-se

---

[91] ALEXANDRA VILELA, *ob. cit.*, pp. 35 e 92-93.

[92] *Constituição da República Portuguesa*, art. 32º, nº 2: «Todo o arguido se presume inocente até ao trânsito em julgado da sentença de condenação, devendo ser julgado no mais curto prazo compatível com as garantias de defesa». Note-se que, este preceito constitucional, bem como os restantes relativos a direitos fundamentais, devem ser interpretados e integrados de harmonia com a Declaração Universal dos Direitos do Homem, como impõe o art. 16º, nº 2, da CRP.

[93] *DUDH*, art. 11º: «Toda a pessoa acusada de um ato delituoso presume-se inocente até que a sua culpabilidade fique legalmente provada no decurso de um processo público em que todas as garantias necessárias de defesa lhe sejam asseguradas».

[94] *CEDH*, art. 6º, nº 2: «Qualquer pessoa acusada de uma infração presume-se inocente enquanto a sua culpabilidade não tiver sido legalmente provada».

DAS MEDIDAS DE COAÇÃO

numa avaliação ou apreciação das situações de facto autónomas de juízos de culpabilidade que permitam uma adequação entre as medidas restritivas da liberdade ao caso concreto, mesmo no caso da prisão preventiva, cuja regulamentação obedece hoje, mais do que nunca, ao princípio da presunção de inocência, como resulta dos artigos 202º e 204º, do CPP[95].

O princípio da *presunção de inocência* está, também, e acima de tudo, conexado com o princípio da dignidade da pessoa humana que tem como base o direito de todas as garantias de defesa, incluindo o recurso (e naturalmente a presunção de inocência, e não da culpa) (art. 32º, nº 1, da CRP), reconhecido a todo e qualquer cidadão, arguido num processo penal.

O princípio da presunção de inocência, como afirma o Prof. GERMANO MARQUES DA SILVA[96], não tem reflexos apenas num ou noutro instituto processual, mas se há de projetar no processo penal em geral, na organização e funcionamento dos tribunais, no direito penitenciário e até porventura no direito penal, como veremos de seguida.

8.2.1. *Inadmissibilidade da presunção de culpa*

Uma das consequências do princípio da presunção de inocência é a inadmissibilidade da presunção de culpa do arguido. Ou seja, o arguido num processo penal tem o direito de ser considerado presumido inocente até que seja declarado culpado em julgamento público e solene, através de sentença transitada.

As presunções de culpabilidade por *intuição*, ou *associação* atentam gravemente contra a liberdade, a imagem, bom nome e reputação de qualquer pessoa sendo, por isso, inadmissíveis.

Discordamos, pois, de MANZINI[97], ao defender a inutilidade da presunção de inocência para proteger os invioláveis direitos de defesa, e que o arguido não é mais do que indiciado, subsistindo a incerteza da sua implicação da prática do crime. A ser assim encontrar-se-ia totalmente livre o

---

[95] ALEXANDRA VILELA, *ob. cit.*, pp. 91 e ss. e J. J. GOMES CANOTILHO e VITAL MOREIRA, *ob. cit.*, p. 203.

[96] *Curso de Processo Penal, cit.*, vol. I, p. 83.

[97] MANZINI, *apud* JOSÉ SOUTO DE MOURA, *A Questão da Presunção de Inocência do Arguido, cit.*, p. 34.

FINALIDADES E PRESSUPOSTOS DO PROCESSO PENAL

nefasto caminho para que a presunção de culpa fosse caraterística dominante da justiça humana, que, como afirma CARNELUTTI[98] é de tal forma precária que, para além de fazer "sofrer as pessoas depois de condenadas", provocar-lhes-ia sofrimento antes da condenação.

Consequentemente, e sendo certo que, como afirma o Prof. GERMANO MARQUES DA SILVA[99], o princípio processual da presunção de inocência do arguido, assenta no reconhecimento dos princípios do direito natural como fundamento da sociedade, princípios que, aliados à soberania do povo e ao culto da liberdade, constituem os elementos essenciais da democracia, esta não deixaria de sofrer um duro golpe.

A inadmissibilidade da presunção de culpa impõe que, aquando do despacho de arquivamento do processo crime, o mesmo esteja imbuído da "exclusão de fixação de culpa", que as custas do processo não recaiam sobre o arguido e que o juiz decida pela "sentença de absolvição contra o arquivamento do processo"[100], uma vez que, e embora o arquivamento signifique, por via de regra, a não prova dos factos imputados ao arguido, o certo é que pode suscitar a dúvida sobre se o arguido cometeu ou não o facto delituoso de que foi indiciado, mesmo que o despacho de arquivamento transmita uma *pura exclusão de fixação de culpa*.

Como consequência ainda da inadmissibilidade da presunção de culpa, saliente-se a inadmissibilidade da aplicação das medidas de coação[101] como penas disfarçadas de medidas cautelares. Ao contrário das penas, as medidas de coação destinam-se a assegurar finalidades processuais de natureza cautelar, devendo a sua aplicação obedecer não apenas aos requisitos gerais previstos no art. 204º, do CPP[102], mas também aos requisitos específicos consagrados para cada uma das medidas.

---

[98] CARNELUTTI, *apud* JOSÉ SOUTO DE MOURA, *ob. cit.*, p. 35.

[99] *Curso de Processo Penal, cit.*, vol. I, p. 82, citando D. ANTÓNIO FERREIRA GOMES.

[100] GOMES CANOTILHO e VITAL MOREIRA, *ob. cit.*, p. 203.

[101] As medidas de coação previstas no nosso Código de Processo Penal são as seguintes: termo de identidade e residência (art. 196º); caução (art. 197º); obrigação de apresentação periódica (art. 198º); suspensão do exercício de profissão, de função, de atividade e de direitos (art. 199º); proibição e imposição de condutas (art. 200º); obrigação de permanência na habitação (art. 201º) e prisão preventiva (art. 202º).

[102] *Código de Processo Penal*, «Artigo 204º (*Requisitos gerais*) Nenhuma medida de coação prevista no capítulo anterior, à exceção da que se contém no artigo 196º, pode ser aplicada se em concreto se não verificar: *a*) Fuga ou perigo de fuga; *b*) Perigo de perturbação do decurso do

DAS MEDIDAS DE COAÇÃO

As medidas de coação a aplicar em concreto devem ser *adequadas* às *exigências cautelares* que o caso requer e *proporcionais* à gravidade do crime e às sanções que previsivelmente venham a ser aplicadas, sendo que a prisão preventiva só pode ser aplicada quando se revelarem inadequadas ou insuficientes as outras medidas de coação (art. 193º, números 1 e 2), em obediência, aliás, ao comando constitucional previsto no art. 28º, nº 2, da CRP.

Por outro lado, a execução das medidas de coação não deve prejudicar o exercício de direitos fundamentais que não forem incompatíveis com as exigências cautelares que o caso requer (art. 193º, nº 3, do CPP), o que, conjugado com o princípio da presunção de inocência, resulta que a prisão preventiva (bem como as restantes medidas de coação) deve obedecer a exigências de estrita legalidade e necessidade (art. 191º, nº 1, do CPP), de adequação e proporcionalidade (art. 193º, nº 1, do CPP) e de precaridade e subsidiariedade (art. 193º, nº 2, do CPP), ou seja, deve ser não só de duração limitada, mas também o último recurso das medidas de coação.

8.2.2. Proibição da inversão do ónus da prova

A *presunção de inocência* significa, como já referimos supra, a propósito do princípio *in dubio pro reo*, que ao arguido não assiste qualquer ónus de fazer prova da sua inocência. O que bem se compreende: se se presume o arguido inocente a prova da inocência seria de todo inútil, não fazendo, pois, o menor sentido. A haver algo que careça de prova é o contrário, ou seja, a culpa. A obrigação de fazer a prova da culpa compete, em primeiro lugar ao Ministério Público, e subsidiariamente ao juiz, por imposição do princípio da investigação.

Porém, pode muito bem acontecer que o arguido tenha interesse em contradizer a acusação contra si aduzida, o que obriga a que a este sejam informadas todas as provas contra si recolhidas, para que prepare de forma eficaz a sua defesa, havendo, assim, necessidade de dar-lhe a conhecer a acusação e a pronúncia (quando tenha sido requerida a instrução e a mesma tenha sido proferida).

---

inquérito ou da instrução do processo e, nomeadamente, perigo para a aquisição, conservação ou veracidade da prova; ou *c*) Perigo, em razão da natureza e das circunstâncias do crime ou da personalidade do arguido, de que este continue a atividade criminosa ou perturbe gravemente a ordem e da tranquilidade públicas».

O direito a contradizer a acusação contra si deduzida, por força do princípio da presunção de inocência e da ação penal ser exercida orientada pelo princípio da legalidade, impõe ao Ministério Público a obrigatoriedade de apresentar em tribunal todas e quaisquer provas de que disponha, sejam favoráveis ou desfavoráveis à acusação[103].

Discordamos, frontalmente, dos autores que defendem que ao arguido compete provar as circunstâncias justificativas e desculpantes por si alegadas, por violar expressamente o princípio da presunção de inocência, uma vez que poderá conduzir à condenação de uma pessoa por um facto que talvez não pudesse ser punível.

Um sistema processual penal acusatório temperado pelo princípio da investigação (art. 340º, nº 1, do CPP), como o nosso, permite que a incapacidade do Ministério Público de provar a culpabilidade do arguido seja suprida pela intervenção do tribunal. Isto é, a eventual incapacidade do Ministério Público em provar a culpa do arguido, não conduz, necessariamente, à absolvição do arguido.

A inversão do ónus da prova implica também que quem acusa e, necessariamente, investiga tenha a sua ação limitada quanto à recolha de prova em locais reservados não livremente acessíveis ao público, como por exemplo o domicílio, cuja busca carece de autorização judicial (art. 177º, do CPP e art. 34º, números 1 a 3, da CRP).

8.2.3. O arguido não é um meio de prova

A presunção de inocência, como corolário do respeito pela dignidade da pessoa humana, impõe que o processo penal seja justo, não se conformando com um tratamento privilegiado da confissão como meio de prova[104], tantas

---

[103] Neste sentido GERMANO MARQUES DA SILVA, *Curso de Processo Penal, cit.*, vol. I, pp. 82-83.

[104] Salvo, como já referimos supra, em sede de julgamento, se o crime for punível com pena de prisão igual ou inferior a 5 anos, e se se tratar de uma *confissão integral e sem reservas*. Nestas circunstâncias, a confissão pode constituir a "rainha de todas as provas", como resulta do disposto no art. 344º, números 1 e 2, do CPP. Este valor especial de prova atribuído à confissão advém do fato de a mesma ser controlada por um tribunal e os fatos objeto da mesma preencherem a tipificação legal de crime punível com pena de prisão igual ou inferior a 5 anos. Existe, assim, um limite processual quanto ao valor probatório (pleno) da confissão, a fim de permitir

DAS MEDIDAS DE COAÇÃO

vezes obtida mediante tortura física e psicológica nos idos do processo de estrutura inquisitória, que se caracteriza pelo princípio da presunção de culpa, como já referimos.

Num processo penal caraterizado pela máxima acusatoriedade, como o nosso, o arguido não pode ser concebido como um objeto do processo, não sendo, alguma vez, meio formal de prova[105], devendo antes ser considerado como um sujeito processual, com total liberdade para contradizer a acusação, através do recurso à igualdade de armas à disposição do acusador.

Do exposto resulta que o arguido não pode ser obrigado a prestar qualquer colaboração com o tribunal, sem que isso, de alguma forma, o possa prejudicar, devendo a sua participação no processo ser totalmente livre, respeitando-se a sua integral vontade de forma a que não surja uma verdade deturpada por via de uma qualquer pressão.

Como é referido pelo Prof. FIGUEIREDO DIAS[106], «o princípio da presunção de inocência, ligado agora diretamente ao princípio – o primeiro de todos os princípios jurídico-constitucionais – da preservação da dignidade pessoal, conduz a que a utilização do arguido como meio de prova seja sempre limitada pelo integral respeito pela sua decisão de vontade – tanto no inquérito como na instrução ou no julgamento: só no exercício de uma plena liberdade de vontade pode o arguido decidir se e como deseja tomar posição perante a matéria que constitui objeto do processo...».

Como manifestação da proibição do arguido como meio de prova, o art. 141º *(Primeiro interrogatório judicial de arguido detido)*, nº 5, do CPP, ao preceituar que seja garantida a liberdade ao arguido de prestar ou não declarações e de que, prestando-as, não lhe é exigível que diga a verdade.

No sentido da plena liberdade de vontade do arguido na prestação de declarações, o art. 344º, nº 1, do CPP (Confissão) ao estatuir: «No caso de o arguido declarar que pretende confessar os factos que lhe são imputados, o presidente, sob pena de nulidade, pergunta-lhe se o faz de livre vontade

---

que a produção da prova, nas formas de criminalidade mais graves, se faça em obediência aos princípios da oralidade e do contraditório.

[105] Isto não significa, obviamente, que o arguido não possa ser um meio de prova em sentido técnico-jurídico. Basta pensar nas revistas e exames corporais de que pode ser objeto, no sentido da descoberta da verdade material, cuja ordenação compete ao juiz.

[106] «Sobre os Sujeitos Processuais no Novo Código de Processo Penal», in *Jornadas de Direito Processual Penal..., cit.*, pp. 27-28.

e fora de qualquer coação, bem como se se propõe fazer uma confissão integral e sem reservas».

8.2.4. A presunção da inocência como regra política e direito subjetivo público

A presunção de inocência deve ser considerada como regra política, baseada nos princípios da democracia, da liberdade e, essencialmente, no respeito pela dignidade humana.

Como afirma o Prof. GERMANO MARQUES DA SILVA[107] o princípio de presunção de inocência é antes de mais uma regra "política" que releva o valor da pessoa humana na organização da sociedade e que recebeu consagração constitucional como direito subjetivo público, direito que assume relevância prática no processo penal num duplo plano: no tratamento do arguido no decurso do processo e como princípio de prova.

Como regra de tratamento processual traduz o direito do arguido a ser considerado como não responsável pela prática do crime que lhe é imputado enquanto não for condenado por sentença transitada em julgado, isto é, sem qualquer prejuízo de culpa que possa afetá-lo social ou moralmente em confronto com os demais cidadãos. Esta perspetiva – continua o autor – tem particular incidência no domínio das medidas de coação, impondo que não sejam aplicadas senão nos estritos limites das necessidades processuais e adequadas às exigências cautelares que o caso requer (art. 193º do CPP); qualquer desvio na utilização dessas medidas, nomeadamente como antecipação da pena, é incompatível com o princípio da presunção de inocência.

Enquanto princípio de prova, o direito à presunção de inocência significa que toda a condenação deve ser precedida de uma atividade probatória, a cargo da acusação, necessária a firmar a responsabilidade do arguido, não cumprindo a este a prova da sua inocência; na dúvida o arguido deve ser considerado inocente».

Como regra política e de responsabilidade moral, o princípio da presunção de inocência impõe ao juiz a procura da verdade material e o dever de assegurar ao arguido todos os meios práticos que lhe permitam provar o infundado da presunção de culpa, firmando-se, assim, um cunho estrutu-

---

[107] *Curso de Processo Penal cit.*, vol. I, pp. 302-303.

DAS MEDIDAS DE COAÇÃO

rante e dogmático da presunção de inocência no direito processual penal dos estados modernos.

8.2.5. A celeridade processual

A celeridade processual é uma consequência do princípio da presunção de inocência e, acima de tudo, um direito fundamental do arguido, previsto no art. 32º, nº 2, 2ª parte, da Constituição da República Portuguesa[108] e nos artigos 5º, nº 3 e 6º, nº 1, da Convenção Europeia dos Direitos do Homem[109].

A celeridade processual, porém, como muito bem refere ANABELA MIRANDA RODRIGUES «não pode ser sinónimo de não fazer justiça». A celeridade processual permite que a prova não se perca ou não perca a sua qualidade e o seu valor e, sobretudo, evita que se belisque a posição jurídica do arguido, servindo, assim, quer o interesse do arguido, quer o interesse público (ius puniendi), permitindo uma eficácia de punição, o qual, no entanto, e ainda segundo a autora referida «tem os seus limites na busca da verdade material, que cabe ao Ministério Público e ao Tribunal assegurar. Para além de que a aceleração processual não deve fazer-se à custa das garantias de defesa do arguido»[110], uma vez que, o princípio da celeridade processual impõe, justamente, «a proibição do sacrifício dos direitos inerentes ao estatuto processual do arguido a pretexto da necessidade de uma justiça célere e eficaz»[111].

A morosidade processual é de todo incompatível com a justiça, uma vez que inflige ao arguido uma restrição de determinados direitos. E é particularmente grave quando a mesma implica a prescrição do respetivo procedimento criminal, na medida em que, não raras as vezes, mantém

---

[108] Constituição da República Portuguesa, art. 32º, nº 2: «Todo o arguido se presume inocente até ao trânsito em julgado da sentença de condenação, devendo ser julgado no mais curto prazo compatível com as garantias de defesa».

[109] Convenção Europeia dos Direitos do Homem, art. 5º, nº 3: «Qualquer pessoa presa ou detida (...) tem direito a ser julgada num prazo razoável, ou posta em liberdade durante o processo...», art. 6º, nº 1: «Qualquer pessoa tem direito a que a sua causa seja examinada, equitativa e publicamente, num prazo razoável por um tribunal independente e imparcial...».

[110] «A Celeridade do Processo Penal – Uma Visão de Direito Comparado», in Actas de Revisão do Código de Processo Penal, Assembleia da República – Divisão de Edições, 1999, vol. II, Tomo II, p. 75.

[111] GOMES CANOTILHO e VITAL MOREIRA, ob. cit., p. 204.

sobre o arguido, sobretudo no seu meio social e profissional, o fardo penoso, pelo menos, da dúvida sobre a sua inocência, quando, na verdade, tinha o direito de ver declarada, solenemente e em julgamento público, a sua inocência (ou a culpa).

A morosidade processual ao impor restrições de direitos do arguido, destrói o conteúdo essencial e útil do princípio da presunção de inocência, esvaziando-o de sentido, constituindo um obstáculo à realização material do princípio constitucional, segundo o qual, «o processo criminal assegura todas as garantias de defesa...» (art. 32º, nº 1, da CRP).

A tranquilidade e ordem públicas, bases da segurança dos cidadãos, assentam na certeza da condenação de quem prevaricou e na absolvição dos inocentes. Mas, caso o processo se arraste ao longo de anos, beneficiando de amnistias ou prescrevendo, cria-se um sentimento de impunidade, o que provoca um descrédito comunitário na justiça e uma revolta do inocente que não vê a sua inocência ser declarada em sentença proferida por um tribunal[112].

9. Princípio democrático

> *A capacidade do homem para a justiça faz a democracia possível,*
> *mas a inclinação do Homem para a injustiça*
> *faz a Democracia necessária.*
> REINHOLD NIEBUHR

9.1. O princípio democrático como princípio processual penal

A República Portuguesa é um Estado de direito democrático, baseado na dignidade da pessoa humana, no respeito e na garantia de efetivação dos direitos e liberdades fundamentais (arts. 1º e 2º, da CRP), cuja justiça é administrada pelos tribunais em nome do povo (art. 202º, nº 1, da CRP), pelo que deve a mesma ser do povo, pelo povo e para o povo[113].

---

[112] Neste sentido GERMANO MARQUES DA SILVA, *Curso de Processo Penal, cit.*, vol. I, 4ª edição, p. 80.

[113] Constitui, assim, essência da democracia, na conhecida formulação de LINCOLN, *apud* GOMES CANOTILHO, *Direito Constitucional e Teoria da Constituição*, Almedina – Coimbra, 1999, p. 281, o "governo do povo, pelo povo e para o povo".

O princípio democrático baseia-se e inspira-se, pois, em ideais permanentes: o da suprema *dignidade da pessoa humana* e o da *igualdade de todos os cidadãos*, igualdade perante a lei, de direitos e deveres, mas também, e essencialmente, igualdade de natureza, de dignidade[114].

A dignidade da pessoa humana constitui, pois, uma das bases estruturantes da República Portuguesa, proclamadas no art. 1º da Constituição da República.

«Concebida como referência constitucional unificadora de todos os direitos fundamentais, o conceito de dignidade da pessoa humana obriga a uma densificação valorativa que tenha em conta o seu amplo sentido normativo-constitucional e não uma qualquer ideia apriorística do homem, não podendo reduzir-se o sentido da dignidade humana à defesa dos direitos pessoais tradicionais – como o direito à vida, à integridade física e moral, etc. – esquecendo-a nos casos dos direitos sociais, ou invocá-la para construir uma "teoria do núcleo da personalidade" individual, ignorando-a quando se trate de direitos económicos, sociais ou culturais»[115].

A base constitucional do princípio da igualdade é, como resulta do nº 1, do art. 13º, da Constituição da República Portuguesa, a igual dignidade social e a igualdade de todos os cidadãos perante a lei que, mais não é do que um corolário da igual dignidade humana de todos os cidadãos, cujo sentido imediato «consiste na proclamação da idêntica "validade cívica" de todos os cidadãos, independentemente da sua inserção económica, social, cultural e política, proibindo desde logo formas de tratamento ou consideração social discriminatórias»[116].

Numa conceção democrática da sociedade, e recorrendo uma vez mais às palavras de GERMANO MARQUES DA SILVA, não há, pois, «cidadãos que por natureza sejam bons e cidadãos que sejam maus; não é, por isso, admissível a estigmatização coletiva, de grupos, raças ou classe de pessoas, em razão da sua maior ou menor apetência para o crime, porque é pressuposto que a capacidade para praticar o bem e o mal está (...) repartida, por igual.

---

[114] Vide GERMANO MARQUES DA SILVA, «Bufos, Infiltrados, Provocadores e Arrependidos», in *Direito e Justiça*, F.D.U. Católica, vol. VIII, T. 2, 1994, p. 29.

[115] Vide J. J. GOMES CANOTILHO e VITAL MOREIRA, *Constituição da República Portuguesa Anotada*, 1º volume, Coimbra Editora, 1984, p. 70.

[116] Vide J. J. GOMES CANOTILHO e VITAL MOREIRA, *ob. cit.*, p. 148.

FINALIDADES E PRESSUPOSTOS DO PROCESSO PENAL

Não assim numa conceção aristocrática da sociedade em que pode – continua o autor – considerar-se «a provocação ao crime como método legítimo para combater a criminalidade, ao aceitar-se que há pessoas que por natureza são inaptas para o bem e para o respeito da lei e, por isso, que a provocação atua como uma espécie de laboratório para as descobrir (...). O agente, criminoso por natureza, acabaria sempre por cometer o crime, sendo apenas uma questão de tempo e de ocasião, pelo que a provocação apenas precipita a atuação criminosa.

Uma conceção democrática, pelo contrário, ao admitir a «fraqueza humana, considera que a ocasião, na forma de provocação, não revela apenas a apetência natural ou intrínseca para o crime, mas pode fazer vacilar aquele que, como a grande maioria de nós, sendo capaz de roçar os limites do ilícito, não os ultrapassa espontaneamente, não comete o crime senão por causa da provocação...»[117].

10. Princípio da lealdade

"Se caímos no mesmo vício,
arrependamo-nos juntamente com ele,
e convidemo-nos igualmente à conversão"
St. Agostinho[118]

10.1. Considerações gerais

A estrutura fundamental de um processo penal moderno e democrático, como o nosso, assenta, como é consabido, na dignidade da pessoa humana, no respeito e na garantia de efetivação dos direitos e liberdades fundamentais (arts. 1º e 2º, da CRP). Assim, o fim do processo penal não é apenas a descoberta da verdade material e a realização da justiça no caso concreto, por meios processualmente admissíveis, mas também a promoção (e proteção) do respeito e da garantia dos direitos fundamentais dos cidadãos perante o Estado a fim de ser alcançada a paz jurídica.

---

[117] In *Bufos, Infiltrados, Provocadores e Arrependidos, cit.*, pp. 28-29.
[118] Vide Santo Agostinho, o *Sermão da Montanha*, Livro 2, cap. 19.

DAS MEDIDAS DE COAÇÃO

A realização da justiça fundamenta-se, pois, no integral respeito da dignidade da pessoa humana, no respeito e garantia dos seus direitos e liberdades fundamentais e no respeito dos princípios morais e éticos, inerentes a uma comunidade civilizada.

O *princípio da lealdade* respeita, sobretudo, à investigação e recolha das provas devendo, pois, nortear não apenas a atuação do Ministério Público, mas também a atuação de toda a máquina da justiça e respetivos operadores, bem como, a atuação dos sujeitos processuais, com particular incidência nos órgãos de polícia criminal[119], pois são estes que, por via de regra, obtêm a *notitia criminis* e procedem à investigação criminal.

10.2. Natureza

A *lealdade*, como ensina o Prof. GERMANO MARQUES DA SILVA, «não é uma noção jurídica autónoma, é sobretudo de natureza essencialmente moral, e traduz uma maneira de ser da investigação e obtenção das provas em conformidade com o respeito dos direitos da pessoa e da dignidade da justiça.

As nulidades das provas são sanções que acuam *a posteriori*; o princípio da lealdade pretende imprimir *a priori* toda uma atitude de respeito pela dignidade das pessoas e da justiça e é o fundamento do que a nossa lei processual qualifica como proibições de prova (arts. 118º, nº 3 e 126º, do CPP)»[120].

O princípio da lealdade é classificado pelo Prof. CLAUS ROXIN como "«o mais alto princípio de todo o processo penal: o de exigência de *fair trail*», de um *procedimento leal*"[121], ao qual toda a administração da justiça

---

[119] Os órgãos de polícia criminal não são considerados, pela melhor doutrina, como verdadeiros sujeitos processuais, mas sim como "auxiliares dos sujeitos processuais" ou como "sujeitos processuais acessórios". Vide FIGUEIREDO DIAS, «Sobre os Sujeitos Processuais no Novo Código de Processo Penal», in *Jornadas de Direito Processual Penal/O Novo Código de Processo Penal...*, *cit.* p. 12.

[120] In *Curso de Direito Processual Penal*, *cit.*, volume I, p 67.

[121] CLAUS ROXIN, *apud* FIGUEIREDO DIAS «Do princípio da objetividade ao princípio da lealdade do comportamento do Ministério Público no Processo Penal», Anotação ao Acórdão do STJ nº 5/94, Proc. Nº 46444, in *RLJ*, Ano 128, nº 3860, pp. 344-345.

FINALIDADES E PRESSUPOSTOS DO PROCESSO PENAL

deve subordinar-se de forma a que se respeitem as normas essenciais à dignidade e à retidão da ação judiciária.

O crescente desenvolvimento tecnológico e científico dos métodos de investigação recolocou a problemática do respeito pela dignidade das pessoas e dos seus direitos e liberdades fundamentais «em termos tão prementes como relativamente a alguns dos métodos bárbaros do passado...»[122]. Compreende-se, pois, que o princípio da lealdade na obtenção da prova tenha merecido consagração constitucional, bem como no direito internacional.

De facto, dispõe a Constituição da República Portuguesa que «ninguém pode ser submetido a tortura, nem a tratos ou penas cruéis, degradantes ou desumanos» (art. 25º, nº 2), que «a todos são reconhecidos os direitos (...) ao bom nome e reputação e (...) reserva da intimidade da vida privada e familiar...» (art. 26º, nº 1) e que «são nulas todas as provas obtidas mediante tortura, coação, ofensa da integridade física ou moral da pessoa, abusiva intromissão na vida privada, no domicílio, na correspondência ou nas telecomunicações» (art. 32º, nº 8).

No mesmo sentido, a Declaração Universal dos Direitos do Homem, ao prescrever que «ninguém será submetido a tortura, nem a penas ou tratamentos cruéis, desumanos ou degradantes» (art. 5º) e que «ninguém sofrerá intromissões arbitrárias na sua vida privada, na sua família, no seu domicílio ou na sua correspondência, nem ataques à sua honra e reputação. Contra tais intromissões ou ataques toda a pessoa tem direito a proteção da lei» (art. 12º), a Convenção Europeia dos Direitos do Homem (arts. 3º e 8º) e o Pacto Internacional sobre os Direitos Civis e Políticos (art. 7º)[123].

A atuação desleal no exercício da atividade investigatória é sempre moralmente reprovável. Num Estado de direito democrático, o recurso a uma tal atuação no âmbito da atividade de investigação, é totalmente inadmissível, por frontalmente contrária aos valores inerentes à pessoa humana e à dignidade da própria justiça, devendo, pois, ser veementemente repudiada.

---

[122] Vide GERMANO MARQUES DA SILVA, *ob. cit.*, volume I, p. 67.

[123] *Pato Internacional sobre os Direitos Civis e Políticos*, art. 7º: «ninguém será submetido à tortura nem a pena ou a tratamentos cruéis, inumanos ou degradantes. Em particular, é interdito submeter uma pessoa a uma experiência médica ou científica sem o seu livre consentimento».

DAS MEDIDAS DE COAÇÃO

Como afirma GERMANO MARQUES DA SILVA, «a justiça criminal é chamada a investigar atividades suspeitas tanto de pessoas honestas como de malfeitores, mas todos são, antes de tudo, pessoas. Por outra parte, não se compreende que aqueles que se dedicam a servir a justiça possam usar na luta contra os malfeitores meios análogos àqueles que lhes reprovam.

A eficácia da justiça é também um valor que deve ser perseguido, mas porque numa sociedade livre e democrática os fins nunca justificam os meios, só será louvável quando alcançada pelo engenho e arte, nunca pela força bruta, pelo artifício ou pela mentira, que degradam quem as sofre, mas não menos quem as usa»[124].

Num Estado, cujos pilares fundamentais são, justamente, a dignidade da pessoa humana, o respeito e a garantia dos seus direitos e liberdades fundamentais, é inadmissível que, para o combate à criminalidade, por mais grave que seja, possam ser utilizados meios criminosos. Uma justiça que atue por meios ilícitos atenta, gravemente, contra as bases essenciais duma sociedade livre, justa e solidária, caraterística de um Estado de direito democrático, sendo, por isso, ilegítimos.

Como muito bem salienta GERMANO MARQUES DA SILVA[125], «não se pode admitir que a justiça atue por meios ilícitos e que o combate da criminalidade se possa fazer por meios criminosos o que redundaria em que a justiça e os criminosos se distinguissem apenas pela quantidade e não pela qualidade dos seus atos, sendo que bem poderia suceder serem mais os atos criminosos da justiça do que aqueles que buscam ou conseguem combater. A ordem pública é, seguramente, mais perturbada pela violação das regras fundamentais da dignidade e retidão da atuação judiciária, pilares fundamentais da sociedade democrática, do que pela não repressão de alguns crimes, por mais graves que sejam, pois são sempre muitos, porventura a maioria, os que não são punidos, por não descobertos, sejam quais forem os métodos de investigação utilizados»[126].

---

[124] *Ob. cit.*, volume I, p. 68.

[125] Vide GERMANO MARQUES DA SILVA, «Bufos, Infiltrados, Provocadores e Arrependidos», in *Direito e Justiça*, F.D.U. Católica, Vol. VIII, T.2, 1994, pp. 29-30.

[126] Neste sentido é paradigmática a sentença proferida no célebre caso Norte Americano Irão/Contras, em que foi condenado o coronel OLIVER NORTH que, contra a lei americana, vendia armamento ao Irão para, em nome dos ideais americanos, financiar a guerrilha Nicaraguense. O juiz LEE HAMILTON, que presidia ao colectivo sentenciou: «se para defendermos uma democracia utilizarmos processos antidemocráticos, por mais que pensemos que estamos

11. Princípio da oficialidade

*Quando um Estado não pune nem censura
os criminosos está a abalar as fundações
da justiça das gerações futuras.*
ALEXANDER SOLZHENITSYN

11.1. Concetualização e evolução histórica

Como é sabido, nem todos os interesses coletivos são penalmente tutelados, nem todas as condutas socialmente danosas são criminalmente sancionadas. Apenas os bens jurídicos fundamentais de uma comunidade politicamente organizada são objeto de tutela e proteção do direito penal, quando aqueles sofram uma lesão insuportável à vivência e convivência comunitárias. É por isso que, fundamentalmente, se fala do carácter necessariamente fragmentário do direito penal.

A intervenção penal substantiva depende, no entanto, da intervenção adjetiva do processo penal, no sentido, por um lado, do esclarecimento do facto qualificado como crime, da perseguição e punição do infrator e, por outro, como meio de proteção dos direitos fundamentais dos cidadãos perante o Estado, de forma a garantir que nenhum responsável passe sem punição e nenhum inocente seja condenado.

A evolução histórica do princípio da oficialidade identifica-se com a evolução do próprio Estado, que, nos nossos dias, assenta numa «política social preventiva e profilática, não podendo demitir-se do seu dever de perseguir e punir o crime e o criminoso». A promoção processual dos crimes como tarefa estadual pressupõe, hoje, «o reconhecimento da legitimidade de um poder supra-individual e mesmo (...) um ponto alto do desenvolvimento das instituições públicas»[127].

A ausência do poder central nas sociedades senhoriais e feudais proporcionou que os conflitos de interesse, relevantes juridicamente, que surgiam

---

a fortalecê-la, estaremos a enfraquecê-la». Mutatis mutandis o mesmo juízo se pode aplicar à legalidade, os seja, se para defendermos a legalidade utilizarmos processos ilegais, por mais que pensemos que estamos a defendê-la, estaremos a enfraquecê-la.

[127] Vide FIGUEIREDO DIAS, *Direito Processual Penal*, Lições coligidas por Maria João Antunes, Coimbra Editora, 1988-9, pp. 84-85.

DAS MEDIDAS DE COAÇÃO

entre os seus membros, fossem solucionados quer através de *acordo voluntário* quer através do recurso à *força*, sendo a reparação da infração deixada à mercê da *auto defesa* ou da *ação direta*, quer por parte do ofendido, quer por parte de um seu familiar[128].

Neste tipo de sociedades, claro está, os poderosos dominavam os mais fracos e desprotegidos, existindo uma justiça em que o ilícito predominava sobre o Direito.

Quando as sociedades começaram a organizar-se politicamente, centralizando-se, surge o instituto jurídico da *arbitragem*. Primeiramente, tinha um árbitro privado e não do Estado e era facultativo. Posteriormente, como obrigatória, a arbitragem passa a ser *pública*, sendo o Estado a fornecê-la, a discipliná-la e a reconhecer-lhe força necessária para se impor. Esta arbitragem pública abrangia, inicialmente, apenas as situações jurídicas que colocavam diretamente em causa a existência do Estado, tendo-se ampliado até abranger todos os casos jurídicos de relevância penal. Surge, então, a administração da Justiça pelo Estado, que reconhece a qualquer cidadão a faculdade de recorrer aos seus órgãos para defesa dos seus direitos[129].

A consagração do monopólio estatal da função jurisdicional[130], pilar fundamental das sociedades modernas, não exclui, no entanto, totalmente, a *autodefesa*. A lei admiti-a, excecionalmente, quando, face a lesão ou fundadas e sérias ameaças de lesão, de interesses juridicamente protegidos ou para realizar ou assegurar o próprio direito, não for possível recorrer, em tempo útil, aos meios coercivos normais, a fim de evitar tal lesão ou ameaça, ou para evitar a inutilização prática do direito, como preceituam os arts. 21º da CRP, 31º, do Código Penal e 336º, do Código Civil[131].

---

[128] Vide FIGUEIREDO DIAS, *ob. cit.*, p. 85.

[129] Vide FIGUEIREDO DIAS, *ob. cit.*, pp.85-86.

[130] *Constituição da República Portuguesa*, «Artigo 202º *(Função jurisdicional)* 1. Os tribunais são órgãos de soberania com competência para administrar a justiça em nome do povo. 2. Na administração da justiça incumbe aos tribunais assegurar a defesa dos direitos e interesses legalmente protegidos dos cidadãos, reprimir a violação da legalidade democrática e dirimir os conflitos de interesses públicos e privados. 3. No exercício das suas funções os tribunais têm direito à coadjuvação das outras autoridades. 4. A lei poderá institucionalizar instrumentos e formas de composição não jurisdicional de conflitos».

[131] *Constituição da República Portuguesa*, «Artigo 21º *(Direito de resistência)* Todos têm o direito de resistir a qualquer ordem que ofenda os seus direitos, liberdades e garantias e de repelir pela força qualquer agressão, quando não seja possível recorrer à autoridade pública».

FINALIDADES E PRESSUPOSTOS DO PROCESSO PENAL

As Ordenações seguiam um sistema misto, em que coexistia a perseguição *oficiosa* de certas infrações – através da *devassa*, cuja instrução era realizada por um juiz – com a *ação* popular, que seria exercida por aqueles que não fossem inimigos do ofendido, e com a *ação* privada, que poderia ser exercida quer nos crimes de natureza pública, quer nos de natureza particular. Com o Decreto-Lei nº 35007, o princípio da oficialidade ganha o alcance que hoje o carateriza, considerando os particulares como meros auxiliadores (subordinados) do Ministério Público, que passam a ser «assistentes» em vez de partes acusadoras[132].

A promoção processual é, pois, nos nossos dias, uma tarefa estadual que deverá ser realizada *ex officio* por uma entidade pública (Ministério Público) independente de qualquer vontade e de qualquer atuação dos particulares, com as restrições previstas na lei, e subjugada à isenção, objetividade e legalidade na sua atuação (arts. 219º da CRP e 53º do CPP).

A tarefa em causa impõe-se ao Estado como um dever de investigar, de esclarecer, de perseguir e de julgar os comportamentos desviantes, ou seja, os factos que a lei qualifica como crimes. Ao Estado cumpre o dever de administrar e realizar a justiça penal, que se apresenta como «uma experiência irrenunciável das sociedades modernas»[133].

11.2. Fundamento do princípio da oficialidade

Ao Estado incumbe a tarefa e o dever de administrar e realizar a justiça penal, pública e solenemente, retirando do livre arbítrio dos particulares a aplicação das reações penais nos casos concretos.

Código Penal, «Artigo 32º *(Legítima defesa)* Constitui legítima defesa o fato praticado como meio necessário para repelir a agressão atual e ilícita de interesses juridicamente protegidos do agente ou de terceiro».

Código Civil, «Artigo 336º *(Ação direta)* 1. É lícito o recurso à força com o fim de realizar ou assegurar o próprio direito, quando a ação direta for indispensável, pela impossibilidade de recorrer em tempo útil aos meios coercivos normais, para evitar a inutilização prática desse direito, contanto que o agente não exceda o que for necessário para evitar o prejuízo. 2. A ação direta pode consistir na apropriação, destruição ou deterioração de uma coisa, na eliminação da resistência irregularmente oposta ao exercício do direito, ou noutro ato análogo. 3. A ação direta não é lícita, quando sacrifique interesses superiores aos que o agente visa realizar ou assegurar».

[132] Vide FIGUEIREDO DIAS, *ob. cit.*, pp. 88-89.

[133] Idem, *ob. cit.*, p. 85.

DAS MEDIDAS DE COAÇÃO

O princípio da oficialidade promove um processo penal público e tem como fundamento a promoção de uma justiça penal isenta de quaisquer arbitrariedades e da influência quer direta quer mediática dos detentores do poder económico, social, político ou outro. A justiça penal tem de se fundar em valores e princípios: a igualdade, imparcialidade, independência, liberdade, proporcionalidade, solidariedade e respeito pela personalidade individual.

A iniciativa e a prossecução processual, ao ser cometida a um ente público, o qual tem, sob pena de nulidade, de fundamentar as suas decisões, visa também a transparência do processo, que é público e, necessariamente, se credibiliza, evitando-se que a efetiva aplicação da justiça penal caia no livre arbítrio dos particulares[134].

11.3. O princípio da oficialidade no direito processual penal português

O princípio da oficialidade, como supra se referiu, significa que a iniciativa e prossecução processuais são públicos, pertencem a uma entidade pública, ao Ministério Público.

Ao Ministério Público compete exercer a ação penal orientada pelo princípio da legalidade (art. 219º, nº 1, da CRP), tendo legitimidade para promover o processo penal, com as restrições que adiante referiremos, (art. 48º do CPP), competindo-lhe, neste âmbito, colaborar com o tribunal na descoberta da verdade e na realização do direito, obedecendo em todas as suas intervenções processuais a critérios de estrita objetividade (art. 53º, nº 1, do mesmo diploma legal).

Para o efeito, o Ministério Público adquire a notícia do crime por conhecimento próprio, por intermédio dos órgãos de polícia criminal ou mediante denúncia (art. 241º, do CPP). A notícia de um crime de natureza pública, dá sempre lugar à abertura de inquérito (art. 262º, nº 2), o qual compreende o conjunto de diligências que visam investigar a existência de um crime, determinar os seus agentes e a responsabilidade deles e descobrir e recolher as provas, em ordem à decisão sobre a acusação (art. 262º, nº 1, do CPP), cuja direção compete ao Ministério Público, assistido pelos órgãos de polícia criminal, que atuam sob a sua direta orientação e na sua dependência funcional (art. 263º, do CPP).

---

[134] Neste sentido, FIGUEIREDO DIAS, *ob. cit.*, p. 87.

11.4. Limitações ao princípio da oficialidade

O Ministério Público tem legitimidade para promover o processo penal, com as restrições constantes dos artigos 49º a 52º (art. 48º, do CPP). Estas restrições têm que ver com a natureza do crime, que pode ser pública, semipública ou particular.

Nos crimes públicos, o Ministério Público promove *oficiosamente* e por sua própria iniciativa o processo penal. Ou seja, o procedimento criminal depende apenas e só do facto do Ministério Público ter conhecimento, de qualquer forma ou modo, do crime. Estes crimes, não admitindo, em caso algum, a desistência de queixa, dão sempre lugar à abertura de inquérito (arts. 48º e 262º, nº 2, do CPP). A grande maioria dos tipos de crime previstos no Código Penal são de natureza pública.

Nos crimes semipúblicos o procedimento criminal depende de queixa. Ou seja, para que o Ministério Público promova o processo penal, torna-se necessário que o titular do direito de queixa (ofendido e as pessoas a que se refere o art. 113º, do Código Penal) a apresente ao Ministério Público (art. 49º, nº 1, do CPP). Considera-se feita ao Ministério Público a queixa dirigida a qualquer outra entidade que tenha a obrigação legal de a transmitir àquele (art. 49º, nº 2), como, por exemplo, os órgãos de polícia criminal (arts. 243º, nº 3, 245º e 248, nº 1, do CPP). A queixa pode ser apresentada pelo titular do direito respetivo, por mandatário judicial ou por mandatário munido de poderes especiais (art. 49º, nº 3, do CPP).

Só haverá lugar à abertura de inquérito se houver queixa (arts. 262º, nº 2 e 49º, do CPP).

Nos crimes semipúblicos é sempre admissível a desistência de queixa, independentemente da fase processual em que se encontre o processo. Se o conhecimento da desistência tiver lugar durante o inquérito, a homologação cabe ao Ministério Público; se tiver lugar durante a instrução ou o julgamento, ela cabe, respetivamente, ao juiz de instrução ou ao presidente do tribunal (art. 51º, nº 2, do CPP). Com a referida homologação cessa a intervenção do Ministério Público (art. 51º, nº 1).

Logo que tomar conhecimento da desistência, a autoridade judiciária competente para a homologação notifica o arguido para em cinco dias, declarar, sem necessidade de fundamentação, se a ela se opõe. A falta de declaração equivale a não oposição (art. 51º, nº 3).

DAS MEDIDAS DE COAÇÃO

Compreende-se esta faculdade dada ao arguido de, no prazo de cinco dias a contar da notificação, poder opor-se à desistência da queixa apresentada pelo respetivo titular, na justa medida em que, para salvaguarda do seu legítimo direito de defesa da honra, pode manter o interesse em ver provada a sua inocência em julgamento solene.

O direito de queixa, nos crimes semipúblicos (e nos crimes particulares, art. 117º do Código Penal), extingue-se no prazo de *6 meses* a contar da data em que o titular tiver tido conhecimento do facto e dos seus autores, ou a partir da morte do ofendido, ou da data em que ele se tiver tornado incapaz (art. 115º, do Código Penal).

Os crimes semipúblicos são uma limitação ao princípio da oficialidade, na medida em que apenas limitam o início da investigação, fazendo-a depender da existência de queixa, apresentada pelo respetivo titular, cabendo, no entanto, ao Ministério Público, a decisão de submeter ou não o facto a julgamento, a qual é autónoma de qualquer decisão do ofendido, salvo se, como já se referiu, houver desistência da queixa.

A limitação ao princípio da oficialidade protagonizada pelos crimes semipúblicos fundamenta-se na razão de ser e na essência da própria conduta desviante que, apesar de violar bens jurídicos relevantes e fundamentais da comunidade, não atingem direta e imediatamente aquela de tal modo que lhe insira a necessidade da mesma reagir contra o agente da conduta, prevalecendo a sua insignificância e a decisão do arguido de fazer valer a exigência de retribuição[135].

Os crimes particulares, por seu turno, são aqueles cujo procedimento criminal depende de queixa do ofendido (ou das pessoas previstas no art. 113º, do Código Penal) e de acusação particular. Ou seja, nos crimes particulares, para que o procedimento criminal possa ter lugar, é necessário que as pessoas referidas se queixem, se constituam assistentes e deduzam acusação particular (arts. 50º, nº 1 e 246º, nº 4, do CPP).

O Ministério Público procede oficiosamente a quaisquer diligências que julgar indispensáveis à descoberta da verdade e couberem na sua competência, participa em todos os atos processuais em que intervier a acusação particular, acusa conjuntamente com esta e recorre autonomamente das decisões judiciais (art. 50º, nº 2, do CPP).

---

[135] Vide FIGUEIREDO DIAS, *ob. cit.*, p. 90.

FINALIDADES E PRESSUPOSTOS DO PROCESSO PENAL

Nos crimes particulares não é só o impulso processual que depende da iniciativa dos particulares, mas também a própria apresentação do facto a juízo, por parte do Ministério Público, só é possível em face de uma prévia acusação do particular. Subtraiu, assim, o legislador, por razões de política criminal, os crimes particulares, ao princípio da oficialidade e em certa medida ao da obrigatoriedade[136].

12. Princípio da legalidade

> *O Direito impera mesmo quando está errado.*
> PROVERBIO ROMANO

12.1. Concetualização

A perseguição *oficiosa* dos crimes compete ao Estado, enquanto dever de administração e realização da justiça penal, que se atinge quando, e apenas, são condenados os culpados e não os inocentes.

O exercício da ação penal, como a mais importante função da magistratura do Ministério Público, está subordinado ao princípio da *legalidade*, que se traduz na obrigação do Ministério Público promover o processo penal após a notícia do crime que, salvo as exceções previstas na lei, dá sempre lugar à abertura de inquérito (art. 262º, nº 2, do CPP), e de deduzir acusação se, no decurso do mesmo, tiverem sido recolhidos indícios suficientes[137] de se ter verificado o crime e de quem foi o seu agente (art. 283º, nº 1, do mesmo diploma legal).

O princípio da legalidade, como expressão da justiça penal, impele a intervenção obrigatória do Ministério Público «sempre que se verifiquem os pressupostos jurídico-factuais da incriminação e processuais da *ação penal*»[138].

---

[136] Vide FREDERICO ISASCA, *Alteração Substancial dos Fatos e Sua Relevância no Processo Penal Português*, 2ª edição, Almedina Coimbra, 1995, p. 158, nota 1.

[137] Consideram-se suficientes os indícios sempre que deles resultar uma possibilidade razoável de ao arguido vir a ser aplicada, por força deles, em julgamento, uma pena ou uma medida de segurança (art. 283º, nº 2, do CPP); ou seja, sempre que, com base neles, seja mais provável a condenação do que a absolvição.

[138] Vide GERMANO MARQUES DA SILVA, *Curso de Processo Penal, cit.*, vol. I, p. 72.

DAS MEDIDAS DE COAÇÃO

Para a abertura de inquérito, não basta, pois, a notícia do crime e a recolha de indícios suficientes da verificação do crime e seu agente. É ainda necessário que ao Ministério Público assista a *legitimidade* da ação penal. Quanto aos crimes de natureza pública, a sua legitimidade é total; quanto aos crimes semipúblicos, depende de queixa; quanto aos crimes particulares depende de queixa e de acusação particular (arts. 48º a 50º, do CPP).

A obrigação da promoção e prossecução processual, como expressão do princípio da legalidade, tem como consequência a indisponibilidade não só do objeto do processo, mas também do próprio processo, impossibilitando, assim, a renúncia ou a desistência da acusação[139], bem como, quaisquer negociações relativamente ao seu conteúdo.

O princípio da legalidade «tem como contraposto o *princípio da oportunidade*, segundo o qual o MP poderá ou não promover o processo em razão do juízo que formular sobre a sua conveniência»[140]. Porém, como muito bem refere ANABELA MIRANDA RODRIGUES, «uma correta visão das coisas ensina-nos que não se deve conferir validade absoluta a qualquer dos princípios opostos (...). É o que faz o novo Código que tempera o princípio da legalidade, em certas hipóteses concretas, por meio de um cauteloso reconhecimento do princípio da oportunidade. Assim, o Ministério Público pode decidir-se pelo *arquivamento do processo* – com a concordância do juiz de instrução – sempre que se trate de crime relativamente ao qual o Código Penal preveja a possibilidade de dispensa ou de isenção de pena (art. 280º). Como pode, da mesma forma, determinar a *suspensão provisória do processo* sempre que este diga respeito a crime punível com pena de prisão não superior a cinco anos ou com pena diferente da prisão, impondo ao arguido, porém, neste caso, injunções e regras de conduta que aquele terá de cumprir sob pena de o processo prosseguir»[141] (art. 281º, do CPP).

O princípio da legalidade está consagrado nos arts. 262º, nº 2 e 283º, do CPP, entre outros.

---

[139] Salvo nos crimes semipúblicos e particulares, como resulta do disposto no art. 51º, do CPP.

[140] Vide GERMANO MARQUES DA SILVA, *ob. cit.*, vol. I, p. 73.

[141] Vide ANABELA MIRANDA RODRIGUES, «O Inquérito no Novo Código de Processo Penal», *Jornadas de Direito Processual Penal/O Novo Código de Processo Penal*, Centro de Estudos Judiciários, Almedina Coimbra, 1991, pp. 74-75.

FINALIDADES E PRESSUPOSTOS DO PROCESSO PENAL

12.2. O princípio da legalidade como fundamento do Estado de direito

Como já referimos, compete ao Ministério Público, enquanto representante do Estado, «exercer a ação penal orientada pelo princípio da legalidade» (art. 219º, nº 1, da CRP). Nestes termos, a atuação do Ministério Público deve pautar-se apenas de acordo com a lei, e não por «considerações de oportunidade de qualquer ordem, *v. g.*, política (raison d'État), financeira (custos) ou até social»[142], vedando-se, assim, uma atuação discricionária no plano da justiça penal, como resulta do art. 97º, nº 5, do CPP, ao determinar que os atos decisórios do Ministério Público (e dos juízes), onde naturalmente se inclui o despacho de acusação, «são sempre fundamentados, devendo ser especificados os motivos de facto e de direito».

Como muito bem refere FIGUEIREDO DIAS, a consagração do princípio da legalidade merece aplausos no sentido de que «ela preserva um dos fundamentos essenciais do Estado de Direito, enquanto põe a justiça penal a coberto de suspeitas e de tentações de parcialidade e arbítrio», evitando o surgimento de «influências externas, da ordem mais adversa, na administração da justiça penal» e o desaparecimento da «confiança da Comunidade na incondicional objetividade daquela administração»[143].

O princípio da legalidade, como garantia jurídica dos cidadãos contra os arbítrios estatais, impõe a *igualdade* na aplicação do direito, cujo princípio encontra-se consagrado do art. 13º da CRP. Sobre o titular público da promoção processual recai o dever que «exerça os seus poderes que a lei lhe confere sem atentar no estado ou nas qualidades da pessoa, ou nos interesses terceiros»[144], investigando o facto punível em obediência a critérios de estrita legalidade e objetividade, independentemente, portanto, de quem seja o agente do crime.

12.3. Controlo do exercício da ação penal

Estando o exercício da ação penal subordinado ao princípio da legalidade, compreende-se a grande importância que tem na estrutura do processo penal a possibilidade de controlo da atuação do Ministério Público,

---

[142] Vide FIGUEIREDO DIAS, *Direito Processual Penal*, lições coligidas ..., *cit.*, p. 93.

[143] *Ob. cit.*, p. 95.

[144] Vide FIGUEIREDO DIAS, *ob. cit.*, p. 95.

DAS MEDIDAS DE COAÇÃO

desenvolvida no âmbito de tal exercício. O nosso Código de Processo Penal consagrou duas vias de controlo: uma hierárquica e outra judicial.

O controlo hierárquico, no caso de *arquivamento* (art. 278º, do CPP), como refere ANABELA MIRANDA RODRIGUES, procura «assegurar uma "válvula de segurança" no sistema, para a sindicância de casos escandalosos em que não haja partes interessadas e face à impossibilidade do exercício dos poderes gerais de avocação após o encerramento do inquérito» e não que funcione como «modo normal de controlo da legalidade da abstenção de acusação»[145].

Nestes termos, o despacho de *arquivamento* do Ministério Público, inserido numa magistratura hierarquizada, está sujeito à intervenção do seu imediato superior hierárquico, no prazo de 20 dias, a contar da data em que a abertura de instrução já não puder ser requerida[146], o qual pode determinar que seja formulada acusação ou que as investigações prossigam, indicando, neste caso, as diligências a efetuar e o prazo para o seu cumprimento (art. 278º, do CPP).

Esgotado o prazo de 20 dias, contado da data do despacho de arquivamento, o inquérito só pode ser reaberto se surgirem *novos elementos de prova* que invalidem os fundamentos invocados pelo Ministério Público no despacho de arquivamento. Do despacho do Ministério Público que *deferir* ou *recusar* a reabertura do inquérito há reclamação para o superior hierárquico imediato (art. 279º, do CPP).

O controlo judicial está previsto no art. 287º, do CPP, e pode ser desencadeado quer pelo arguido quer pelo assistente, no prazo de 20 dias a contar da notificação da acusação ou do arquivamento, através do requerimento de abertura da instrução:

a) Pelo arguido, tratando-se de crimes públicos e semipúblicos, relativamente a factos pelos quais o Ministério Público ou o assistente, tratando-se de crimes particulares, tiverem deduzido acusação;

b) Pelo assistente, se o procedimento não depender de acusação particular, relativamente a factos pelos quais o Ministério Público não tiver deduzido acusação.

---

[145] In *Jornadas de Direito Processual Penal ..., cit.*, p. 76.

[146] O que significa que, sendo requerida a instrução o controlo ou intervenção hierárquica não tem lugar, como bem se compreende.

FINALIDADES E PRESSUPOSTOS DO PROCESSO PENAL

A instrução, de caráter facultativo, que «visa a comprovação judicial da decisão de deduzir acusação ou de arquivar o inquérito em ordem a submeter ou não a causa a julgamento» (art. 286º, do CPP), é da competência do juiz de instrução, assistido pelos órgãos de polícia criminal (art. 288º, nº 1, do mesmo diploma legal).

Refira-se, finalmente, que o despacho de arquivamento – nos casos em que o assistente não exerceu o seu direito de provocar o seu controlo judicial – nunca terá a força de caso julgado que o torna definitivo. Isto quer dizer, como muito bem refere ANABELA MIRANDA RODRIGUES, «que aquela decisão apenas adquiriu uma força análoga à do caso julgado, que na doutrina se designa por caso julgado *rebus sic standibus* (...), ou seja, condicionada à superveniência de novos elementos de prova *que devem considerar-se "novos" em relação aos já apreciados*. Caso em que será sempre possível requerer a reabertura do inquérito (art. 279º)»[147].

13. Princípio da jurisdição e do juiz natural

> *"ninguém hoje admitiria discutir em tribunal*
> *os seus direitos sem a garantia de um juiz*
> *legal, independente"*
> GOMES CANOTILHO[148]

13.1. Considerações gerais

O Estado apresenta-se perante a comunidade como o legítimo agente de intervenção punitiva, cujos pressupostos estão definidos na lei, a qual assegura as garantias processuais do arguido que, ao lado das garantias penais, limitam o próprio poder punitivo em prol das liberdades individuais[149].

O processo penal prescreve um conjunto de garantias, desde a *notitia criminis* até ao transito em julgado do processo, ordenando as várias ativi-

---

[147] In *Jornadas de Direito Processual Penal ..., cit.*, p. 76.

[148] In *Estado de Direito*, Gradiva, 1999, p. 70.

[149] O nº 1, do art. 32º da CRP ao estabelecer que «o processo criminal assegura todas as garantias de defesa, incluindo o recurso», impõe ao legislador a obrigatoriedade de estipular mecanismos legais que assegurem tais garantias.

DAS MEDIDAS DE COAÇÃO

dades da acusação, da defesa e do tribunal, com vista a realização da justiça no caso concreto, que não será alcançada se apenas se primordializar a jurisdição, porque poderá criar um desequilíbrio entre os poderes do juiz, da acusação e da defesa[150].

A tutela efetiva dos direitos fundamentais, considerados numa perspetiva individual e coletiva, como os da dignidade, da liberdade, da igualdade e da segurança, prossegue-se através do processo penal jurisdicionalizado, obrigando a que o processo se desenvolva segundo uma visão equilibrada e harmonizada nas suas três vertentes fundamentais: *jurídica*, *política* e *social*. Na vertente *jurídica*, o processo funciona como instrumento de realização do direito objetivo; na *política*, apresenta-se como uma garantia do arguido; e na *social*, consigna um contributo forte para o estabelecimento de uma convivência pacífica da sociedade[151].

Sendo o processo penal a forma de realização da jurisdição penal, o princípio da jurisdição assume a sua pedra angular. Porém, como afirma GERMANO MARQUES DA SILVA, «sem olvidar que a jurisdição é sem dúvida elemento relevantíssimo e fundamental do processo penal, ao destacar-se o relevo e essencialidade da jurisdição, não deve minorar-se a também importantíssima função da acusação e da defesa num processo com estrutura acusatória, não só na própria génese da atividade jurisdicional como na determinação do seu alcance e limites»[152].

13.2. O princípio da Jurisdição ou da garantia judiciária

O art. 202º da CRP reserva aos tribunais, enquanto órgãos de soberania, a competência para administrar a justiça em nome do povo, incumbindo-lhe na administração da justiça, assegurar a defesa dos direitos e interesses legalmente protegidos dos cidadãos, reprimir a violação da legalidade democrática e dirimir os conflitos de interesses públicos e privados. O art. 9º, do CPP, prescreve que os tribunais judiciais administram a justiça penal de acordo com a lei e o direito (nº 1). No exercício da sua função, os tribunais e demais autoridades judiciárias têm direito a ser coadjuvados

---

[150] Neste sentido GERMANO MARQUES DA SILVA, *ob. cit.*, vol. I, p. 52.
[151] Vide GERMANO MARQUES DA SILVA, *Curso de Processo Penal, cit.*, vol. I, p. 52.
[152] *Curso de Processo Penal cit.*, vol. I, pp. 51-52.

FINALIDADES E PRESSUPOSTOS DO PROCESSO PENAL

por todas as outras autoridades; a colaboração solicitada prefere a qualquer outro serviço (nº 2).

Os tribunais são *independentes* e apenas estão sujeitos à lei, art. 203º, da Constituição da República Portuguesa.

Esta exclusividade de competência para a aplicação definitiva da lei penal no caso concreto, não é, porém, como muito bem salienta GERMANO MARQUES DA SILVA, «incompatível com a comparticipação da acusação e da defesa na própria determinação da medida penal a aplicar ou que a atuação do tribunal seja condicionada pelo impulso processual inicial ou sucessivo de outros sujeitos processuais»[153].

Intimamente ligado ao princípio da jurisdição está a conceção de um juiz *imparcial* e *independente* preocupado, apenas, com a realização da justiça no caso concreto, que se concretiza, naturalmente, quer na absolvição quer na condenação do arguido. Só um juiz imparcial e independente pode assumir o papel de garante último dos direitos, liberdades e garantias do cidadão.

A atividade jurisdicional deve ser, pois, uma presença garantística dos direitos liberdades e garantias do cidadão, em cujo exercício se fundamenta e realiza um processo penal livre e moderno, espelho de um Estado de direito democrático.

13.2.1. *Manifestação do princípio da jurisdição na fase de inquérito*

Não obstante o Ministério Público ser o *dominus* do inquérito (art. 263º, nº 1, do CPP), o princípio da *jurisdição* impõe que, mesmo nesta fase, sempre que esteja em causa atos que se *prendam diretamente com direitos fundamentais* (art. 32º, nº 4, *in fine*, da CRP), a competência para a sua prática ou para a sua ordenação ou autorização, pertence ao juiz de instrução.

Atos que apenas podem ser praticados pelo juiz de instrução: primeiro interrogatório judicial de arguido detido; a aplicação de medidas de coação ou de garantia patrimonial, à exceção do termo de identidade e residência (art. 196º do CPP); as buscas e apreensões em escritório de advogado, consultório médico ou estabelecimento bancário; tomar conhecimento, em primeiro lugar, do conteúdo da correspondência apreendida; decla-

---

[153] *Curso de Processo Penal cit.*, vol. I, p. 52.

DAS MEDIDAS DE COAÇÃO

rar a perda a favor do Estado, de bens apreendidos, quando o Ministério Público proceder ao arquivamento do inquérito, etc. (art. 268º, do CPP).

Atos a ordenar ou autorizar pelo juiz de instrução: buscas domiciliárias; apreensões de correspondência; interceção, gravação ou registo de conversações ou comunicações, etc. (art. 269º, do mesmo diploma legal).

Garante-se, assim, mesmo na fase de inquérito, a defesa dos direitos, liberdades e garantias do arguido, face ao poder estatal de investigação, através de uma função jurisdicional, desempenhada pelo juiz de instrução, independente e imparcial quanto às investigações, que se apresenta como um *contrapoder* que visa limitar e, sobretudo, evitar quaisquer violações dos direitos fundamentais do cidadão. Consagrou, pois, o CPP/87, a jurisdicionalização de todas as medidas instrutórias que diretamente contendam com os direitos liberdades e garantias do cidadão.

13.3. O juiz natural ou legal

A génese do princípio do juiz natural terá sido a lei francesa de agosto de 1790, que organizou a atividade judiciária e que tinha como fim evitar que o rei se imiscuísse nas questões judiciais e garantir aos seus súbditos tribunais imparciais[154]. Manifestações contemporâneas no mesmo sentido encontram-se no art. 25º da Constituição italiana de 1947[155] e no art. 101º da Constituição alemã de 1949[156]. De qualquer um dos textos resulta que se verificou a necessidade de proibir os tribunais extraordinários ou especiais. A Comissão Internacional de Juristas, em 1959, aquando da criação do tribunal internacional *ad hoc* para julgar os crimes praticados na segunda Grande Guerra, demonstrava também a sua preocupação quanto aos perigos que poderiam advir da criação de tribunais de exceção competentes para conhecer certos assuntos particulares ou certas categorias de crimes, pois de um tribunal *ad hoc* não é de esperar que atue com independência[157].

---

[154] Neste sentido GERMANO MARQUES DA SILVA, *ob. cit.*, 4ª Edição, vol. I, p. 55.

[155] *Constituição Italiana*, art. 25º: «Ninguém pode ser subtraído ao juiz natural preconstituído por lei».

[156] *Constituição Alemã*, art. 101º, nº 1: «É vedada a instituição de tribunais de excepção. Ninguém pode ser subtraído ao seu juiz legal».

[157] Vide GERMANO MARQUES DA SILVA, *ob. cit.*, vol. I, p. 55, nota 2.

FINALIDADES E PRESSUPOSTOS DO PROCESSO PENAL

Em Portugal, o princípio ganha consagração com a Carta Constitucional de 1826, prescrevendo esta, no seu art. 145º que, «a inviolabilidade dos Direitos Civis e Políticos dos Cidadãos Portugueses, que tem por base a liberdade, a segurança individual e a propriedade, é garantida pela Constituição do reino, pela maneira seguinte: § 10º Ninguém será sentenciado senão pela Autoridade competente, por virtude de Lei anterior, e na forma por ela prescrita».

Atualmente, o princípio do juiz natural ou legal, encontra-se consagrado no art. 32º, nº 9, da CRP, conjugado com o art. 209º, nº 4, ao estabelecerem, respetivamente, que «*nenhuma causa pode ser subtraída ao tribunal cuja competência esteja fixada em lei anterior*» e que, «*sem prejuízo do disposto quanto aos tribunais militares, é proibida a existência de tribunais com competência exclusiva para o julgamento de certas categorias de crimes*».

O princípio do juiz natural ou legal prescreve, pois, que o tribunal competente para o julgamento terá de ser predeterminado por lei, proibindo-se, assim, a «criação de tribunais *ad hoc* ou a atribuição da competência a um tribunal diferente do que era legalmente competente à data do crime»[158], ou seja, o preceito constitucional evita que se designe arbitrariamente um juiz ou um tribunal para julgar um caso específico, cujo conteúdo procurou «inconstitucionalizar a existência de tribunais de exceção em matéria criminal, bem como impedir quaisquer violações ao princípio do juiz natural»[159].

O referido princípio, que inclui todos os juízes que são chamados a participar numa decisão, abrangendo, assim, quer os juízes de instrução, quer os dos tribunais coletivos, quer também os dos tribunais singulares, impõe que as normas processuais e orgânicas detenham «regras que possam estipular o tribunal que há de intervir em cada caso em atenção a critérios objetivos; não é pois admissível que a norma autorize a determinação do tribunal *a posteriori* ou discricionariamente»[160].

---

[158] Vide GOMES CANOTILHO e VITAL MOREIRA, *ob. cit.*, p. 207 e GERMANO MARQUES DA SILVA, *ob. cit.*, 4ª Edição, vol. I, p. 54.

[159] Vide FIGUEIREDO DIAS, «Sobre a Revisão Constitucional e o Processo Penal», in *Direito Processual Penal*, textos coligidos por TERESA BELEZA e FREDERICO ISASCA, AAFDL, 1991/1992, p. 22.

[160] Vide GERMANO MARQUES DA SILVA, *ob. cit.*, 4ª Edição, vol. I, p. 54.

DAS MEDIDAS DE COAÇÃO

Em matéria criminal dos tribunais judiciais, o art. 211º, da CRP, garante a exclusividade da jurisdição, sendo que o art. 203º, da CRP, consagra a independência e a sujeição à lei dos tribunais.

GOMES CANOTILHO e VITAL MOREIRA[161] defendem que ao princípio do juiz natural ou legal estão subjacentes três princípios: o princípio da *"exigência da determinabilidade"* (que consiste em leis gerais inequivocamente predeterminarem os juízes que devem decidir sobre um caso concreto); o princípio da *"fixação de competência"* (que impõe a obrigatoriedade de se observar as competências «decisórias legalmente atribuídas ao juiz e a aplicação dos preceitos que de forma mediata ou imediata são decisivos para a determinação do juiz da causa»); e o princípio da "observância das determinações de procedimento referentes à *divisão funcional interna"* (o que implica a existência «de um plano de distribuição de processos».

Tal como hoje, ninguém admitiria discutir em tribunal os seus direitos sem a garantia de um juiz legal independente», a independência e a imparcialidade dos juízes e dos tribunais será assegurada desde que não se criem, após a prática do facto, tribunais de exceção, ou de definição individual de competência, provocando uma discricionaridade que corroiria a justiça e a igualdade de direitos entre os cidadãos que determina que aquela seja independente e imparcial para todos[162].

O direito internacional sobre direitos fundamentais também não ficou alheio à problemática da necessidade da existência de tribunais independentes e imparciais, cuja competência fosse estabelecida na lei. A DUDH, no seu art. 10º *(Garantias da junção jurisdicional)*, consagra que *toda a pessoa tem direito, em plena igualdade, a que a sua causa seja equitativa e publicamente julgada por um tribunal independente e imparcial que decida dos seus direitos e obrigações ou das razões de qualquer acusação em matéria penal que contra ela seja deduzida.* No mesmo sentido, a CEDH, ao dispor no seu art. 6º, nº 1 que *qualquer pessoa tem direito a que a sua causa seja examinada equitativa e publicamente, num prazo razoável por um tribunal independente e imparcial, estabelecido pela lei, o qual decidirá, quer sobre a determinação dos seus direitos e obrigações de carácter civil, quer sobre o fundamento de qualquer acusação em matéria penal dirigida contra ela* e o Pacto Internacional Sobre os Direitos Civis e Políticos (PIDCP), ao estabelecer no seu art. 14º, nº 1 que *todas as pessoas têm direito a*

---

[161] *Ob. cit.*, p. 207.
[162] Neste sentido, GERMANO MARQUES DA SILVA, *ob. cit.*, vol. I, pp. 57-58.

que a sua causa seja ouvida equitativa e publicamente por um tribunal competente, independente e imparcial, estabelecido pela lei, que decidirá quer do bem fundado de qualquer acusação em matéria penal dirigida contra elas, quer das contestações sobre os seus direitos e obrigações de carácter civil.

14. Princípio da publicidade

O juiz julga em nome do povo, em tese, de forma transparente, justa e sindicável, quer pelas instâncias de recurso quer pelo cidadão. Assegura-se, deste modo, o julgamento isento de desconfianças e garante-se o direito do arguido a um julgamento "não secreto", também chamado de "porta aberta". Daí decorre o princípio da publicidade que é imposto pelo artigo 206º da Constituição que só admite os julgamentos "à porta fechada" quando, fundamentadamente, o secretismo seja imprescindível para salvaguardar a dignidade das pessoas e a moral pública ou para garantir o normal funcionamento do próprio tribunal. As audiências são públicas, não apenas para serem vistas, no sentido estrito da palavra, mas para que o povo possa verificar o modo como é administrada a justiça e assegurada a defesa dos seus direitos e interesses, legalmente protegidos, conforme prescreve o artigo 202º da CRP.

Capítulo II
Formas de Processo: Comum e Especiais

Secção I
O Processo Comum

1. Considerações gerais

O Código de Processo Penal classifica as formas de processo em *processo comum* e *processos especiais*. São três os tipos de processos especiais a que se refere o Livro VIII, do CPP: o *processo sumário*, regulado nos arts. 381º a 391º, o *processo abreviado*, regulado nos arts. 391º-A a 391º-G e o *processo sumaríssimo*, regulado nos arts. 392º a 398º.

As formas de *processos especiais* distinguem-se do *processo comum* em razão da natureza dos crimes[163] e da sua gravidade, do consenso das partes relativamente à pena a aplicar[164] e das provas *simples* e *evidentes* da existência de *indícios manifestos* de se ter verificado o crime e de quem foi o seu agente[165], como veremos nos capítulos seguintes.

---

[163] Os crimes particulares não podem ser julgados em processo sumário, uma vez que estes nunca dão lugar à detenção em flagrante delito, mas apenas à identificação do infrator (art. 255º, nº 4, do CPP). Não havendo lugar à detenção, não pode haver julgamento em processo sumário, que dela depende.

[164] No processo sumaríssimo.

[165] No processo abreviado.

DAS MEDIDAS DE COAÇÃO

2. Quando tem lugar

De uma forma geral podemos dizer que, a forma de *processo comum* é aplicável por exclusão de partes, isto é, são julgados em processo comum todos os crimes para os quais a lei não preveja forma de processo especial. Por outras palavras, são julgados em processo comum todos os crimes que, legalmente, não possam sê-lo em qualquer das formas especiais: *processo sumário, abreviado* ou *sumaríssimo*.

As fases do processo comum são as seguintes: inquérito[166], instrução[167], julgamento, execução e recursos.

---

[166] A notícia (que pode ser adquirida pelo Ministério Público por conhecimento próprio, por intermédio dos órgãos de polícia criminal ou mediante denúncia – art. 241, do CPP) de um crime *público* dá sempre lugar à abertura de inquérito (art. 262º, nº 2, do CPP), com o qual se inicia a fase de *investigação*, a não ser que, verificados os pressupostos legais, o Ministério Público opte pela submissão do arguido a julgamento em processo sumário (art. 381º e ss., do CPP). Nos crimes semipúblicos o procedimento criminal depende de queixa do ofendido ou de outras pessoas previstas na lei (art. 113º, do Código Penal), pelo que, para que o Ministério Público possa promover o respectivo processo, torna-se necessário que essas pessoas se queixem (art. 49º, nº 1, do CPP). Nos crimes particulares, o procedimento criminal depende não apenas de queixa, mas também de acusação particular. Assim, para que possa haver procedimento criminal torna-se necessário que essas pessoas se queixem, se constituam assistentes e deduzam acusação particular (art. 50º, nº 1, do CPP).

O inquérito, dirigido pelo Ministério Público, assistido pelos órgãos de polícia criminal, que atuam sob a sua directa orientação e na sua dependência funcional (art. 263º, do CPP), *compreende o conjunto de diligências que visam investigar a existência de um crime, determinar os seus agentes e a responsabilidade deles e descobrir e recolher as provas, em ordem à decisão sobre a acusação* (art. 262º, nº 1, do CPP). Sobre a direcção do inquérito, vide Paulo Da Mesquita, *Direcção do Inquérito Penal e Garantia Judiciária*, Coimbra Editora, 2003.

[167] A instrução é uma fase processual excecional, que visa a comprovação judicial da decisão de deduzir acusação ou de arquivar o inquérito em ordem a submeter ou não a causa a julgamento (art. 286º, nº 1, do CPP). A instrução tem carácter facultativo e não tem lugar nas formas de processo especiais (art. 286º, números 2 e 3, do CPP).

A abertura da instrução pode ser requerida, no prazo de 20 dias a contar da notificação da acusação ou do arquivamento do inquérito: *a)* Pelo arguido, relativamente a fatos pelos quais o Ministério Público, ou o assistente em caso de procedimento dependente de acusação particular, tiverem deduzido acusação; ou *b)* Pelo assistente, se o procedimento não depender de acusação particular, relativamente a fatos pelos quais o Ministério Público não tiver deduzido acusação (art. 287º, nº 1, als. *a)* e *b)*, do CPP). A instrução só pode, pois, ser requerida pelo arguido ou pelo assistente, e não, também, pelo Ministério Público.

Secção II
O Processo Sumário

1. Quando tem lugar

Uma das alterações mais relevantes operada pela Lei nº 20/2013, de 21 de fevereiro foi, justamente, o exponencial aumento dos crimes, cometidos em flagrante delito, que passaram a ser julgados em processo sumário.

Antes da revisão operada pela aludida lei, eram julgados em *processo sumário* os detidos em flagrante delito, nos termos dos artigos 255º[168] e 256º[169], por crime punível com pena de prisão cujo limite máximo não

---

A instrução, dirigida pelo juiz de instrução, assistido pelos órgãos de polícia criminal (art. 288º, nº 1, do CPP), é formada pelo conjunto de atos de instrução que o juiz entenda dever levar a cabo e, obrigatoriamente, por um debate instrutório, oral e contraditório, no qual podem participar o Ministério Público, o arguido, o defensor, o assistente e o seu advogado, mas não as partes civis (art. 289º, nº 1, do CPP), que visa permitir uma discussão perante o juiz, por forma oral e contraditória, sobre se, do decurso do inquérito e da instrução, resultam indícios de fato e elementos de direito suficientes para justificar a submissão do arguido a julgamento (art. 298º, do CPP).

A instrução culmina com um despacho de pronúncia ou de não pronúncia (arts. 307º e 308º, do CPP).

[168] *Código de Processo Penal*, «Artigo 255º *(Detenção em flagrante delito)* 1. Em caso de flagrante delito, por crime punível com pena de prisão: *a)* Qualquer autoridade judiciária ou entidade policial procede à detenção; *b)* Qualquer pessoa pode proceder à detenção, se uma das entidades referidas na alínea anterior não estiver presente nem puder ser chamada em tempo útil. 2. No caso previsto na alínea *b)* do número anterior, a pessoa que tiver procedido à detenção entrega imediatamente o detido a uma das entidades referidas na alínea *a)*, a qual redige auto sumário da entrega e procede de acordo com o estabelecido no artigo 259º. 3. Tratando-se de crime cujo procedimento dependa de queixa, a detenção só se mantém quando, em ato a ela seguido, o titular do direito respectivo o exercer. Neste caso, a autoridade judiciária ou entidade policial levantam ou mandam levantar auto em que a queixa fique registada. 4. Tratando-se de crime cujo procedimento dependa de acusação particular, não há lugar a detenção em flagrante delito, mas apenas à identificação do infrator».

[169] *Código de Processo Penal* «Artigo 256º *(Flagrante delito)* 1. É flagrante delito todo o crime que se está cometendo ou se acabou de cometer. 2. Reputa-se também flagrante delito o caso em que o agente for, logo após o crime, perseguido por qualquer pessoa ou encontrado com objetos ou sinais que mostrem claramente que acabou de o cometer ou de nele participar. 3. Em caso de crime permanente, o estado de flagrante delito só persiste enquanto se manti-

DAS MEDIDAS DE COAÇÃO

fosse superior a cinco anos[170], mesmo em caso de concurso de infrações, quando à detenção tivesse procedido qualquer autoridade judiciária[171] ou entidade policial[172] ou a detenção tivesse sido efetuada por outra pessoa e, num prazo que não excedesse 2 horas, o detido tivesse sido entregue a uma das entidades referidas, a qual redigiria auto sumário da entrega (art. 381º nº 1, do CPP, com a anterior redação).

Eram ainda julgados em processo sumário os detidos em flagrante delito por crime punível com pena de prisão de limite máximo superior a cinco anos, mesmo em caso de concurso de infrações, quando o Ministério Público, na acusação, entendesse não dever ser aplicada, em concreto, pena de prisão superior a cinco anos (art. 381º, nº 2, do CPP, com a anterior redação).

Para que o processo sumário pudesse ter lugar num determinado caso concreto, tornava-se, pois, necessário: a existência de crime punível com pena de prisão até cinco anos ou, a existência de crime punível com pena de prisão de limite máximo superior a cinco anos, mesmo em caso de concurso de infrações, quando o Ministério Público, na acusação, entendesse que, em concreto, não devia ser aplicada pena de prisão superior a cinco anos; que o(s) arguido(s) tivesse(m) sido detido(s), em flagrante delito, por qualquer autoridade judiciária ou entidade policial, ou outra pessoa, desde que, num prazo que não excedesse duas horas, o detido fosse entregue a uma das entidades referidas, que redigiria auto sumário da entrega[173]

---

verem sinais que mostrem claramente que o crime está a ser cometido e o agente está nele a participar». Sobre o conceito de flagrante delito, vide o nosso *Os Tribunais As Polícias e o Cidadão – O Processo Penal Prático –*, 2ª edição, revista e atualizada, Almedina Coimbra, 2002, pp. 26 e ss.

[170] Antes da revisão operada através da Lei nº 48/2007, de 29 de Agosto, o limite máximo era três anos.

[171] São *autoridades judiciárias*: o juiz, o juiz de instrução e o Ministério Público, cada um relativamente aos atos processuais que cabem na sua competência (art. 1º, nº 1, al. *b*), do CPP).

[172] São *órgãos de polícia criminal*: todas as entidades e agentes policiais a quem caiba levar a cabo quaisquer atos ordenados por uma autoridade judiciária ou determinados por este Código (art. 1º, nº 1, al. *c*), do CPP). São *autoridades de polícia criminal*: os directores, oficiais, inspectores e subinspectores de polícia e todos os funcionários policiais a quem as leis respectivas reconhecerem aquela qualificação (art. 1º, nº 1, al. *d*), do CPP).

[173] Antes da revisão operada pela Lei nº 48/2007, de 29 de Agosto, o arguido detido em flagrante delito por outra pessoa diferente da autoridade judiciária ou entidade policial, não podia ser julgado em processo sumário.

FORMAS DE PROCESSO: COMUM E ESPECIAIS

e que, a audiência tivesse início no prazo máximo de quarenta e oito horas após a detenção, podendo, no entanto (ao contrário do que acontecia antes da revisão de 2007) o início da audiência ser adiado até ao limite do 5º dia posterior à detenção, quando houvesse interposição de um ou mais dias não úteis, no prazo (de 48 horas) referido, ou até ao limite de trinta dias, se o arguido *solicitasse esse prazo para preparação da sua defesa* ou se *o tribunal, oficiosamente ou a requerimento do Ministério Público, considerasse necessário que se procedesse a quaisquer diligências de prova essenciais à descoberta da verdade* (art. 387º, nº 2, do CPP, com a anterior redação).

A admissibilidade do processo sumário tinha, pois, tradicionalmente, aliás, por limite o critério quantitativo da pena de prisão (cinco anos).

Após a revisão operada pela aludida Lei nº 20/2013, de 21 de fevereiro, passaram a ser julgados em processo sumário os detidos em flagrante delito, nos termos dos artigos 255º e 256º, quando à detenção tiver procedido qualquer autoridade judiciária ou entidade policial ou a detenção tiver sido efetuada por outra pessoa e, num prazo que não exceda 2 horas, o detido tenha sido entregue a uma das entidades referidas, tendo esta redigido auto sumário da entrega (art. 381º nº 1, do CPP).

Com a alteração *in casu*, não são apenas julgados em processo sumário os crimes cujo limite máximo da pena não seja superior a cinco anos, mas também os crimes cuja pena máxima abstratamente aplicável seja superior a cinco anos, com exceção dos crimes que integram a criminalidade altamente organizada, a que se refere o art. 1º, al. *m*) do CPP e dos crimes previstos no título III e no capítulo I do título V do livro II do Código Penal e na Lei Penal Relativa às Violações do Direito Internacional Humanitário (art. 381º, nº 2 do CPP)[174].

---

[174] *Código de Processo Penal*, art. 1º, al. *m*), "Criminalidade altamente organizada": as condutas que integrarem crimes de associação criminosa, tráfico de pessoas, tráfico de armas, tráfico de estupefacientes ou de substâncias psicotrópicas, corrupção, tráfico de influência, participação económica em negócio ou branqueamento.

Código Penal, título III, art. 240º, discriminação racial, religiosa ou sexual, art. 243º, tortura e outros tratamentos cruéis, degradantes ou desumanos, art. 244º, tortura e outros tratamentos cruéis, degradantes ou desumanos graves e art. 245º, omissão de denúncia. O capítulo I do título V do livro II, prevê os crimes contra o Estado, art. 308º e ss.

A Lei nº 31/2004, de 22 de julho, define os crimes que configuram violação do direito internacional humanitário.

Excetuando os crimes referidos, os restantes são julgados em processo sumário caso os seus agentes sejam detidos em flagrante delito, por qualquer autoridade judiciária ou entidade policial ou por outra pessoa que, num prazo não superior a duas horas, tiver procedido à entrega do detido a uma autoridade judiciária ou entidade policial.

Ao invés do que acontecia antes da revisão, o legislador, em vez do critério quantitativo da pena de prisão, adotou agora um critério qualitativo, excluindo do julgamento em processo sumário os crimes referidos.

Esta alteração teve como objetivo fundamental, como é referido na exposição de motivos da proposta de lei nº 77/XII, possibilitar "uma justiça célere que contribui para o sentimento de justiça e o apaziguamento social. Atualmente, a lei apenas possibilita que possam ser julgados em processo sumário, ou os arguidos a quem são imputados crime ou crimes cuja punição corresponda a pena de prisão não superior a cinco anos ou quando, ultrapassando a medida abstrata da pena esse limite, o Ministério Público entenda que não lhes deve ser aplicada pena superior a cinco anos de prisão. Contudo, não existem razões válidas para que o processo não possa seguir a forma sumária relativamente a quase todos os arguidos detidos em flagrante delito, já que a medida da pena aplicável não é, por si só, excludente desta forma de processo".

2. Do Acórdão do Tribunal Constitucional nº 174/2014

O Acórdão do Tribunal Constitucional nº 174/2014, de 18 de fevereiro, publicado no *Diário da República*, 1ª série, nº 51, de 13 de março de 2014, declarou a inconstitucionalidade, com força obrigatória geral, da norma do artigo 381º, nº 1, do Código de Processo Penal, na redação introduzida pela Lei nº 20/2013, de 21 de fevereiro, na interpretação segundo a qual o processo sumário aí previsto é aplicável a crimes cuja pena máxima abstratamente aplicável é superior a cinco anos de prisão, por violação do artigo 32º, nºs. 1 e 2, da Constituição.

Os principais fundamentos do Tribunal Constitucional que sustentaram a decisão referida, são os seguintes:

Como é reconhecido, o processo sumário é um processo simplificado, vocacionado para reagir perante a pequena e média criminalidade, conciliando a celeridade da decisão com a descoberta da verdade material e, consequentemente, com a justiça no caso concreto.

Porém, como é referido no Acórdão em apreço, "o princípio da acelaração de processo (...) tem de ser compatível com as garantias de defesa, o que implica a proibição do sacrifício dos direitos inerentes ao estatuto processual do arguido a pretexto da necessidade de uma justiça célere e eficaz.

As exigências de celeridade processual não podem, por conseguinte, deixar de ser articuladas com as garantias de defesa, sendo que a Constituição, por força do nº 2 do artigo 32º, valora especialmente a proteção das garantias de defesa em detrimento da rapidez processual".

Como o Tribunal Constitucional tem vindo a reconhecer, "o julgamento através do tribunal singular[175] oferece ao arguido menores garantias do que um julgamento em tribunal coletivo, porque aumenta a margem de erro na apreciação dos factos e a possibilidade de uma decisão menos justa. É desde logo a maior abertura que a intervenção do órgão colegial naturalmente propicia à ponderação e discussão de aspetos jurídicos e de análise da prova que permite potenciar uma maior qualidade da decisão por confronto com aquelas outras situações em que haja lugar ao julgamento por juiz singular".

Acresce que, "a prova direta do crime em consequência da ocorrência de flagrante delito, ainda que facilite a demonstração dos factos juridicamente relevantes para a existência do crime e a punibilidade do arguido, poderá não afastar a complexidade factual relativamente a aspetos que relevam para a determinação e medida da pena ou a sua atenuação especial, mormente quando respeitem à personalidade do agente, à motivação do crime e a circunstâncias anteriores ou posteriores ao facto que possam diminuir de forma acentuada a ilicitude do facto ou a culpa do agente".

"E estando em causa uma forma de criminalidade grave a que possa corresponder a mais elevada moldura penal, nada justifica que a situação de flagrante delito possa implicar, por si, um agravamento do estatuto

---

[175] Compete ao tribunal singular apreciar os processos que respeitarem a crimes que devam ser julgados em processo sumário, sendo que são sempre julgados em processo sumário os detidos em flagrante delito, independentemente do limite da pena aplicável, art. 14º, nº 2, al. *b*), que confere ao tribunal coletivo a competência para julgar os processos que respeitarem a crimes cuja pena máxima, abstratamente aplicável, seja superior a 5 anos de prisão, desde que não devam ser julgados em processo sumário. Cfr. art. 16º, nº 2, al. *c*).

processual do arguido com a consequente limitação dos direitos de defesa e a sujeição a uma forma de processo que envolva menores garantias de uma decisão justa".

Por outro lado, "o princípio da celeridade processual não é um valor absoluto e carece de ser compatibilizado com as garantias de defesa do arguido. À luz do princípio consignado no artigo 32º, nº 2, da Constituição, não tem qualquer cabimento afirmar que o processo sumário, menos solene e garantístico, possa ser aplicado a todos os arguidos detidos em flagrante delito independentemente da medida da pena aplicável".

3. Audiência de julgamento

No processo sumário, o início da audiência de julgamento deverá ter lugar, regra geral, no prazo máximo de quarenta e oito horas após a detenção (art. 387º, nº 1).

Com a revisão operada pela Lei nº 20/2013, de 21 de fevereiro, o início da audiência pode, no entanto, ser adiado até ao limite do 5º dia posterior à detenção, quando houver interposição de um ou mais dias não úteis no referido prazo de quarenta e oito horas, nos casos previstos no artigo 385º[176]; até ao limite do 15º dia posterior à detenção, nos casos previstos no nº 3 do artigo 384º, ou seja, no caso de não ser obtida a concordância do juiz de instrução sobre a proposta do arquivamento ou suspensão provisória do processo, verificados os respetivos pressupostos a que aludem os artigos 280º e 281º[177] e até ao limite de 20 dias após a detenção, sempre que o arguido tiver requerido prazo para preparação da sua defesa ou o Ministério Público julgar necessária a realização de diligências essenciais à descoberta da verdade (art. 387º, nº 2)[178].

---

[176] O artigo 385º respeita à libertação do arguido.

[177] O que se compreende. Com efeito, havendo concordância do juiz e reunidos que estejam os restantes pressupostos, o processo é arquivado ou suspenso provisoriamente (art. 384º, nº 1).

[178] Antes da revisão introduzida pela Lei nº 20/2013, de 21 de fevereiro, o limite previsto era 15 dias, caso o arguido solicitasse esse prazo para preparação da sua defesa. A faculdade ora concedida ao Ministério Público não estava prevista. Compreende-se esta previsão legal à luz do princípio da igualdade de armas, entre acusação e defesa.

No caso de o juiz titular do processo se encontrar impossibilitado de iniciar a audiência nos prazos referidos, deve intervir o juiz substituto (n.º 5, do mesmo impositivo legal)[179].

No que se refere ao adiamento da audiência, determina o n.º 3 do mesmo preceito legal que, a falta de testemunhas de que o Ministério Público, o assistente ou o arguido não prescindam, não determina o seu adiamento, sendo inquiridas as testemunhas presentes pela ordem indicada nas alíneas *b*) e *c*) do artigo 341.º[180], sem prejuízo da possibilidade de alteração do rol apresentado (n.º 3, do mesmo preceito legal).

As testemunhas que não se encontrem notificadas[181] são sempre a apresentar por quem as indicar e a sua falta não constitui motivo para o adiamento da audiência, exceto se o juiz, oficiosamente ou a requerimento, considerar o seu depoimento indispensável para a descoberta da verdade e para a boa decisão da causa, ordenando a sua imediata notificação (n.º 4), o que bem se compreende face ao princípio da investigação e da verdade processual [182].

A audiência de julgamento pode igualmente ser adiada, pelo prazo máximo de 10 dias, nos casos previstos no n.º 2 do artigo 389.º, ou seja, tratando-se de crime punível com pena de prisão cujo limite máximo não seja superior a 5 anos, ou em caso de concurso de infrações cujo limite máximo não seja também superior a 5 anos de prisão, o Ministério Público, ao decidir substituir a apresentação da acusação pela leitura do auto de notícia da autoridade que tiver procedido à detenção, e face à insuficiência da factualidade constante no mesmo auto a complete, através de despacho, proferido antes da apresentação a julgamento o qual será igualmente lido em audiência[183]. Este adiamento da audiência tem lugar a requerimento

---

[179] A preocupação do legislador com a celeridade processual é notória.

[180] *Código de Processo Penal*, «Artigo 341.º *(Ordem de produção da prova)* A produção da prova deve respeitar a ordem seguinte: *a*) Declarações do arguido; *b*) Apresentação dos meios de prova indicados pelo Ministério Público, pelo assistente e pelo lesado; *c*) Apresentação dos meios de prova indicados pelo arguido e pelo responsável civil».

[181] Pela autoridade judiciária ou pela entidade policial, nos termos dos artigos 382.º, n.º 5 e 383.º, n.º 1.

[182] Consagrado no art. 340.º, n.º 1: «O tribunal ordena, oficiosamente ou a requerimento, a produção de todos os meios de prova cujo conhecimento se lhe afigure necessário à descoberta da verdade e à boa decisão da causa».

[183] Tratando-se de crime punível com pena de prisão cujo limite máximo seja superior a 5 anos, ou em caso de concurso de infrações cujo limite máximo seja igualmente superior a 5 anos de prisão, o Ministério Público deverá apresentar acusação (art. 389.º, n.º 1, 2.ª parte).

DAS MEDIDAS DE COAÇÃO

do arguido e visa o exercício do contraditório, não prejudicando, como se compreende, a tomada de declarações ao arguido e a inquirição do assistente, da parte civil, dos peritos e das testemunhas presentes (arts. 387º, nº 6 e 389º, nºs 1 e 2).

A audiência pode, ainda, ser adiada, pelo prazo máximo de 20 dias, para obter a comparência de testemunhas devidamente notificadas ou para a junção de exames, relatórios periciais ou documentos, cujo depoimento ou junção o juiz considere imprescindíveis para a boa decisão da causa. Estes exames, relatórios periciais e documentos, destinando-se a instruir o processo sumário revestem, para as entidades a quem são requisitados, caráter urgente, devendo o Ministério Público ou o juiz requisitá-las ou insistir pelo seu envio, consoante os casos, com essa menção (art. 387º, nºs 7 e 8).

No que respeita à produção da prova, em caso de crime punível com pena de prisão cujo limite máximo não seja superior a 5 anos, ou em caso de concurso de infrações cujo limite máximo não seja igualmente superior a 5 anos de prisão, toda a prova deve ser produzida no prazo máximo de 60 dias a contar da data da detenção, podendo, excecionalmente, por razões devidamente fundamentadas, designadamente, por falta de algum exame ou relatório pericial, ser produzida no prazo máximo de 90 dias a contar da data da detenção. Tratando-se de crime punível com pena de prisão cujo limite máximo seja superior a 5 anos, ou em caso de concurso de infrações cujo limite máximo seja, do mesmo modo, superior a 5 anos de prisão, os prazos elevam-se para 90 e 120 dias, respetivamente (art. 387º, nºs 9 e 10)[184].

Verificados, cumulativamente, os pressupostos referidos, o julgamento deve ser efetuado em processo sumário, a não ser que, verificados os pressupostos a que aludem os artigos 280º e 281º, o Ministério Público, oficiosamente ou mediante requerimento do arguido ou do assistente, determine, obtida a concordância do juiz de instrução, o arquivamento ou a suspensão provisória do processo (art. 384º)[185] ou que o tribunal proceda

---

[184] Os prazos referidos para a produção da prova são bem reveladores da intenção do legislador: a orientação do processo sumário para a efetivação da celeridade processual.

[185] *Código de Processo Penal*, "Artigo 280º *(Arquivamento em caso de dispensa da pena)* 1 – Se o processo for por crime relativamente ao qual se encontre expressamente prevista na lei penal a possibilidade de dispensa da pena, o Ministério Público, com a concordância do juiz de instrução, pode decidir-se pelo arquivamento do processo, se se verificarem os pressupostos

FORMAS DE PROCESSO: COMUM E ESPECIAIS

ao reenvio do processo ao Ministério Público para tramitação sob outra forma processual, o que acontecerá quando:

- Se verificar a inadmissibilidade legal do processo sumário[186];
- Relativamente aos crimes previstos nos nºs 1 e 2 do artigo 13º[187], o arguido ou o Ministério Público, nos casos em que usaram da faculdade prevista nos nºs 3 e 4 do artigo 382º, ou o assistente, no início da audiência, requererem a intervenção do tribunal de júri;

---

daquela dispensa. 2 – Se a acusação tiver sido já deduzida, pode o juiz de instrução, enquanto esta decorrer, arquivar o processo com a concordância do Ministério Público e do arguido, se se verificarem os pressupostos da dispensa da pena. 3 – A decisão de arquivamento, em conformidade com o disposto nos números anteriores, não é suscetível de impugnação". "Artigo 281º *(Suspensão provisória do processo)* 1 – Se o crime for punível com pena de prisão não superior a 5 anos ou com sanção diferente da prisão, o Ministério Público, oficiosamente ou a requerimento do arguido ou do assistente, determina, com a concordância do juiz de instrução, a suspensão do processo, mediante a imposição ao arguido de injunções e regras de conduta, sempre que se verificarem os seguintes pressupostos: *a)* Concordância do arguido e do assistente; *b)* Ausência de condenação anterior por crime da mesma natureza; *c)* Ausência de aplicação anterior de suspensão provisória de processo por crime da mesma natureza; *d)* Não haver lugar a medida de segurança de internamento; *e)* Ausência de um grau de culpa elevado; e *f)* Ser de prever que o cumprimento das injunções e regras de conduta responda suficientemente às exigências de prevenção que no caso se façam sentir". As injunções e regras de conduta oponíveis ao arguido estão previstas no nº 2 do mesmo preceito legal. O cumprimento pelo arguido das injunções e regras de conduta, determina o arquivamento do processo pelo Ministério Público, o qual não pode ser reaberto (art. 282º, nº 3). A duração da suspensão do processo pode ir até dois anos anos ou até cinco anos, consoante os crimes (art. 282º, nºs 1 e 5).

[186] Constitui uma situação de inadmissibilidade legal do processo sumário, o fato de não se verificar o início da audiência de julgamento nos prazos referidos nos nºs 1 e 2 do art. 387º, devendo o tribunal determinar o reenvio do processo para outra forma processual (cfr. Acórdão do STJ nº 8/2014, de 14 de maio, publicado no *Diário da República*, 1ª série, nº 112, de 12 de junho de 2014).

[187] *Código de Processo Penal*, "Artigo 13º *(Competência do tribunal do júri)* 1 – Compete ao tribunal do júri julgar os processos que, tendo a intervenção do júri sido requerida pelo Ministério Público, pelo assistente ou pelo arguido, respeitarem a crimes previstos no título III e no capítulo I do título V do livro II do Código Penal e na Lei Penal Relativa às Violações do Direito Internacional Humanitário. 2 – Compete ainda ao tribunal do júri julgar os processos que, não devendo ser julgados pelo tribunal singular e tendo a intervenção do júri sido requerida pelo Ministério Público, pelo assistente ou pelo arguido, respeitarem a crimes cuja pena máxima, abstratamente aplicável, for superior a 8 anos de prisão".

DAS MEDIDAS DE COAÇÃO

– Não tenha sido possível, por razões devidamente justificadas, a realização, nos prazos referidos (nos nºs 9 e 10 do art. 387º), as diligências de prova necessárias à descoberta da verdade (art. 390º, nº 1)[188].

Nos termos do nº 2 do mesmo preceito legal (art. 390º), se o tribunal remeter os autos ao Ministério Público para tramitação sob outra forma processual e este decidir acusar em processo comum com intervenção do tribunal singular, em processo abreviado, ou requerer a aplicação de pena ou medida de segurança não privativas da liberdade em processo sumaríssimo, a competência para o respetivo conhecimento mantém-se no tribunal competente para o julgamento sob a forma sumária.

O despacho que decide a tramitação do processo sob outra forma processual é irrecorrível (art. 391º). Neste sentido, foi decidido pelo Supremo Tribunal de Justiça, através do Acórdão de fixação de jurisprudência, nº 8/2014, de 14 de maio, publicado no Diário da República, 1ª série, nº 112, de 12 de junho de 2014, que fixou a jurisprudência seguinte: *"Em processo sumário é irrecorrível o despacho de reenvio para outra forma de processo"*.

O que bem se compreende, face aos prazos requeridos pela forma do processo sumário para o julgamento. Como é referido no douto acórdão aludido, "celeridade e redução de formalidades são pois características indissociáveis do processo sumário, sem as quais perde sentido esta forma de processo, o que claramente resulta da lei adjetiva penal ao considerar o processo sumário um processo urgente – alínea *c*) do nº 2 do artigo 103º –, ao impor a redução dos atos e termos processuais ao mínimo indispensável, *maxime* os atinentes ao julgamento – nº 2 do artigo 386º".

Por outro lado, e ainda segundo o mesmo aresto, "a entender-se que a decisão de reenvio é recorrível, o respetivo recurso redundaria num ato processual inútil, ato proibido por lei – artigo 137º, do Código de Processo Civil –, visto que o prazo máximo fixado na lei para o início do julgamento em processo sumário decorreria inevitavelmente, preculindo a sua realização, julgamento que, obviamente, teria de ser efetuado sob outra forma processual".

---

[188] A complexidade da causa, até 1998 era, também, fundamento para o reenvio, porém, com a revisão introduzida pela Lei nº 59/98, de 25 de Agosto, deixou de o ser, voltando a sê-lo com a revisão operada pela Lei nº 48/2007, de 29 de Agosto, deixando, uma vez mais, de o ser com a revisão operada pela Lei nº 20/2013, de 21 de fevereiro.

FORMAS DE PROCESSO: COMUM E ESPECIAIS

O julgamento em processo sumário não tem, pois, lugar nos crimes particulares[189], uma vez que estes nunca dão lugar à detenção em flagrante delito, mas apenas à identificação do infrator (art. 255º, nº 4, do CPP). Não havendo lugar à detenção, não pode haver julgamento em processo sumário, que dela depende.

4. Detenção e apresentação do detido ao Ministério Público e a julgamento

A autoridade judiciária, se não for o Ministério Público, ou a entidade policial que tiverem procedido à detenção ou a quem tenha sido efetuada a entrega do detido, apresentam-no, imediatamente ou no mais curto prazo possível, ao Ministério Público junto do tribunal competente para o julgamento, que assegura a nomeação de defensor ao arguido (art. 382º, nº 1).

Se o arguido não exercer o direito ao prazo para preparação da sua defesa, o Ministério Público, depois de, se o julgar conveniente, o interrogar sumariamente, apresenta-o imediatamente, ou no mais curto prazo possível, ao tribunal competente para julgamento, salvo se tiver razões para crer que a audiência de julgamento não se pode iniciar no prazo de quarenta e oito horas ou até ao limite do 5º dia posterior à detenção (previstos no nº 1 e na alínea *a*) do nº 2 do artigo 387º) ou decidir pelo arquivamento do processo, nos termos do art. 280º ou pela suspensão provisória do processo, nos termos do art. 281º (arts. 382º nºs 2 e 4, 384º, nºs 1 e 2, 280º a 282º).

Caso o Ministério Público tenha razões para crer que a audiência de julgamento não se pode iniciar nos prazos referidos[190], por considerar designadamente, necessárias diligências de prova essenciais à descoberta da verdade, deve proferir despacho em que ordena de imediato a realização das diligências em falta, sem prejuízo de poder interrogar o arguido, nos termos do artigo 143º para efeitos de validação da detenção e libertação do

---

[189] Sobre a natureza dos crimes (públicos, semipúblicos e particulares) vide o nosso *Os Tribunais As Polícias e o Cidadão...*, *cit.*, pp. 35 e ss.

[190] Quarenta e oito horas ou até ao limite do 5º dia posterior à detenção (previstos no nº 1 e na alínea *a*) do nº 2 do artigo 387º).

DAS MEDIDAS DE COAÇÃO

mesmo e o sujeitar, se for caso disso, a termo de indentidade e residência ou o apresentar ao juiz de instrução para efeitos de aplicação de outra medida de coação ou de garantia patrimonial (art. 382º nºs 4 e 3).

No caso de o arguido ter exercido o direito ao prazo para preparação da sua defesa[191], o Ministério Público pode, igualmente, como se compreende, interrogá-lo nos termos do artigo 143º para efeitos de validação da detenção e libertação do arguido, sujeitando-o, se for caso disso, a termo de identidade e residência, ou apresenta-o ao juiz de instrução para efeitos de aplicação de outra medida de coação ou de garantia patrimonial, sem prejuízo da aplicação do processo sumário (art. 382º, nº 3).

Nestes casos (quando existam razões para crer que a audiência de julgamento não pode iniciar-se nos prazos referidos e o arguido ter exercido o direito ao prazo para preparação da sua defesa), o Ministério Público notifica o arguido e as testemunhas para comparecerem, decorrido o prazo solicitado pelo arguido para a preparação da sua defesa, ou o prazo necessário às diligências essenciais à descoberta da verdade, em data compreendida até ao limite máximo de 20 dias após a detenção, para apresentação a julgamento em processo sumário (art. 382º, nº 5).

O arguido que não se encontre sujeito a prisão preventiva é notificado com a advertência de que o julgamento se realizará mesmo que não compareça, sendo representado por defensor oficioso para todos os efeitos legais (art. 382º, nº 6).

No caso de o Ministério Público se decidir pelo arquivamento do processo, ou pela suspensão provisória do mesmo, deve apresentar o arguido detido ao juiz de instrução competente, a fim de obter a sua concordância (arts. 280º e 281º).

Com a revisão introduzida pela Lei nº 20/2013, de 21 de fevereiro, o nº 1 do aludido artigo 382º determina que o Ministério Público assegura a nomeação de defensor oficioso ao arguido porém, nada refere relativamente ao momento em que tal nomeação deve ocorrer. Como expressamente resulta do estabelecido nos nºs 1, 2 e 3 do art. 382º, após ser presente ao Ministério Público, junto do tribunal competente para o julgamento, o arguido tem de decidir se exerce, ou não, o direito ao prazo para preparação da sua defesa. Esta decisão, como parece resultar do nº 2, deve

---

[191] O prazo para apresentação da defesa pelo arguido não pode ser superior a 15 dias, art. 383º, nº 2.

ser tomada antes de o Ministério Público o interrogar[192]. Por outro lado, a decisão em apreço, constitui já, a nosso ver, um elemento essencial da própria defesa do arguido, pelo que, no momento em que a tomar deve estar representado pelo seu defensor. Assim, o momento relevante para o efeito é quando o arguido, após a detenção em flagrante delito é apresentado ao Ministério Público.

5. Libertação do arguido

No caso de a apresentação do arguido ao juiz *não* tiver lugar em ato seguido à detenção em flagrante delito, por crime punível com pena de prisão cujo limite máximo não seja superior a cinco anos, ou em caso de concurso de infrações cujo limite máximo não seja igualmente superior a cinco anos, este só continua detido se houver razões para crer que não se apresentará espontaneamente perante a autoridade judiciária no prazo que lhe for fixado; quando se verificar em concreto alguma das circunstâncias previstas no artigo 204º, ou seja, fuga ou perigo de fuga, perigo para a aquisição, conservação ou veracidade da prova ou perigo, em razão da natureza e das circunstâncias do crime ou da personalidade do arguido, de que continue a atividade criminosa ou perturbe gravemente a ordem e a tranquilidade públicas, que apenas a manutenção da detenção permita acautelar; ou se tal se mostrar imprescindível para a proteção da vítima (art. 385º, nº 1)[193].

No caso de o arguido ser libertado, o órgão de polícia criminal sujeita-o a termo de identidade e residência, notificando-o para comparecer perante o Ministério Público, no dia e hora que forem designados para ser submetido a audiência de julgamento em processo sumário, com a advertência de que esta se realizará, mesmo que não compareça, sendo representado por defensor, ou a primeiro interrogatório judicial e eventual aplicação de medida de coação ou de garantia patrimonial (nº 2 do art. 385º).

---

[192] *Código de Processo Penal*, "Artigo 382º *(Apresentação ao Ministério Público e a julgamento)* (...) 2 – Se o arguido não exercer o direito ao prazo para preparação da sua defesa o Ministério Público, depois de, se o julgar conveniente, o interrogar sumariamente, apresenta-o imediatamente, ou no mais curto prazo possível, ao tribunal competente para julgamento..."

[193] Este artigo foi introduzido pela Lei nº 48/2007, de 29 de Agosto e alterado pela Lei nº 20/2013, de 21 de fevereiro.

DAS MEDIDAS DE COAÇÃO

Embora o nº 3 do referido art. 385º apenas preveja o caso de a libertação ser ordenada pelo órgão de polícia criminal, é também aplicável, por maioria de razão, ao caso de a libertação ser ordenada pelo Ministério Público[194].

Em qualquer caso, se a autoridade de polícia criminal tiver, no entanto, fundadas razões para crer que o arguido não poderá ser apresentado ao juiz ou ao Ministério Público, no prazo de 48 horas, procede à sua imediata libertação e sujeita-o a termo de identidade e residência, devendo fazer relatório fundamentado da ocorrência, o qual, conjuntamente com o auto, transmite de imediato ao Ministério Público (arts. 385º, nº 3 e 382º, nº 1).

6. Notificação das testemunhas, do ofendido e do arguido

A autoridade judiciária ou a entidade policial que tiverem procedido à detenção notificam, verbalmente, no próprio ato, as testemunhas da ocorrência presentes, em número não superior a sete[195], bem como o ofendido, para comparecerem perante o Ministério Público junto do tribunal competente para o julgamento (art. 383º, nº 1).

No mesmo ato, o arguido é notificado de que tem direito a prazo não superior a 15 dias para apresentar a sua defesa, o que deve comunicar ao Ministério Público junto do tribunal competente para o julgamento e de que pode apresentar até sete testemunhas, sendo estas verbalmente notificadas caso se achem presentes (nº 2, do mesmo preceito legal).

7. Princípios e regras gerais do julgamento em processo sumário

O julgamento em processo sumário regula-se pelas disposições relativas ao julgamento em processo comum com intervenção do tribunal singular, sendo os atos e termos do julgamento reduzidos ao mínimo indispensável ao conhecimento e boa decisão da causa (art. 386º, do CPP).

---

[194] Neste sentido, MANUEL MAIA GONÇALVES, *Código de Processo Penal Anotado*, 17ª Edição, 2009, Almedina, anotação ao art. 385º, p. 887.

[195] Antes da revisão introduzida pela Lei nº 20/2013, de 21 de fevereiro, o número não podia ser superior a cinco.

FORMAS DE PROCESSO: COMUM E ESPECIAIS

A celeridade e redução de formalidades constituem, pois, características fundamentais do processo sumário, tornando-o num processo urgente (arts. 103º, nº 2, al. *c*) e 386º, nº 2).

As pessoas com legitimidade para tal, podem constituir-se assistentes ou intervir como partes civis se assim o solicitarem, mesmo que só verbalmente, no início da audiência (art. 388º).

A acusação, a contestação, o pedido de indemnização civil e a sua contestação, quando verbalmente apresentados, são documentados na ata, nos termos dos artigos 363º e 364º (art. 389º, nº 4).

Como se referiu supra, em processo sumário, a acusação – e outras peças processuais – pode ser apresentada verbalmente. No entanto, o Ministério Público, quando se trate de crime punível com pena de prisão cujo limite máximo não seja superior a cinco anos, ou em caso de concurso de infrações cujo limite máximo não seja igualmente superior a cinco anos de prisão, pode substituir a apresentação da acusação pela leitura do auto de notícia da autoridade que tiver procedido à detenção. Quando, nas circunstâncias referidas, o limite máximo da pena de prisão for superior a cinco anos, o Ministério Público deve apresentar acusação (art. 389º, nº 1), o que se compreende face à gravidade do crime, o qual pode integrar a designada *"criminalidade violenta"* (art. 1º, al. *j*)).

No caso da factualidade constante no auto de notícia referido se revelar insuficiente pode esta ser completada por despacho do Ministério Público, proferido antes da apresentação a julgamento. Este despacho é, igualmente, lido em audiência (art. 389º, nº 2).

Se o Ministério Público não apresentar acusação, nas circunstâncias referidas, e considere necessária a realização de diligências de prova, deve juntar requerimento donde conste, consoante o caso, a indicação das testemunhas a apresentar, ou a descrição de qualquer outra prova que junte, ou protesta juntar, neste último caso com indicação da entidade encarregue do exame, ou perícia, ou a quem foi requisitado o documento (art. 389º, nº 3).

A apresentação da acusação e da contestação substituem as exposições introdutórias a que se refere o art. 339º, que consistem na exposição sucinta pelo juiz sobre o objeto do processo e na indicação pelo Ministério Público, pelos advogados do assistente, do lesado e do responsável civil e pelo defensor, sumariamente e no prazo de dez minutos, dos factos que se propõem provar (art. 389º, nº 5).

DAS MEDIDAS DE COAÇÃO

Finda a produção da prova, a palavra é concedida, por uma só vez, aos sujeitos processuais – Ministério Público, representantes do assistente e das partes civis e defensor –, para alegações finais, que não podem exceder o prazo máximo de trinta minutos[196], por cada sujeito processual (art. 389º, nº 6).

A sentença pode ser logo proferida verbalmente e deve conter: a indicação sumária dos factos provados e não provados, que pode ser feita por remissão para a acusação e contestação, com indicação e exame crítico sucintos das provas; a exposição concisa dos motivos de facto e de direito que fundamentam a decisão; os fundamentos sucintos que presidiram à escolha e medida da sanção aplicada, em caso de condenação; o dispositivo, que é sempre ditado para a ata e deve conter, as disposições legais aplicáveis, a decisão condenatória ou absolutória, a indicação do destino a dar a coisas ou objetos relacionados com o crime e a ordem de remessa de boletins ao registo criminal (alíneas *a*) a *d*) do nº 3 do artigo 374º e nºs 1 e 2 do art. 389º-A).

A sentença é, sob pena de nulidade, documentada nos termos dos artigos 363º e 364º[197] (nº 3 do art. 389º-A).

Ao arguido, ao assistente e ao Ministério Público é sempre entregue, no prazo de 48 horas, cópia da gravação, salvo se os mesmos expressamente declararem prescindir da entrega, sem prejuízo de qualquer deles a poder requerer nos termos do nº 4 do artigo 101º (nº 4 do art. 389º-A).

---

[196] Embora a revisão operada pela Lei nº 20/2013, de 21 de fevereiro, tivesse eliminado a expressão "improrrogáveis" (parte final do nº 5 do art. 389º (atual nº 6)), entendemos que o prazo de trinta minutos continua a ser improrrogável, na medida em que a alteração em apreço limitou-se a suprimir uma redundância, atenta a limitação constante no mesmo preceito legal, segundo a qual *a palavra é concedida por uma só vez, pelo prazo máximo de 30 minutos.*

[197] *Código de Processo Penal*, "Artigo 363º *(Documentação de declarações orais)* As declarações prestadas oralmente na audiência são sempre documentadas na ata, sob pena de nulidade". "Artigo 364º *(Forma da documentação)* 1 – A documentação das declarações prestadas oralmente na audiência é efetuada, em regra, através de registo áudio ou audiovisual, só podendo ser utilizados outros meios, designadamente estenográficos ou estenotípicos, ou qualquer outro meio técnico idóneo a assegurar a reprodução integral daquelas, quando aqueles meios não estiverem disponíveis. 2 – Quando houver lugar a registo áudio ou audiovisual devem ser consignados na ata o início e o termo da gravação de cada declaração. 3 – É correspondentemente aplicável o disposto no artigo 101º".

FORMAS DE PROCESSO: COMUM E ESPECIAIS

Nos casos em que for aplicada pena privativa da liberdade[198] ou excecionalmente, se as circunstâncias do caso o tornarem necessário, o juiz, logo após a discussão, elabora a sentença por escrito, procedendo à sua leitura (n.º 5 do mesmo preceito legal).

8. Recurso da sentença

Em processo sumário só é admissível recurso da sentença ou de despacho que puser termo ao processo (art. 391.º).

Despacho que põe termo ao processo é aquele que põe fim ao procedimento. Assim sendo, coloca-se a questão de saber qual o despacho que põe fim ao procedimento?

A propósito de atos decisórios estabelece o n.º 1 do artigo 97.º que, *"os atos decisórios dos juízes tomam a forma de: a) sentenças, quando conhecerem a final do processo; b) despachos, quando conhecerem de qualquer questão interlocutória ou quando puserem termo ao processo fora do caso previsto na alínea anterior"*.

Os atos decisórios referidos tomam a forma de acórdãos quando forem proferidos por um tribunal colegial. Os atos decisórios do Ministério Público tomam a forma de despachos (art. 97.º, n.ºs 2 e 3)[199].

A sentença que, por via de regra, conhece o mérito da causa ou a relação substantiva, conhece a final do processo pondo, consequentemente, fim ou termo ao processo. Põe, igualmente, fim ou termo ao processo o despacho (ou decisão), proferido antes da sentença, que proceda ao arquivamento ou ao encerramento do processo.

O processo sumário é, pois, um processo simplificado, tradicionalmente vocacionado para reagir perante a pequena e média criminalidade, conciliando a celeridade da decisão com a descoberta da verdade material e,

---

[198] A este propósito foi decidido pelo Tribunal da Relação de Coimbra, através do *Acórdão* de 2012.11.28, *CJ*, 2012, T5, p. 42 e ss. que, tendo sido imposta ao arguido na sentença, em processo sumário, uma pena de prisão a cumprir em regime de prisão por dias livres, não contendo aquela, na forma prevista no n.º 5, do art. 389.º-A, do CPP (sentença por escrito), os elementos estruturantes referidos nas alíneas *a*) a *c*), do n.º 1, do mesmo normativo, a mesma padece de nulidade, sendo esse vício de conhecimento oficioso, nos termos do art. 379.º, n.ºs 1, al. *a*) e 2, do mesmo Código.

[199] Os atos decisórios são sempre fundamentados, devendo ser especificados os motivos de fato e de direito da decisão (art. 97.º, n.º 5).

DAS MEDIDAS DE COAÇÃO

consequentemente, com a justiça no caso concreto. Daí que, nesta forma especial de processo, não haja lugar a inquérito[200], nem a instrução (art. 286º, nº 3).

Secção III
O Processo Abreviado

1. Considerações gerais

O *processo abreviado* foi introduzido no Código de Processo Penal através da Lei nº 59/98, de 25 de Agosto, que procedeu à sua reforma, encontrando-se disciplinado nos artigos 391º-A a 391-E, na esteira, aliás, do direito alemão, francês e espanhol.

O processo abreviado, face às provas *simples* e *evidentes* da existência de indícios suficientes[201] de se ter verificado o crime e de quem foi o seu agente é, também, um processo simplificado, com uma fase de inquérito sumário, e está vocacionado para reagir perante a média criminalidade, conciliando a celeridade da decisão com a descoberta da verdade material e, consequentemente, com a justiça no caso concreto.

2. Quando tem lugar

Em caso de crime punível com pena de multa ou com pena de prisão não superior a cinco anos, havendo provas *simples e evidentes* de que resultem

---

[200] Na verdade, o arguido detido é submetido, imediatamente após a detenção, ou no mais curto prazo possível, a julgamento (art. 382º, nº 1, do CPP), podendo a acusação ser apresentada verbalmente, ou ser substituída pelo Ministério Público pela leitura do auto de notícia da autoridade que tiver procedido à detenção (art. 389º, números 1 e 4, do CPP).

[201] Sobre o conceito de *indícios suficientes* no processo penal português, vide, JORGE NORONHA E SILVEIRA, *Jornadas de Direito Processual Penal e Direitos Fundamentais*, organizadas pela Faculdade de Direito da Universidade de Lisboa e pelo Conselho Distrital de Lisboa da Ordem dos Advogados, com a colaboração do Goethe Institut e coordenação científica de Maria Fernanda Palma, Almedina Coimbra, 2004, pp. 155-181.

FORMAS DE PROCESSO: COMUM E ESPECIAIS

indícios *suficientes* de se ter verificado o crime e de quem foi o seu agente, o Ministério Público, em face ao auto de notícia ou após realizar inquérito sumário, deduz acusação para julgamento em processo abreviado (art. 391º-A, nº 1, do CPP).

São ainda julgados em processo abreviado, os crimes puníveis com pena de prisão de limite máximo superior a cinco anos, mesmo em caso de concurso de infrações, quando o Ministério Público, na acusação, entender que não deve ser aplicada, em concreto, pena de prisão superior a cinco anos (arts. 391º-A, nº 2 e 16º, nº 3).

Considera-se que há provas simples e evidentes quando: o agente tenha sido detido em flagrante delito e o julgamento não puder efetuar-se sob a forma de processo sumário; a prova for essencialmente documental e possa ser recolhida no prazo previsto para a dedução da acusação, ou a prova assentar em testemunhas presenciais com versão uniforme dos factos (art. 391º-A, nº 3)[202].

O julgamento em processo abreviado depende, assim, como é inerente à sua natureza especial, da verificação cumulativa dos seguintes pressupostos: *a)* a existência de crime punível com pena de multa ou com pena de prisão de limite máximo não superior a cinco anos ou, a existência de crime punível com pena de prisão de limite máximo superior a cinco anos, mesmo em caso de concurso de infrações, quando o Ministério Público, na acusação, entender que não deve ser aplicada, em concreto, pena de prisão superior a cinco anos; *b)* a existência de provas *simples* e *evidentes* de que resultem indícios suficientes de se ter verificado o crime e de quem foi o seu agente; *c)* a dedução da acusação pelo Ministério Público no prazo de **90 dias**, nos termos do nº 2 do art. 391º-B.

O prazo máximo de 90 dias para a dedução da acusação pelo Ministério Público é inerente à natureza especial do processo abreviado e à sua consequente simplicidade. Na verdade, face às provas *simples* e *evidentes* da existência de indícios suficientes de se ter verificado o crime e de quem

---

[202] A concretização do conceito de provas simples e evidentes, com recurso à técnica dos exemplos-padrão, como resulta das alíneas *a)*, *b)* e *c)*, do nº 3, constitui uma alteração significativa, introduzida pela Lei nº 48/2007, de 29 de Agosto. A Lei nº 26/2010, de 30 de agosto, ao alterar o corpo do nº 3, suprimindo a palavra "nomeadamente", limitou os casos em que as provas podem ser consideradas simples e evidentes, aos referidos nas aludidas alíneas.

DAS MEDIDAS DE COAÇÃO

foi o seu agente, mal se compreenderia o prolongamento da investigação pré-acusatória.

A simplicidade e evidência das provas significam que estas são fáceis, desprovidas de qualquer complexidade, claras, manifestas ou inequívocas, imediatamente apreensíveis, como a prova documental, os objetos e outras substâncias apreendidas ao arguido e as que, em geral, resultam dos casos de flagrante delito, não julgados em processo sumário, as quais permitam concluir, inequivocamente, sobre a verificação do crime e sobre quem foi o seu agente.

Os indícios de se ter verificado o crime e o despectivo agente, hão de ser *suficientes*, o que significa que deles deve resultar uma possibilidade razoável de ao arguido vir a ser aplicada, por força deles, uma pena ou uma medida de segurança (art. 283º, nº 2).

6. Acusação do Ministério Público

Face ao auto de notícia ou findo o inquérito sumário, e havendo provas *simples* e *evidentes* de que resultem indícios suficientes de se ter verificado o crime e de quem foi o seu agente, o Ministério Público, sem prejuízo do disposto no nº 4 do artigo 384º[203], deve deduzir acusação, para julgamento em processo abreviado, no prazo de **90 dias** a contar da *aquisição da notícia do crime, nos termos do disposto no art. 241º, tratando-se de crime público* ou, *a apresentação da queixa, nos restantes casos* (tratando-se de crime semipúblico) (nº 2, do art. 391º-B).

A acusação do Ministério Público deve conter os elementos a que se refere o art. 283º, nº 3. Porém, a identificação do arguido e a narração dos factos podem ser efetuadas, no todo ou em parte, por remissão para o auto de notícia ou para a denúncia (art. 391º-B, nº 1).

---

[203] Nos termos do nº 4 do art. 384º e do nº 4 do art. 282º, no caso de arguido, no âmbito da suspensão provisória do processo (art. 281º) não cumprir as injunções e regras de conduta, ou se, durante o prazo de suspensão do processo, cometer crime da mesma natureza pelo qual venha a ser condenado, o processo prossegue, devendo o Ministério Público deduzir acusação para julgamento em processo abreviado no prazo de 90 dias a contar da verificação do incumprimento ou da condenação. Alteração introduzida pela Lei nº 20/2013, de 21 de fevereiro.

FORMAS DE PROCESSO: COMUM E ESPECIAIS

Se se tratar de crime cujo procedimento dependa de acusação particular[204], a acusação do Ministério Público só tem lugar depois de deduzida, pelo assistente, a acusação particular (arts. 391º-B, nº 3, 285º, nº 1 e
50º, nº 1), o que bem se compreende face à natureza deste tipo de crime.
O Ministério Público acusa, nos cinco dias posteriores à apresentação da acusação particular, pelos mesmos factos, por parte deles ou
por outros que não importem uma alteração substancial daqueles[205],
podendo ainda aderir à acusação do assistente na sua totalidade (art. 285º,
nº 4).

Se, porventura o assistente, devidamente notificado para o efeito, não
acusar, sendo o crime particular, ao Ministério Público não resta outro
caminho que não seja o arquivamento dos autos (arts. 285º, nºs 1 e 4 e
277º, nº 1, última parte).

À semelhança do processo sumário, também no processo abreviado é
correspondentemente aplicável o disposto nos artigos 280º a 282º (nº 4,
do art. 391º-B), o que significa que, caso o Ministério Público se decida
pelo arquivamento do processo, ou pela suspensão provisória do mesmo,
deve apresentar o arguido detido ao juiz de instrução competente, a fim
de obter a sua concordância (arts. 280º e 281º).

7. Saneamento do processo

Recebidos os autos, o juiz conhece das nulidades e outras questões
prévias ou incidentais que obstem à apreciação do mérito da causa (arts.
391º-C e 311º, nº 1, do CPP).

Se não rejeitar a acusação, o juiz designa dia para a audiência, com
precedência sobre os julgamentos em processo comum, sem prejuízo da
prioridade a conferir aos processos urgentes (art. 391º-C, nº 2)[206].

---

[204] Sobre a Acusação Particular, vide CECÍLIA SANTANA, *Jornadas de Direito Processual Penal
e Direitos Fundamentais cit.*, pp. 307-333.

[205] *Alteração substancial dos fatos*: aquela que tiver por efeito a imputação ao arguido de um
crime diverso ou a agravação dos limites máximos das sanções aplicáveis (art. 1º, nº 1, al. *f*), do
CPP). Sobre a alteração substancial dos fatos, vide FREDERICO ISASCA, *Alteração Substancial
dos Fatos e Sua Relevância no Processo Penal Português*, citado.

[206] Cfr. artigo 103º *(quando se praticam os atos)*.

DAS MEDIDAS DE COAÇÃO

8. Reenvio para outra forma processual

O tribunal só remete os autos ao Ministério Público para tramitação sob outra forma processual quando se verificar a inadmissibilidade, no caso, do processo abreviado.

Se, depois de recebidos os autos, o Ministério Público deduzir acusação em processo comum com intervenção do tribunal singular ou requerer a aplicação de pena ou medida de segurança não privativas da liberdade em processo sumaríssimo, a competência para o respetivo conhecimento mantém-se no tribunal competente para o julgamento na forma abreviada (art. 391º-D).

O despacho que decide a tramitação do processo sob outra forma processual é, à semelhança do processo sumário, irrecorrível (art. 391º-G).

9. Princípios e regras gerais do julgamento em processo abreviado

A produção da prova é feita durante a audiência, uma vez que não existe a fase de instrução (art. 286º, nº 3), sendo a mesma reduzida ao mínimo indispensável.

O julgamento em processo abreviado regula-se pelas disposições relativas ao julgamento em processo comum, com as seguintes alterações: finda a produção da prova, é concedida a palavra ao Ministério Público, aos representantes do assistente e das partes civis e ao defensor, os quais podem usar dela por um prazo máximo de trinta minutos, prorrogáveis se necessário e assim for requerido. A réplica é admitida por um prazo máximo de dez minutos (art. 391º-E).

No que respeita à sentença, é aplicável ao processo abreviado o que referimos a propósito do processo sumário, para aí se remetendo (arts. 391º-F e 389º-A).

Em processo abreviado, como resulta da correspondente aplicação do art. 391º, só é admissível recurso da sentença ou do despacho que puser termo ao processo (art. 391º-F), valendo aqui, naturalmente, o que dissemos a propósito do processo sumário.

Secção IV
O Processo Sumaríssimo

1. Considerações gerais

O processo sumaríssimo, outra das formas de processo especial, sem qualquer tradição entre nós até 1987, representou uma das principais inovações do Código de Processo Penal de 1987 (arts. 392º a 398º). Porém, o seu espaço de aplicação era mais do que limitado, fundamentalmente, por duas ordens de razão. Em primeiro lugar, por ser apenas aplicável aos crimes puníveis com pena de prisão não superior a seis meses ou com pena de multa, ou ainda quando era aplicável a inibição do direito de conduzir. Depois, por não ter lugar nos crimes particulares.

Estes limites (pena de multa ou pena de prisão até seis meses e inaplicabilidade aos crimes particulares), afastou, certamente, a possibilidade de julgamento em processo sumaríssimo da esmagadora pequena criminalidade (pequenos furtos em estabelecimentos comerciais e pequenos danos), típica dos grandes centros urbanos.

As reformas operadas pela Lei nº 59/98, de 25 de Agosto e pela Lei nº 48/2007, de 29 de Agosto, vieram alargar o âmbito de aplicação desta forma de processo especial.

2. Quando tem lugar

Em caso de crime punível com pena de prisão não superior a cinco anos ou só com pena de multa, o Ministério Público, por iniciativa do arguido ou depois de o ter ouvido e quando entender que ao caso deve ser concretamente aplicada pena ou medida de segurança não privativas da liberdade, requer ao tribunal que a aplicação tenha lugar em processo sumaríssimo[207]. Em caso de crime cujo procedimento dependa de acusação

---

[207] Com a alteração introduzida pela Lei nº 48/2007, de 29 de Agosto, elevou-se para cinco anos (em vez dos três) da pena de prisão e ainda a possibilidade de o Ministério Público requerer que o processo sumaríssimo tenha lugar por iniciativa do arguido.

DAS MEDIDAS DE COAÇÃO

particular, o requerimento aludido, depende da concordância do assistente (art. 392º, do CPP).

Pressuposto do processo sumaríssimo é, pois, que o crime seja punível com pena de prisão não superior a cinco anos ou apenas com pena de multa.

Verificado o pressuposto referido, se o Ministério Público entender que, ao caso, deve ser concretamente aplicada pena ou medida de segurança não privativa da liberdade, requer ao tribunal que a aplicação da sanção que propõe tenha lugar em processo sumaríssimo (art. 392º, nº 1).

Se, no entanto, o procedimento criminal depender de acusação particular (crimes particulares), o requerimento do Ministério Público para a aplicação da sanção em processo sumaríssimo, depende da concordância do assistente (art. 392º, nº 2), o que, aliás, bem se compreende, atenta a natureza particular deste tipo de crimes.

O requerimento do Ministério Público é escrito devendo conter as indicações tendentes à identificação do arguido, a descrição dos factos imputados e a menção das disposições legais violadas, a prova existente e, naturalmente, o enunciado sumário das razões pelas quais entende que ao caso não deve ser concretamente aplicada pena de prisão. O requerimento termina com a indicação precisa *das sanções cuja aplicação o Ministério Público concretamente propõe* e *da quantia exata a atribuir a título de reparação, nos termos do disposto no artigo 82º-A, quando este deva ser aplicado* (art. 394º, nº 2).

O requerimento do Ministério Público corresponde, pois, a uma verdadeira acusação.

Germano Marques da Silva entende que, tratando-se de crime particular deve considerar-se que a concordância do assistente com o requerimento do Ministério Público equivale à acusação particular[208].

Salvo o devido respeito, discordamos deste entendimento. Com efeito, nos crimes particulares, não é só o impulso processual que depende da iniciativa dos particulares, mas também a própria apresentação do facto a juízo. Por outras palavras: nos crimes particulares para que o procedimento criminal tenha lugar é necessário que o ofendido se queixe, se constitua assistente, e deduza acusação particular (art. 50º, nº 1, do CPP). Neste tipo de crimes o Ministério Público pode até, nem sequer acusar, como resulta do nº 3 do art. 285º, do CPP, bastando, para o efeito, entender que os indícios não são suficientes e que a acusação do assistente é manifes-

---

[208] *Curso de Processo Penal, cit.,* vol. III, p. 27.

FORMAS DE PROCESSO: COMUM E ESPECIAIS

tamente infundada. Se, no entanto, decidir fazê-lo deverá, nos cinco dias posteriores à apresentação, pelo assistente, da acusação particular, acusar, mas apenas, pelos mesmos factos, por parte deles ou por outros que não importem uma alteração substancial daqueles, podendo ainda aderir à acusação do assistente na sua totalidade (art. 285º, nº 4).

Nos crimes particulares é a acusação do Ministério Público que está totalmente subordinada à do assistente[209], e não o contrário. Neste tipo de crimes, sem acusação do assistente não há julgamento (quer em qualquer das formas de processo especial, quer na forma comum), não restando ao Ministério Público outro caminho que não seja o arquivamento dos autos[210]. Entender o contrário é contrariar o espírito e a própria letra da lei.

Uma coisa é a concordância do assistente com o requerimento do Ministério Público ao tribunal para que a aplicação da sanção tenha lugar em processo sumaríssimo, outra, substancialmente distinta, é a própria acusação do assistente, sem a qual, nos crimes particulares, não há lugar à aplicação de qualquer sanção.

3. Partes civis

Em processo sumaríssimo não é permitida a intervenção de partes civis. Porém, até ao momento da apresentação do requerimento pelo Ministério Público para aplicação da sanção em processo sumaríssimo, pode o lesado manifestar a intenção de obter a reparação dos danos sofridos devendo, neste caso, o mesmo requerimento conter a indicação da quantia exata a atribuir a esse título, nos termos do disposto no art. 82º-A, quando este deva ser aplicado[211] (arts. 393º e 394º, nº 1, al. *b*)).

---

[209] Ao contrário do que sucede nos crimes públicos e semipúblicos, como resulta do disposto no art. 284º, do CPP.

[210] Por razões de política criminal decidiu o legislador subtrair os crimes particulares, ao princípio da oficialidade e em certa medida ao da obrigatoriedade.

[211] *Código de Processo Penal*, «Artigo 82º-A *(Reparação da vítima em casos especiais)* 1. Não tendo sido deduzido pedido de indemnização civil no processo penal ou em separado, nos termos dos artigos 72º e 77º, o tribunal, em caso de condenação, pode arbitrar uma quantia a título de reparação pelos prejuízos sofridos quando particulares exigências de protecção da vítima o imponham. 2. No caso previsto no número anterior, é assegurado o respeito pelo contraditório. 3. A quantia arbitrada a título de reparação é tida em conta em acção que venha a conhecer de pedido civil de indemnização».

DAS MEDIDAS DE COAÇÃO

4. Rejeição do requerimento

Recebido o requerimento o juiz verifica da existência dos pressupostos para o julgamento em processo sumaríssimo e da justificação das sanções (não privativas da liberdade), cuja aplicação o Ministério Público concretamente propõe, podendo rejeitar, por *despacho irrecorrível* (art. 395º, nº 4), o requerimento, reenviando o processo para outra forma que lhe caiba, nos seguintes casos (art. 395º, nº 1): *a) quando for legalmente inadmissível o procedimento; b) quando o requerimento for manifestamente infundado, nos termos do disposto no nº 3 do artigo 311º* (por não conter a identificação do arguido ou a narração dos factos; por não indicar as disposições legais aplicáveis ou as provas que a fundamentam, ou porque os factos não constituem crime); *c) quando entender que a sanção proposta pelo Ministério Público é manifestamente insuscetível de realizar de forma adequada e suficiente as finalidades da punição.*

No que se refere à alínea *c),* se o juiz *apenas discordar* da sanção proposta, pode, em alternativa ao reenvio do processo para outra forma, fixar sanção diferente, na sua espécie ou medida, da proposta pelo Ministério Público, desde que obtenha a concordância deste e do arguido (art. 395º, nº 2).

São vários os motivos que poderão levar o juiz a discordar da sanção proposta pelo Ministério Público: diferente qualificação jurídica dos factos constantes no processo, divergente interpretação dos factos quanto à forma de cometimento do crime (dolosa/negligente), etc.

Se, no entanto, o juiz entender que, ainda assim, no caso concreto, são suficientes sanções não privativas da liberdade (art. 392º, nº 1), pode, em alternativa ao reenvio do processo para outra forma, fixar sanções diferentes, na sua espécie ou medida, das propostas pelo Ministério Público, desde que com a concordância deste e do arguido. Se, pelo contrário, entender que, no caso devem ser aplicadas sanções privativas da liberdade, rejeita o requerimento e reenvia o processo para a forma processual que lhe caiba[212].

Se o juiz reenviar o processo para outra forma processual, o requerimento do Ministério Público equivale, em todos os casos, à acusação (art. 395º, nº 3).

---

[212] Cfr. GERMANO MARQUES DA SILVA, *Curso de Processo Penal, cit.,* vol. III, p. 28 e ANTÓNIO HENRIQUES GASPAR, «Processos Especiais», *Jornadas de Direito Processual Penal/O Novo Código de Processo Penal,* Centro de Estudos Judiciários, Almedina Coimbra, 1991, p. 375.

5. Notificação e oposição do arguido

Se o juiz não rejeitar o requerimento do Ministério Público nomeia defensor ao arguido que não tenha advogado constituído ou defensor nomeado, e ordena a sua notificação do requerimento para, querendo, se opor no prazo de quinze dias. Este requerimento é igualmente notificado ao defensor (art. 396º, números 1 e 3).

A notificação é feita por contacto pessoal (art. 113º, nº 1, al. *a*)), e deve conter obrigatoriamente: a informação do direito de o arguido se opor à sanção e da forma de o fazer (a oposição pode ser deduzida por simples declaração, nº 4, do art. 396º); a indicação do prazo para a oposição e do seu termo final e o esclarecimento dos efeitos da oposição e da não oposição (nºs 2 e 4 do mesmo preceito legal).

6. Decisão

Quando o arguido se não opuser ao requerimento, o juiz, por despacho, procede à aplicação da sanção, e à condenação no pagamento de taxa de justiça (art. 397º, nº 1). Este despacho de aplicação da sanção vale como sentença condenatória e não admite recurso ordinário (nº 2, do mesmo preceito legal), consignando, assim, a impossibilidade de interposição de recurso das decisões proferidas em processo sumaríssimo.

O despacho que aplique pena diferente da proposta ou fixada nos termos do disposto nos artigos 394º, nº 2 e 395º, nº 2, é *nulo* (art. 397º, nº 3).

Se o arguido deduzir oposição, o juiz ordena o reenvio do processo para outra forma que lhe caiba, equivalendo à acusação, em todos os casos, o requerimento do Ministério Público, formulado nos termos do art. 394º, notificando o arguido da acusação, bem como para requerer a abertura da instrução, no caso de o processo seguir a **forma comum** (art. 398º).

7. Processo sumaríssimo: uma ideia ressocializadora e de consenso

Face ao seu regime jurídico, vertido nos artigos 392º a 398º, do CPP, não será difícil concluir que as ideias inspiradoras do processo sumaríssimo, enquanto meio de reação formal à pequena criminalidade, são, essencial-

DAS MEDIDAS DE COAÇÃO

mente, para além, naturalmente, da economia e celeridade processuais, as de *ressocialização* e *consenso*. No que à ressocialização respeita, saliente-se a *informalidade*, por forma a subtrair o arguido à experiência de um julgamento formal e solene «reconhecidamente uma das mais decisivas no processo de manipulação e adulteração da identidade e da imagem e da distanciação social»[213]. Do regime jurídico do processo sumaríssimo resulta, também, patente, a orientação para a maximização do *consenso*, na medida em que, para a aplicação da sanção nesta forma de processo especial, exigiu o legislador a concordância do Ministério Público, do Juiz, do arguido e, tratando-se de crimes particulares, também do assistente.

Acrescente-se que, à semelhança do processo sumário, também no processo sumaríssimo não há lugar à instrução (art. 286º, nº 3).

---

[213] MANUEL DA COSTA ANDRADE, «Consenso e Oportunidade» *Jornadas de Direito Processual Penal/O Novo Código de Processo Penal ..., cit.*, p. 356.

Capítulo III
Das Medidas de Coação e de Garantia Patrimonial

Secção I
Das Medidas de Coação

Subsecção I
Considerações Gerais

1. Conceito de medidas de coação

As medidas de coação são meios processuais penais limitadores da liberdade pessoal, de natureza meramente cautelar, aplicáveis a arguidos sobre os quais recaiam fortes indícios da prática de um crime.

As medidas de coação não devem confundir-se com as penas. Enquanto aquelas, à exceção do termo de identidade e residência, são aplicadas por despacho do juiz, durante o inquérito a requerimento do Ministério Público e depois do inquérito mesmo oficiosamente, ouvido o Ministério Público (art. 194º, nº 1, do CPP), visando assegurar finalidades de *natureza meramente cautela*r num concreto processo penal em curso, estas são aplicadas por um tribunal, em julgamento solene, por via de regra público, através de sentença condenatória, proferida no âmbito de um determinado

DAS MEDIDAS DE COAÇÃO

processo crime, visando a proteção de bens jurídicos fundamentais e a reintegração do agente na sociedade (art. 40º, nº 1 do CP).

2. Finalidades das medidas de coação

As finalidades das medidas de coação constam no art. 204º, que dispõe: Nenhuma medida de coação à exceção da prevista no artigo 196º, (Termo de identidade e residência) pode ser aplicada se em concreto se não verificar, no momento da aplicação da medida: *a) fuga ou perigo de fuga; b) perigo de perturbação do decurso do inquérito ou da instrução do processo e, nomeadamente, perigo para a aquisição, conservação ou veracidade da prova; ou c) perigo, em razão da natureza e das circunstâncias do crime ou da personalidade do arguido, de que este continue a atividade criminosa ou perturbe gravemente a ordem e a tranquilidade* públicas.

3. Condições gerais de aplicação das medidas de coação

As condições gerais de aplicação das medidas de coação estão previstas no art. 192º, que deve, no entanto, ser conjugado com o art. 204º (e 227º, para as medidas de garantia patrimonial), todos do CPP.

A condição essencial para a aplicação de uma medida de coação é a **prévia** constituição como *arguido* da pessoa que delas for objeto (arts. 192º, nº 1 e 58º, nº 1, al. *b*), do mesmo diploma legal)[214].

A constituição de arguido opera-se através da comunicação, oral ou por escrito, feita ao visado por uma autoridade judiciária ou um órgão de polícia criminal, de que a partir desse momento aquele deve considerar-se arguido num processo penal e da indicação e, se necessário, explicação dos direitos e deveres processuais referidos no art. 61º, devendo ser entregue, sempre que possível no próprio ato, documento no qual conste a identificação do processo, bem como do defensor, se este tiver sido nomeado, e os direitos e deveres processuais referidos no art. 61º (art. 58º, nºs 2 e 4)[215].

---

[214] *Código de Processo Penal*, «Artigo 192º *(Condições gerais de aplicação)* 1 – A aplicação de medidas de coação e de garantia patrimonial depende da prévia constituição como arguido, nos termos do artigo 58º, da pessoa que delas for objeto».

[215] A omissão ou violação destas formalidades implica que as declarações prestadas pela pessoa visada não podem ser utilizadas como prova (art. 58º, nº 5).

DAS MEDIDAS DE COAÇÃO E DE GARANTIA PATRIMONIAL

A constituição de arguido feita por órgão de polícia criminal é comunicada à autoridade judiciária no prazo de 10 dias a fim de ser por esta apreciada, em ordem à sua validação, no mesmo prazo de 10 dias. A não validação da constituição de arguido não prejudica as provas anteriormente obtidas, mas apenas, as obtidas em momento posterior (art. 58º, nºs 3 e 6)[216].

A constituição de arguido tem por finalidade assegurar ao visado, a quem foi aplicada uma medida de coação, o exercício de direitos (e deveres) processuais que por essa razão passam a caber-lhe (arts. 60º e seguintes, do CPP).

Antes da revisão operada pela lei nº 48/2007, de 29 de agosto, a constituição de arguido, não pressupunha necessariamente a existência de indícios de culpabilidade. Bastava, apenas, que corresse inquérito contra pessoa determinada e esta prestasse declarações perante qualquer autoridade judiciária ou órgão de polícia criminal. Com a referida revisão passou exigir-se que corra inquérito contra pessoa determinada em relação à qual *haja suspeita fundada da prática de crime* (art. 58, nº 1, al. *a*)).

Antes da revisão referida, a pessoa contra a qual corresse inquérito, devia ser sujeita a termo de identidade e residência a partir do momento em que prestasse declarações perante qualquer autoridade judiciária ou órgão de polícia criminal, caso o processo devesse prosseguir, independentemente da existência ou não no processo de indícios da sua culpabilidade, uma vez que era obrigatória a sua constituição como arguido, da qual depende a aplicação de tal medida (art. 196º). Agora não é assim. Com efeito, pode bem acontecer que a pessoa contra a qual corra inquérito preste declarações no âmbito do mesmo e, no entanto, não seja constituída arguido, por inexistência de *suspeita fundada da prática de crime*, não lhe podendo ser aplicada a medida de coação de termo de identidade e residência (ou qualquer outra).

Esta solução legal pode causar dificuldades não de pouca monta, desde logo, como refere GERMANO MARQUES DA SILVA[217], a de saber em que qualidade presta declarações a pessoa contra quem corre inquérito, antes

---

[216] A obrigação de comunicação à autoridade judiciária da constituição de arguido efetuada por órgão de polícia criminal, foi imposta pela revisão operada pela Lei nº 48/2007, de 29 de Agosto.

[217] *Curso de Processo Penal*, vol. II, 4ª Edição, Editorial Verbo, 2008, p. 292.

DAS MEDIDAS DE COAÇÃO

de ser constituída arguido. Tem direito ao silêncio? Comete o crime de falsidade de testemunho se cometer falsidade?

A aplicação de uma medida de coação sem a prévia constituição de arguido da pessoa que dela é objeto determina a sua *inexistência jurídica*, por falta de um pressuposto legal, assistindo ainda ao visado o ***direito de resistência***, nos termos do art. 21º, da CRP: *Todos têm o direito de resistir a qualquer ordem que ofenda os seus direitos, liberdades e garantias e de repelir pela força qualquer agressão, quando não seja possível recorrer à autoridade pública.*

O nº 2, do mesmo art. 192º, estabelece ainda como condição geral para aplicação de uma medida de coação, a *inexistência de causas de isenção da responsabilidade ou de extinção do procedimento criminal*, existam ou não indícios da prática de crime.

A expressão *causas de isenção de responsabilidade* é usada, no referido art. 192º, nº 2, num sentido amplo, abrangendo todos os casos de afastamento da responsabilidade penal[218]. São *causas da isenção da responsabilidade* as denominadas causas justificativas do facto, ou causas de justificação ou de exclusão da ilicitude ou da culpa, como *verbi gratia*, a legítima defesa (arts. 31º e 32º do Código Penal)[219]; o direito de necessidade justificante (art. 34º, do mesmo diploma legal)[220]; o estado de necessidade desculpante (art. 35º

---

[218] Neste sentido, GERMANO MARQUES DA SILVA, *ob. cit.*, vol. II, 4ª Edição, pp. 293-294 e JOSÉ ANTÓNIO BARREIROS, *As Medidas de Coação e de Garantia Patrimonial No Novo Código de Processo Penal*, Lisboa, 1987, p. 12.

[219] *Código Penal*, «Artigo 31º *(Exclusão da ilicitude)* 1 – O fato não é punível quando a sua ilicitude for excluída pela ordem jurídica considerada na sua totalidade. 2 – Nomeadamente não é ilícito o fato praticado: *a*) Em legítima defesa; *b*) No exercício de um direito; *c*) No cumprimento de um dever imposto por lei ou por ordem legítima da autoridade; ou *d*) Com o consentimento do titular do interesse jurídico lesado».

Código Penal, «Artigo 32º *(legítima defesa)* Constitui legítima defesa o fato praticado como meio necessário para repelir a agressão actual e ilícita de interesses juridicamente protegidos do agente ou de terceiro».

[220] *Código Penal*, «Artigo 34º *(Direito de necessidade)* Não é ilícito o fato praticado como meio adequado para afastar um perigo atual que ameace interesses juridicamente protegidos do agente ou de terceiro, quando se verificarem os seguintes requisitos: *a*) Não ter sido voluntariamente criada pelo agente a situação de perigo, salvo tratando-se de proteger o interesse de terceiro; *b*) Haver sensível superioridade do interesse a salvaguardar relativamente ao interesse sacrificado; e *c*) Ser razoável impor ao lesado o sacrifício do seu interesse em atenção à natureza ou ao valor do interesse ameaçado».

do CP)[221]; o conflito de deveres (art. 36º do CP)[222]; a obediência indevida desculpante (art. 37º, do CP)[223]; o consentimento do ofendido (art. 38º, do CP)[224], etc. São *causas de extinção do procedimento criminal*, o decurso do prazo, contado desde a data do cometimento do crime (arts. 118º e 119º, do CP)[225].

---

[221] *Código Penal*, «Artigo 35º *(Estado de necessidade desculpante)* 1 – Age sem culpa quem praticar um fato ilícito adequado a afastar um perigo atual e não removível de outro modo, que ameace a vida, a integridade física, a honra ou a liberdade do agente ou de terceiro, quando não for razoável exigir-lhe, segundo as circunstâncias do caso, comportamento diferente. 2 – Se o perigo ameaçar interesses jurídicos diferentes dos referidos no número anterior, e se verificarem os restantes pressupostos ali mencionados, pode a pena ser especialmente atenuada ou, excepcionalmente, o agente ser dispensado de pena».

[222] *Código Penal*, «Artigo 36º *(Conflito de deveres)* 1 – Não é ilícito o fato de quem, em caso de conflito no cumprimento de deveres jurídicos ou de ordens legítimas da autoridade, satisfizer dever ou ordem de valor igual ou superior ao do dever ou ordem que sacrificar. 2 – O dever de obediência hierárquica cessa quando conduzir à prática de um crime».

[223] *Código Penal*, «Artigo 37º *(Obediência indevida desculpante)* Age sem culpa o funcionário que cumpre uma ordem sem conhecer que ela conduz à prática de um crime, não sendo isso evidente no quadro das circunstâncias por ele representadas».

[224] *Código Penal*, «Artigo 38º *(Consentimento)* 1 – Além dos casos especialmente previstos na lei, o consentimento exclui a ilicitude do fato quando se referir a interesses jurídicos livremente disponíveis e o fato não ofender os bons costumes. 2 – O consentimento pode ser expresso por qualquer meio que traduza uma vontade séria, livre e esclarecida do titular do interesse juridicamente protegido, e pode ser livremente revogado até à execução do fato. 3 – O consentimento só é eficaz se for prestado por quem tiver mais de 16 anos e possuir o discernimento necessário para avaliar o seu sentido e alcance no momento em que o presta. 4 – Se o consentimento não for conhecido do agente, este é punível com a pena aplicável à tentativa».

[225] *Código Penal*, «Artigo 118º *(Prazos de prescrição)* 1 – O procedimento criminal extingue-se, por efeito da prescrição, logo que sobre a prática do crime tiverem decorrido os seguintes prazos: *a)* Quinze anos, quando se tratar de crimes puníveis com pena de prisão cujo limite máximo for superior a dez anos; *b)* Dez anos, quando se tratar de crimes puníveis com pena de prisão cujo limite máximo for igual ou superior a cinco anos, mas que não exceda dez anos; *c)* Cinco anos, quando se tratar de crimes puníveis com pena de prisão cujo limite máximo for igual ou superior a um ano, mas inferior a cinco anos; *d)* Dois anos, nos casos restantes. 2 – Para efeito do disposto no número anterior, na determinação do máximo da pena aplicável a cada crime são tomados em conta os elementos que pertençam ao tipo de crime, mas não as circunstâncias agravantes ou atenuantes. 3 – Se o procedimento criminal respeitar a pessoa colectiva ou entidade equiparada, os prazos previstos no nº 1 são determinados tendo em conta a pena de prisão, antes de se proceder à conversão prevista nos nºs 1 e 2 do artigo 90º-B. 4 – Quando a lei estabelecer para qualquer crime, em alternativa, pena de prisão ou de multa, só a primeira é considerada para efeito do disposto neste artigo. 5 – Nos crimes contra a liberdade

DAS MEDIDAS DE COAÇÃO

Também neste caso, a aplicação de uma medida de coação, sendo *evidente* a *existência de causas de isenção da responsabilidade penal ou de extinção do procedimento criminal*, não pode deixar de determinar a sua *inexistência jurídica*, assistindo ainda ao visado o *direito de resistência*, embora reconheçamos que, a avaliação da existência de tais causas torna-se, por vezes, difícil.

As medidas de coação, ao contrário das medidas de garantia patrimonial, que podem, também, ser aplicadas aos civilmente responsáveis (arts. 227º, nº 2 e 228º), apenas podem ser aplicadas ao(s) agente(s) da infração. Assim, a exigência de prévia constituição como arguido imposta pelo art. 192º, nº 1, refere-se tão só aquele(s) e não, também, a quem for apenas responsável civil.

4. Pressupostos de aplicação das medidas de coação

4.1. Indícios da prática de crime

Para a aplicação de uma medida de coação torna-se necessário a imputação à pessoa que dela for objeto, de *indícios* (ou fortes indícios, nos casos dos arts. 200º, 201º e 202º) da prática de determinado crime, ou seja, como afirma GERMANO MARQUES DA SILVA, não pode ser aplicada uma medida de coação ou de garantia patrimonial se não se indiciarem os pressupostos de que depende a aplicação ao sujeito de uma pena ou medida de segurança criminais[226].

Relativamente às medidas de coação de proibição e imposição de condutas, de obrigação de permanência na habitação e prisão preventiva (arts. 200º, 201º e 202º), casos em que a lei exige *fortes indícios* da prática

---

e autodeterminação sexual de menores, o procedimento criminal não se extingue, por efeito da prescrição, antes de o ofendido perfazer 23 anos».

«Artigo 119º *(Início do prazo)* 1 – O prazo de prescrição do procedimento criminal corre desde o dia em que o fato se tiver consumado. 2 – O prazo de prescrição só corre: *a*) Nos crimes permanentes, desde o dia em que cessar a consumação; *b*) Nos crimes continuados e nos crimes habituais, desde o dia da prática do último ato; *c*) Nos crimes não consumados, desde o dia do último ato de execução. 3 – No caso de cumplicidade atende-se sempre, para efeitos deste artigo, ao fato do autor. 4 – Quando for relevante a verificação de resultado não compreendido no tipo de crime, o prazo de prescrição só corre a partir do dia em que aquele resultado se verificar».

[226] *Ob. cit.*, vol. II, 4ª Edição, p. 293.

DAS MEDIDAS DE COAÇÃO E DE GARANTIA PATRIMONIAL

de crime, a exigência é, evidentemente, maior. Embora não seja ainda de exigir a comprovação categórica, sem qualquer dúvida razoável é, pelo menos, necessário que, face aos elementos de prova disponíveis, seja possível formar a convicção sobre a maior probabilidade de condenação do que de absolvição[227].

Naturalmente que, não obstante a existência de indícios ou de fortes indícios da prática de crime, *nenhuma medida de coação ou de garantia patrimonial é aplicada quando houver fundados motivos para crer na existência de causas de isenção da responsabilidade ou de extinção do procedimento criminal* (art. 192º, nº 2).

GERMANO MARQUES DA SILVA entende, a nosso ver bem, que nenhuma medida pode ser aplicada não só quando a isenção da responsabilidade ou a extinção do procedimento criminal estejam demonstrados no processo, mas também quando haja dúvidas sobre a sua verificação. De facto, refere o autor, é necessária muita cautela para dar satisfação à exigência fundamental de evitar uma inútil e injustificada limitação da liberdade pessoal e se a dúvida sobre a verificação da causa de isenção de responsabilidade ou de extinção do procedimento deve determinar a absolvição, não se justifica que, entretanto, possa ser aplicada uma medida de coação ao arguido[228].

4.2. Requisitos ou condições gerais constantes no artigo 204º

A aplicação das medidas de cocção, com exceção do termo de identidade e residência, não depende, apenas, da existência de indícios da prática do crime e dos requisitos específicos definidos na lei para cada uma delas, importa ainda que se verifiquem os requisitos ou condições gerais referidos nas várias alíneas do artigo 204º, do CPP. Estes requisitos ou condições gerais, enumerados nas alíneas *a)*, *b)* e *c)*, são taxativos, bastando, consequentemente, a existência de algum deles para que a medida possa ser aplicada.

Os requisitos ou condições gerais referidos são, respetivamente, os seguintes: *fuga ou perigo de fuga; perigo de perturbação do decurso do inquérito*

---

[227] Vide GERMANO MARQUES DA SILVA, *ob. cit.*, vol. II, 4ª Edição, p. 294.
[228] *Ob. cit.*, vol. II, 4ª Edição, 2008, pp. 294-295.

DAS MEDIDAS DE COAÇÃO

ou da instrução do processo e, nomeadamente, perigo para a aquisição, conservação ou veracidade da prova; ou perigo, em razão da natureza e das circunstâncias do crime ou da personalidade do arguido, de que este continue a atividade criminosa ou perturbe gravemente a ordem e a tranquilidade públicas.

4.2.1. Fuga ou perigo de fuga

Nos termos do art. 204º, al. *a*), a *fuga ou perigo de fuga* justifica a aplicação ao arguido de uma medida de coação (excetuando o termo de identidade e residência).

O Código de Processo Penal de 1929, a este propósito, era menos exigente, na medida em que, como pressuposto da aplicação da prisão preventiva, exigia, apenas, o *fundado receio de fuga*[229].

O art. 204º exige agora uma situação atual de *fuga* em que se encontra o arguido no momento da aplicação da medida de coação e não uma situação de fuga já passada.

A situação de fuga, face ao disposto nos arts. 192º e 196º, parece só ocorrer no caso de o arguido se encontrar sujeito a termo de identidade e residência, uma vez que, enquanto não estiver sujeito a esta medida mantém plena liberdade de movimentos[230].

Relativamente ao *perigo de fuga* importa ter em consideração que a lei **não presume o perigo de fuga**, exigindo que esse perigo **seja real ou concreto**, o que significa que não basta a mera probabilidade de fuga, deduzida de abstratas e genéricas presunções, *v. g.*, da gravidade do crime, devendo, ao invés, fundamentar-se em elementos de facto que indiciem concretamente aquele perigo, nomeadamente porque revelam a preparação para a fuga[231].

Constituem elementos de facto indiciadores do *perigo de fuga*, por exemplo, o facto de o arguido ter na sua posse, no momento da detenção, um bilhete válido de avião com passagem para um país estrangeiro, marcada para dali a dois dias; o facto de o arguido ser nacional de um outro país e, no momento da detenção, ser aguardado por um seu compatriota que

---

[229] *Código de Processo Penal de 1929*, art. 291º, § 2º: «Não são suficientes as medidas de liberdade provisória: *a*) Quando haja fundado receio de fuga».

[230] Neste sentido, GERMANO MARQUES DA SILVA, *ob. cit.*, vol. II, 4ª Edição, p. 297.

[231] GERMANO MARQUES DA SILVA, *ob. cit.*, vol. II, 4ª Edição, p. 297.

DAS MEDIDAS DE COAÇÃO E DE GARANTIA PATRIMONIAL

tem na sua posse uma viatura com condições de fazer a viagem, e que se sabe não ter residência fixa em Portugal; ou ainda o facto de o arguido, no momento da detenção, encontrar-se, esporadicamente, de férias em Portugal, sem residência fixa, sabendo-se, no entanto, que reside num país estrangeiro com os seus familiares.

4.2.2. *Perigo de perturbação do decurso do inquérito ou da instrução do processo e, nomeadamente, perigo para a aquisição, conservação ou veracidade da prova*

O *perigo de perturbação do decurso do inquérito ou da instrução do processo*, previsto na alínea *b*), do art. 204º, é outro dos requisitos gerais que tornam admissível a aplicação ao arguido de uma medida de coação.

Importa salientar, desde já, que, a lei ao consagrar o *perigo de perturbação do decurso (...) da instrução do processo*, como justificativo da aplicação ao arguido de uma medida de coação, não pretende referir-se apenas à instrução enquanto fase processual (prevista nos arts. 286º e seguintes do CPP), mas sim a toda a atividade instrutória de produção e recolha dos elementos de prova, independentemente da fase processual em que a mesma ocorra: inquérito, instrução ou julgamento. A expressão deve, pois, ser entendida em sentido amplo, de modo a abranger toda a atividade processual de produção e recolha de provas.

É indubitável que, permanecendo o arguido em liberdade, bem pode este prejudicar a aquisição, conservação ou veracidade da prova, perturbando, assim, o decurso do inquérito ou da instrução do processo. Na verdade, nada impede que ele possa, *v. g.*, combinar com outros arguidos uma determinada versão para os factos, criar novos factos ou falsos álibis, atemorizar ou subornar as testemunhas, fazer desaparecer documentos probatórios ou produzir documentos falsos.

À semelhança do que se referiu a propósito do perigo de fuga, também neste caso, a lei **não presume** o perigo de perturbação do decurso do inquérito ou da instrução do processo, o que significa que não basta a mera probabilidade de perturbação do inquérito ou da instrução. É, pois, necessário que, **em concreto**, se demonstre tal perigo, através de factos objetivos ou circunstâncias concretas que o indiciem e ainda que o recurso a outros meios é **insuficiente** para evitar tal perturbação.

DAS MEDIDAS DE COAÇÃO

Como refere GERMANO MARQUES DA SILVA, os abundantes meios de que dispõem hoje as autoridades judiciárias e os órgãos de polícia criminal para investigar os crimes e sobretudo a sua utilização diligente e inteligente são em geral bastantes para obstar a que o arguido possa por si perturbar o decurso do inquérito ou da instrução do processo. A falta de diligência das autoridades e órgãos de polícia criminal ou a sua comodidade não serão por si mesmas nunca causa de justificação da necessidade de aplicação de uma medida de coação[232].

Importa ter presente que, a aplicação de uma medida de coação com o fundamento do «perigo para a aquisição, conservação ou veracidade da prova»[233](al. *b*), do referido art. 204º), jamais poderá prejudicar o direito de defesa do arguido, no que se refere à legítima atividade investigatória que lhe interessa desenvolver com vista à recolha de elementos probatórios da sua inocência ou do afastamento ou atenuação da sua responsabilidade penal. Efetivamente, nos termos do art. 61º, nº 1, al. *g*), do CPP, o arguido goza, em especial, em qualquer fase do processo, do direito de *intervir no inquérito e na instrução, oferecendo provas e requerendo as diligências que se lhe afigurem necessárias* para sua defesa.

Por outro lado, em caso algum a medida de coação pode ser aplicada, com fundamento no perigo de perturbação do decurso do inquérito ou da instrução do processo, nem, aliás, com qualquer outro fundamento, com o fim de coagir ou estimular o arguido a colaborar ativamente na investigação ou na instrução do processo, nomeadamente facultando provas incriminadoras. Não recai nunca sobre o arguido o dever de colaborar com as autoridades na descoberta da verdade[234].

Efetivamente, o silêncio é um direito do arguido, consagrado nos artigos 61º, nº 1, al. *d*), 141º, nº 5, 343º, nº 1 e 345º, nº 1, do CPP. Aliás, em bom rigor, assiste ao arguido um duplo direito: o *silêncio* e *não dizer a verdade*, cujo exercício nunca o pode desfavorecer (arts. 343º, nº 1 e 345º, nº 1, do CPP), ou, nas palavras de MARQUES FERREIRA, não poderá ser valorado

---

[232] *Ob. cit.*, vol. II, 4ª Edição, p. 299.

[233] *Acórdão do Tribunal da Relação de Lisboa*, de 2011.11.22, Secção Criminal, Processo nº 1831/11.1TDLSB-B.L1. "I – O perigo para a aquisição, conservação ou veracidade da prova, previsto no artigo 204º, al. *b*) do CPP, carece da demonstração de fatos que indiciem a atuação do arguido com esse objetivo e que não seja possível com outros meios obstar a essa perturbação (...)".

[234] GERMANO MARQUES DA SILVA, *ob. cit.*, 4ª Edição, pp. 299-300.

DAS MEDIDAS DE COAÇÃO E DE GARANTIA PATRIMONIAL

como indício ou presunção de culpa nem tão pouco como circunstância relevante para a determinação da pena caso o crime se prove[235].

4.2.3. Perigo, em razão da natureza e das circunstâncias do crime ou da personalidade do arguido, de que este continue a atividade criminosa ou perturbe gravemente a ordem e a tranquilidade públicas

O perigo de grave perturbação da ordem e da tranquilidade públicas ou de continuação da atividade criminosa há de resultar: ou da *natureza e circunstâncias do crime imputado ao arguido* ou da *sua personalidade*.

Apenas da **natureza e circunstâncias do crime** imputado ao arguido ou então da **sua personalidade** há de resultar o perigo de perturbação da ordem e da tranquilidade públicas ou de continuação da atividade criminosa, elemento justificador da aplicação de uma medida de coação, *maxime* a prisão preventiva.

Assim, se o crime imputado ao arguido causou revolta no meio social da povoação ou freguesia onde a vítima vivia, em termos de ser previsível estados de medo ou algum movimento de vingança, se o arguido frequentar meios próximos da vítima ou seus familiares, será razoável admitir como adequada uma medida de proibição de residência do arguido nesse meio, ou a proibição de frequentar ou contactar com determinadas pessoas a que se refere a alínea (art. 200º, nº 1, als. *a*) e *d*)). Se, for pessoa habitualmente dada a embriaguez ou padeça de qualquer dependência que haja favorecido a prática do crime, pode justificar-se a aplicação de medida de coação, nomeadamente a sujeição a tratamento em instituição adequada (art. 200º, nº 1, al. *f*))[236].

Se, atentas as circunstâncias do crime e a personalidade do arguido, for de presumir a continuação da atividade criminosa, pode justificar-se a obrigação de permanência na habitação ou a prisão preventiva (arts. 201º e 202º, do CPP).

Importa ainda referir que, a aplicação de uma medida de coação não pode servir para acautelar a prática de qualquer crime pelo arguido, mas tão só a continuação da atividade criminosa pela qual o arguido está indi-

---

[235] In *Jornadas de Direito Processual Penal/O Novo Código de Processo Penal ...*, *cit.*, p. 247.
[236] GERMANO MARQUES DA SILVA, *ob. cit.*, vol. II, 4ª Edição, p. 301.

DAS MEDIDAS DE COAÇÃO

ciado[237]. A não ser assim, estar-se-ia a aplicar ao arguido não uma medida de coação de natureza *meramente cautelar*, num concreto processo penal em curso, mas sim uma medida de segurança, que nem a lei substantiva permite a sua aplicação a qualquer pessoa com o fim de prevenir a sua eventual atividade criminosa[238].

5. Princípios subjacentes à aplicação das medidas de coação

5.1. Princípio da legalidade ou da tipicidade

Estabelece o art. 191º, do CPP, que *a liberdade das pessoas só pode ser limitada, total ou parcialmente, em função de exigências processuais de natureza cautelar, pelas medidas de coação e de garantia patrimonial previstas na lei*, e que, *para efeitos do disposto no presente Livro* (Livro IV das medidas de coação e de garantia patrimonial) não se considera medida de *coação a obrigação de identificação perante a autoridade competente, nos termos e com os efeitos previstos no artigo 250º.*

Consagra, pois, o referido artigo, o *princípio da legalidade ou da tipicidade* das medidas de coação e de garantia patrimonial, significando que as medidas de coação e de garantia patrimonial são apenas aquelas que constam no Código de Processo Penal[239], não podendo pois, haver outras que limitem, total ou parcialmente, a liberdade dos cidadãos.

---

[237] *Acórdão do Tribunal da Relação de Lisboa*, de 2011.11.22, Secção Criminal, Processo nº 1831/11.1TDLSB-B.L1. " (...) II – (...) O perigo de que o arguido continue a atividade criminosa não se reporta a todo e qualquer crime que, em termos hipotéticos e no campo das possibilidades, se possa considerar, mas antes àquela concreta atividade criminosa indiciada no processo, consubstanciada na prática de crimes análogos ou da mesma natureza. III – Esse perigo, referido à prática de crimes de peculato por jogador compulsivo, encontra-se suficientemente acautelado com a suspensão do exercício de qualquer função pública".

[238] Neste sentido, GERMANO MARQUES DA SILVA, *ob. cit.*, vol. II, 4ª Edição, p. 301. A continuação da actividade criminosa, ainda segundo este autor, não significa a continuação da execução do mesmo crime, mas a prática de crimes análogos ou da mesma natureza daqueles pelos quais está a ser processado (*loc. cit.*, nota 1).

[239] Ou que se encontrem tipificadas noutra lei de valor formal igual ou semelhante. Por exemplo, a medida de coação de *não permanência na residência onde o crime tenha sido cometido ou onde habite a vítima* (que pode sempre ser cumulada com a obrigação de prestar caução, art. 205º, do CPP), constante no art. 31º, nº 1, al. *c*), da lei nº 112/2009, de 16 de setembro *(Estabelece o regime jurídico aplicável à prevenção da violência doméstica, à proteção e à assistência das suas vítimas).*

5.2. Princípio da adequação e da proporcionalidade

De acordo com o disposto no art. 193º, nº 1, do CPP, *as medidas de coação e de garantia patrimonial a aplicar em concreto devem ser necessárias e adequadas às exigências cautelares que o caso requer e proporcionais à gravidade do crime e às sanções que previsivelmente venham a ser aplicadas.*

Para dar satisfação às exigências dos princípios da adequação e da proporcionalidade, colocou o Código de Processo Penal à disposição do julgador diversas medidas de coação, desde o termo de identidade e residência até à prisão preventiva, graduando-as em função da sua crescente gravidade, devendo o mesmo, quando o considerar necessário, aplicar ao arguido aquela que julgue mais idónea para salvaguardar *as exigências cautelares que o caso requer*, e proporcional à gravidade do crime e às sanções que previsivelmente venham a ser aplicadas (art. 193º, nº 1).

O *princípio da adequação* significa, pois, que a medida a aplicar ao arguido num concreto processo penal deve ser o estritamente necessária ou idónea para satisfazer as necessidades ou exigências cautelares que o caso requer, devendo, por isso, ser escolhida em função de tal finalidade e não de qualquer outra.

Uma medida de coação é idónea ou adequada se, com a sua aplicação, se realiza ou facilita a realização do fim pretendido e não o é se o dificulta ou não tem absolutamente nenhuma eficácia para a realização das exigências cautelares[240].

A adequação da medida há de ser quer qualitativa quer quantitativamente. As medidas de coação são qualitativamente adequadas para alcançar os fins previstos no caso concreto se forem idóneas ou aptas, pela sua própria natureza, para realizar o fim pretendido no caso concreto. As medidas de coação hão de ser, também, quantitativamente adequadas, isto é, a sua duração ou intensidade hão de ser exigidas pela própria finalidade que se pretende alcançar no processo penal em curso[241].

O *princípio da proporcionalidade* impõe que a medida de coação a aplicar ao arguido deve ser proporcionada à gravidade do crime ou crimes indiciados no concreto processo penal, *e às sanções que previsivelmente venham a ser aplicadas* (art. 193º, nº 1). Assim, não pode ser aplicada qualquer medida

---

[240] Neste sentido, GERMANO MARQUES DA SILVA, *ob. cit.*, vol. II, 4ª Edição, p. 303.

[241] *Idem, ibidem.*

DAS MEDIDAS DE COAÇÃO

de coação que não seja proporcionada à gravidade do crime e às sanções que previsivelmente venham ser aplicadas ao arguido, ainda que a mesma se revele justificada face às exigências cautelares de um concreto processo penal em curso.

O princípio da proporcionalidade, encontra aplicação concreta não apenas no art. 193º, nº 1, mas também noutras normas do Código de Processo Penal, referentes às medidas de coação. Por exemplo, no art. 192º, nº 2, *ao estabelecer que nenhuma medida de coação ou de garantia patrimonial é aplicada quando houver fundados motivos para crer na existência de causas de isenção da responsabilidade ou de extinção do procedimento criminal,* o que se compreende. Se as medidas de coação foram graduadas pelo legislador em função da gravidade do crime e da pena aplicável, então, havendo fundados motivos para crer que nenhuma pena será aplicada não deve também ser aplicada, por maioria de razão, nenhuma medida de coação.

A ponderação da gravidade do facto deve ser medida pelo modo de execução, importância dos bens jurídicos violados, a culpabilidade do agente, enfim, deverá atender-se a todas as circunstâncias que em geral devem ser consideradas para a determinação da pena.

A determinação da pena aplicável para julgar da admissibilidade da medida é feita em abstrato, atendendo-se ao máximo da pena correspondente ao crime mas, ainda que admissível uma determinada medida, e ainda que adequada também às exigências cautelares do caso, importa ponderar a gravidade do facto e correspondente gravidade da pena previsivelmente a aplicar em concreto para definir se a gravidade da medida é proporcionada à gravidade do crime imputado.

É que, sucede muitas vezes, que a pena a aplicar no caso (pena concreta) seja sensivelmente inferior à que em abstrato é cominada para o tipo de crime. Com efeito, podem, nomeadamente, existir circunstâncias que permitam atenuação extraordinária, em termos tais que não seja de prever que o arguido venha a sofrer, por exemplo, uma pena de prisão efetiva, caso em que será desproporcionada a aplicação da medida de prisão preventiva ou a de obrigação de permanência na habitação[242].

---

[242] Neste sentido, GERMANO MARQUES DA SILVA, *ob. cit.,* vol II, 4ª Edição, pp. 304-305.

5.3. Princípio da precariedade

O recurso aos meios de coação previstos no CPP deve respeitar ainda o princípio da precariedade, segundo o qual as medidas de coação, porque impostas a arguido presumido inocente, não devem ultrapassar a barreira do *comunitariamente suportável*. Esta imposição, ganha particular expressão quando essas medidas se protelam no tempo para além do que é razoável (cfr. arts. 215,º e 218º, do CPP)[243].

Tal como este, também os restantes princípios nada mais são do que uma emanação do *princípio constitucional da presunção de inocência do arguido* (art. 32º, nº 2 da CRP), que impõe que qualquer limitação à liberdade do arguido, anterior à condenação com trânsito em julgado, deva não só ser socialmente necessária mas também suportável[244].

5.4. Princípio da necessidade

A revisão introduzida pela Lei nº 48/2007, de 29 de agosto, veio consagrar, expressamente, o princípio da necessidade no nº 1 do art. 193º.

Embora esta clareza mereça o nosso aplauso, entendemos que o nº 2, do art. 192º, ao impor que nenhuma medida de coação ou de garantia patrimonial é aplicada quando houver fundados motivos para crer na existência de causas de isenção da responsabilidade ou de extinção do procedimento criminal, para além de acentuar a natureza cautelar das medidas de coação, enuncia, implicitamente, o princípio da necessidade a que deve respeitar a aplicação das mesmas medidas.

5.5. O Princípio da subsidiariedade da prisão preventiva e da obrigação de permanência na habitação

A natureza excecional e subsidiária da prisão preventiva está, desde logo, consagrada no art. 28º, nº 2, da CRP[245].

---

[243] FIGUEIREDO DIAS, *apud* ODETE MARIA DE OLIVEIRA, *Jornadas de Direito Processual Penal/O Novo Código de Processo Penal ..., cit.*, p. 188.

[244] JOÃO CASTRO E SOUSA, *Jornadas de Direito Processual Penal ..., cit.*, p. 150.

[245] *Constituição da República Portuguesa*, art. 28º, nº 2: «A prisão preventiva tem natureza excecional, não sendo decretada nem mantida sempre que possa ser aplicada caução ou outra medida mais favorável prevista na lei».

DAS MEDIDAS DE COAÇÃO

Com a revisão operada pela Lei nº 48/2007, de 29 de agosto, também a obrigação de permanência na habitação assume natureza subsidiária[246], como impõe o nº 2 do art. 193: *a prisão preventiva e a obrigação de permanência na habitação só podem ser aplicadas quando se revelarem inadequadas ou insuficientes as outras medidas de coação.*

Como resulta dos preceitos constitucional e legal referidos, a prisão preventiva e a obrigação de permanência na habitação, ainda que adequadas e proporcionadas à gravidade do crime indiciado, *só podem* ser aplicadas quando as restantes medidas de coação se revelarem insuficientes ou inadequadas ao caso concreto. Assim, se *v. g.*, outras medidas de coação se revelarem de igual forma suficientes e adequadas face às exigências cautelares de um concreto processo penal em curso, não deverão ser escolhidas quer a prisão preventiva, quer a obrigação de permanência na habitação, em obediência ao princípio da *subsidiariedade* de ambas.

Se ao caso concreto for aplicável quer a prisão preventiva quer a obrigação de permanência na habitação, impõe o nº 3 do art. 193º, que deve *ser dada preferência à obrigação de permanência na habitação sempre que ela se revele suficiente para satisfazer as exigências cautelares*, o que se compreende, face à sua natureza menos gravosa que a prisão preventiva.

Efetivamente, não pode nunca perder-se de vista o princípio constitucional da presunção de inocência[247] que impõe que as medidas de coação e

---

[246] A consagração legal da natureza subsidiária da obrigação de permanência na habitação merece, inteiramente, o nosso aplauso, em virtude da sua similitude com a prisão preventiva.

[247] O princípio da *presunção de inocência* do arguido está consagrado no art. 32º, nº 2, da CRP, no art. 11º, nº 1, da Declaração Universal dos Direitos do Homem de 10 de Dezembro de 1948, no art. 6º, nº 2, da Convenção Europeia dos Direitos do Homem, entre outros instrumentos jurídicos de direito internacional, cujas normas são directamente aplicáveis e vinculam as entidades públicas e privadas (art. 18º, nº 1, da Constituição da República Portuguesa).

O conteúdo do princípio da presunção de inocência do arguido está no seu âmago ligado à liberdade individual do indivíduo, no sentido de proibir quaisquer medidas cautelares como antecipação de pena com base na consideração de culpado. Sendo uma trave orientadora do processo penal, a presunção de inocência prescreve a honestidade do indivíduo. Consequentemente, as medidas de coação devem considerar este princípio como critério de orientação e limite, de forma que, quando aplicadas, devam fundar-se numa avaliação ou apreciação das situações de fato autónomas de juízos de culpabilidade que permitam uma adequação entre as medidas restritivas da liberdade ao caso concreto, mesmo no caso da prisão preventiva, cuja regulamentação obedece hoje, mais do que nunca, ao princípio da presunção de inocência, como resulta dos artigos 202º e 204º, do CPP.

DAS MEDIDAS DE COAÇÃO E DE GARANTIA PATRIMONIAL

de garantia patrimonial sejam na maior medida possível compatíveis com o estatuto processual de inocência inerente à fase em que se encontram

O princípio da presunção de inocência está, também, e acima de tudo, conexado com o princípio da dignidade da pessoa humana que tem como base o direito de todas as garantias de defesa, incluindo o recurso (e naturalmente a presunção de inocência, e não da culpa) (art. 32º, nº 1, da CRP), reconhecido a todo e qualquer cidadão, arguido num processo penal.

Uma das consequências do princípio da presunção de inocência é a inadmissibilidade da presunção de culpa do arguido. Ou seja, o arguido num processo penal tem o direito de ser considerado presumido inocente até que seja declarado culpado em julgamento público e solene, através de sentença transitada.

As presunções de culpabilidade por *intuição*, ou *associação* atentam gravemente contra a liberdade, a imagem, bom nome e reputação de qualquer pessoa sendo, por isso, inadmissíveis.

Como consequência ainda da inadmissibilidade da presunção de culpa, saliente-se a inadmissibilidade da aplicação das medidas de coação como penas disfarçadas de medidas cautelares.

A *presunção de inocência* significa que ao arguido não assiste qualquer ónus de fazer prova da sua inocência. O que bem se compreende: se se presume o arguido inocente a prova da inocência seria de todo inútil, não fazendo, pois, o menor sentido. A haver algo que careça de prova é o contrário, ou seja, a culpa. A obrigação de fazer a prova da culpa compete, em primeiro lugar, ao Ministério Público, e subsidiariamente ao juiz, por imposição do princípio da investigação.

Porém, pode muito bem acontecer que o arguido tenha interesse em contradizer a acusação contra si aduzida, o que obriga a que a este sejam informadas todas as provas contra si recolhidas, para que prepare de forma eficaz a sua defesa, havendo, assim, necessidade de dar-lhe a conhecer a acusação e a pronúncia (quando tenha sido requerida a instrução e a mesma tenha sido proferida).

O direito a contradizer a acusação contra si deduzida, por força do princípio da presunção de inocência e da acção penal ser exercida e orientada pelo princípio da legalidade, impõe ao Ministério Público a obrigatoriedade de apresentar em tribunal todas e quaisquer provas de que disponha, sejam favoráveis ou desfavoráveis à acusação.

Discordamos, pois, dos autores que defendem que ao arguido compete provar as circunstâncias justificativas e desculpantes por si alegadas, por violar expressamente o princípio da presunção de inocência, uma vez que poderá conduzir à condenação de uma pessoa por um fato que talvez não pudesse ser punível.

A presunção de inocência, como corolário do respeito pela dignidade da pessoa humana, impõe que o processo penal seja justo, não se conformando com um tratamento privilegiado da confissão como meio de prova, tantas vezes obtida mediante tortura física e psicológica nos idos do processo de estrutura inquisitória, que se caracteriza pelo princípio da presunção de culpa.

Num processo penal caracterizado pela máxima acusatoriedade, como o nosso, o arguido não pode ser concebido como um objecto do processo, não sendo, alguma vez, meio formal de prova, devendo antes ser considerado como um sujeito processual, com total liberdade para contradizer a acusação, através do recurso à igualdade de armas à disposição do acusador.

DAS MEDIDAS DE COAÇÃO

os arguidos a quem são aplicadas e por isso que, ainda que legitimadas pelo fim, devam ser aplicadas as menos gravosas, desde que adequadas[248].

Do exposto resulta que o arguido não pode ser obrigado a prestar qualquer colaboração com o tribunal, sem que isso, de alguma forma, o possa prejudicar, devendo a sua participação no processo ser totalmente livre, respeitando-se a sua integral vontade de forma a que não surja uma verdade deturpada por via de uma qualquer pressão.

Como regra de tratamento processual o princípio da presunção de inocência traduz o direito do arguido a ser considerado como não responsável pele prática do crime que lhe é imputado enquanto não for condenado por sentença transitada em julgado, isto é, sem qualquer pré juízo de culpa que possa afectá-lo social ou moralmente em confronto com os demais cidadãos.

Enquanto princípio de prova, o direito à presunção de inocência significa que toda a condenação deve ser precedida de uma atividade probatória, a cargo da acusação, necessária a firmar a responsabilidade do arguido, não cumprindo a este a prova da sua inocência. Na dúvida o arguido deve ser considerado inocente.

Como regra política e de responsabilidade moral, o princípio da presunção de inocência impõe ao juiz a procura da verdade material e o dever de assegurar ao arguido todos os meios práticos que lhe permitam provar o infundado da presunção de culpa, firmando-se, assim, um cunho estruturante e dogmático da presunção de inocência no direito processual penal dos estados modernos.

A celeridade processual é uma consequência do princípio da presunção de inocência e, acima de tudo, um direito fundamental do arguido, previsto no art. 32º, nº 2, 2ª parte, da Constituição da República Portuguesa e nos artigos 5º, nº 3 e 6º, nº 1, da Convenção Europeia dos Direitos do Homem.

A morosidade processual é de todo incompatível com a justiça, uma vez que inflige ao arguido uma restrição de determinados direitos. E é particularmente grave quando a mesma implica a prescrição do respectivo procedimento criminal, na medida em que, não raras as vezes, mantém sobre o arguido, sobretudo no seu meio social e profissional, o fardo penoso, pelo menos, da dúvida sobre a sua inocência, quando, na verdade, tinha o direito de ver declarada, solenemente e em julgamento público, a sua inocência (ou a culpa).

A morosidade processual ao impor restrições de direitos do arguido, destroi o conteúdo essencial e útil do princípio da presunção de inocência, esvaziando-o de sentido, constituindo um obstáculo à realização material do princípio constitucional, segundo o qual, «o processo criminal assegura todas as garantias de defesa...» (art. 32º, nº 1, da CRP). A tranquilidade e ordem públicas, bases da segurança dos cidadãos, assentam na certeza da condenação de quem prevaricou e na absolvição dos inocentes. Mas, caso o processo se arraste ao longo de anos, beneficiando de amnistias ou prescrevendo, cria-se um sentimento de impunidade, o que provoca um descrédito comunitário na justiça e uma revolta do inocente que não vê a sua inocência ser declarada em sentença proferida por um tribunal.

[248] Neste sentido, GERMANO MARQUES DA SILVA, *ob. cit.*, vol. II, 4ª Edição, p. 305.

6. Execução das medidas de coação

Dispõe ainda o nº 4, do referido art. 193º que a execução das medidas de coação e de garantia patrimonial não deve prejudicar o exercício de direitos fundamentais que não forem incompatíveis com as exigências cautelares que o caso requer. Trata-se ainda de uma manifestação do princípio da adequação no que se refere à escolha da modalidade da execução das medidas de coação.

7. Aplicação das medidas de coação: determinação da pena aplicável ao crime que justifica a medida

Estabelece o art. 195º, do CPP, que *se a aplicação de uma medida de coação depender da pena aplicável*, atende-se, na sua determi*nação, ao máximo da pena correspondente ao crime que justifica a medida.*

Referimos supra que o princípio da proporcionalidade impõe que a medida de coação a aplicar ao arguido num determinado processo concreto (com a exceção do termo de identidade e residência, art. 196º), deve ser proporcionada à gravidade do crime e às sanções que previsivelmente venham a ser aplicadas. A gravidade do crime depende, pois, por via de regra, da medida da pena aplicável.

O máximo da pena correspondente ao crime que justifica a medida de coação há de ser o limite máximo da pena estabelecida para o tipo de crime de que o arguido vem indiciado num concreto processo penal em curso. Assim, se estiver indiciado, *verbi gratia*, o crime de homicídio qualificado (art. 132º, do CP), é o limite máximo da pena aplicável a este tipo de crime (25 anos de prisão) que deverá ter-se em conta para a aplicação da medida. Do mesmo modo relativamente ao crime de homicídio privilegiado (art. 133º, do CP), ou homicídio simples (art. 131º, do CP), etc..

Nos casos de concurso real de crimes tomar-se-á em conta somente a pena aplicável a cada um dos crimes em concurso e não a pena aplicável ao concurso, determinável, aliás, apenas na condenação. A multiplicidade dos crimes terá relevância para efeitos de determinação da *adequação* e *proporcionalidade* da medida.

DAS MEDIDAS DE COAÇÃO

8. Competência para a aplicação das medidas de coação; prévia audição do arguido e notificação do despacho

As medidas de coação e de garantia patrimonial, com exceção do termo de identidade e residência[249], são aplicadas pelo juiz (juiz de instrução, nas fases de inquérito e da instrução e juiz do processo nas fases posteriores), a requerimento do Ministério Público, durante o inquérito e depois do inquérito mesmo oficiosamente, ouvido, no entanto, o Ministério Público, sob pena de *nulidade* (art. 194º, nº 1).

Durante o inquérito, o juiz pode aplicar medida de coação diversa, ainda que mais grave, quanto à sua natureza, medida ou modalidade de execução, da requerida pelo Ministério Público, com fundamento nas alíneas *a*) e *c*) do artigo 204º (art. 194º, nº 2).

Durante o inquérito, o juiz **não** pode aplicar medida de coação mais grave, quanto à sua natureza, medida ou modalidade de execução, com fundamento na alínea *b*) do artigo 204º nem medida de garantia patrimonial mais grave do que a requerida pelo Ministério Público, sob pena de *nulidade* (art. 194º, nº 3)[250].

---

[249] O termo de identidade e residência pode ser aplicado pelas autoridades judiciárias, onde naturalmente se inclui o Ministério Público (art. 1º, nº 1, al. *b*), do CPP) e pelos órgãos de polícia criminal (art. 196º, do CPP).

[250] Ao presente artigo foi conferida nova redação pela lei nº 20/2013, de 21 de fevereiro. A revisão introduzida pela Lei nº 48/2007, de 29 de agosto, estabeleceu que, durante o inquérito, o juiz não podia aplicar medida de coação ou de garantia patrimonial mais grave que a requerida pelo Ministério Público, sob pena de *nulidade*. Assim, nesta fase processual, sem requerimento do Ministério Público não era possível a aplicação de qualquer medida de coação ou de garantia patrimonial. Havendo requerimento podia o juiz aplicar, apenas, a medida requerida, uma medida menos grave ou nenhuma, mas nunca uma medida de coação mais grave.

A revisão aludida veio, pois, por termo às divergências doutrinárias então existentes sobre a possibilidade de o juiz, na fase de inquérito, poder aplicar medida de coação mais grave que a requerida pelo Ministério Público. No sentido de, antes da revisão, o juiz não poder aplicar medida diversa da requerida pelo Ministério Público, pronunciou-se Manuel Lopes Maia Gonçalves (*Código de Processo Penal Anotado*, 12ª edição, Almedina, 2001, anotação ao art. 194º, p. 436), ao referir que, «Da Proposta de Lei governamental constava ainda um nº 5 para este artigo (o autor refere-se ao art. 194º, do CPP), do seguinte teor: *Durante o inquérito, não pode ser aplicada medida de coação de natureza diferente ou em medida mais grave que a indicada no requerimento a que se refere o nº 1*. O dispositivo foi eliminado pela Assembleia da República e contra ele se insurgia a Associação Sindical dos Juízes Portugueses. Afigura-se-nos – prossegue o autor – porém que sem razão, pois se destinava a esclarecer melhor a lei, que já assim devia ser entendida, e a acabar

DAS MEDIDAS DE COAÇÃO E DE GARANTIA PATRIMONIAL

Dos números 1 a 3 do referido preceito legal resulta que, na fase de inquérito, as medidas de coação são aplicadas a requerimento do Ministério Público, podendo o juiz aplicar medida de coação diversa, ainda que mais grave, quanto à sua natureza, medida ou modalidade de execução, da requerida pelo Ministério Público com fundamento em fuga ou perigo de fuga do arguido ou no perigo, em razão da natureza das circunstâncias do crime ou da personalidade do arguido, de que este continue a atividade criminosa ou perturbe gravemente a ordem e a tranquilidade públicas (als. *a*) e *c*) do art. 204º).

Se, porém, o fundamento for o perigo de perturbação do decurso do inquérito ou instrução do processo e, nomeadamente, perigo para a aquisição, conservação ou veracidade da prova (al. *b*) do art. 204º), não pode o juiz, nesta fase processual, aplicar medida de coação mais grave, quanto à

---

com dúvidas sobre o ponto. Em nosso entendimento – conclui –, o juiz de instrução, durante o inquérito, deve limitar-se a controlar formalmente a verificação dos pressupostos legais da medida de coação requerida, devendo o MP realizar as diligências necessárias para a instrução do requerimento, por ser a entidade competente para o inquérito...».

No mesmo sentido, ODETE MARIA DE OLIVEIRA (*Jornadas de Direito Processual Penal..., cit.*, pp. 170-171), ao afirmar: «... julgo que ao juiz de instrução apenas assiste o poder de, decidindo livremente, deferir ou indeferir, aplicando ou não a medida de coação que o Ministério Público concretamente requerer. O que não pode, segundo penso, é impor medida de coação diversa», uma vez que, segundo a autora, isso «poderia pôr em causa todo um plano de investigação».

Em sentido contrário, GERMANO MARQUES DA SILVA (*Curso de Processo Penal, cit.*, 3ª Edição, 2002) p. 276), ao referir que «o juiz mantém plena liberdade de decisão sobre a necessidade de aplicação de uma medida de coação e escolha da que for adequada. Questão é apenas que na fase de inquérito, fase dominada pelo MP, lhe seja requerida a aplicação de uma medida ao arguido – o juiz não deve intervir na fase de inquérito se para tal não for solicitada a sua intervenção. O juiz de instrução não pode, na fase de inquérito, aplicar oficiosamente uma medida, mas sendo promovida essa aplicação, porque no entender do MP se verifica algum dos pressupostos que a justificam, compete exclusivamente ao juiz decidir sobre a ocorrência dos pressupostos, da necessidade da medida e de qual seja a adequada no caso. É que a medida de coação, seja ela qual for, não se destina a servir o inquérito, não é um instrumento para a investigação, serve o processo, mas com as finalidades específicas que a lei lhe assinala.

Não nos parece, por isso, que seja procedente o argumento de que a aplicação de medida diversa da requerida pelo MP possa perturbar o decurso do inquérito, frustrando eventualmente o plano de investigação do MP, pois as medidas de coação não se justificam pela necessidade da investigação, ou apenas em razão dessa necessidade. As medidas de coação são cautelares, visam assegurar a realização dos fins do processo, por uma parte, e prevenir a continuação da actividade criminosa e o alarme social».

DAS MEDIDAS DE COAÇÃO

sua natureza, medida ou modalidade de execução, nem medida de garantia patrimonial mais grave do que a requerida pelo Ministério Público, o que se compreende, na medida em que lhe cabe a direção do inquérito (art. 263º) e, consequentemente, o planeamento e a definição da estratégia da investigação.

Na fase de inquérito, e salvo impossibilidade devidamente fundamentada, o juiz decide a aplicação de medida de coação ou de garantia patrimonial a arguido **não detido**, no prazo de cinco dias a contar do recebimento da promoção do Ministério Público (art. 194º, nº 5).

8.1. Prévia audição do arguido

Dispõe o nº 4 do art. 194º que, a aplicação das medidas de coação é precedida de audição do arguido, ressalvados os casos de impossibilidade devidamente fundamentada, e pode ter lugar no ato do primeiro interrogatório judicial, aplicando-se sempre à audição o disposto no nº 4 do artigo 141º.

Impõe a lei a audição do arguido antes da aplicação de uma medida de coação ou de garantia patrimonial, salvos nos casos de *impossibilidade devidamente fundamentada* [251].

A decisão de aplicação de uma medida de coação ou de garantia patrimonial sem a audição do arguido deve, pois, especificar os motivos de facto e de direito que fundamentam a impossibilidade de audição (art. 97º, nº 5).

---

[251] Tribunal da Relação de Lisboa, Secção Criminal, *Acórdão* de 2001.03.30, processo nº 1/09.3FAHRT-D.L1.DOC. " I – Tendo os arguidos estado anteriormente sujeitos à medida de coação de prisão preventiva que foi declarada extinta por motivo do esgotamento do seu prazo de duração máxima (...) se posteriormente for deduzida a acusação contra os mesmos arguidos onde se promove a aplicação desta medida de coação, esta não pode ser decretada sem a audição dos mesmos (...) já que não se trata de um reexame dos pressupostos da prisão preventiva, mas antes da aplicação *ex novo* dessa medida. II – Não se tendo procedido a essa audição e não constando do despacho qualquer referência a uma eventual impossibilidade da mesma, incorreu-se na prática de uma irregularidade que deveria ter sido arguida nos termos da 2ª parte do nº 1 do art. 123º do CPP. III – Não o tendo sido, mas podendo ela afetar o valor do ato praticado, impõe-se que o Tribunal *ad quem* ordene a sua reparação, uma vez que agora dela tomou conhecimento (cf. nº 2 do art. 123º do CPP)".

DAS MEDIDAS DE COAÇÃO E DE GARANTIA PATRIMONIAL

À audição do arguido é aplicável o disposto no nº 4 do artigo 141º, devendo, assim, o juiz informar o arguido: *a) dos direitos referidos no nº 1 do artigo 61º, explicando-lhos se isso for necessário; b) de que não exercendo o direito ao silêncio as declarações que prestar poderão ser utilizadas no processo, mesmo que seja julgado na ausência, ou não preste declarações em audiência de julgamento, estando sujeitas à livre apreciação ad prova; c) dos motivos da detenção; d) dos factos que lhe são concretamente imputados, incluindo, sempre que forem conhecidas, as circunstâncias de tempo, lugar e modo; e e) dos elementos do processo que indiciam os factos imputados, sempre que a sua comunicação não puser em causa a investigação, não dificultar a descoberta da verdade nem criar perigo para a vida, a integridade física ou psíquica ou a liberdade dos participantes processuais ou das vítimas do crime,* ficando todas as informações, à exceção das previstas na alínea *a*), a constar do despacho que aplicou a medida.

Com a revisão operada pela Lei nº 48/2007, de 29 de agosto, a aplicação das medidas de coação passou a depender, regra geral, da prévia audição do arguido, ao contrário do que acontecia anteriormente, a qual devia ocorrer, *sempre que possível e conveniente.*

Qualquer medida de coação representa sempre maior ou menor restrição da liberdade do arguido. Por isso, compreende-se que, só nos casos de manifesta impossibilidade deve a mesma ser aplicada sem que antes se tenha dado a possibilidade ao arguido de se defender, ilidindo ou enfraquecendo a prova dos pressupostos que a podem legitimar.

A impossibilidade de audição há de resultar de impedimento material, por exemplo, por falta do arguido à diligência em que deveria ser ouvido, por não ter sido possível encontrar o arguido para o notificar para a diligência, e outros análogos[252].

No caso de ter sido aplicada uma medida de coação sem a prévia audição do arguido e, posteriormente, este for detido para **execução** da mesma medida, deve o arguido ser apresentado ao juiz competente para que possa defender-se quanto à sua legalidade, necessidade, adequação e proporcionalidade (art. 254º, nº 1, al. *a*)). É o que resulta da expressão «*ou execução*» (de uma medida de coação) constante na última parte da al. *a*), do nº 1, do art. 254º, que significa que quando a medida de coação tenha sido aplicada sem prévia audição do arguido, deverá o mesmo, após a detenção para cumprimento da medida de coação aplicada, ser apresentado ao juiz com-

---

[252] GERMANO MARQUES DA SILVA, *ob. cit.*, vol. II, 4ª Edição, p. 309.

DAS MEDIDAS DE COAÇÃO

petente para primeiro interrogatório e, consequentemente, pronunciar-se sobre a medida de coação que lhe foi aplicada sem a sua prévia audição[253].

Naturalmente que, não havendo lugar à detenção para *execução* da medida de coação aplicada, pode sempre o arguido recorrer do despacho que a aplicou (art. 219º, do CPP), bem como requerer ao próprio juiz que a decretou, a sua revogação ou substituição (art. 212º, nº 4).

8.2. *Notificação e fundamentação do despacho de aplicação da medida de coação*

O despacho judicial de aplicação de qualquer medida de coação, com a advertência das consequências do incumprimento das obrigações impostas, é notificado ao arguido e, sendo aplicada a prisão preventiva, é de imediato comunicado ao defensor e, sempre que o arguido o *pretenda*, a parente ou a pessoa da sua confiança (art. 194º, nºs 6, 9 e 10).

O despacho judicial de aplicação de uma medida de coação ou de garantia patrimonial, à exceção do termo de identidade e residência, sendo um *ato decisório*, deve ser sempre **fundamentado**, dele devendo constar, sob pena de **nulidade**[254]: *a) a descrição dos factos concretamente imputados ao arguido incluindo, sempre que forem conhecidas, as circunstâncias de tempo, lugar e modo; b) a enunciação dos elementos do processo que indiciam os factos imputados, sempre que a sua comunicação não puser gravemente em causa a investigação, impossibilitar a descoberta da verdade ou criar perigo para a vida, a integridade física ou psíquica ou a liberdade dos participantes processuais ou das vítimas do crime; c) a qualificação jurídica dos factos imputados; e d) a referência aos factos concretos que preenchem os pressupostos de aplicação da medida, incluindo os previstos nos artigos 193º e 204º* (nº 6, do art. 194º).

Esclarecem ainda os números 7 e 8, do referido art. 194º, que, sem prejuízo do disposto na alínea *b*) do número anterior, não podem ser

---

[253] GERMANO MARQUES DA SILVA, *ob. cit.*, vol. II, 4ª Edição, pp. 309-310.

[254] Para MANUEL MAIA GONÇALVES, *Código de Processo Penal Anotado*, 17º edição – 2009, Almedina, anotação ao art. 194º, p. 482, a nulidade resultante da omissão, na fundamentação do despacho que aplicar qualquer medida de coação ou de garantia patrimonial, de algum dos elementos constantes das alíneas do nº 4 do art. 194º depende de arguição, nos termos do art. 120º, devendo, portanto, ser arguida no prazo estabelecido na alínea *c*) do nº 3 do mesmo art. 120º. No mesmo sentido, GERMANO MARQUES DA SILVA, *ob. cit.*, vol. II, 4ª Edição, p. 311.

considerados para fundamentar a aplicação ao arguido de medida de coação ou de garantia patrimonial, à exceção do termo de identidade e residência, quaisquer factos ou elementos do processo que lhe não tenham sido comunicados durante a audição, podendo o arguido e o seu defensor consultar os elementos do processo determinantes da aplicação da medida de coação ou de garantia patrimonial, à exceção do termo de identidade e residência, durante o interrogatório judicial e no prazo previsto para a interposição do recurso.

A fundamentação do despacho se por um lado permite o controlo da atividade jurisdicional, por outro, e não menos importante, revela-se fundamental para convencer da sua legalidade e justiça. A exigência de fundamentação atua ainda, como meio de autocontrolo do próprio juiz, pela necessidade de justificar a ocorrência das condições legais de aplicação da medida. A fundamentação deve conter ainda a indicação das exigências cautelares que em concreto justificam a medida aplicada. Com efeito, sendo o respetivo despacho suscetível de recurso, torna-se necessário que os pressupostos legais de aplicação das medidas sejam indicados no despacho, sob pena de se frustar inteiramente a viabilidade do recurso[255].

A *descrição dos factos concretamente imputados ao arguido incluindo, sempre que forem conhecidas, as circunstâncias de tempo, lugar e modo,* exigida pelo legislador, refere-se os factos constitutivos de determinado crime, incluindo as circunstâncias de tempo, lugar e modo que, em concreto, justificam a medida de coação aplicada, bem como os indícios ou fortes indícios, consoante os casos, da sua prática pelo arguido.

A *enunciação dos elementos do processo que indiciam os factos imputados, sempre que a sua comunicação não puser gravemente em causa a investigação, impossibilitar a descoberta da verdade ou criar perigo para a vida, a integridade física ou psíquica ou a liberdade dos participantes processuais ou das vítimas do crime.*
Não basta a indicação dos factos constitutivos de determinado crime e suas circunstâncias, sendo ainda necessária a enunciação dos elementos de prova indiciadores dos factos imputados e da responsabilidade do arguido constantes dos autos, desde que a sua *comunicação não puser gravemente em*

---

[255] GERMANO MARQUES DA SILVA, *ob. cit.*, vol. II, 4ª Edição, pp. 310-311.

DAS MEDIDAS DE COAÇÃO

causa a investigação, impossibilitar a descoberta da verdade ou criar perigo para a vida, a integridade física ou psíquica ou a liberdade dos participantes processuais ou das vítimas do crime. Esta ressalva, embora constitua uma limitação grave para a defesa do arguido sujeito a medida de coação, compreende-se.

A qualificação jurídica dos factos imputados.

A qualificação jurídica dos factos imputados ao arguido, exigida pela al. *c*), do nº 6 do art. 194º, tem toda a razão de ser dada a sua relevância para a determinação da pena aplicável ao crime que justifica a medida de coação.

A qualificação jurídica que importa considerar é a dos factos indiciados no processo no momento da aplicação da medida. Na verdade, com o decurso da investigação podem muito bem os factos – como tantas vezes acontece –, bem como a própria qualificação jurídica, alterar-se.

A falta de qualificação jurídica dos factos tem como consequência a **nulidade** do despacho de aplicação da medida de coação (nº 6 do art. 194º). *Quid juris* no caso de errada qualificação?

GERMANO MARQUES DA SILVA sustenta que, no caso de errada qualificação jurídica dos factos, estaremos perante um erro de decisão, suscetível de correção pela via de recurso, mas não uma nulidade. Para o autor, as nulidades são típicas e a lei não tipifica a errada qualificação jurídica dos factos como nulidade[256].

MANUEL MAIA GONÇALVES equipara a errada qualificação jurídica à falta de qualificação, entendendo, assim, que a errada qualificação jurídica dos factos é cominada com a **nulidade**. Caso contrário, remata o autor, ficaria aberto o caminho para o juiz poder indicar uma qualquer qualificação jurídica, dentro do nebuloso leque de todas as que no início do inquérito se podem vir a configurar[257].

A razão está, em nosso entender, com MANUEL MAIA GONÇALVES. A errada qualificação jurídica equivale à falta de qualificação. Por outro lado, com o decurso da investigação podem os factos, bem como a própria qualificação jurídica alterar-se, o que significa que, no momento da decisão sobre o recurso interposto para a correção da medida aplicada à luz da errada qualificação jurídica, pode esta justificar-se, tornando o recurso inviável.

---

[256] *Ob cit.*, vol. II, 4ª Edição, p. 313.

[257] *Código de Processo Penal Anotado*, 17ª Edição 2009, Almedina, anotação ao art. 194º, p. 482.

A referência aos factos concretos que preenchem os pressupostos de aplicação da medida, incluindo os previstos nos artigos 193º e 204º.

Não basta, pois, referir na fundamentação do despacho que aplicar medida de coação ou de garantia patrimonial, que o crime x ou y está indiciado, que há fuga ou perigo de fuga, perigo de perturbação do decurso do inquérito ou da instrução do processo, perigo para a aquisição, conservação ou veracidade da prova, perigo da continuação da atividade criminosa ou perigo de grave perturbação da ordem e da tranquilidade públicas (art. 204º); é ainda necessário indicar quais os *elementos constitutivos do crime que se consideram indiciados*, quais os factos que fazem temer pelo perigo de fuga, pelo perigo de perturbação do decurso do inquérito ou da instrução do processo, pelo perigo para a aquisição, conservação ou veracidade da prova, pelo perigo da continuação da atividade criminosa ou pelo perigo de grave perturbação da ordem e da tranquilidade; os pressupostos indicados no art. 193º: *necessidade, adequação* e *proporcionalidade* e ainda o requerimento do Ministério Público e sua audição, se for caso disso, bem como do arguido, nos termos dos nºs 1, 4 e 6, do art. 194º.

Subsecção II
Medidas de Coação Previstas no CPP

1. Considerações gerais

Como referimos na subsecção anterior, as medidas de coação estão submetidas ao princípio da *legalidade* ou da *tipicidade*, o que significa que só são admissíveis as que forem previstas na lei (Código de Processo Penal ou noutra lei de valor formal igual ou semelhante), não podendo pois, haver outras que limitem, total ou parcialmente, a liberdade dos cidadãos.

As medidas de coação previstas no Código de Processo Penal, livro IV, título II, capítulo I, são as seguintes:

- Termo de identidade e residência (art. 196º);
- Caução (art. 197º);

DAS MEDIDAS DE COAÇÃO

- Obrigação de apresentação periódica (art. 198º);
- Suspensão do exercício de profissão, de função, de atividade e de direitos (art. 199º);
- Proibição e imposição de condutas (art. 200º);
- Obrigação de permanência na habitação (art. 201º);
- Prisão preventiva (art. 202º)[258], as quais se encontram graduadas em função da sua gravidade crescente, aferida em função da gravidade da pena previsivelmente aplicável, correspondente ao crime imputado ao arguido.

Refira-se, no entanto, que o Código de Processo Penal atual não obriga à aplicação de qualquer medida de coação, a não ser o termo de identidade e residência, como veremos.

2. Termo de identidade e residência

O termo de identidade e residência é a primeira medida de coação prevista no CPP (art. 196º), sendo também considerada a menos grave.

É indubitável que o legislador entendeu considerar o termo de identidade e residência como uma verdadeira medida de coação, submetendo-a embora a um regime jurídico próprio, que a distingue das restantes.

Bem andou, a nosso ver, o legislador ao considerar o termo de identidade e residência como uma verdadeira medida de coação na medida em que, a sujeição à mesma, implica para o arguido deveres claramente limitadores da sua liberdade pessoal.

A sujeição a termo de identidade e residência implica para o arguido, os seguintes deveres: *a)* a indicação da sua identificação; *b)* a indicação da sua residência, o local de trabalho ou outro domicílio à sua escolha, para o efeito de ser notificado mediante via postal simples, nos termos da alínea *c)* do nº 1, do art. 113º; *c)* a obrigação de comparecer perante a autoridade competente ou de se manter à disposição dela sempre que a lei o obrigar ou para tal for devidamente notificado; *d)* a obrigação de não mudar de residência nem dela se ausentar por mais de cinco dias sem comunicar

---

[258] Sobre a evolução histórica das medidas de coação no direito português, vide GERMANO MARQUES DA SILVA, *Curso de Processo Penal, cit.*, vol. II, 4ª Edição, pp. 316 e ss.

a nova residência ou o lugar onde possa ser encontrado (art. 196º, nº 2 e 3, do CPP).

O incumprimento de tais deveres legitima a representação do arguido por defensor em todos os atos processuais nos quais tenha o direito ou o dever de estar presente e bem assim a realização da audiência na sua ausência, nos termos do art. 333º (art. 196º, nº 3, al. *d*)).

O termo de identidade e residência, em caso de condenação, só se extinguirá com a extinção da pena (art. 196º, nº 3, al. *e*))[259] e é sempre cumulável com qualquer outra medida de coação (art. 196º, nº 4).

2.1. *Competência para a aplicação do termo de identidade e residência*

Nos termos do nº 1, do art. 196º, do CPP, a autoridade judiciária ou o órgão de polícia criminal sujeitam a termo de identidade e residência lavrado no processo todo aquele que for constituído arguido, ainda que já tenha sido identificado nos termos do art. 250º.

Antes da revisão introduzida pela lei nº 59/98, de 25 de agosto, apenas as autoridades judiciárias tinham competência para a aplicação do termo de identidade e residência. A aludida revisão, no entanto, veio atribuir também aos órgãos de polícia criminal tal competência, embora a alínea *b*), do nº 1, do art. 268º, continue a referir como competentes para aplicação de tal medida de coação, apenas o próprio juiz de instrução e o Ministério Público, e não também os órgãos de polícia criminal.

O termo de identidade e residência é a única medida de coação que pode ser aplicada no âmbito de qualquer processo (comum ou especial), independentemente da espécie ou gravidade da pena aplicável ao crime objeto do mesmo processo, devendo ser aplicada sempre que se verifique a constituição de arguido (art. 196º, nº 1).

Assim sendo, o termo de identidade e residência deve ser aplicado logo que se torne obrigatória a constituição de arguido (art. 58º do CPP)[260],

---

[259] Esta previsão legal foi introduzida pela lei nº 20/2013, de 21 de fevereiro.

[260] *Código de Processo Penal*, «Artigo 57º *(Qualidade de arguido)* 1 – Assume a qualidade de arguido todo aquele contra quem for deduzida acusação ou requerida instrução num processo penal. 2 – A qualidade de arguido conserva-se durante todo o decurso do processo. 3 – É correspondentemente aplicável o disposto nos nºs. 2 a 6 do artigo seguinte».

DAS MEDIDAS DE COAÇÃO

e não necessariamente findo o primeiro interrogatório (judicial ou não judicial) do arguido.

Do termo (de identidade e residência) deve constar que ao arguido foi dado conhecimento dos deveres supra referidos e respetivas consequências para o seu incumprimento, bem como a informação de que as posteriores notificações serão feitas por via postal simples para a morada que indicou, exceto se comunicar outra, através de requerimento entregue ou remetido por via postal registada à secretaria onde os autos se encontrarem a correr nesse momento (nº 3, do art. 196º).

«Artigo 58º *(Constituição de arguido)* 1 – Sem prejuízo do disposto no artigo anterior, é obrigatória a constituição de arguido logo que: *a)* Correndo inquérito contra pessoa determinada em relação à qual haja suspeita fundada da prática de crime, esta prestar declarações perante qualquer autoridade judiciária ou órgão de polícia criminal; *b)* Tenha de ser aplicada a qualquer pessoa uma medida de coação ou de garantia patrimonial; *c)* Um suspeito foi detido, nos termos e para os efeitos previstos nos artigos 254º a 261º; ou *d)* For levantado auto de notícia que dê uma pessoa como agente de um crime e aquele lhe for comunicado, salvo se a notícia for manifestamente infundada. 2 – A constituição de arguido opera-se através da comunicação, oral ou por escrito, feita ao visado por uma autoridade judiciária ou órgão de polícia criminal, de que a partir desse momento aquele deve considerar-se arguido num processo penal e da indicação e, se necessário, explicação dos direitos e deveres processuais referidos no artigo 61º que por essa razão passam a caber-lhe. 3 – A constituição de arguido feita por órgão de polícia criminal é comunicada à autoridade judiciária no prazo de 10 dias e por esta apreciada, em ordem à sua validação, no prazo de 10 dias. 4 – A constituição de arguido implica a entrega, sempre que possível no próprio ato, de documento de que constem a identificação do processo e do defensor, se este tiver sido nomeado, e os direitos e deveres processuais referidos no artigo 61º. 5 – A omissão ou violação das formalidades previstas nos números anteriores implica que as declarações prestadas pela pessoa visada não podem ser utilizadas como prova. 6 – A não validação da constituição de arguido pela autoridade judiciária não prejudica as provas anteriormente obtidas».

«Artigo 59º *(Outros casos de constituição de arguido)* 1 – Se, durante qualquer inquirição feita a pessoa que não é arguido, surgir fundada suspeita de crime por ela cometido, a entidade que proceda ao ato suspende-o imediatamente e procede à comunicação e à indicação referidas no nº 2 do artigo anterior. 2 – A pessoa sobre quem recair suspeita de ter cometido um crime tem direito a ser constituída, a seu pedido, como arguido sempre que estiverem a ser efectuadas diligências, destinadas a comprovar a imputação, que pessoalmente a afectem. 3 – É correspondentemente aplicável o disposto nos nºs 3 e 4 do artigo anterior».

«Artigo 60º *(Posição processual)* Desde o momento em que uma pessoa adquirir a qualidade de arguido é-lhe assegurado o exercício de direitos e de deveres processuais, sem prejuízo da aplicação de medidas de coação e de garantia patrimonial e da efectivação de diligências probatórias, nos termos especificados na lei».

DAS MEDIDAS DE COAÇÃO E DE GARANTIA PATRIMONIAL

Sendo competentes para a sujeição do arguido a termo de identidade e residência tanto o juiz como o Ministério Público ou o órgão de polícia criminal, coloca-se a questão de saber como conciliar o dispositivo do art. 219º, do CPP, que admite o recurso da decisão que aplicar esta (ou qualquer outra) medida de coação, quando a mesma decisão for do Ministério Público ou do órgão de polícia criminal, uma vez que tanto a decisão do Ministério Público como a do órgão de polícia criminal não são judiciais.

São várias as soluções possíveis: uma delas, quiçá a mais radical, seria entender que tal decisão é insuscetível de recurso, uma vez que o termo de identidade e residência é imposto diretamente pela lei, sendo aplicado no âmbito de qualquer processo (comum ou especial), que deva continuar, independentemente da espécie ou gravidade da pena aplicável ao crime objeto do mesmo processo, imediatamente após a constituição de arguido da pessoa visada. Por outro lado, dir-se-ia ainda que o termo de identidade e residência não contêm imposições insuportáveis ou demasiado gravosas para o arguido.

Tal entendimento, no entanto, não se apresenta como o mais correto. Em primeiro lugar, porque violaria frontalmente o aludido art. 219º, que expressamente estabelece que, *da decisão que aplicar, substituir ou mantiver medidas previstas no presente título* – onde se inclui naturalmente o termo de identidade e residência – *cabe recurso a interpor pelo arguido ou pelo Ministério Público*[261]*, a julgar no prazo máximo de 30 dias a contar do momento em que os autos forem recebidos.* Por outro lado, e não obstante o seu regime jurídico específico, que o distingue das restantes medidas de coação, é indubitável que a sujeição a termo de identidade e residência implica para o arguido deveres claramente limitadores da sua liberdade pessoal, consequentemente, a decisão que o aplicar deve ser passível de recurso.

O recurso hierárquico, para o respetivo superior (hierárquico), pelos motivos referidos, também parece não ser a melhor solução.

Aquela que melhor se harmoniza com o art. 219º, parece-nos ser a de admitir a impugnação da decisão do Ministério Público ou do órgão de polícia criminal que aplicar o termo de identidade e residência perante o juiz de instrução, e consequentemente recurso da decisão deste para o respetivo Tribunal da Relação[262].

---

[261] A interposição do recurso é para o respetivo Tribunal da Relação, art. 427º, do CPP.

[262] Neste sentido, MANUEL MAIA GONÇALVES, *Código de Processo Penal Anotado*, 17ª Edição – 2009, Almedina, anotação ao art. 196º, p. 486.

DAS MEDIDAS DE COAÇÃO

A sujeição a termo de identidade e residência sem a prévia constituição de arguido da pessoa que dele é objeto determina, como se referiu supra, a sua *inexistência jurídica* por falta de um pressuposto legal (arts. 192º, nº 1, 58º, nº 1, al. *b*) e 196º, nº 1), assistindo ao visado o *direito de resistência*, nos termos do art. 21º, da CRP.

A não sujeição a termo de identidade e residência sempre que se verifique a constituição de arguido constitui mera *irregularidade processual* (art. 118º, nº 2), cuja reparação deve ser ordenada mesmo oficiosamente, logo que da mesma se tome conhecimento, determinando-se a sujeição do arguido a termo de identidade e residência, art. 123º, nº 2.

Sendo certo que a sujeição a termo de identidade e residência implica para o arguido deveres claramente limitadores da sua liberdade pessoal, tornando-o uma verdadeira medida de coação, que pode manter-se desde a constituição de arguido até à sentença absolutória ou o trânsito em julgado da sentença condenatória (art. 214º, do CPP), entendemos ser de constitucionalidade duvidosa o nº 1, do art. 196º, do CPP, ao atribuir também aos órgãos de polícia criminal competência para a sua aplicação, por violação do nº 4, do art. 32º, da Constituição da República Portuguesa, que impede a prática de atos instrutórios que se prendam diretamente com os direitos fundamentais por entidade diferente do juiz[263].

3. Caução

A caução, medida de coação prevista no art. 197º do CPP, consiste na imposição ao arguido de garantia patrimonial para acautelar o cumprimento das suas obrigações processuais, *v. g.*, comparência em ato processual, cumprimento de obrigações derivadas de medida de coação que lhe tiver sido imposta, etc. (art. 208º, nº 1).

Como resulta do nº 1, do art. 197º referido, a caução só pode ser aplicada se o crime imputado ao arguido for punível com pena de prisão, não estabelecendo a lei qualquer limite mínimo quanto ao seu valor (*requisito específico*).

---

[263] *Constituição da República Portuguesa*, art. 32º, nº 4: «Toda a instrução é da competência de um juiz, o qual pode, nos termos da lei, delegar noutras entidades a prática dos atos instrutórios que se não prendam directamente com os direitos fundamentais».

DAS MEDIDAS DE COAÇÃO E DE GARANTIA PATRIMONIAL

A caução, bem como as restantes medidas de coação, à exceção do termo de identidade e residência, não deve ser aplicada, como já referimos supra, automaticamente, mas sim tendo em conta a sua necessidade, adequação às exigências cautelares que o caso concreto requerer e proporcionalidade atenta a *gravidade do crime e as sanções que previsivelmente venham a ser aplicadas* (art. 193º, nº 1).

A caução, enquanto medida de coação, não deve confundir-se com a caução económica como medida de garantia patrimonial. Enquanto aquela destina-se a prevenir o cumprimento pelo arguido das suas obrigações processuais, esta destina-se a garantir o cumprimento de obrigações de natureza estritamente patrimonial emergentes do processo: pagamento da pena pecuniária, das custas do processo, de qualquer outra dívida para com o Estado relacionada com o crime ou de indemnização ou de outras obrigações civis derivadas do crime (art. 227º, nº 1 e 2).

A caução é prestada por meio de depósito, penhor, hipoteca, fiança bancária ou fiança, nos concretos termos em que o juiz o admitir (art. 206º, nº 1). A lei parece não impedir que o depósito seja de dinheiro, títulos de crédito, pedras ou metais preciosos, conforme permite o art. 623º do Código Civil. Em qualquer caso, os termos em que a caução será prestada são estabelecidos pelo juiz (art. 206º, nº 1).

Para a fixação do montante da caução, são quatro os critérios que o juiz deve atender: *os fins de natureza cautelar a que se destina; a gravidade do crime imputado; o dano causado pelo crime* e a *condição socioeconómica do arguido* (art. 197º, nº 3).

A caução pode ser substituída, oficiosamente pelo juiz ou a requerimento do interessado, com um dos seguintes fundamentos: *impossibilidade; graves dificuldades* ou *graves inconvenientes* em prestá-la por parte do arguido. Em qualquer destes casos a caução pode ser substituída por qualquer ou quaisquer outras medidas de coação, à exceção da prisão preventiva ou de obrigação de permanência na habitação, legalmente cabidas ao caso, as quais acrescerão a outras que já tenham sido impostas (art. 197º, nº 2)[264].

---

[264] ODETE MARIA DE OLIVEIRA, *in Jornadas de Direito Processual ..., cit.*, p. 176, entende que, embora o nº 2, do art. 197º, do CPP só excepcione as medidas de coação prisão preventiva e obrigação de permanência na habitação, devem também considerar-se excepcionadas as medidas de coação suspensão do exercício de funções, de profissão e de direitos (art. 199º), uma vez que, por um lado, são diversas as circunstâncias que interessa acautelar com a caução e a medida prevista no art. 199º e, por outro, porque nenhuma dessas medidas de coação res-

DAS MEDIDAS DE COAÇÃO

Do disposto nos arts. 197º, nº 2 e 203º, resulta, em nossa opinião, que, nos casos em que tenha sido aplicada a caução e ela não for prestada por *impossibilidade, graves dificuldades* ou *graves inconvenientes* em prestá-la, não poderá o juiz aplicar a prisão preventiva ou a obrigação de permanência na habitação, mesmo que no caso concreto elas sejam legalmente admissíveis.

Questão diferente é a de saber se ao arguido que não prestar a caução que lhe foi imposta apesar de ter possibilidade de a prestar, pode ser aplicada a prisão preventiva ou a obrigação de permanência na habitação. Apesar da lei nº 59/98, de 25 de agosto, ter introduzido o nº 4 do art. 206º, do CPP, nos termos do qual «Ao arguido que não preste caução é correspondentemente aplicável o disposto no artigo 228º», o que significa que ao arguido que não prestar a caução que lhe foi imposta lhe possa ser aplicado o arresto preventivo, entendemos, de igual modo, que ao arguido que não prestar a caução que lhe foi imposta apesar de ter possibilidade para o efeito, lhe possa ser aplicada a prisão preventiva ou a obrigação de permanência na habitação, desde que legalmente admissíveis no caso (art. 203º, do CPP)[265].

Acresce que, nos termos do art. 212º, nº 2, as medidas de coação que, por qualquer motivo, tenham sido revogadas podem de novo ser aplicadas, incluindo a prisão preventiva, se sobrevierem motivos que legalmente justifiquem a sua aplicação. Ora, se em caso de revogação de uma medida pode a mesma, ou outra diferente, *maxime* a prisão preventiva, de novo ser aplicada, seria totalmente incompreensível, até por maioria de razão, que não pudesse revogar-se uma medida e aplicar-se outra diferente, ainda que mais grave, se existirem motivos que legalmente a justifiquem.

---

ponde às necessidades cautelares justificativas da outra, exemplificando, refere a autora que, no caso da impossibilidade de prestar caução prevista no referido art. 197º, nº 2, a substituição da caução pela suspensão do exercício do poder paternal seria perfeitamente inadequada aos fins cautelares visados daí a impossibilidade legal da sua aplicação. Porém, nada impede, segundo a autora, que as duas referidas medidas de coação se cumulem entre si (arts. 199º, nº 1 e 205º), se verificados os requisitos de cada uma delas.

[265] Contra, MANUEL MAIA GONÇALVES, *Código de Processo Penal Anotado, cit.*, anotação ao art. 197º, p. 488, defendendo que, no caso de o arguido não prestar a caução que lhe foi arbitrada, apesar de ter possibilidades de a prestar, pode ser aplicado o arresto preventivo, como se estabelece no art. 228º, nº 1, e também no art. 206º, nº 4, podendo ainda ser estabelecida outra medida de coação, desde que não privativa da liberdade.

DAS MEDIDAS DE COAÇÃO E DE GARANTIA PATRIMONIAL

Ainda a este propósito pode colocar-se a seguinte questão: a recusa injustificada de prestação da caução pode integrar o crime de desobediência?

Em sentido afirmativo ODETE MARIA DE OLIVEIRA[266].

Pela nossa parte, discordamos, frontalmente, desta posição. Como escrevemos já[267], nem todas as "desobediências" constituem o crime previsto e punido pelo art. 348º, do CP. A concreta qualificação de um comportamento como crime de desobediência deve ser equacionada em três momentos: em primeiro lugar, pela verificação da subsunção a uma norma que preveja um ilícito próprio, **não necessariamente de natureza penal**; em segundo lugar, pela verificação da subsunção a uma norma que concretamente o qualifique como crime de desobediência (simples ou qualificada), cominando a respetiva punição; finalmente, pela subsunção direta ao nº 1, do art. 348º, do CP.

No grupo das situações resultantes da verificação da possibilidade de subsunção a uma norma que especificamente preveja um ilícito próprio, não necessariamente de natureza penal, incluem-se, em sentido amplo, por constituírem violação de uma determinação concreta da autoridade, formas especiais de crimes de desobediência, ou que constituem ilícito de mera ordenação social ou contravenção, **mas também** situações a que

---

[266] *In Jornadas de Direito Processual Penal ...*, *cit.*, p. 185, ao referir, a propósito do art. 203º, do CPP: «Pode ainda perguntar-se se a violação das obrigações pode integrar um crime de desobediência. A questão assume particular relevo face a uma recusa injustificada a prestar caução.

O legislador do atual Código não tomou posição expressa, certamente por ter em conta a natureza substantiva da questão, ao contrário do Código de 1929 que regulou expressamente a situação pela forma prevista no art. 285º-A. Contudo, sempre se poderá concluir que, verificados os elementos típicos do art. 388º (actual art. 348º) do Código Penal, aquele comportamento poderá integrar crime de desobediência.

Não se ignora quanto pode ser prejudicial a criminalização destes comportamentos. Não pode, porém, esquecer-se que, a não se entender assim, situações destas ficam praticamente desacauteladas; pense-se, por exemplo, na hipótese de um crime punível com pena de prisão de máximo não superior a seis meses em que, face a uma recusa injustificada a prestar caução, nenhuma outra medida de coação (para além do termo de identidade e residência) poderá ser imposta».

[267] Cfr. o nosso *Os Tribunais as Polícias e o Cidadão – O Processo Penal*, 2ª Edição Revista e Atualizada, Almedina, 2002, pp. 112-113

DAS MEDIDAS DE COAÇÃO

corresponde, *v. g.*, uma sanção de natureza processual ou a imposição de meios processuais de natureza meramente cautelar[268].

Ora, estabelecendo a lei, como estabelece (art. 203º, do CPP) que, *em caso de violação das obrigações impostas por aplicação de uma medida de coação, o juiz, tendo em conta a gravidade do crime imputado e os motivos da violação, pode impor outra ou outras medidas de coação, previstas no Código e admissíveis no caso,* são estas "sanções" que deverão ser aplicadas, dada a sua relação de especialidade em relação ao art. 348º, do CPP.

A esta conclusão parecem apelar, decisivamente, os princípios da **legalidade** e da **tipicidade** das normas incriminadoras, constitucionalmente previstos (arts. 29º e 18º, da CRP), bem como o carácter **subsidiário** e **fragmentário** do direito penal, de intervenção limitada aos casos de **necessidade**.

Para além da revogação, ou substituição, prevê ainda a lei o reforço da caução, dispondo no art. 207º que *se, posteriormente a ter sido prestada caução, forem conhecidas circunstâncias que a tornem insuficiente ou impliquem a modificação da modalidade de prestação, pode o juiz impor o seu reforço ou modificação.*

As circunstâncias ou factos que fundamentam o reforço ou modificação da caução, não têm de ser, como resulta da lei, supervenientes, bastando que seja superveniente apenas o seu conhecimento.

Prevê ainda a lei a quebra da caução, dispondo o art. 208º, que *a caução considera-se quebrada quando se verificar falta injustificada do arguido a ato processual a que deva comparecer ou incumprimento de obrigações derivadas de medida de coação que lhe tiver sido imposta.*

Como resulta da lei, a quebra da caução só pode ter por fundamento a *falta injustificada* do arguido a ato processual a que deva comparecer ou então o *incumprimento de obrigação* derivada de outra medida de coação que lhe tiver sido imposta cumulativamente com a caução e não quaisquer outros motivos, nomeadamente, como é salientado por GERMANO MARQUES DA SILVA, a prática de atos que justificaram a aplicação da medida (*v. g.*, continuação da atividade criminosa ou fuga) enquanto esses atos não implicarem o incumprimento de obrigação imposta ao arguido caucionado como consequência das medidas de coação. É que as medidas de coação visam evitar a ocorrência de certos factos, os previstos nas diversas alíneas

---

[268] Neste sentido, JOSÉ LUÍS LOPES DA MOTA, *Crimes Contra a Autoridade Pública*, p. 21.

DAS MEDIDAS DE COAÇÃO E DE GARANTIA PATRIMONIAL

do art. 204º, mas delas não deriva o dever específico de não praticar esses factos[269].

Naturalmente que, como referimos supra, a ocorrência destes factos (previstos nas diversas alíneas do art. 204º, do CPP) podem fundamentar a revogação de determinada medida de coação e consequente aplicação de outra diferente, *maxime* a prisão preventiva (art. 212º, nº 2).

A caução será quebrada mediante despacho do juiz, ouvido o Ministério Público e o próprio arguido, em obediência ao princípio do contraditório, revertendo o seu valor para o Estado, art. 208º, nº 2.

Com a caução pode ser cumulada qualquer outra medida de coação, com exceção da prisão preventiva ou da obrigação de permanência na habitação, art. 205º.

4. Obrigação de apresentação periódica

A obrigação de apresentação periódica é outra medida de coação, prevista no art. 198º, que consiste na obrigação de o arguido proceder à sua apresentação periódica a uma entidade judiciária ou a um certo órgão de polícia criminal em dias e horas preestabelecidos, tomando em conta as exigências profissionais do arguido e o local em que habita.

Esta medida de coação só pode ser aplicada *se o crime imputado ao arguido for punível com pena de prisão de máximo superior* (e não igual ou inferior) *a seis meses* (requisito específico) e em obediência estrita aos princípios da adequação e da proporcionalidade a que já nos referimos supra.

Na aplicação desta medida ordena a lei que sejam atendidas *as exigências profissionais do arguido e o local em que habita* (art. 198º referido). Será o caso de um arguido que trabalhe por hipótese no Algarve e tenha família em Lisboa onde se desloca ao fim de semana. Assim, se lhe for imposta a apresentação diária, o juiz terá que estipular-lhe dois locais para apresentação, concretizando assim, o princípio da *adequação* no que se refere à execução das medidas de coação, previsto no art. 193º, nº 4, do CPP, que dispõe que *a execução das medidas de coação e de garantia patrimonial não deve prejudicar o exercício de direitos fundamentais que não forem incompatíveis com as exigências cautelares que o caso requer.*

---

[269] *Ob. cit.*, vol. II, 4ª Edição, p. 329.

DAS MEDIDAS DE COAÇÃO

A obrigação de apresentação periódica é necessariamente aplicada pelo juiz (como aliás, as restantes medidas de coação, com exceção do termo de identidade e residência), durante o inquérito a requerimento do Ministério Público depois do inquérito mesmo oficiosamente, ouvido no entanto, o Ministério Público (art. 194º, nº 1). A aplicação desta (ou qualquer outra, exceto o termo de identidade e residência) medida por entidade diferente do juiz determina a sua *inexistência jurídica*, assistindo ao visado o exercício do *direito de resistência*, nos termos do art. 21º, da Constituição da República.

A obrigação de apresentação periódica é cumulável com qualquer outra, à exceção da prisão preventiva e da obrigação de permanência na habitação (art. 198º, nº 2).

5. Suspensão do exercício de profissão, de função, de atividade e de direitos

Nos termos do art. 199º, do CPP, a medida de coação de *suspensão do exercício de profissão, de função, de atividade e de direitos* é aplicável quando o crime imputado ao arguido for punível com pena de prisão de máximo superior (e não igual ou inferior) a *dois anos*, podendo ser cumulável com qualquer outra medida, incluindo a prisão preventiva ou a obrigação de permanência na habitação.

As suspensões possíveis são do exercício (art. 199º, nº 1, als. *a*) e *b*)): *de profissão, função ou atividade, públicas ou privadas*[270]; *do poder paternal, da tutela, da curatela, da administração de bens ou da emissão de títulos de crédito*, sempre

---

[270] Antes da revisão operada pela Lei nº 48/2007, de 29 de Agosto, colocou-se a questão de saber se o conceito de *função pública*, a que se referia a alínea *a*), do nº 1, do art. 199º, abrangia também os cargos políticos, designadamente, o cargo de presidente de câmara.

A este propósito decidiu o Tribunal Constitucional (Acórdão do Tribunal Constitucional nº 41/2000, de 26 de Janeiro, Processo nº 481/97, publicado no *DR*, II Série, nº 243, de 20de Outubro, pp. 16 997 e ss.): «Interpretar a norma constante da alínea a) do nº 1 do artigo 199º do Código de Processo Penal como não abrangendo os titulares de cargos políticos». Ou seja, a aludida norma não abrange os titulares de cargos políticos, incluindo o de presidente de câmara.

Isto porque, como é referido pelo Tribunal Constitucional, citando um parecer de Vital Moreira: «os titulares de cargos públicos, designadamente os cargos políticos, não estão inseridos em nenhuma relação de emprego, são providos por via eleitoral ou por designação livre de outro titular do poder político, têm um mandado temporário, não estão sujeitos a uma relação

152

hierárquica nem a poder disciplinar. A sua responsabilidade funcional é uma *responsabilidade política*, perante o eleitorado que os elegeu ou perante o órgão que os designou.

(...) A lei fundamental distingue claramente entre *função pública* e *cargos públicos* (cfr. artigos 47º e 50º), referindo-se o artigo 117º especificamente aos cargos políticos, aí se incluindo o de presidente da câmara municipal.

Concluindo pela diferença de regimes entre funcionários públicos e titulares de cargos políticos – prossegue o mesmo alto Tribunal –, e encontrando-se o regime relativo aos crimes de responsabilidade cometidos por estes últimos no exercício das respectivas funções regulado pela lei nº 34/87, de 16 de Julho (nos termos do disposto naquele artigo 117º da Constituição), nota-se ainda, naquele parecer, que essa Lei nº 34/87, apesar de prever como efeito da pena sempre a destituição do cargo ou a perda do mandato (artigos 28º e seguintes), não estabeleceu nenhum regime específico de medidas processuais coactivas, nomeadamente através da suspensão do exercício do cargo político em causa, e que não pode haver medidas de coação lá onde a lei as não prevê. Daí decorre (...) a inaplicabilidade do artigo 199º do CPP aos titulares do cargo de presidente de câmara.

A imunidade dos titulares de cargos políticos face à referida medida de coação tem plena justificação, sobretudo quando se trata, como é o caso, de *cargos electivos*. A razão de ser desse tratamento especial está justamente no fato de se tratar de cargos representativos, directa ou indirectamente saídos do sufrágio popular.

A lógica da situação legislativa – ainda segundo o Tribunal Constitucional, citando o referido parecer – está em não permitir que um mandato emergente do mandato popular seja suspenso ou perdido *senão a título de pena, em virtude de sentença condenatória definitiva por crimes praticados no exercício de funções*. Na realidade, dificilmente seria congruente com a proeminência do princípio democrático que o exercício de um mandato popular pudesse ser suspenso a título de medida cautelar ou preventiva em processo penal, ainda para mais antes mesmo da pronúncia definitiva pela prática de um crime.

Aliás – continua o mesmo alto Tribunal –, o próprio Código Penal dispõe, no nº 3 (actual nº 4) do artigo 386º, que "a equiparação a funcionário, para efeito da lei penal, de quem desempenhe funções políticas é regulada por lei especial", assim assumindo aquela diferenciação (do regime da função pública daquele próprio dos titulares de cargos políticos). Logo, não se pode entender que do Código Penal decorre – ou que este adopta – um *conceito lato* de funcionário capaz de abranger os titulares de cargos políticos, pois o que expressamente dele decorre é antes a exclusão dessa "equiparação", remetendo-a para lei especial quando deva ocorrer.

Por outro lado, mal se entenderia a pretendida exclusão dos titulares de cargos autárquicos – nomeadamente dos presidentes de câmara – desse regime especial, face a todos os restantes titulares de cargos políticos, não encontrando tal opção qualquer assento constitucional.

(...) Ora, esta pretensa sujeição dos titulares de órgãos autárquicos – *in casu*, presidentes de câmara – à regra geral do artigo 199º do CPP suscita, desde logo, a questão de saber se uma norma do Código de Processo Penal, constante de um diploma elaborado pelo Governo ao

DAS MEDIDAS DE COAÇÃO

que a interdição do exercício respetivo **possa** vir a ser decretada como efeito do crime imputado[271].

---

abrigo de uma autorização legislativa, pode regular esta matéria sem incorrer em inconstitucionalidade orgânica, por violação da alínea *m*) do artigo 164º da Constituição, a qual estabelece a reserva absoluta de competência da Assembleia da República relativamente ao *estatuto dos titulares dos órgãos de soberania e do poder local, bem como dos restantes órgãos constitucionais ou eleitos por sufrágio directo e universal* (...), concluindo que, a norma constante do artigo 199º do Código de Processo Penal, se fosse interpretada no sentido de abranger os titulares de cargos políticos, *maxime* os titulares de órgãos representativos autárquicos, entraria em colisão com o disposto no citado artigo 164º, alínea *m*), da Constituição, na ausência de norma que para ela expressamente remeta, na lei que define o regime da responsabilidade criminal dos titulares de cargos políticos».

[271] Para melhor compreensão do nº 1, do art. 199º, do CPP, transcrevem-se a seguir os artigos 65º a 69º, do Código Penal, com aquele relacionados.

Código Penal, «Artigo 65º (*Princípios gerais*) 1. Nenhuma pena envolve como efeito necessário a perda de direitos civis, profissionais ou políticos. 2. A lei pode fazer corresponder a certos crimes a proibição do exercício de determinados direitos ou profissões».

«Artigo 66º (*Proibição do exercício de função*) 1. O titular de cargo público, funcionário público ou agente da Administração, que, no exercício da actividade para que foi eleito ou nomeado, cometer crime punido com pena de prisão superior a três anos, é também proibido do exercício daquelas funções por um período de dois a cinco anos quando o fato: *a*) For praticado com flagrante e grave abuso da função ou com manifesta e grave violação dos deveres que lhe são inerentes; *b*) Revelar indignidade no exercício do cargo; ou *c*) Implicar a perda da confiança necessária ao exercício da função. 2. O disposto no número anterior é correspondentemente aplicável às profissões ou actividades cujo exercício depender de título público ou de autorização ou homologação da autoridade pública. 3. Não conta para o prazo de proibição o tempo em que o agente estiver privado de liberdade por força de medida de coação processual, pena ou medida de segurança. 4. Cessa o disposto nos números 1 e 2 quando, pelo mesmo fato, tiver lugar a aplicação de medida de segurança de interdição de actividade, nos termos do artigo 100º. 5. Sempre que o titular de cargo público, funcionário público ou agente da Administração, for condenado pela prática de crime, o tribunal comunica a condenação à autoridade de que aquele depender».

«Artigo 67º (*Suspensão do exercício de função*) 1. O arguido definitivamente condenado a pena de *prisão*, que não for demitido disciplinarmente de função pública que desempenhe incorre na suspensão da função enquanto durar o cumprimento da pena. 2. À suspensão prevista no número anterior ligam-se os efeitos que, de acordo com a legislação respectiva, acompanham a sanção disciplinar de suspensão do exercício de funções. 3. O disposto nos números anteriores é correspondentemente aplicável a profissões ou actividades cujo exercício depender de título público ou de autorização ou homologação da autoridade pública».

«Artigo 68º (*Efeitos da proibição e da suspensão do exercício de função*) 1. Salvo disposição em contrário, a proibição e a suspensão do exercício de função pública determinam a perda dos

DAS MEDIDAS DE COAÇÃO E DE GARANTIA PATRIMONIAL

O despacho que aplicou a suspensão é comunicado à autoridade administrativa, civil ou judiciária normalmente competente para decretar a suspensão ou a interdição respetivas (art. 199º, nº 2), o que bem se compreende.

Sendo as medidas de coação meios processuais penais limitadores da liberdade pessoal da pessoa visada, assumindo, por isso, natureza excecional e atento ainda o disposto no art. 191º, nº 1(princípio da legalidade das medidas de coação) e art. 27º, nº 2, da CRP, a enumeração das suspensões a que se refere o nº 1, do art. 199º referido, é taxativa.

---

direitos e regalias atribuídos ao titular, funcionário ou agente, pelo tempo correspondente. 2. A proibição do exercício de função pública não impossibilita o titular, funcionário ou agente de ser nomeado para cargo ou para função que possam ser exercidos sem as condições de dignidade e confiança que o cargo ou a função de cujo exercício foi proibido exigem. 3. O disposto nos números anteriores é correspondentemente aplicável a profissões ou actividades cujo exercício depender de título público ou de autorização ou homologação da autoridade pública».

Artigo 69º (*Proibição de conduzir veículos com motor*) 1. É condenado na proibição de conduzir veículos com motor por um período fixado entre três meses e três anos quem for punido: *a*) Por crime previsto nos artigos 291º ou 292º; *b*) Por crime cometido com utilização de veículo e cuja execução tiver sido por este facilitada de forma relevante; ou *c*) Por crime de desobediência cometido mediante recusa de submissão às provas legalmente estabelecidas para detecção de condução de veículo sob o efeito de álcool, estupefacientes, substâncias psicotrópicas ou produtos com efeito análogo. 2. A proibição produz efeito a partir do trânsito em julgado da decisão e pode abranger a condução de veículos com motor de qualquer categoria. 3. No prazo de 10 dias a contar do trânsito em julgado da sentença, o condenado entrega na secretaria do tribunal, ou em qualquer posto policial, que remete àquela, o título de condução, se o mesmo não se encontrar já apreendido no processo. 4. A secretaria do tribunal comunica a proibição de conduzir à Direcção-Geral de Viação no prazo de 20 dias a contar do trânsito em julgado da sentença, bem como participa ao Ministério Público as situações de incumprimento do disposto no número anterior. 5. Tratando-se de título de condução emitido em país estrangeiro com valor internacional, a apreensão pode ser substituída por anotação naquele título, pela Direcção-Geral de Viação, da proibição decretada. Se não for viável a anotação, a secretaria, por intermédio da Direcção-Geral de Viação, comunica a decisão ao organismo competente do país que tiver emitido o título. 6. Não conta para o prazo da proibição o tempo em que o agente estiver privado de liberdade por força de medida de coação processual, pena ou medida de segurança. 7. Cessa o disposto no nº 1 quando, pelo mesmo fato, tiver lugar a aplicação da cassação ou da interdição da concessão do título de condução, nos termos dos artigos 101º e 102º».

6. Proibição e imposição de condutas

Nos termos do art. 200º, do CPP, a medida de coação de *proibição e imposição de condutas*, só pode ser aplicada quando houver fortes indícios de prática de crime doloso punível com pena de prisão de máximo superior a três anos.

Esta medida de coação concretiza-se na imposição ao arguido das seguintes obrigações (alíneas *a*) a *f*), do nº 1, do art. 200º): *a) não permanecer, ou não permanecer sem autorização, na área de uma determinada povoação, freguesia ou concelho ou na residência onde o crime tenha sido cometido ou onde habitem os ofendidos seus familiares ou outras pessoas sobre as quais possam ser cometidos novos crimes; b) não se ausentar para o estrangeiro, ou não se ausentar sem autorização; c) não se ausentar da povoação, freguesia ou concelho do seu domicílio, ou não se ausentar sem autorização, salvo para lugares predeterminados, nomeadamente para o lugar do trabalho; d) não contactar, por qualquer meio, com determinadas pessoas ou não frequentar certos lugares ou certos meios; e) não adquirir, não usar ou, no prazo que lhe for fixado, entregar armas ou outros objetos e utensílios que detiver, capazes de facilitar a prática de outro crime; f) se sujeitar, mediante prévio consentimento, a tratamento de dependência de que padeça e haja favorecido a prática do crime, em instituição adequada.*

As autorizações referidas nas alíneas anteriores podem, em caso de urgência, ser requeridas e concedidas verbalmente exclusivamente pelo juiz, lavrando-se cota no processo (nº 2).

A proibição de o arguido se ausentar para o estrangeiro implica a entrega à guarda do tribunal do passaporte que possuir e a comunicação às autoridades competentes, com vista à não concessão ou não renovação de passaporte e ao controlo das fronteiras (nº 3).

A enumeração das obrigações referidas é taxativa, podendo, no entanto, ser cumulativa ou separadamente aplicadas (nº 1, do art. 200º).

Como expressamente resulta da lei, esta medida de coação só pode ser aplicada quando *houver fortes indícios de prática de crime doloso punível com pena de prisão de máximo superior a três anos*, e não meros indícios da prática de crime, o que significa que, face aos elementos de prova disponíveis seja possível formar a convicção sobre a séria probabilidade de condenação, não bastando, assim, que seja, apenas, mais provável a condenação do que a absolvição. A probabilidade de condenação há de, pois, ser relevante, séria ou suficientemente importante, face à absolvição. Por outro lado, a forma de cometimento do crime tem de ser *dolosa* e não negligente.

A medida de coação de *proibição e imposição de condutas* é cumulável com quaisquer outras medidas de coação, à exceção da prisão preventiva e da obrigação de permanência na habitação, salvo a obrigação de não contactar, por qualquer meio, com determinadas pessoas (al. *d*, do nº 1, do art. 200º), a qual é cumulável com esta (art. 201º, nº 2).

Em caso de violação de alguma das obrigações referidas, pode o juiz, tendo em conta a gravidade do crime imputado e os motivos da violação, impor ao arguido outra ou outras das medidas de coação, incluindo a prisão preventiva ou a obrigação de permanência na habitação, desde que admissíveis no caso (art. 203º).

Esta medida de coação visa, sobretudo, as finalidades das medidas de coação indicadas nas alíneas *b*) e *c*) do art. 204º. Com efeito, uma das formas de evitar a continuação da atividade criminosa é a proibição de contactar com certas pessoas ou de frequentar certos lugares ou certos meios e para acautelar a perturbação da ordem e tranquilidade públicas pode ser adequada a proibição de permanecer na área de uma determinada povoação, freguesia ou concelho onde o crime tenha sido cometido ou onde residam os ofendidos[272].

Esta medida de coação é necessariamente aplicada pelo juiz, como aliás, as restantes medidas de coação, com exceção do termo de identidade e residência, como já se referiu. Durante o inquérito a requerimento do Ministério Público. Depois do inquérito mesmo oficiosamente, ouvido, no entanto, o Ministério Público (art. 194º, nº 1).

A aplicação desta medida (ou qualquer outra, exceto o termo de identidade e residência) por entidade diferente do juiz determina a sua ***inexistência jurídica***, assistindo ao visado o exercício do ***direito de resistência***, nos termos do art. 21º, da Constituição da República.

7. Obrigação de permanência na habitação

A medida de coação *obrigação de permanência na habitação*, prevista no art. 201º, do CPP, só pode ser aplicada *se houver fortes indícios de prática de crime doloso punível com pena de prisão de máximo superior a três anos.*

---

[272] Germano Marques da Silva, *ob. cit.*, vol. II, 4ª Edição, p. 332.

DAS MEDIDAS DE COAÇÃO

A existência de fortes indícios da prática de crime *doloso* (e não negligente) punível com pena de prisão de máximo superior a três anos constitui, pois, o ***pressuposto específico*** da aplicação, pelo juiz, da obrigação de permanência na habitação.

A obrigação de permanência na habitação consiste na obrigação de o arguido *se não ausentar, ou de se não ausentar sem autorização, da habitação própria ou de outra em que de momento resida ou, nomeadamente, quando tal se justifique, em instituição adequada a prestar-lhe apoio social e de saúde* (art. 201º, nº 1).

A obrigação de permanência na habitação, para ODETE MARIA DE OLIVEIRA, consiste numa verdadeira "detenção domiciliária". Consequentemente, para a autora, a autorização prevista no art. 201º para que o arguido se ausente da habitação onde cumpre a obrigação de permanência deve ser meramente pontual[273]. Afasta-se, assim, e desde logo, a ideia da autorização de saída para trabalho regular.

Também MANUEL MAIA GONÇALVES considera a obrigação de permanência na habitação uma medida afim da prisão preventiva, mas menos gravosa do que esta, sendo plausível configurá-la como uma prisão preventiva domiciliária, estando assim sujeita aos prazos da prisão preventiva (art. 218º, nº 3)[274].

O entendimento, segundo o qual a *obrigação de permanência na habitação*, consiste numa verdadeira *detenção domiciliária*, ou seja, numa privação da liberdade tipo *prisão preventiva domiciliária*, parece-nos indefensável, face ao estabelecido na Lei Fundamental, que não permite uma tal detenção

---

[273] *As Medidas de Coação no Novo Código de Processo Penal, Jornadas de Direito Processual Penal...,* cit., pp. 178-181. Elemento sistemático favorável a esta interpretação reside, segundo a autora, na circunstância de o legislador não ter salvaguardado, a título de exemplo, a possibilidade de autorização de saída para o local de trabalho, como o fez a propósito das medidas previstas nos arts. 198º e 200º, aliás de harmonia com o preceituado no art. 193º, nº 3 e considerando a importância da realização do direito ao trabalho.

O legislador – ainda segundo a autora – estimulado pela ideia fundamental da presunção de inocência do arguido e consciente dos aspectos negativos que o meio prisional induz, mantém ou reforça – e que a situação de prisão preventiva pode ainda agravar – concebeu a obrigação de permanência na habitação como uma medida de coação capaz de responder eficazmente às exigências cautelares determinantes de uma prisão preventiva, sem alguns dos aspectos mais gravosos desta.

[274] *Código de Processo Penal Anotado,* cit., anotação ao art. 201º, p. 494.

DAS MEDIDAS DE COAÇÃO E DE GARANTIA PATRIMONIAL

ou privação da liberdade, como claramente resulta do disposto no art. 27º, nº 3, da CRP, devendo, por isso, ser rejeitado[275].

Consequentemente, a violação da obrigação de permanência na habitação não constitui o crime de evasão, p. p. pelo art. 352º do Código Penal, nem é admissível a guarda permanente da habitação por qualquer autoridade policial para impedir o incumprimento da medida, o que a acontecer representaria efetiva privação da liberdade fora dos casos em que a Constituição a admite[276].

Acresce que, nos termos do art. 193º, nº 4, do CPP, *a execução das medidas de coação e de garantia patrimonial não deve prejudicar o exercício de direitos fundamentais que não forem incompatíveis com as exigências cautelares que o caso requerer*, o que significa que, na aplicação desta medida devem ser especialmente ponderadas pelo juiz a situação pessoal, familiar, laboral ou social do arguido.

---

[275] *Constituição da República Portuguesa*, «Artigo 27º (*Direito à liberdade e à segurança*) 1. Todos têm direito à liberdade e à segurança. 2. Ninguém pode ser total ou parcialmente privado da liberdade, a não ser em consequência de sentença judicial condenatória pela prática de ato punido por lei com pena de prisão ou de aplicação judicial de medida de segurança. 3. Exceptua-se deste princípio a privação da liberdade, pelo tempo e nas condições que a lei determinar, nos casos seguintes: *a*) Detenção em flagrante delito; *b*) Detenção ou prisão preventiva por fortes indícios de prática de crime doloso a que corresponda pena de prisão cujo limite máximo seja superior a três anos; *c*) Prisão, detenção ou outra medida coactiva sujeita a controlo judicial, de pessoa que tenha penetrado ou permaneça irregularmente no território nacional ou contra a qual esteja em curso processo de extradição ou de expulsão; *d*) Prisão disciplinar imposta a militares, com garantia de recurso para o tribunal competente; *e*) Sujeição de um menor a medidas de protecção, assistência ou educação em estabelecimento adequado, decretadas pelo tribunal judicial competente; *f*) Detenção por decisão judicial em virtude de desobediência a decisão tomada por um tribunal ou para assegurar a comparência perante autoridade judiciária competente; *g*) Detenção de suspeitos, para efeitos de identificação, nos casos e pelo tempo estritamente necessários; *h*) Internamento de portador de anomalia psíquica em estabelecimento terapêutico adequado, decretado ou confirmado por autoridade judicial competente. 4. Toda a pessoa privada da liberdade deve ser informada imediatamente e de forma compreensível das razões da sua prisão ou detenção e dos seus direitos. 5. A privação da liberdade contra o disposto na Constituição e na lei constitui o Estado no dever de indemnizar o lesado nos termos que a lei estabelecer».

[276] Neste sentido, GERMANO MARQUES DA SILVA, *ob. cit.*, vol. II, 4ª Edição, pp. 333-334. Contra, MANUEL MAIA GONÇALVES, *Código de Processo Penal ...*, *cit.*, anotação ao art. 201º, p. 494, ao defender que, sendo a obrigação de permanência na habitação uma privação da liberdade, a fuga efetiva da habitação integra o crime de evasão, previsto no art. 352º do CP.

DAS MEDIDAS DE COAÇÃO

A obrigação de permanência na habitação é, pois, perfeitamente compatível com a autorização de o arguido se ausentar do local onde deva permanecer, nomeadamente para ir trabalhar ou estudar, fazer compras, apresentar-se às autoridades, submeter-se a tratamentos médicos, a internamento em estabelecimento de saúde, pois o que importa é acautelar as finalidades processuais prosseguidas com a sua aplicação e essa é a permanência do arguido num determinado local fixado pelo tribunal[277].

Também José António Barreiros entende que a obrigação de permanência na habitação não deverá ser decretada quando impeça o arguido de prover à sua própria sobrevivência, impossibilitando-o, designadamente, de adquirir bens alimentares, os quais só poderia encontrar no exterior[278].

Esta medida de coação reveste-se de grande importância quer pela sua maleabilidade, quer pelo facto de poder ser aplicada em substituição da prisão preventiva.

A medida de coação obrigação de permanência na habitação é cumulável com a obrigação de não contactar, por qualquer meio, com determinadas pessoas (art. 201º, nº 2), bem como com o termo de identidade e residência.

7.1. Fiscalização do cumprimento da obrigação de permanência na habitação: a vigilância eletrónica

Para fiscalização do cumprimento da medida de coação *obrigação de permanência na habitação* prevê, expressamente, o nº 3, do art. 201º, a utilização de *meios técnicos de controlo à distância, nos termos previstos na lei*.

A utilização de meios técnicos de controlo à distância, designados por vigilância eletrónica é atualmente regulado pela lei nº 33/2010, de 2 de setembro[279].

---

[277] Também assim, Germano Marques da Silva, *ob. cit.*, II vol., 4ª Edição, p. 333.

[278] As medidas de Coação e de Garantia Patrimonial no Novo Código de Processo Penal, *B.M.J.*, nº 371, 1987.

[279] A qual revogou a lei nº 122/99, de 20 de agosto. Durante o período experimental a que se refere o art. 10º da lei nº 122/99, de 20 de agosto e a Portaria nº 1462-B/2001, de 28 de Dezembro, os meios de vigilância eletrónica para fiscalização do cumprimento da obrigação de permanência na habitação, podiam ser mandados utilizar pelos tribunais competentes com jurisdição nas comarcas de Almada, Amadora, Barreiro, Cascais, Lisboa, Loures, Moita,

DAS MEDIDAS DE COAÇÃO E DE GARANTIA PATRIMONIAL

Nos termos do art. 2º, da referida lei, a vigilância eletrónica (art. 1º da referida lei nº 33/2010), prevista no nº 2, do art. 201º, do CPP, pode ser efetuado por: *monitorização telemática posicional; verificação de voz e outros meios tecnológicos que venham a ser reconhecidos como idóneos.*

A vigilância eletrónica é executada pela Direção Geral de Reinserção Social, através de meios técnicos que permitam, no respeito pela dignidade da pessoa humana e os direitos e interesses jurídicos não afetados pela decisão que a aplicou, detetar à distância a sua presença ou ausência em determinado local, durante os períodos de tempo fixados pelo juiz (art. 3º, nº 1, 6º al. *a*) e 7º, nº 4, da lei nº 33/2010, de 2 de setembro).

A utilização de meios de vigilância eletrónica depende do consentimento do arguido e das pessoas, maiores de 16 anos, que com ele coabitem e não acarreta para o mesmo arguido qualquer encargo financeiro (arts. 3º nº 2 e 4º, nº 4, da aludida lei).

O consentimento do arguido, que pode ser revogado a todo o tempo, como se compreende, é prestado pessoalmente perante o juiz, na presença do defensor, sendo sempre reduzido a auto, salvo se a vigilância eletrónica for requerida pelo arguido, caso em que o consentimento se considera prestado por simples declaração deste no referido requerimento (art. 4º, nºs 2, 3 e 6, da mesma lei).

As pessoas, maiores de 16 anos, que coabitem com o arguido, prestam o seu consentimento aos serviços de reinserção social, por simples declaração escrita, a qual deve ser acompanhada da informação sobre a sua situação pessoal, familiar, laboral e social, podendo a mesma ser enviada, posteriormente, ao juiz (arts. 4º, nº 5 e 7º, nº 2, da lei nº 33/2010, de 2 de setembro).

A utilização de meios de vigilância eletrónica é decidida por despacho do juiz, durante o inquérito, a requerimento do Ministério Público ou do arguido e depois do inquérito, mesmo oficiosamente ou a requerimento do arguido, ouvido, no entanto, o Ministério Público e o arguido (quando o juiz decida oficiosamente). Para o efeito deve o juiz solicitar previamente

---

Montijo, Oeiras, Seixal e Sintra e apenas relativamente aos arguidos cuja habitação própria ou outra em que no momento residissem se situasse em qualquer delas. As Portarias nºs 104/2003, de 27 de Janeiro, 1136/2003, de 2 de Outubro e 189/2004, de 26 de Fevereiro procederam ao alargamento do âmbito geográfico da experimentação da vigilância electrónica a outras comarcas. Finalmente, a Portaria nº 109/2005, de 27 de Janeiro, veio estabelecer a possibilidade da utilização dos meios de vigilância electrónica pelos tribunais competentes em todas as comarcas do território nacional.

DAS MEDIDAS DE COAÇÃO

informação aos serviços de reinserção social sobre a situação pessoal, familiar, laboral ou social do arguido (art. 7º, nºs 1 a 3, da referida lei).

A decisão que fixa a vigilância eletrónica especifica os locais e os períodos de tempo em que esta é exercida, levando em conta, nomeadamente, o tempo de permanência na habitação e as autorizações de ausência estabelecidas na decisão de aplicação da medida de cocção. Esta decisão é sempre precedida de audição do arguido (art. 7º, nº 4).

A execução da medida de coação de obrigação de permanência na habitação inicia-se após a instalação dos meios de vigilância eletrónica, podendo o juiz, até ao início da execução, aplicar ao arguido as medidas de coação que entretanto se mostrarem necessárias, podendo o juiz associar à medida de coação a obrigação de o arguido não contactar, por qualquer meio, com determinadas pessoas (art. 16º da mesma lei).

O juiz, oficiosamente, de três em três meses, procede ao reexame das condições em que foi decidida a utilização da vigilância eletrónica e à avaliação da sua execução, mantendo, alterando ou revogando a decisão, ouvindo, para o efeito, o Ministério Público e o arguido, considerando ainda o teor do relatório[280] de execução trimestral elaborado pelos serviços de reinserção social (art. 18º da lei nº 33/2010, de 2 de setembro).

Sobre o arguido recaem, em especial, os seguintes deveres (art. 6º, da lei referida): *a*) permanecer nos locais em que é exercida vigilância eletrónica durante os períodos de tempo fixados; *b*) cumprir o definido no plano de reinserção social; *c*) cumprir as indicações que forem dadas pelos serviços de reinserção social para a verificação da voz; *d*) receber os serviços de reinserção social e cumprir as suas orientações, bem como responder aos contactos, nomeadamente por via telefónica, que por estes forem feitos durante os períodos de vigilância eletrónica; *e*) contactar os serviços de reinserção social, com pelo menos três dias úteis de antecedência, sempre que pretenda obter autorização judicial para se ausentar excecionalmente durante o período de vigilância eletrónica, fornecendo para o efeito as informações necessárias; *f*) solicitar aos serviços reinserção social, autorização para se ausentar do local de vigilância eletrónica quando estejam em causa motivos imprevistos e urgentes; *g*) apresentar justificação das

---

[280] Através de relatórios periódicos, os serviços de reinserção social informam o tribunal sobre a execução da medida de coação de obrigação de permanência na habitação. Estes relatórios têm periodicidade trimestral, devendo ser apresentados até cinco dias úteis antes do prazo para o respetivo reexame (arts. 10º e 17º da lei nº 33/2010, de 2 de setembro).

DAS MEDIDAS DE COAÇÃO E DE GARANTIA PATRIMONIAL

ausências que ocorram durante os períodos de vigilância eletrónica; *h*) abster-se de qualquer ato que possa afetar o normal funcionamento do equipamento de vigilância eletrónica; *i*) contactar de imediato os serviços de reinserção social se ocorrerem anomalias que possam afetar o normal funcionamento do equipamento de vigilância eletrónica, nomeadamente, interrupções do fornecimento de eletricidade ou das ligações telefónicas; e *j*) permitir a remoção dos equipamentos pelos serviços de reinserção social após o termo da medida de coação.

Os serviços de reinserção social deverão entregar ao arguido um documento onde constem os seus direitos e deveres a que fica sujeito, designadamente, informação sobre os períodos de vigilância eletrónica, bem como um guia de procedimentos a observar durante a respetiva execução (art. 5º, al. *b*), da aludida lei). Para além deste, o arguido tem ainda direito a participar na elaboração e conhecer o plano de reinserção social delineado pelos serviços de reinserção social em função das suas necessidades e de aceder a um número de telefone de acesso livre, de ligação aos serviços de reinserção social que executam a decisão judicial (als. *a*) e *c*), do mesmo preceito legal).

A decisão que fixou a vigilância eletrónica será revogada quando: *a*) o arguido revogar o seu consentimento; *b*) o arguido danificar o equipamento de monitorização com intenção de impedir ou dificultar a vigilância ou, por qualquer forma, iludir os serviços de vigilância ou se eximir a esta; *c*) o arguido violar gravemente os deveres a que fica sujeito (art. 14º, da lei nº 33/2010 de 2 de setembro).

As ausências do local determinado para vigilância eletrónica são autorizadas pelo juiz podendo, excecionalmente, os serviços de reinserção social autorizar que o arguido se ausente quando estejam em causa motivos imprevistos e urgentes, competindo ainda a estes serviços a fiscalização das ausências, conforme as finalidades e horários autorizados, podendo para o efeito recorrer a meios móveis de monitorização eletrónica, informando o tribunal de todas as ausências concedidas, em sede de relatório de execução da medida de coação de obrigação de permanência na habitação (art. 11º, da mesma lei).

Sempre que ocorram circunstâncias suscetíveis de comprometer a execução da referida medida de coação os serviços de reinserção social informam o tribunal, através do envio de um relatório de incidentes, de caráter urgente, o qual deve ser presente ao juiz de imediato, que decidirá

DAS MEDIDAS DE COAÇÃO

as providências que se afigurarem necessárias ao caso, nomeadamente a revogação da vigilância eletrónica (art. 10º da lei referida).

Qualquer autoridade judiciária ou agente de serviço ou força de segurança tem o dever de capturar e conduzir ao local de vigilância eletrónica qualquer arguido que deste local se ausente, sem autorização (art. 12º, nº 2, da mesma lei).

7.2. Desconto na pena

Nos termos do art. 80º, do Código Penal, a *detenção*, a *prisão preventiva* e a *obrigação de permanência na habitação* são descontadas por inteiro no cumprimento da pena de prisão, ainda que tenham sido aplicadas em processo diferente daquele em que vier a ser condenado, quando o facto por que for condenado tenha sido praticado anteriormente à decisão final do processo no âmbito do qual as medidas foram aplicadas (nº 1).

Se for aplicada pena de *multa*, a *detenção*, a *prisão preventiva* e a *obrigação de permanência na habitação* são descontadas à razão de um dia de privação da liberdade por, pelo menos, um dia de multa (nº 2).

Nos termos do nº 1 do art. 80º do CP, o tempo de *detenção*, de *prisão preventiva* ou de *obrigação de permanência na habitação* a descontar, por inteiro, na pena que for aplicada ao arguido não é apenas o referente ao processo no âmbito do qual a medida foi aplicada e veio a ser condenado mas, também, o referente a qualquer outro processo, desde que o facto por que foi condenado tenha sido praticado antes da decisão final do processo no âmbito do qual as medidas foram aplicadas.

Com efeito, pode muito bem acontecer que o arguido sujeito a obrigação de permanência na habitação ou a prisão preventiva, no âmbito de determinado processo venha a ser condenado em processo diferente antes da decisão final daquele. Nesta situação, embora a medida de coação tenha sido aplicada no âmbito de processo diverso, procede-se ao desconto do tempo da medida de coação já sofrido.

A razão reside no facto de, posteriormente, ser necessário proceder ao cúmulo jurídico das penas aplicadas em ambos os processos[281] e, caso não

---

[281] *Código Penal*, «Artigo 77º *(Regras da punição do concurso)* 1. Quando alguém tiver praticado vários crimes antes de transitar em julgado a condenação por qualquer deles é condenado numa única pena. Na medida da pena são considerados, em conjunto, os fatos e a personalidade do

se tivesse procedido ao desconto na primeira condenação poderia suceder não poder mais ser descontado se entretanto a pena fosse cumprida ou o arguido viesse a ser absolvido no âmbito do processo em que lhe foi aplicada a medida de coação[282].

Refira-se, finalmente, como salienta GERMANO MARQUES DA SILVA[283], que não existe um crédito de tempo de duração da medida de coação sofrida injustamente, ou seja, o arguido que tenha sofrido uma medida de coação injusta não fica com um crédito do tempo para descontar na pena em que seja condenado por crime que venha a cometer posteriormente. É necessário que o facto por que o arguido for condenado tenha sido praticado anteriormente à decisão final do processo no âmbito do qual as medidas foram aplicadas, remetendo-nos para o regime da punição do concurso de crimes (art. 77º do CP). Assim, se o arguido tiver anteriormente sofrido a medida de coação de obrigação de permanência na habitação ou de prisão preventiva em processo transitado em julgado e posteriormente ao trânsito cometer novo crime, não há lugar ao desconto, ainda que a medida de coação anteriormente sofrida se venha a revelar injusta[284].

---

agente. 2. A pena aplicável tem como limite máximo a soma das penas concretamente aplicadas aos vários crimes, não podendo ultrapassar 25 anos tratando-se de pena de prisão e 900 dias tratando-se de pena de multa; e como limite mínimo a mais elevada das penas concretamente aplicadas aos vários crimes. 3. Se as penas aplicadas aos crimes em concurso forem umas de prisão e outras de multa, a diferente natureza destas mantém-se na pena única resultante da aplicação dos critérios estabelecidos nos números anteriores. 4. As penas acessórias e as medidas de segurança são sempre aplicadas ao agente, ainda que previstas por uma só das leis aplicáveis».

[282] GERMANO MARQUES DA SILVA, *ob. cit.*, II vol., 4ª Edição, pp. 335-336.

[283] *Ob. cit.*, II vol., 4ª Edição, p. 336.

[284] Tribunal da Relação de Coimbra, *Acórdão* de 2013.03.06, recurso nº 308/09.0TASCD-B. Cl: "Apenas podem ser descontadas, ao abrigo do disposto no artigo 80º, nº 1 do Código Penal (...), a detenção, a prisão preventiva ou a obrigação de permanência na habitação aplicadas em processo diferente quando o fato por que o arguido foi condenado tenha sido praticado em data anterior à da decisão final do processo no âmbito do qual aquele esteve sujeito a uma ou mais dessas medidas.

Assim, se os fatos praticados no domínio de um processo – pelos quais o arguido foi condenado, pela prática de um crime de tráfico de estupefacientes, na pena de oito anos de prisão – ocorreram no período compreendido entre o ano de 2007 e 31 de janeiro de 2011, sucedendo também que a decisão relativa a outro processo foi proferida e transitou em julgado em 2009, não existe fundamento para o desconto naquela pena do tempo de prisão preventiva e de obrigação de permanência na habitação (mediante vigilância eletrónica) cumprido à ordem do

DAS MEDIDAS DE COAÇÃO

8. Prisão preventiva

8.1. Conceito

A prisão preventiva é uma medida de coação de natureza *excecional*, necessariamente *provisória* ou *precária* e consiste na privação da liberdade individual, resultante de decisão judicial interlocutória.

A prisão preventiva tem natureza excecional, uma vez que não pode ser decretada nem mantida sempre que possa ser aplicada caução ou outra medida mais favorável prevista na lei (art. 28º, nº 2, da Constituição da República). É necessariamente provisória ou precária, já que a mesma pode ser revogada, alterada, suspensa ou extinta (arts. 212º a 217º, do CPP). A aplicação da prisão preventiva resulta de decisão judicial interlocutória, uma vez que tem sempre lugar antes do trânsito em julgado da decisão judicial condenatória (ou absolutória).

A prisão preventiva é a mais grave das medidas de coação previstas na lei.

8.2. Pressupostos específicos de aplicação

A prisão preventiva está prevista no art. 202º, do CPP, nos seguintes termos: «1. Se considerar inadequadas ou insuficientes, no caso, as medidas referidas nos artigos anteriores, o juiz pode impor ao arguido a prisão preventiva quando: *a)* Houver fortes indícios de prática de crime doloso punível com pena de prisão de máximo superior a 5 anos[285]; *b)* Houver fortes indícios de prática de crime doloso que corresponda a criminalidade violenta[286]; *c)* Houver fortes indícios da prática de crime doloso de terrorismo, ou que corresponda a criminalidade altamente organizada punível

---

último dos referidos processos, porquanto o crime de tráfico apenas se consumou em janeiro de 2011, ou seja, depois da prolação da decisão final no processo onde aquelas medidas de coação foram impostas e cumpridas".

[285] Antes da revisão operada pela Lei nº 48/2007, de 29 de Agosto, a pena de prisão era de máximo superior a três anos.

[286] Esta alínea *b)* foi introduzida pela lei nº 26/2010, de 30 de agosto. Considera-se "criminalidade violenta as condutas que dolosamente se dirigirem contra a vida, a integridade física, a liberdade pessoal, a liberdade e autodeterminação sexual ou a autoridade pública e forem puníveis com pena de prisão de máximo igual ou superior a 5 anos" (art. 1º, al. *j)*, do CPP.

com pena de prisão de máximo superior a 3 anos[287]; *d*) Houver fortes indícios de prática de crime doloso de ofensa à integridade física qualificada, furto qualificado, dano qualificado, burla informática e nas comunicações, recetação, falsificação ou contrafação de documento, atentado à segurança de transporte rodoviário, puníveis com pena de prisão de máximo superior a 3 anos[288]; *e*) Houver fortes indícios da prática de crime doloso de detenção de arma proibida, detenção de armas e outros dispositivos, produtos ou substâncias em locais proibidos ou crime cometido com arma, nos termos do regime jurídico das armas e suas munições, puníveis com pena de prisão de máximo superior a 3 anos[289]; *f*) Se tratar de pessoa que tiver penetrado ou permaneça irregularmente em território nacional, ou contra a qual estiver em curso processo de extradição ou de expulsão[290]. 2. Mostrando-se que o arguido a sujeitar a prisão preventiva sofre de anomalia psíquica, o juiz pode impor, ouvido o defensor e, sempre que possível, um familiar, que, enquanto a anomalia persistir, em vez da prisão tenha lugar internamento preventivo em hospital psiquiátrico ou outro estabelecimento análogo adequado, adotando as cautelas necessárias para prevenir os perigos de fuga e de cometimento de novos crimes».

Se o arguido a sujeitar a prisão preventiva sofrer de *anomalia psíquica*, o juiz pode impor-lhe, ouvido o defensor e, sempre que possível um fami-

---

[287] Esta alínea corresponde à alínea *b*) anterior, com pequenas alterações introduzidas pela lei nº 26/2010, de 30 de agosto. Considera-se "criminalidade altamente organizada as condutas que integrarem crimes de associação criminosa, tráfico de pessoas, tráfico de armas, tráfico de estupefacientes ou de substâncias psicotrópicas, corrupção, tráfico de influência, participação económica em negócio ou branqueamento (art. 1º, al. *m*), do CPP).

[288] Esta alínea foi igualmente introduzida pela lei nº 26/2010, de 30 de agosto. Alargou-se, pois, a admissibilidade da aplicação da prisão preventiva a determinados fenómenos criminais que atingem uma gravidade social elevada e cujas restantes medidas de coação podem, em concreto, não ser suficientes para reagir às necessidades cautelares em concreto.

[289] Esta alínea prevê os casos que já admitiam a prisão preventiva, nos termos do regime jurídico das armas e suas munições, aprovado pela lei nº 5/2006, de 23 de fevereiro, alterada pelas leis nºs 59/2007, de 4 de setembro, 17/2009, de 6 de maio, 26/2010, de 30 de agosto, 12/2011, de 27 de abril e 50/2013, de 24 de julho, art. 95º-A, nº 5, cujo preceito legal foi muito bem revogado pela lei nº 26/2010, de 30 de agosto. Com efeito, a sede própria para a previsão e regulação desta matéria é o Código de Processo Penal e não a lei referida.

[290] As condições de entrada, permanência, saída e afastamento de cidadãos estrangeiros do território nacional, encontram-se reguladas pela lei nº 23/2007, de 4 de julho, alterada pela lei nº 29/2012, de 9 de agosto.

DAS MEDIDAS DE COAÇÃO

liar, que, enquanto a anomalia persistir, em vez da prisão, o *internamento preventivo tenha lugar em hospital psiquiátrico ou outro estabelecimento análogo adequado* (art. 202º, nº 2).

8.3. Competência para a aplicação da prisão preventiva

A prisão preventiva é necessariamente aplicada pelo juiz, como aliás, as restantes medidas de coação, exceto o termo de identidade e residência, como já se referiu supra, para aí se remetendo.

A aplicação desta medida (ou qualquer outra, exceto o termo de identidade e residência) por entidade diferente do juiz determina a sua *inexistência jurídica*, assistindo ao visado o exercício do *direito de resistência*, nos termos do art. 21º, da Constituição da República.

8.4. Suspensão da execução da prisão preventiva

Em caso de doença grave do arguido, de gravidez ou de puerpério, a execução da prisão preventiva pode ser suspensa, por despacho do juiz, cessando esta logo que deixarem de verificar-se as circunstâncias que a determinaram e, de todo o modo, no caso de puerpério, quando se esgotar o terceiro mês posterior ao parto. Durante o período de suspensão da execução da prisão preventiva o arguido fica sujeito à medida de coação *obrigação de permanência na habitação* e a quaisquer outras que se revelarem adequadas ao seu estado e compatíveis com ele, nomeadamente a de internamento hospitalar (art. 211º).

Refira-se que, compete ao juiz a apreciação, em concreto, das circunstâncias que justificam a necessidade da suspensão da execução da prisão preventiva, uma vez que não se trata de uma suspensão *ope legis*.

8.5. Desconto na pena: remissão

Sobre o desconto do tempo de prisão preventiva no cumprimento da pena de prisão que for aplicada ao arguido, tem aqui pleno cabimento o que escrevemos a propósito da obrigação de permanência na habitação, para aí remetendo.

9. Violação das obrigações impostas por aplicação de uma medida de coação

Estabelece o nº 1 do art. 203º que, *em caso de violação das obrigações impostas por aplicação de uma medida de coação, o juiz, tendo em conta a gravidade do crime imputado e os motivos da violação, pode impor outra ou outras das medidas de coação previstas neste Código e admissíveis no caso*, desde que respeite as determinações quanto à cumulação de medidas estipuladas no próprio Código.

Como é defendido por GERMANO MARQUES DA SILVA[291], a previsão do art. 203º não se refere ao incumprimento dos deveres processuais que a aplicação das medidas de coação visa acautelar, mas tão só ao incumprimento das obrigações resultantes da sujeição à medida de coação aplicada ao arguido[292].

Prevê, pois, o nº 1 do art. 203º aludido, a possibilidade de aplicação de outras medidas de coação caso se verifique a violação das obrigações impostas por medida de coação anteriormente aplicada.

As medidas de coação a aplicar ao arguido no caso de violação das obrigações impostas por medida anteriormente aplicada deverão ser as que se revelem adequadas e *legalmente admissíveis* face ao crime indiciado, por força do princípio da adequação, que deve presidir à aplicação das medidas de coação como já referimos supra, podendo, no entanto, o juiz, sem prejuízo do disposto nos números 2 e 3 do artigo 193º, impor ao arguido a *prisão preventiva*, desde que ao crime indiciado caiba pena de prisão de máximo superior a 3 anos (al. *a*), do nº 2 do aludido art. 203º).

Pode ainda o juiz impor ao arguido a *prisão preventiva* quando houver fortes indícios de que, após a aplicação de medida de coação, o arguido cometeu crime doloso da mesma natureza, punível com pena de prisão de máximo superior a 3 anos (al. *b*), do nº 2, do art. 203º)[293].

---

[291] *Ob. cit.*, vol. II, 4ª Edição, p. 341.

[292] Por exemplo, o incumprimento das obrigações constantes nas alíneas *a*) a *f*), do nº 1 do art. 200º, da obrigação de apresentação a determinado órgão de polícia criminal, nos dias e horas preestabelecidos pelo juiz (art. 198º), etc.

[293] O nº 2 do artigo 203º, introduzido pela reforma operada pela lei nº 48/2007, de 29 de agosto, foi substancialmente alterado pela lei nº 26/2010, de 30 de agosto.

DAS MEDIDAS DE COAÇÃO

A violação das obrigações impostas deve ser apreciada pelo juiz em concreto, atendendo à *gravidade do crime imputado e os motivos da violação* (art. 203º), que podem ser de tal modo relevantes que tornam a violação justificável ou desculpável.

Subsecção III
Revogação, Substituição, Extinção e Prazos de Duração das Medidas de Coação

1. Revogação e substituição das medidas de coação. Recurso da decisão de manutenção da prisão preventiva ou da obrigação de permanência na habitação

Sendo as medidas de coação meios processuais limitadores da liberdade pessoal, que visam assegurar finalidades de *natureza meramente cautelar* num concreto processo penal em curso, compreende-se que estas só devam manter-se enquanto necessárias ao prosseguimento de tais finalidades. Assim, sempre que se verifique alteração das circunstâncias que legitimaram a sua aplicação, devem as mesmas ser revogadas ou substituídas por outras.

A este propósito e atendendo ao disposto nº 3 do art. 212º, segundo o qual *quando se verificar uma **atenuação das exigências** cautelares que determinaram a aplicação de uma medida de coação, o juiz substitui-a por outra menos grave ou determina uma forma menos gravosa da sua execução*, coloca-se a questão de saber se as medidas de coação podem ser substituídas por outras mais graves, *maxime* a prisão preventiva. Embora a lei não seja clara a este respeito, não vemos nenhum impedimento à substituição das medidas de coação por outras mais graves, incluindo a prisão preventiva e a obrigação de permanência na habitação, desde que as circunstâncias o justifiquem, e sejam legalmente admissíveis no caso. É o que parece resultar do disposto no nº 2, do art. 212º ao estatuir que *as medidas revogadas podem de novo ser aplicadas, sem prejuízo da unidade dos prazos que a lei estabelecer, se sobrevierem motivos que legalmente justifiquem a sua aplicação.*

DAS MEDIDAS DE COAÇÃO E DE GARANTIA PATRIMONIAL

Ora, a nosso ver, se uma medida revogada pode de novo voltar a ser aplicada, não se compreenderia que não pudesse revogar-se uma medida e aplicar outra diferente, ainda que mais grave, se as circunstâncias o justificarem. Aliás, é princípio geral segundo o qual as medidas de coação podem ser aplicadas em qualquer fase do processo, até à execução, por isso, se necessárias, nada parece existir que impeça a sua aplicação, ainda que em conjugação com outra ou outras já aplicadas ou em sua substituição[294, 295].

Nos casos em que se verifique uma *atenuação das exigências cautelares* que determinaram a aplicação de uma medida de coação, o juiz substitui--a por outra menos grave ou determina uma forma menos gravosa da sua execução, art. 212º, nº 3, o que bem se compreende, devido ao princípio da *adequação*, que preside à aplicação das medidas de coação (art. 193º, nº 1).

Quanto à **revogação** das medidas de coação, dispõe o nº 1, do referido art. 212º que elas são imediatamente revogadas, por despacho do juiz, sempre que se verificar: *a) Terem sido aplicadas fora das hipóteses ou das condições previstas na lei; b) terem deixado de subsistir as circunstâncias que justificaram a sua aplicação.*

A revogação e a substituição das medidas de coação, têm lugar oficiosamente a todo o tempo ou a requerimento do Ministério Público ou do arguido, devendo estes, em obediência ao princípio do contraditório[296], ser ouvidos, salvo nos casos de impossibilidade devidamente fundamentada,

---

[294] Neste sentido, GERMANO MARQUES DA SILVA, *ob. cit.*, vol. II, 4ª Edição, p. 344.

[295] Também assim, MANUEL MAIA GONÇALVES, *Código de Processo Penal..., cit.*, anotação ao art. 212º, p. 511, ao referir: «O fato de terem deixado de subsistir as circunstâncias que justificaram a aplicação de uma medida de coação não obsta, como é óbvio, a que sobrevenham motivos que voltem a justificar a aplicação dessa medida, *maxime* da prisão preventiva. Daí o normativo constante do nº 2. (...) A previsão deste artigo – 212º – abrange os casos de revogação das medidas de coação e da sua substituição por outras menos gravosas. Daqui não deve tirar-se a ilação de que a lei rejeita a possibilidade de aplicação de medida de coação mais gravosa, em substituição da que já foi aplicada. Para tanto bastará que surja novo circunstancialismo que dê fundamento legal à aplicação dessa medida mais gravosa...».

[296] A discussão *contraditória* constitui uma característica fundamental de um processo penal de estrutura *acusatória*.

O princípio do contraditório é, pois, um princípio fundamental do processo penal na produção e valoração da prova e tem assento constitucional.

Na verdade, dispõe o nº 5, do art. 32º, da Constituição da República Portuguesa que, *o processo criminal tem estrutura acusatória, estando a audiência de julgamento e os atos instrutórios que a lei determinar subordinados ao princípio do contraditório.*

DAS MEDIDAS DE COAÇÃO

através da especificação dos motivos de facto e de direito da decisão (art. 97º, nº 5). Se, porém, o requerimento do arguido for considerado manifestamente infundado haverá lugar a condenação do mesmo no pagamento de uma soma entre seis e vinte UCs. (art. 212º, nº 4).

O requerimento é manifestamente infundado se foi feito de má fé ou com grave negligência, ou seja, o arguido tinha conhecimento ou pelo menos não podia desconhecer que, atendendo às circunstâncias concretas, o mesmo seria indeferido.

A consagração constitucional do princípio do contraditório, recorrendo às palavras de GOMES CANOTILHO e VITAL MOREIRA, *ob. cit.*, p. 266, significa que: *a*) o juiz tem o dever e o direito de ouvir as razões das partes (da acusação e da defesa) em relação a assuntos sobre os quais tenha de proferir uma decisão; *b*) direito de audiência de todos os sujeitos processuais que possam vir a ser afectados pela decisão, de forma a garantir-lhes uma influência efectiva no desenvolvimento do processo; *c*) em particular, direito do arguido de intervir no processo e de se pronunciar e contraditar todos os testemunhos, depoimentos ou outros elementos de prova ou argumentos jurídicos trazidos ao processo, o que impõe designadamente que ele seja o último a intervir no processo.

Este princípio, como refere GERMANO MARQUES DA SILVA, *ob. cit.* vol. I, p. 38, traduz o *direito* que tem a acusação e a defesa de se pronunciarem sobre as alegações, as iniciativas, os atos ou quaisquer atitudes processuais de qualquer delas e traduz-se na estruturação da audiência em termos de um debate ou discussão entre a acusação e a defesa. Cada um destes sujeitos é chamado a aduzir as suas razões de fato e de direito, a oferecer as suas provas, a controlar as provas contra si oferecidas e a discretear sobre o resultado de umas e outras.

Este princípio define, assim, as "regras do jogo" a observar na audiência de julgamento de modo a proporcionar a igualdade material de armas no processo, entre acusação e defesa.

O princípio do contraditório tem grande importância. Desde logo, como salienta GERMANO MARQUES DA SILVA, *ob. cit.*, vol. I, p. 38, porque se as provas hão de ser objecto de apreciação em contraditório na audiência, fica excluída a possibilidade de decisão com base em elementos de prova que nela não tenham sido apresentados e discutidos.

O princípio do contraditório tem consagração expressa para os meios de prova apresentados em audiência (art. 327º, nº 2, do CPP).

Dispõe ainda o nº 5, do art. 32º, da CRP, que ficam também subordinados ao princípio do contraditório «os atos instrutórios que a lei determinar...». Estes atos são o *debate instrutório*, que tem lugar na fase *da instrução*, os meios de prova discutidos durante o mesmo debate e ainda as *declarações para memória futura* (artigos 298º, 301º, nº 2, 294º e 271º, nº 3, do CPP) mas já não a prova produzida fora do *debate instrutório*, mas ainda no âmbito da fase da instrução, como inequivocamente resulta dos artigos 290º e 291º, do mesmo Código e, na *fase do inquérito*, apenas as *declarações para memória futura* estão subordinadas ao aludido princípio do contraditório, como resulta do disposto do art. 271º, nº 3, do mesmo diploma legal.

DAS MEDIDAS DE COAÇÃO E DE GARANTIA PATRIMONIAL

Atendendo à gravidade da prisão preventiva e da obrigação de permanência na habitação e à sua natureza excecional e subsidiária, prevê o nº 1, do art. 213º que, durante a sua execução, *o juiz procede oficiosamente ao reexame dos pressupostos da prisão preventiva ou da obrigação de permanência na habitação, decidindo se elas são de manter ou devem ser substituídas ou revogadas: a) No prazo máximo de três meses a contar da data da sua aplicação ou do último reexame[297]; e b) Quando no processo forem proferidos despacho de acusação ou de pronúncia ou decisão que conheça, a final, do objeto do processo e não determine a extinção da medida aplicada,* devendo o juiz, sempre que necessário, ouvir o Ministério Público e o arguido[298] (nº 3, do mesmo preceito legal).

Determina o nº 2 que, na decisão referida, ou sempre que necessário, o juiz verifica os fundamentos da elevação dos prazos da prisão preventiva ou da obrigação de permanência na habitação nos termos e para os efeitos do disposto nos nºs 2, 3 e 5 do artigo 215º e no nº 3 do artigo 218º (que estabelecem os prazos de duração máxima destas medidas).

O reexame **oficioso** da subsistência dos pressupostos da prisão preventiva e da obrigação de permanência na habitação, não significa que tenha de ser efetuado, pelo juiz, em períodos certos de 3 meses, mas sim que entre cada apreciação, que pode ter acontecido em consequência de algum requerimento do arguido ou promoção do Ministério Público, e a seguinte não medeiam mais de 3 meses[299].

O reexame oficioso também tem lugar *quando no processo forem proferidos despacho de acusação ou de pronúncia ou decisão que conheça, a final, do objeto do processo e não determine a extinção da medida aplicada,* o que se compreende uma vez que, em todos estes casos, tem lugar um novo juízo ou uma nova

---

[297] Acórdão do Plenário das secções criminais do Supremo Tribunal de Justiça, de 24 de Janeiro de 1996, publicado no *DR*, I-A série, de 14 de Março de 1996: «A prisão preventiva deve ser revogada ou substituída por outra medida de coação logo que se verifiquem circunstâncias que tal justifiquem, nos termos do artigo 212º do Código de Processo Penal, independentemente do reexame trimestral dos seus pressupostos, imposto pelo artigo 213º do mesmo diploma».

[298] O Tribunal da Relação de Lisboa, Acórdão de 29 de Setembro de 1999, *CJ*, ano XXIV, tomo 4, p. 145, considerou que, quando haja de proceder-se ao reexame dos pressupostos da prisão preventiva e o juiz considere desnecessária a audição prévia do Ministério Público ou do arguido, deverá fundamentar devidamente essa desnecessidade. A falta dessa fundamentação constitui nulidade insanável.

[299] Neste sentido, GERMANO MARQUES DA SILVA, *ob. cit.*, vol. II, 4ª Edição, p. 345, e Acórdão do *STJ* de 27 de Outubro de 1994, proc. 51/94.

ponderação sobre os factos imputados ao arguido e a sua responsabilidade penal, justificando-se, assim, o reexame sobre a subsistência ou não dos pressupostos que justificaram a aplicação das medidas de coação referidas.

A *decisão que conheça, a final, do objeto do processo e não determine a extinção da medida aplicada*, é a decisão condenatória não transitada. No que se refere à acusação, concordamos com GERMANO MARQUES DA SILVA[300] ao sustentar que só há lugar a reexame oficioso quando no processo for proferido despacho de acusação se não for requerida a instrução, caso em que será na sequência deste despacho que tem lugar o reexame.

A fim de fundamentar as decisões sobre a manutenção, substituição ou revogação da prisão preventiva ou da obrigação de permanência na habitação, o juiz, oficiosamente ou a requerimento do Ministério Público ou do arguido, pode solicitar a elaboração de perícia sobre a personalidade e de relatório social ou de informação dos serviços de reinserção social, desde que o arguido consinta na sua realização (art. 213º, nº 4).

Estabelece o nº 5 do mesmo art. 213º que, a decisão que mantenha a prisão preventiva ou a obrigação de permanência na habitação é suscetível de **recurso** nos termos gerais, mas não determina a inutilidade superveniente de recurso interposto de decisão prévia que haja aplicado ou mantido a medida em causa, consagrando, assim, solução contrária à da jurisprudência dominante, no que concerne à inutilidade superveniente do recurso.

Quanto à legitimidade para recorrer, só o arguido e o Ministério Público podem interpor recurso da decisão que aplicar, mantiver ou substituir as medidas de coação, a julgar no prazo máximo de 30 dias a contar do momento em que os autos forem recebidos (art. 219º, nº 1).

No que respeita à não inutilidade superveniente de recurso interposto de decisão prévia que haja aplicado ou mantido a medida de coação, GERMANO MARQUES DA SILVA chama, justamente, a atenção para a questão de saber qual a decisão que prevalece: a decisão do recurso ou a decisão subsequente à recorrida, uma vez que a lei não toma posição expressa, entendendo o insigne mestre que, a decisão que prevalece deve ser a última proferida, ou seja, a decisão proferida no recurso. Impõe-no o princípio da prevalência das decisões dos tribunais superiores e, a não ser assim, poderia suceder que a decisão posterior à recorrida mantivesse a medida de coação por considerar manterem-se os pressupostos que fundamentaram a deci-

---

[300] *Ob. cit.*, vol. II, 4ª Edição, p. 346.

são recorrida e o tribunal de recurso entender que esses pressupostos se não mantinham. A orientação deve ser outra se o novo despacho revogar ou alterar a medida, caso em que ocorrerá inutilidade superveniente ou a decisão do recurso será ineficaz, seguindo-se, pois, os princípios gerais[301].

2. Extinção das medidas de coação

Nos termos do art. 214º, números 1 e 2, do CPP, as medidas de coação extinguem-se de imediato nos seguintes casos:

a) *Com o arquivamento do inquérito.*

Com o arquivamento do inquérito[302] compreende-se que haja lugar à extinção das medidas de coação, na medida em que, no entender do Ministério Público, não se verificam os pressupostos para submissão do arguido a julgamento e a uma eventual condenação, não se justificando, assim, a manutenção da medida de coação, uma vez que não existem fins processuais a acautelar.

b) *Com a prolação do despacho de não pronúncia.*

O despacho de não pronúncia, proferido findo o debate instrutório[303] (art. 307º, do CPP), encerra a fase de instrução, com o consequente não recebimento da acusação[304], justificando-se, assim, a extinção das medidas de coação com a prolação do despacho referido.

---

[301] *Ob. cit.*, vol. II, 4ª Edição, p. 347.

[302] *Código de Processo Penal*, «Artigo 277º *(Arquivamento do inquérito)* 1. O Ministério Público procede, por despacho, ao arquivamento do inquérito, logo que tiver recolhido prova bastante de se não ter verificado crime, de o arguido não o ter praticado a qualquer título ou de ser legalmente inadmissível o procedimento. 2. O inquérito é igualmente arquivado se não tiver sido possível ao Ministério Público obter indícios suficientes da verificação de crime ou de quem foram os agentes».

[303] O debate instrutório visa permitir uma discussão perante o juiz, por forma oral e contraditória, sobre se, do decurso do inquérito e da instrução, resultam indícios de fato e elementos de direito suficientes para justificar a submissão do arguido a julgamento, no qual podem participar o Ministério Público, o arguido, o defensor, o assistente e o seu advogado, mas não as partes civis (arts. 298º e 289º, nº 1, do CPP).

[304] *Código de Processo Penal*, «Artigo 308º *(Despacho de pronúncia ou de não pronúncia)* 1. Se, até ao encerramento da instrução, tiverem sido recolhidos indícios suficientes de se terem verifi-

DAS MEDIDAS DE COAÇÃO

c) *Com a prolação do despacho que rejeitar a acusação, nos termos do artigo 311º, nº 2, alínea a).*

Nos casos em que o inquérito culminou com a dedução de acusação, e não tendo sido requerida a abertura da instrução (nos termos do art. 287º), o processo é logo remetido para julgamento. Recebidos os autos no tribunal, o presidente, despacha no sentido: *a) rejeitar a acusação, se a considerar manifestamente infundada* (art. 311º, nº 2, al. *a*), referido). A acusação é considerada manifestamente infundada: *a) quando não contenha a identificação do arguido; b) quando não contenha a narração dos factos; c) se não indicar as disposições legais aplicáveis ou as provas que a fundamentam; ou d) se os factos não constituírem crime* (art. 311º, nº 3, do CPP).

Trata-se, pois, de um despacho preliminar da fase de julgamento que, uma vez proferido, extingue as medidas de coação.

d) *Com a sentença absolutória, mesmo que dela tenha sido interposto recurso.*

No caso de, em sede de julgamento, ser proferida sentença absolutória, a medida de coação extingue-se, mesmo que da sentença tenha sido interposto recurso.

Não obstante, neste caso, o processo dever prosseguir, compreende-se e justifica-se, plenamente, este regime, uma vez que, como referimos supra[305], *nenhuma medida de coação é aplicada quando houver fundados motivos para crer na existência de causas de isenção da responsabilidade ou de extinção do procedimento criminal,* devendo ainda ser *adequadas às exigências cautelares que o caso requerer e proporcionais à gravidade do crime e às sanções que previsivelmente venham a ser aplicadas* (art. 192º, nº 2 e 193º, nº 1). Assim sendo, a sentença absolutória não pode deixar de ser considerada como um fundado motivo para crer na existência de causas de afastamento da responsabilidade penal do arguido e, consequentemente, que nenhuma sanção lhe será aplicada.

Se, neste caso, o arguido vier a ser posteriormente condenado, no mesmo processo, pode, enquanto a sentença condenatória não transitar

---

cado os pressupostos de que depende a aplicação ao arguido de uma pena ou de uma medida de segurança, o juiz, por despacho, pronuncia o arguido pelos fatos respetivos; caso contrário, profere despacho de não pronúncia».

[305] A propósito das condições gerais de aplicação das medidas de coação.

em julgado, ser sujeito de novo a medidas de coação admissíveis no caso (art. 214º, nº 3).

e) *Com o trânsito em julgado da sentença condenatória, à exceção do termo de identidade e residência que só se extinguirá com a extinção da pena*[306].

Com o trânsito em julgado da sentença condenatória inicia-se o cumprimento da pena, extinguindo-se, consequentemente, as medidas de coação, à exceção do termo de identidade e residência o qual só se extinguirá com a extinção da pena. Se, no entanto, a medida de coação for a de caução e o arguido vier a ser condenado em prisão, aquela só se extingue com o início da *execução* da pena (art. 214º, nº 4).

A prisão preventiva e a obrigação de permanência na habitação extinguem-se igualmente de imediato quando tiver lugar *sentença condenatória, ainda que dela tenha sido interposto recurso*, se a pena aplicada não for superior à prisão ou à obrigação de permanência na habitação já sofridas (art. 214º, nº 2).

Este regime é consequência do disposto no art. 80º, nº 1, do Código Penal: «A detenção, a prisão preventiva e a obrigação de permanência na habitação sofridas pelo arguido são descontadas por inteiro no cumprimento da pena *de prisão, ainda que tenham sido aplicadas em processo diferente daquele em que vier a ser condenado, quando o facto por que for condenado tenha sido praticado anteriormente à decisão final do processo no âmbito do qual as medidas foram aplicadas*».

Ora, se o tempo de duração da prisão preventiva ou da obrigação de permanência na habitação, sofridas pelo arguido, há de ser descontado integralmente na pena aplicada, compreende-se que tais medidas se extingam se a pena aplicada é igual ou inferior ao tempo de prisão preventiva ou de obrigação de permanência na habitação, já sofridas pelo arguido.

De referir ainda que as medidas de coação extinguem-se ainda com o decurso dos prazos máximos da sua duração, nos termos dos arts. 215º e 218º.

---

[306] Esta alínea *e*), do nº 1 do artigo 214º, foi alterada pela lei nº 20/2013, de 21 de fevereiro, que excetuou o termo de identidade e residência o qual só se extinguirá com a extinção da pena, ao contrário do que acontecia anteriormente.

DAS MEDIDAS DE COAÇÃO

3. Prazos de duração das medidas de coação

3.1. Prazos de duração máxima da prisão preventiva

O nº 4, do art. 28º, da Constituição da República impõe a sujeição da prisão preventiva *aos prazos estabelecidos na lei.*

O art. 215º do Código de Processo Penal, dando cumprimento à imposição constitucional, estabelece os prazos de duração máxima da prisão preventiva, tendo em conta determinadas circunstâncias: a prática de determinados atos processuais (art. 215º, nº 1), a gravidade dos crimes imputados (nº 2, do art. 215º), a excecional complexidade do procedimento, devido, nomeadamente, ao número de arguidos ou de ofendidos ou o caráter altamente organizado do crime (nº 3, do art. 215º), a interposição de recurso para o Tribunal Constitucional e a suspensão do processo para julgamento em outro tribunal de questão prejudicial (nº 5, do mesmo preceito legal).

A prisão preventiva extingue-se quando, desde o seu início, tiverem decorrido (art. 215º, nº 1):

– **Quatro meses** sem que tenha sido deduzida acusação;
– **Oito meses** sem que, havendo lugar a instrução, tenha sido proferida decisão instrutória;
– **Um ano e dois meses** sem que tenha havido condenação em primeira instância;
– **Um ano e seis meses** sem que tenha havido condenação com trânsito em julgado.

Estes prazos são elevados para **6 meses, 10 meses, 1 ano e 6 meses** e **2 anos**, respetivamente, em casos de *terrorismo, criminalidade violenta ou altamente organizada*[307], ou quando se proceder por crime punível com pena de prisão de máximo superior a oito anos, ou ainda pelos seguintes crimes: *a)* previstos nos artigos 299º (Associação criminosa), no nº 1 do artigo 318º (Meios de prova de interesse nacional), nos artigos 319º (Infidelidade diplomática), 326º (Incitamento à guerra civil ou à alteração violenta do Estado de direito), 331º (Ligações com o estrangeiro) e no nº 1 do artigo

---

[307] Sobre casos de terrorismo, criminalidade violenta ou altamente organizada, vide art. 1º, als. *i*), *l*) e *m*), do CPP.

DAS MEDIDAS DE COAÇÃO E DE GARANTIA PATRIMONIAL

333º (Coação contra órgãos constitucionais), todos do Código Penal e nos artigos 30º, 79º e 80º do Código de Justiça Militar, aprovado pela Lei nº 100/2003, de 15 de Novembro; *b)* furto de veículos ou de falsificação de documentos a eles respeitantes ou de elementos identificadores de veículos; *c)* falsificação de moeda, títulos de crédito, valores selados, selos e equiparados ou da respetiva passagem; *d)* burla, insolvência dolosa (e não negligente), administração danosa do sector público ou cooperativo, falsificação, corrupção, peculato ou de participação económica em negócio; *e)* branqueamento de vantagens de proveniência ilícita; *f)* fraude na obtenção ou desvio de subsídio, subvenção ou crédito; *g)* abrangido por convenção sobre segurança da navegação aérea ou marítima (nº 2, do art. 215º).

Se, porém, o procedimento criminal por um destes crimes se revelar de *excecional complexidade*, devido, nomeadamente, ao número de arguidos ou de ofendidos ou ao carácter altamente organizado do crime (são os casos dos designados megaprocessos), os prazos de *quatro meses, oito meses, um ano e dois meses* e *um ano e seis*, a que se refere o nº 1, do art. 215º, do CPP, são ainda elevados para *um ano, um ano e quatro meses, dois anos e seis meses* e *três anos e quatro meses*, respetivamente (nº 3, do art. 215º).

A *excecional complexidade*, apenas pode ser declarada durante a primeira instância, nas fases de inquérito, de instrução e julgamento, por despacho fundamentado do juiz, o qual possui competência exclusiva para o efeito, uma vez que, a elevação dos prazos referidos também o é, oficiosamente ou a requerimento do Ministério Público, ouvidos o arguido e o assistente[308] (nº 4 do art. 215º). Compreende-se que a excecional complexidade deva ser declarada durante a 1ª instância, fase essencialmente de investigação. Se durante as referidas fases não houve razões para declarar a *excecional*

---

[308] «I – Para a qualificação de um processo como de excecional complexidade é necessária a prolação de um despacho fundamentado nesse sentido, por forma a definir com precisão os prazos de subsistência da prisão preventiva a que o arguido pode estar sujeito. II – Por não haver prazo para a prolação desse despacho, pode ele surgir a qualquer momento do processo e produzir os efeitos adequados a partir desse momento, nomeadamente a validação da prisão preventiva. III – Desse despacho deve ser dado conhecimento ao arguido, podendo ele impugná--lo, querendo. IV – Qualificado por despacho o processo como de excecional complexidade, são de aplicar os prazos de duração da prisão preventiva alargada, não se podendo então falar de prisão ilegal justificativa da providência de *habeas corpus* (Acórdão do STJ, de 11 de Abril de 1991, *CJ*, XVI, tomo II, p. 20).

DAS MEDIDAS DE COAÇÃO

complexidade do processo, muito menos haverá nas fases de recurso em que a prova a produzir é inexistente ou mínima.

Os prazos de *um ano e dois meses* e *um ano e seis meses* (alíneas *c*) e *d*), do nº 1, do atº 215º), bem como os correspondentemente referidos nos números 2 e 3, do mesmo preceito legal, ou seja, os prazos de *um ano e seis meses* e *dois anos* (nº 2), e *dois anos e seis meses* e *três anos e quatro meses* (nº 3), são ainda acrescentados de *seis meses* se tiver havido recurso para o Tribunal Constitucional ou se o processo penal tiver sido suspenso para julgamento em outro tribunal de questão prejudicial (nº 4, do art. 215º, referido).

Estabelece o nº 6, do mesmo preceito legal que, *no caso de o arguido ter sido condenado a pena de prisão em primeira instância e a sentença condenatória ter sido confirmada em sede de recurso ordinário, o prazo máximo da prisão preventiva eleva-se para metade da pena que tiver sido fixada.*

O presente preceito legal exige *confirmação da sentença condenatória*, suscitando dúvidas relativamente aos casos de inexistência de confirmação da sentença ou de provimento do recurso interposto pelo arguido condenado. Exemplo: *A* foi condenado em primeira instância por homicídio qualificado, com a pena de prisão de 18 anos (art. 132º do Código Penal). Interposto recurso, invocando a inexistência da circunstância qualificativa, obteve provimento no recurso, sendo-lhe a pena reduzida para 14 anos de prisão. Interposto novo recurso, desta feita para o STJ ou para o Tribunal Constitucional, qual o prazo de prisão preventiva, apesar da sentença condenatória não ter sido confirmada? Ao que parece, o prazo máximo da prisão preventiva será de **7 anos**, metade da pena que foi fixada pelo tribunal de recurso, apesar de não ter havido confirmação da sentença, mas antes provimento do recurso. No caso de a pena aplicada em primeira instância for 14 anos de prisão e, mediante recurso do Ministério Público ou do assistente, for fixada pelo tribunal de recurso **18 anos** de prisão, o prazo máximo de prisão preventiva será, por maioria de razão, **9 anos**[309].

---

[309] Neste sentido, MANUEL MAIA GONÇALVES, *Código de Processo Penal ...*, *cit.*, anotação ao art. 215º, p. 522. Para Germano Marques da Silva (*ob. cit.*, vol. II, 4ª Edição, p. 351), "Também aqui se suscitam problemas de interpretação com alguma complexidade. Parece que basta a confirmação no 1º recurso da sentença, ou seja, desde que a sentença condenatória seja confirmada no primeiro recurso dela interposto aplica-se desde logo a regra do nº 6 do art. 215º. É assim porque se fosse de exigir o trânsito da decisão não se justificaria a elevação do prazo já que com o trânsito em julgado a medida se extingue (art. 214º, nº 1, al. e)).

DAS MEDIDAS DE COAÇÃO E DE GARANTIA PATRIMONIAL

O aludido nº 6 do art. 215º refere-se à elevação do prazo, pressupondo, naturalmente, que, nesta situação, o prazo de duração máxima passa a ser superior ao geral. Porém, como nos dá conta GERMANO MARQUES DA SILVA, pode suceder que à data da decisão do recurso que confirme decisão condenatória anterior, já o tempo sofrido de prisão preventiva e ou obrigação de permanência na habitação seja superior a metade da pena em que o arguido for condenado. Também neste caso deve extinguir-se a medida de coação. A razão reside em que a liberdade condicional pode ser concedida quando se encontrar cumprida metade da pena (art. 61º, nº 2, do CP)[310].

O nº 7 do mesmo artigo 215º ao estabelecer que a existência de vários processos contra o arguido por crimes praticados antes de lhe ter sido aplicada a prisão preventiva não permite exceder os prazos previstos nos números anteriores, procura evitar a perpetuação da prisão preventiva, transferindo os prazos de prisão preventiva de uns processos para os outros, como de um só processo se tratasse[311].

Na contagem dos prazos de duração máxima da prisão preventiva são incluídos os períodos em que o arguido tiver estado sujeito a obrigação de permanência na habitação (nº 8)[312].

---

[310] *Ob. cit.*, vol. II, 4ª Edição, pp. 351-352.

[311] MANUEL MAIA GONÇALVES, *ob. cit.*, anotação ao art. 215º, p. 522, considera que, a orientação agora consagrada pode, porém, apresentar graves inconvenientes, em casos de imperiosa necessidade, perante o juízo comum da comunidade, de manutenção de exigências cautelares, e mesmo de defesa do próprio arguido, dando o seguinte exemplo: o arguido está pronunciado em dois processos pelo crime de incêndio de relevo praticado em floresta, em dois anos sucessivos, tendo neles esgotado o prazo de prisão preventiva. No seguinte é detido quando ateava fogo em outra floresta, sendo-lhe apreendida elevada quantidade de material destinado a provocar incêndios. É presente ao juiz de instrução. Este, no rigoroso cumprimento da lei não lhe aplica medida privativa da liberdade. A comunidade poderá suportar este procedimento? E o arguido poderá ficar à mercê de uma multidão que, no exterior do tribunal, justamente indignada e descontrolada, está ansiosa por fazer justiça pelas próprias mãos, quiçá através de linchamento na praça pública?

[312] Tribunal da Relação de Guimarães, *Acórdão* de 21 de agosto de 2008, processo nº 1845/2008: "Tendo o arguido sido sujeito no mesmo processo de inquérito à medida de coação de «colocação em centro de instalação temporária» para efeitos de organização do processo de expulsão e posteriormente à medida de prisão preventiva, o período que decorreu entre a data de aplicação daquela medida e a data em que foi imposta a prisão preventiva ao arguido deve ser incluído na contagem do prazo de duração máxima da prisão preventiva".

Os prazos de prisão preventiva previstos no artigo 215º são válidos para as diversas fases processuais nele consideradas, pelo que, libertado um arguido apenas em virtude de, numa dessas fases, ter atingido o correspondente limite da prisão, pode o mesmo voltar a ser preso se se passar a outra fase e se mantiverem as razões para determinar a sua prisão, desde que se não tenha ainda atingido o máximo global referido nesse artigo[313].

3.1.1. Suspensão do decurso dos prazos de duração máxima da prisão preventiva

Nos termos do art. 216º, do CPP, o decurso dos prazos de duração máxima da prisão preventiva, previstos no artigo 215º, suspende-se em caso de doença do arguido que imponha internamento hospitalar, se a sua presença for indispensável à continuação das investigações.

A suspensão é decretada pelo juiz, ouvido o Ministério Público, por despacho de que cabe recurso, nos termos do art. 219º e nos gerais[314].

O decurso do prazo da prisão preventiva volta de novo a correr a partir do dia em que cessar a causa da suspensão, acrescendo ao já decorrido até à suspensão.

3.1.2. Libertação do arguido sujeito a prisão preventiva

O arguido sujeito a prisão preventiva é posto em liberdade logo que a medida se extinguir, nos termos dos arts. 214º e 215º, analisados supra, salvo se a prisão dever manter-se por outro processo (art. 217º, nº 1, do CPP).

---

[313] Acórdão da Relação do Porto, de 23 de Setembro de 1998, *CJ*, XVIII, tomo IV, p. 229: I – O arguido que for libertado por haver decorrido o prazo de prisão preventiva em determinada fase processual pode vir a ser detido uma vez ultrapassada essa fase. II – Questão é que se verifiquem os pressupostos do seu decretamento. No mesmo sentido, GERMANO MARQUES DA SILVA (*ob. cit.*, vol. II, 4ª Edição, p. 350), ao referir que, "Não há um prazo de prisão preventiva para cada fase processual, há é um limite máximo de duração da prisão preventiva até que se atinja determinado momento processual. Por isso, se o início da prisão preventiva só se verificar já na fase de instrução ou na de julgamento, os limites máximos até à decisão instrutória, condenação em 1ª instância ou decisão transitada continuam a ser os mesmos. Por idêntica razão, se numa determinada fase se tiver esgotado o limite do prazo de duração da prisão, o arguido pode voltar a ser preso se se passar a outra fase e se se mantiverem as razões para determinar a sua prisão, desde que se não tenha ainda atingido o máximo da correspondente fase".

[314] MANUEL MAIA GONÇALVES, *Código de Processo Penal ..., cit.*, anotação ao art. 216º, p.528.

Se a libertação tiver lugar por se terem esgotado os prazos de duração máxima da prisão preventiva, o juiz pode sujeitar o arguido a alguma ou algumas das medidas previstas nos artigos 197º a 200º, inclusive (nº 2, do referido art. 217º), excetuando-se, portanto, a *obrigação de permanência na habitação* (prevista no art. 201º, do CPP), o que se compreende, dada a sua similitude com a prisão preventiva.

Como resulta da parte final do nº 1, do art. 217º, do CPP, a extinção da prisão preventiva pelo decurso do prazo máximo da sua duração (art. 215º), não impede, evidentemente, que o arguido deva manter-se preso preventivamente no âmbito de outro processo, no caso da prisão preventiva já tiver sido decretada, ou possa ser novamente preso preventivamente por esse outro processo.

Estabelece o nº 3 que, quando considerar que a libertação do arguido pode criar perigo para o ofendido, o tribunal informa-o da data em que a libertação terá lugar.

Este dispositivo é inovador na nossa lei, atribuindo o direito ao ofendido de ser informado pelo tribunal da data da cessação da prisão preventiva, do cumprimento da pena ou da fuga do detido, quando a restituição deste à liberdade lhe possa causar perigo.

3.2. *Prazos de duração máxima de outras medidas de coação*

Os prazos de duração máxima das medidas de coação de *obrigação de apresentação periódica* (art. 198º), e de *suspensão do exercício de profissão, de função, de atividade e de direitos* (art. 199º), são os indicados no art. 215º, nº 1 (*quatro meses, oito meses, um ano e dois meses* e *um ano e seis meses*), podendo ser elevados ao *dobro* (art. 218º, nº 1, do CPP)[315].

Os prazos de duração máxima da medida de coação *proibição e imposição de condutas* (art. 200º) são os mesmos da prisão preventiva (art. 215º), para aí se remetendo. Quanto à suspensão do decurso do prazo de duração máxima desta medida é correspondentemente aplicável o disposto no art. 216º, a que também já nos referimos supra (art. 218º, nº 2, referido).

---

[315] Neste sentido, *Acórdão do Supremo Tribunal de Justiça*, nº 4/2015, de 25 de fevereiro, publicado no *Diário da República*, 1ª série, nº 58, de 24 de março de 2015, que fixou a seguinte jurisprudência: *"Não são aplicáveis às medidas de coação referidas no art. 218º, nº 1, do CPP as elevações de prazo previstas no art. 215º, nºs 2, 3 e 5 do mesmo diploma"*.

DAS MEDIDAS DE COAÇÃO

Os prazos de duração máxima da medida de coação *obrigação de permanência na habitação* (art. 201º) são em tudo iguais aos da prisão preventiva, cfr. arts. 215º a 217º (art. 218º, nº 3).

Quanto às restantes medidas de coação, aqui não especificadas, *termo de identidade e residência* e a *caução*, não há prazos máximos de duração, vigorando, assim, até que se opere a respetiva extinção, nos termos do art. 214º.

Subsecção IV
Modos de Impugnação das Medidas de Coação: o Recurso e a Providência do *Habeas Corpus*

1. Do recurso

Da decisão que *aplicar, substituir ou mantiver* medidas de coação cabe recurso a interpor pelo arguido ou pelo Ministério Público, a julgar no prazo máximo de trinta dias a partir do momento em que os autos forem recebidos, art. 219,º nº 1.

O recurso é interposto para o tribunal de hierarquia imediatamente superior: Relação (art. 427º), ou Supremo Tribunal de Justiça, quando a medida for aplicada, em primeira instância, pela Relação (arts. 432º, al. *a*), e 12º, nº 2, al. *b*), do CPP), a não ser que a medida tenha sido aplicada, em primeira instância, pelas secções criminais do Supremo Tribunal de Justiça, caso em que o recurso deverá ser interposto para o pleno das secções criminais do mesmo Supremo Tribunal (art. 11º, nº 3, al. *b*), do CPP).

O prazo para interposição do recurso é de **trinta dias** e conta-se a partir da notificação da decisão (art. 411º, nº 1, al. *a*) do CPP[316]). O requerimento de interposição do recurso é sempre motivado, sob pena de não admissão do recurso (nº 3, do referido art. 411º)[317].

---

[316] Com a redação dada pela Lei nº 20/2013, de 21 de fevereiro.

[317] Sobre o nº 3, do art. 411º, do CPP, decidiu o Tribunal Constitucional: «Julgar inconstitucional a norma contida no nº 3 do artigo 411º do Código de Processo Penal, quando entendida no sentido de que o recurso é rejeitado sempre que a motivação não acompanhe o requerimento

DAS MEDIDAS DE COAÇÃO E DE GARANTIA PATRIMONIAL

A motivação enuncia especificamente os fundamentos do recurso e termina pela formulação de conclusões, deduzidas por artigos, em que o recorrente resume as razões do pedido (art. 412º, nº 1).

Versando matéria de *direito*, as conclusões indicam ainda: *a)* as normas jurídicas violadas; *b)* o sentido em que, no entendimento do recorrente, o tribunal recorrido interpretou cada norma ou com que a aplicou e o sentido em que ela devia ter sido interpretada ou com que devia ter sido aplicada; e *c)* em caso de erro na determinação da norma aplicável, a norma jurídica que, no entendimento do recorrente, deve ser aplicada (art. 412º, nº 2)[318].

Quando impugne a decisão proferida sobre matéria de *facto*, o recorrente deve especificar: *a)* os concretos pontos de facto que considera incorretamente julgados; *b)* as concretas provas que impõem decisão diversa da recorrida; *c)* as provas que devem ser renovadas (nº 3, do referido art. 412º).

O recurso sobe imediatamente e em separado (arts. 406º, nº 2 e 407º, nº 2, al. *c)*, do CPP).

O recurso para a Relação é julgado em conferência, uma vez que não se trata de decisão final (art. 419º, nº 3, al. *b)*).

Nos termos do art. 219º, o recurso deve ser julgado no prazo de trinta dias, contado a partir do momento em que os autos forem recebidos no tribunal *ad quem*. Este prazo, porém, é meramente ordenador ou indicador, pelo que, o seu incumprimento, não é passível de qualquer sanção processual. O que mal se compreende, atenta a matéria em crise: a privação da liberdade.

Estabelece o nº 2 do mesmo preceito legal que, *não existe relação de litispendência ou de caso julgado entre o recurso previsto no número anterior e a*

---

de interposição de recurso, ainda que a sua falta decorra de lapso objectivamente desculpável, e seja sanada antes de decorrido o prazo abstractamente fixado para recorrer e antes da subida ao tribunal de recurso, por violação dos artigos 2º e 32º, nº 1, da Constituição» (Acórdão do T.C. nº 260/2002 – Processo nº 467/2001, *DR* – II Série, nº 169, de 24 de Julho de 2002, pp. 12 894 e ss.).

[318] Sobre o nº 2, do art. 412º, do CPP, o Tribunal Constitucional: «Declara, com força obrigatória geral, a inconstitucionalidade da norma do artigo 412º, nº 2, do Código de Processo Penal, interpretada no sentido de que a falta de indicação, nas conclusões da motivação, de qualquer das menções contidas nas suas alíneas *a), b)* e *c)* tem como efeito a rejeição liminar do recurso ao arguido, sem que ao mesmo seja facultada a oportunidade de suprir tal deficiência» (Acórdão do T.C. nº 320/2002 – Processo nº 754/01, *DR*-I-A, nº 231, de 7 de Outubro de 2002, pp. 6715 e ss.).

DAS MEDIDAS DE COAÇÃO

providência de habeas corpus, independentemente dos respetivos fundamentos. Desenvolveremos esta matéria a propósito da providência de *habeas corpus*, para aí se remetendo.

Quanto à legitimidade para a interposição do recurso, é também claro que *só o arguido e o Ministério Público podem interpor recurso da decisão que aplicar, substituir ou mantiver medidas de coação* (art. 219º, nº 1)[319].

A referida lei nº 26/2010, revogou o nº 3 do art. 219º, introduzido pela revisão operada pela lei nº 48/2007, de 29 de agosto, que estabelecia a irrecorribilidade da decisão que indeferisse a aplicação, revogasse ou declarasse extintas as medidas de coação pondo, assim, termo a divergências doutrinais e jurisprudenciais que se faziam sentir. A jurisprudência era praticamente unânime no sentido da admissibilidade do recurso[320].

O debate doutrinal e jurisprudencial, que a revisão de 2007 sanara, foi aberto pela aludida lei, obrigando à intervenção do Supremo Tribunal de Justiça, o qual, através do Acórdão de uniformização de jurisprudência nº 16/2014, de 20 de novembro[321], fixou a seguinte jurisprudência: «É admissível recurso do Ministério Público de decisão que indefere, revoga ou declara extinta medida de *coação por ele requerida ou proposta»*[322].

---

[319] Antes da revisão introduzida pela lei nº 26/2010, de 30 de agosto, o Ministério Público apenas podia interpor recurso da decisão que aplicasse, mantivesse ou substituísse medida de coação, em benefício do arguido. Agora permite-se, em obediência ao princípio da igualdade processual, o recurso por parte do Ministério Público de todas as decisões respeitantes a medidas de coação.

[320] A irrecorribilidade da decisão parece-nos ser a solução mais compatível com o princípio da presunção de inocência do arguido consagrado no art. 32º, nº 2 da Constituição.

[321] Publicado no *Diário da República*, 1ª série, nº 3, de 6 de janeiro de 2015, pp. 39 e seguintes.

[322] Em abono da jurisprudência fixada é referido no douto acórdão, designadamente, que, "(...) constituindo princípio geral de processo penal a recorribilidade de todas as decisões, a irrecorribilidade de qualquer decisão terá de decorrer de modo expresso e inequívoco da lei, a significar que em caso de dúvida sobre o sentido de disposição de exceção ou de qualquer outra disposição atinente a recurso, vale o princípio geral da recorribilidade. Por isso, perante disposição legal suscetível de leituras distintas sobre a admissibilidade de recurso, ficando o intérprete numa situação de incerteza, a dúvida terá de resolver-se a favor da admissibilidade de recurso. (...) Dir-se-á finalmente que, em caso de dúvida sobre o sentido da norma do nº 1 do artigo 219º, o que não se verifica, sempre seria de afastar, face ao princípio geral inscrito do artigo 399º, segundo o qual é permitido recorrer dos acórdãos, das sentenças e dos despachos cuja irrecorribilidade não esteja prevista na lei".

2. Da providência do *Habeas corpus* em virtude de prisão ilegal

2.1. O Habeas corpus *como direito fundamental*

Inserido no capítulo I, respeitante aos direitos, liberdades e garantias pessoais, do título II (direitos, liberdades e garantias), da parte I (direitos e deveres fundamentais), dispõe o art. 31º da Constituição da República Portuguesa que: «*1. Haverá habeas corpus contra o abuso de poder, por virtude de prisão ou detenção ilegal, a requerer perante o tribunal competente. 2. A providência de habeas corpus pode ser requerida pelo próprio ou por qualquer cidadão no gozo dos seus direitos políticos. 3. O juiz decidirá no prazo de oito dias o pedido de habeas corpus em audiência contraditória*».

A providência de *habeas corpus* é, pois, um direito fundamental, consequentemente sujeito ao regime jurídico do art. 18º, nº 1, da Constituição da República: «Os preceitos constitucionais respeitantes aos direitos, liberdades e garantias são *diretamente aplicáveis e vinculam as entidades públicas e privadas*».

Trata-se, assim, de uma norma constitucional exequível por si mesma, cujo sentido específico consiste, no dizer de Jorge Miranda, na possibilidade imediata de invocação dos direitos por força da Constituição, ainda que haja falta ou insuficiência da lei. A regulamentação legislativa, se se der, nada acrescenta de essencial: apenas pode ser útil (ou, porventura, necessária), pela certeza e segurança que cria quanto às condições de exercício dos direitos ou quanto à delimitação frente a outros direitos[323].

A providência de *habeas corpus* é, pois, como refere GERMANO MARQUES DA SILVA, um direito subjetivo (direito-garantia) reconhecido para tutela de um outro direito fundamental, dos mais importantes, o direito à liberdade pessoal. Em razão do seu fim, o *habeas corpus* há de ser de utilização simples, isto é, sem grandes formalismos, rápido na atuação, pois a violação do direito de liberdade não se compadece com demoras escusadas, abranger todos os casos de privação da liberdade e sem exceções em atenção ao agente ou à vítima. Estas características são em geral reconhecidas em todas as legislações que acolhem o *habeas corpus*[324].

---

[323] In *Manual de Direito Constitucional*, Tomo IV, Direitos Fundamentais, Coimbra Editora, pp. 283-284.

[324] *Ob. cit.*, vol. II, 4ª Edição, p. 357.

2.2. Natureza e finalidade

O *habeas corpus* é uma providência extraordinária e urgente, que visa garantir os direitos à liberdade e dignidade individuais e a legalidade, contra o abuso de poder, e não um recurso.

O *habeas corpus* não é um recurso, é uma providência extraordinária com a natureza de ação autónoma com fim cautelar, destinada a pôr termo em muito curto espaço de tempo a uma situação de ilegal privação da liberdade[325].

Trata-se, como nos dá nota ANTÓNIO HENRIQUE RODRIGUES MAXIMIANO, de um instituto pertinente ao homem concreto, não de um exercício de estilo. Atende ao homem, ainda que desprotegido, visando a defesa da sua essência de humano: a sua dignidade. E a dignidade da pessoa está muito para além da ilegalidade da sua prisão. A dignidade da pessoa é, desde logo, brutalmente atingida pelo abuso de poder, pela prisão ou pela detenção ilegal como se consigna no art. 31º, nº 1, da Constituição da República[326].

«A liberdade que se desgarra da Ordem é crime, a autoridade que se desprende da Ordem é arbítrio. O primeiro desvio, porque individual, pode ser combatido com eficácia pela força do Estado. O segundo, porque praticado por quem detém a autoridade, só pela força do mesmo Estado, entregue a um órgão de jurisdição imparcial e independente, pode ser corrigido.

É na solução deste problema que se insere a providência do *habeas corpus*, a qual, precisamente, consiste na intervenção do poder judicial para fazer cessar as ofensas do direito de liberdade pelos abusos da autoridade»[327].

O *habeas corpus* é a providência destinada a garantir a liberdade individual contra o abuso de autoridade[328].

A providência do *habeas corpus* visa, na sua essência, assumir-se como uma sólida garantia do direito à liberdade, à legalidade, à dignidade da pessoa. Ao fim e ao cabo, à condição humana, ao direito de ser pessoa[329].

---

[325] GERMANO MARQUES DA SILVA, *ob. cit.*, vol. II, 4ª Edição, p. 357.

[326] In «*Habeas Corpus*, em virtude de prisão ilegal – art. 222º, do CPP, 1987 – Da Jurisprudência do Supremo Tribunal de Justiça. Reflexões e subsídios para a Comissão Revisora do Código de Processo Penal», *Revista Direito e Justiça*, UCP, Vol. XI, Tomo I, 1997, p. 188.

[327] Cfr. *Relatório* do Decreto-Lei nº 35 043, de 20 de Outubro de 1945.

[328] CAVALEIRO DE FEREIRA, *Curso de Processo Penal*, Lisboa, 1986, p. 273.

[329] ANTÓNIO RODRIGUES MAXIMIANO, *Habeas Corpus ... cit.*, p. 189.

DAS MEDIDAS DE COAÇÃO E DE GARANTIA PATRIMONIAL

Na sua configuração de poder incumbido de promover a paz pública, o Estado assume o compromisso de não restringir ilegalmente a liberdade, ou seja, a sua atuação submete-se à reserva da lei e à reserva da decisão judicial. E, de outra banda, assume a tarefa de protegê-la contra eventuais transgressões. Esta função de prestação estatal em favor da liberdade, vem consubstanciar-se através da previsão do *habeas corpus*[330].

2.3. Antecedentes históricos

O instituto do *habeas corpus* tem, historicamente, origem no direito anglo-saxónico, tendo sido consagrado no *Amendment Act habeas corpus*, promulgado em 1679, como reação perante os abusos do absolutismo monárquico, e consistia num mandado imperativo dirigido à pessoa ou autoridade que tivesse detido um cidadão, privando-o da sua liberdade, ordenando-lhe que o apresentasse imediatamente à autoridade judicial[331].

Impunha-se, à época, que o detido ou preso fosse presente vivo, ao juiz. Consagrava-se o direito a "estar vivo", o direito à vida para ser julgado[332].

A origem do *Habeas Corpus* confunde-se com as origens do direito inglês. Por isto, remontar os antecedentes deste procedimento passa antes pelo conhecimento das vicissitudes próprias do desenvolvimento das instituições político-jurídicas inglesas. O peculiar *corpus* jurídico britânico, formou-se em concomitância com seu amadurecimento político. Ou, melhor dizendo, ali estabeleceu-se uma dialética entre o poder político e as exigências sociais (numa época em que tal não se cogitava), propiciando a arquitetura de um direito que correspondesse aos anseios de melhoramento. Para isto contou, também, com a instituição do poder judicial, que se estruturou, pouco a pouco, independente e soberano em suas decisões. Estes fatores iriam dar consequência ao agregado de costumes e precedentes judiciais sedimentados na *Common law*, de onde efetivamente o inglês retirou o *habeas corpus*.

---

[330] Isaac Saabá Guimarães, *Habeas Corpus, Críticas e Perspectivas*, Juará Editora, Curitiba, p. 230.

[331] Germano Marques da Silva, *ob. cit.*, vol. II, 4ª Edição, p. 358.

[332] António Rodrigues Maximiano, *Habeas Corpus ... cit.*, p. 190.

DAS MEDIDAS DE COAÇÃO

Já mesmo bem antes do aparecimento do *habeas corpus* com a feição moderna pela qual ficou conhecido (a partir do século XVII), os ingleses dispunham de expedientes apropriados para a proteção da segurança e da liberdade pessoal. Não é demais lembrar que estes viriam a constituir, juntamente com a propriedade pessoal, valores representativos de direitos absolutos da cultura jurídica inglesa. Desta forma ali já se contavam garantias contra os atos de arbitrariedade dos juízes, impedindo-os de cometerem ilegalidades (através da *prohibition*), ou para determinar a observância de uma conduta (através do *mandamus*). A nota comum a estes procedimentos é a de imposição da regra da *legalidade*, já claramente identificada na *Magna Charta Libertatum*. No entanto, já se viam os princípios desta regra nos instrumentos ancestrais de proteção da liberdade pessoal, bem como nas primeiras expressões do *habeas corpus*.

Dessa forma, já existiam na *Common law* do período anterior à *Magna Charta* três procedimentos dirigidos à proteção da liberdade pessoal: *a*) o *writ de homine replegiando*, que se tratava de uma ordem judicial concessiva de liberdade mediante fiança; *b*) o *writ of mainprize*, que era destinado ao *sheriff*, para que estabelecesse as bases do livramento do detido mediante fiança; *c*) o *writ de odio et atia*, segundo o qual o acusado de homicídio podia obter o livramento através da decisão antecipada sobre os motivos da acusação. Como observa R. J. Sharpe, estes "(...) não eram remédios de aplicação geral, mas procedimentos especiais para situações especiais". Eram destinados à concessão de liberdade provisória, segundo a apuração da gravidade ou espécie de crime cometido pelo beneficiário. E é neste aspeto que o citado autor sustenta a importância do *habeas corpus* em relação àqueles "remédios". O procedimento, quando adquiriu a configuração de garantia específica da liberdade pessoal, trazia ante a corte a discussão das causas da prisão do requerente, com a finalidade de apurar-se a legalidade do ato, podendo resultar numa decisão definitiva sobre a situação prisional. Além do mais, aqueles *writs* não podiam ser deferidos contra as prisões oriundas de ordens da Coroa, enquanto que o *habeas corpus*, no seu estágio mais evoluído, o admitia. Nenhum daqueles *writs* se prolongou para além da idade média, que é o referencial de sua decadência e, ao mesmo tempo, o marco em que o *habeas corpus* assume o papel de proeminência na defesa da liberdade pessoal[333].

---

[333] Isaac Sabbá Guimarães, *Habeas Corpus – Criticas e Perspectivas, cit.*

DAS MEDIDAS DE COAÇÃO E DE GARANTIA PATRIMONIAL

Para este prestigiado autor brasileiro, a *Magna Charta* é o ponto de partida: a historiografia geral sobre as instituições inglesas, permite identificar o surgimento do *habeas corpus* (como garantia da liberdade pessoal) a partir do estabelecimento da *Magna Charta* (1215). É verdade que neste documento não se encontram quaisquer indícios da positivação do procedimento. "Não existe" – como afirma RAMÓN SORIANO – "neste singular texto jurídico-positivo nem sequer uma aproximação do recurso especial para a obtenção da liberdade arrebatada pelas autoridades ou particulares sem atendimento às disposições legais". Mas ali já se podem encontrar os seus elementos essenciais.

Na medida em que se possa referir a perda da liberdade à estrita regra da legalidade, torna-se viável o enquadramento das bases do *habeas corpus* na vetusta carta de intenções assinada por João Sem-Terra em favor dos barões ingleses. Seu capítulo 29, ao estabelecer que "Nenhum homem livre será detido ou sujeito à prisão...a menos que seja julgado pelos seus pares ou em conformidade com a lei do país", positiva os princípios da *legalidade* e do *due process of law*. E com isto, oferece condições para a estruturação do correspondente procedimento de fiscalização. O *habeas corpus ad subiiciendum* vem, então, relacionar-se de forma reflexa com os mencionados princípios, desde que, ao proteger a liberdade pessoal, necessariamente expõe ao exame do judiciário as causas de supressão da liberdade. Através do *writ* examina-se a legalidade do ato restritivo de liberdade.

Apesar de esta primeira aproximação permitir o estabelecimento de um elo na formação do *habeas corpus*, não se deve perder de vista as muitas vicissitudes que ainda estavam por ocorrer e que, uma vez colocadas a nu, desmistificam qualquer crença na existência de um expediente pronto e eficaz na defesa da liberdade pessoal (ao menos naquela quadra da história). A partir do século XIII o *habeas corpus* começava sua longa trajetória até firmar-se como garantia da liberdade pessoal e aí, sim, podemos mencionar seu papel de proeminência. Mas, a bem da verdade, sua incipiência é marcada pelos confrontos com o absolutismo. O procedimento servia como instrumento de prerrogativa do suserano na administração da justiça, que controlava as jurisdições inferiores. Uma vez instaurado, determinava que a apresentação do preso se fizesse na corte do Rei (a *Court of King's Bench*), onde o caso era examinado e julgado. Nestas condições, aflora como hipótese inevitável a questão dos riscos de julgamentos viciosos ou, ao menos, com tendência para a parcialidade. Afinal de contas, a Coroa e o

DAS MEDIDAS DE COAÇÃO

Privy Council detinham o poder de determinar prisão – *per speciale mandatum regis* – sem indicar a causa.

Por um longo período os tribunais ordinários mantiveram divergências com o Tribunal do Rei. Entretanto, apesar de este ter usado com frequência o privilégio da jurisdição especial, em alguns casos os juízes comuns desafiaram o sistema real através de ordens de *habeas corpus*. Há notícias de casos em que o procedimento foi usado por presos por ordem do *Privy Council* para a obtenção do livramento ou da fiança já em 1567. E também pelo ano de 1587 destacam-se o *Howel's case*, em que, apesar de o *writ* não ter prosperado, o tribunal considerou insuficiente a ordem de prisão imotivada determinada por apenas um membro do *Privy Council*; o *Searche's case*, em que o tribunal ditou sentença em sentido oposto, deferindo o *writ* a favor do requerente, preso em razão de ordem daquele conselho real, além de uns outros tantos casos.

A declarada oposição do judiciário contra as ordens injustificadas de prisão, crescia no mesmo passo em que se tornava insustentável a autonomia irresponsável do *Privy Council*. As concessões de fiança ou de puro e simples livramento através do *habeas corpus* tornaram-se mais frequentes, até que em 1592 os juízes proclamaram, de acordo com as palavras de Sharpe, uma Resolução de natureza "ambígua", mas direcionada à fixação da regra da legalidade. Ao mesmo tempo que reconhecia o poder da Coroa e do Conselho para determinar a prisão sem especificação da causa, enquanto pendesse o julgamento, a Resolução admitia a inferência de que os juízes estavam habilitados para a concessão do livramento ou da fiança, pela falta de especificação da causa da prisão. Era a tentativa de estabelecer o princípio geral de que "(...) todo mandado de prisão requer uma justificação legal". E mais. Tratava-se de uma ratificação, por vias oblíquas, do que estava assentado na *Magna Charta*».

Acerca das bases do *Habeas Corpus* e da *Petition of Right* parece inegável que o processo de fundamentação política da Inglaterra manteve direta reciprocidade com o desenvolvimento de seu direito. A afirmação do *habeas corpus* demonstra isto de maneira clara, ao ter colocado em movimento um caudal de ideias e discussões acerca dos limites de atividade da Coroa, ao mesmo tempo em que estabelecia a zona intangível da liberdade pessoal. O caso *Darnel, v.g.*, oferece indícios veementes de sua influência na proclamação da *Petition of Right*, que correspondeu a um largo passo dado em direção à fixação das liberdades no século XVII.

No ano de 1627, Carlos I impôs aos ingleses o recolhimento de um novo imposto sem que, no entanto, tivesse sido aprovado pelo Parlamento. Aos que recusaram o pagamento do tributo – e dentre eles destacaram-se Darnel e outros quatro fidalgos – coube a detenção. Este ato foi executado *per speciale mandatum regis*, sem que nele estivesse prescrita a causa legal. A situação avivou-se com a impetração do *habeas corpus* em que se pretendia o livramento dos cinco cavalheiros, trazendo novamente à baila a questão dos limites do poder real.

Com o deferimento do *writ* requerido por Darnel e os outros presos, veio a resposta do carcereiro alegando que a prisão se efetivou em razão do mandado especial do rei. Coube aos juízes, pois, a apreciação da questão para acolher ou não o pedido de livramento. Por outras palavras, restava verificar se o mandado real era suficiente para o cerceamento da liberdade de um cidadão, mesmo que desamparado de um fundamento legal.

O advogado de Darnel baseou o pedido nas garantias estabelecidas no capítulo 29 da *Magna Charta*, invocando a necessidade de a ordem de prisão obedecer à lei do País (*legem terrae*), e nos estatutos do Rei Eduardo III, que preconizavam a impossibilidade da perda de liberdade em razão de mandado do rei ou de seu conselho, em que não constasse acusação legal e procedente ou *writ* da *Common law*. Por outro lado, o Procurador-Geral da Coroa argumentou que a expressão *legem terrae* tinha o significado vago, uma vez que não estava especificada na *Magna Charta*, não desautorizando, desta forma, a prerrogativa real. Ou seja, as decisões da Coroa estavam a salvo da vinculação às leis do país. Embora os juízes já tivessem demonstrado a tendência contrária aos abusos do rei, estabelecendo seu posicionamento (mesmo que cauteloso) na Resolução de 1592, decidiram não conceder fiança aos presos.

A partir daí a insatisfação geral contra Carlos I agravou-se, razão porque em 1628, após convocar a reunião do Parlamento, teve de aceitar a *Petition of Right* que lhe apresentaram os membros das Câmaras. Além de colocar-se numa condição de fiscal dos atos da coroa, passando a autorizar, *v.g.*, os lançamentos de impostos, o Parlamento incluiu o reconhecimento do preceito segundo o qual nenhum cidadão estava obrigado a pagar impostos não autorizados (pelo *act of Parliament*), nem a ser compelido ou preso e molestado em razão de recusa ao pagamento. Estabelecia, ainda, o uso do *habeas corpus* para garantir o controle da legalidade dos atos restritivos de liberdade (cláusula 5). A *Petition* não tomou, como observa R. J. Sharpe,

DAS MEDIDAS DE COAÇÃO

a forma de uma lei ordinária. Ela foi "(...) o produto do compromisso [do rei], e foi provavelmente considerada como uma declaração de uma lei dada pelas duas Câmaras do Parlamento, em sua capacidade judicial, e sancionada pelo Rei".

3. O Acto de 1640: as Bases Processuais do *Habeas Corpus*

Os estatutos da *Petition* não tardaram, no entanto, em ser desobedecidos pela Coroa, dando início a uma nova série de resistências: por um lado o judiciário posicionou-se de maneira firme nos casos *Lawson* e *Barkhams* (1638), ambos libertados através do procedimento do *habeas corpus* quando os juízes apuraram na contestação (*return*) que sua prisão foi executada por ordem do conselho real, sem que houvesse a indicação da causa específica. Embora no ano anterior os juízes tenham admitido a imposição de um novo imposto sem a aprovação do Parlamento, no caso *Shipmoney*, revelaram inegável autonomia e coerência com respeito à matéria de garantia da liberdade pessoal. Por outro lado, o reinado de Carlos I estava desgastado e caminhava para o ocaso. Assim, após a revolução que depôs o trono, foi proclamado o *Habeas Corpus Act*, de 1640. Por meio deste estatuto extinguiu-se as *conciliar courts*, inclusive a *Star Chamber*, que diretamente se relacionava com o absolutismo inglês. Ratificou os preceitos de garantia da liberdade pessoal, dispondo que qualquer detido por ordem do rei ou de seu conselho teria o direito a solicitar o *writ* de *habeas corpus*, para ser imediatamente conduzido ante o tribunal, onde seria apreciada a justificativa do ato. E introduziu regras de direito processual, dando uma base mais concreta ao *habeas corpus*. Os juízes da causa deveriam manifestar-se sobre a legalidade da detenção, concedendo fiança, a pura e simples liberdade ou a confirmação do ato restritivo num prazo de três dias. Além do mais, o juiz ou oficial que não cumprisse com estas determinações, era sujeito ao pagamento de multas e à responsabilização dos danos que a parte prejudicada sofresse.

Sobre o *Habeas Corpus Act* (1679), expende ainda Isaac Sabbá Guimarães, importantes considerações historico-jurídicas: «à chegada do século XVII, quando ocorre a revolução que depõe o absolutismo e a posterior Restauração, com o fim da curta República de Cromwell, o direito de liberdade pessoal já se encontrava consolidado na cultura inglesa. Vinha

DAS MEDIDAS DE COAÇÃO E DE GARANTIA PATRIMONIAL

sendo discutido há muito, e estava amplamente assentado nos precedentes judiciais. O *habeas corpus* tornou-se o procedimento adequado para o exame da legalidade dos atos restritivos de liberdade, sendo eficiente para sua restauração com ou sem fiança. Era aplicado não só contra as prisões determinadas pelo mandado real, como também contra as restrições decorridas em face de imputação de prática criminosa de natureza comum ou de processos civis. Ao mesmo tempo, já se enxergavam as linhas demarcatórias em que se encerravam as atividades do poder político. Foi neste contexto, abertamente favorável ao uso do procedimento, que surgiu o *Habeas Corpus Act*, em 1679.

Deve ser salientado o fato de que o direito inglês conhecia o procedimento desde tempos imemoriais. O *habeas corpus* firmou-se na lei comum durante um longo processo de aperfeiçoamento, em que ganhou a função específica de garantir a liberdade pessoal. E o inglês tinha a consciência do exercício desta liberdade e de sua importância, considerando-a, por isto mesmo, um dos direitos absolutos. Desta forma, o *habeas corpus* também assumia um papel de destaque naquele ordenamento jurídico, na medida em que se colocava como instrumento apto e eficaz ao controle da legalidade dos atos restritivos da liberdade, ao mesmo tempo em que era capaz de por a salvo o seu exercício. Por isso, é erronia pensar-se que o surgimento do *habeas corpus* se deu com o *act* de 1679. Nesta época tanto o direito como a garantia da liberdade pessoal estavam presentes no mundo jurídico inglês. O *Habeas Corpus Act* não estabeleceu direito novo, mas apenas regulamentou o instituto secular. Trata-se, portanto, de uma lei de natureza processual, que deu ao *habeas corpus* a feição moderna pela qual é hoje conhecido.

Os juízes deparavam-se com aspetos de ordem prática que ainda não haviam encontrado uma definição, apesar das muitas opiniões que se lançavam. Sharpe identifica duas ordens de problemas que ganharam evidência naquele estágio de evolução do *habeas corpus*, sendo deles paradigmáticos casos como o de *Jenke* e o de *Bushell*. O primeiro refere-se ao processamento do pedido de *habeas corpus* durante o período de férias dos juízes. A questão que se colocava era a de saber se o *writ* devia ou não ser despachado durante as férias. E a discussão tomou maior repercussão com o *Jenke's case*, de 1676. Há notícias de que *Jenke*, um orador do partido popular, foi colocado em prisão por ordem do Conselho após pronunciar um discurso reputado sedicioso. Apesar de o prisioneiro enquadrar-se na

DAS MEDIDAS DE COAÇÃO

situação favorável ao livramento com fiança, o *Chief Justice* da *Court of King's Bench* e o *Lord Chancellor* recusaram a concessão da ordem de *habeas corpus* durante o período de férias.

O segundo problema relacionava-se com o estabelecimento da competência dos órgãos judiciais para o conhecimento do pedido. Havia divergência de entendimento quanto à possibilidade de a *Common Pleas* conhecer os casos de crimes ordinários, uma vez que a *King's Bench* era a corte prioritária para o processamento dos pedidos de *habeas corpus*. No caso *Bushell*, de 1670, a *Common Pleas* julgou seu pedido de *habeas corpus* incidente num processo em que se apurava a responsabilização pela prática de crime comum, tornando-se favorável a aceitação desta jurisdição para a concessão do *writ*.

O *Habeas Corpus Act* de 1679 veio então para solucionar estas questões, regulamentando o procedimento na área criminal. Dispõe o seguinte: que as pessoas presas por crimes comuns, ou seja, que não incorram na prática do crime de traição ou de felonia, podem recorrer ao *Lord Chancellor* ou a qualquer dos juízes das Cortes Superiores, para pedir uma ordem de *habeas corpus*, mesmo durante o período de férias. Aqueles contra quem pese a suspeita de traição ou de felonia podem exigir que as submetam à acusação, devendo o processo ter início na sessão mais próxima (salvo se houver impossibilidade de produzir-se os testemunhos do rei), ou que lhes concedam a possibilidade de pagamento de caução.

Que os juízes ou o *Lord Chancellor* devem conceder o *writ* de *habeas corpus* sempre que o detido ou seu representante apresentem cópias do auto de prisão ou façam juramento (*affidavit*) de que esta foi negada. A recusa do *writ* sujeitará o juiz ao pagamento de uma multa no valor de 500 libras esterlinas.

Nenhum habitante da Inglaterra (a não ser os condenados e a requerimento) podem ser deportados para a Escócia, para a Islândia, para as ilhas da Jérsia ou outros lugares além-mar, compreendidos ou não nos territórios do domínio britânico. Também neste caso se aplica multa no valor de 500 libras esterlinas ao contraventor, além de estar sujeito à perda da capacidade para exercer cargos honoríficos e emprego público assalariado.

Que o oficial público ou carcereiro que deixar de apresentar sua resposta (*return*) sobre a execução da ordem; que deixar de remeter ao prisioneiro uma cópia da ordem de prisão, nas seis horas seguintes ao interrogatório; ou que transportar o preso de uma prisão a outra sem motivo suficiente,

DAS MEDIDAS DE COAÇÃO E DE GARANTIA PATRIMONIAL

nem autorização, incorre na multa de 100 libras esterlinas e de 200 libras no caso de reincidência.

Que nenhuma pessoa posta em liberdade por ordem de *habeas corpus* pode ser presa pelo mesmo fato, sob pena de multa de 500 libras esterlinas.

Que o prazo de apresentação do preso ao juiz foi definido levando-se em consideração a distância entre o lugar da detenção e o de residência do juiz, não ultrapassando ao máximo de 20 dias.

Que o *writ* pode ser solicitado pelo próprio detido ou por outra pessoa que atue em seu nome, inclusive durante as férias forenses e diante de qualquer juiz.

Este *Act,* como assinala Sharpe, para além de não regulamentar os casos de natureza civil, deixou de contemplar problemas como o do referente ao excesso de fiança e sobre as controvérsias em torno da veracidade da resposta (*return*) oferecida pela autoridade coatora. Contudo o *Habeas Corpus Act* marca a passagem do procedimento para sua forma moderna».

Sensivelmente um século depois do *Habeas Corpus Act* de 1679, o *Habeas Corpus,* foi acolhido pela Declaração de Filadélfia, de 1774 e, posteriormente, pela Declaração dos Direitos do Homem de 1789.

Nos nossos dias, o instituto encontra-se consagrado praticamente em todas as Constituições dos diversos países, nalgumas dos quais, bastante desenvolvido[334].

Entre nós, foi o instituto consagrado, pela primeira vez, na Constituição de 1911, no nº 31º, do art. 3º[335]. A Constituição de 1933 também previa a garantia do *habeas corpus,* remetendo para lei especial as condições do seu uso[336].

---

[334] Por exemplo, no Brasil, em que o instituto do *habeas corpus* pode ser utilizado contra qualquer espécie de violação do direito à liberdade. O *habeas corpus* é, assim, uma eficaz garantia do direito à liberdade do cidadão (Cfr. DIAULAS COSTA RIBEIRO, «*Habeas Corpus* no Brasil – Casos Práticos», *Revista Direito e Justiça,* Vol. XI, Tomo I, 1997, pp. 243-281).

[335] *Constituição de 1911,* art. 3º (...), 31º: «Dar-se-á o *habeas corpus* sempre que o indivíduo sofrer ou se encontrar em iminente perigo de sofrer violência ou coação, por ilegalidade, ou abuso do poder. A garantia do *habeas corpus* só se suspende nos casos de estado de sítio por sedição, conspiração, rebelião ou invasão estrangeira. Uma lei especial garantirá a extensão desta garantia e o seu processo».

[336] Constituição de 1933, art. 8º, § 4º: «Poderá contra o abuso de poder usar-se da providência excepcional do *habeas corpus,* nas condições determinadas em lei especial».

DAS MEDIDAS DE COAÇÃO

Apesar de consagrada nas Constituições referidas, a providência do *habeas corpus* só posteriormente foi regulamentada, através do Decreto-lei nº 35 043, de 20 de Outubro de 1945, cujos normativos foram integrados no Código de Processo Penal de 1929, através do Decreto-lei nº 185/72, de 31 de Maio.

A Constituição da República atual prevê o instituto do *habeas corpus* no art. 31º, nos termos que referimos supra.

3.1. Pressupostos e fundamentos da providência do habeas corpus em virtude de prisão ilegal[337]

Sobre a providência do *habeas corpus* em virtude de prisão ilegal, estatui o art. 222º, do CPP: «1. A qualquer pessoa que se encontrar ilegalmente presa o Supremo Tribunal de Justiça concede, sob petição, a providência de habeas corpus. 2. A petição é formulada pelo preso ou por qualquer cidadão no gozo dos seus direitos políticos, é dirigida, em duplicado, ao presidente do Supremo Tribunal de Justiça, apresentada à autoridade à ordem da qual aquele se mantenha preso e deve fundar-se em i*legalidade da prisão proveniente de: a) Ter sido efetuada ou ordenada por entidade incompetente; b) Ser motivada por facto pelo qual a lei a não permite; ou c) Manter-se para além dos prazos fixados pela lei ou por decisão judicial*».

O pressuposto de facto da providência do *habeas corpus* é, pois, a *prisão efetiva e atual*; o seu fundamento jurídico é a *ilegalidade da prisão* ou de *internamento ilegal*, no âmbito das medidas de segurança (arts. 91º e ss., do Código Penal).

Antes de mais, importa referir que, o *habeas corpus*, não é um processo de reparação de direitos individuais ofendidos. É antes, como já escrevemos supra, uma providência extraordinária e urgente, que visa garantir os direitos à liberdade e dignidade individuais e a legalidade. Por isso, com a cessação da ofensa ilegal a tais direitos, ou seja, com a cessação da ilegalidade da prisão, realizou-se o fim próprio do *habeas corpus*, que consiste, justamente, em pôr termo a uma situação de prisão ilegal.

---

[337] Neste trabalho, apenas nos ocupa a providência do *habeas corpus* em virtude de prisão ilegal e não, também, por detenção ilegal. Sobre o *habeas corpus* em virtude de detenção ilegal, vide o nosso *Os Tribunais as Polícias e o Cidadão* ..., *cit.*, pp. 54 e ss.

Note-se que, nem todos os casos de prisão injusta podem ser considerados como situações de prisão ilegal. De facto, de acordo com o disposto no nº 2, do art. 222º, o fundamento da providência de *habeas corpus*, é apenas a ilegalidade da prisão proveniente de:

a) *Ter sido efetuada ou ordenada por entidade incompetente*

A prisão (e não também a detenção), quer preventiva, quer como pena, só pode ser efetuada ou ordenada pelo juiz.

A prisão ordenada pelo juiz, deve ser efetuada pelos órgãos de polícia criminal, precedendo mandado[338].

A prisão ordenada por entidade diferente do juiz, ou efetuada por entidade incompetente (que não seja órgão de polícia criminal) ou sem precedência de mandado judicial é ilegal, podendo, assim, ser impugnada através da providência do *habeas corpus*, sem prejuízo do exercício, por parte do lesado, do **direito de resistência**, previsto no art. 21º, da Constituição da República.

b) *Ser motivada por facto pelo qual a lei a não permite*

A prisão, ainda que efetuada ou ordenada por entidade competente (Juiz ou órgão de polícia criminal) pode ser motivada por facto pelo qual a lei a não permite. Por exemplo, a prisão preventiva ordenada por um juiz por um facto apenas punível com pena de multa, ou que, simplesmente, não é criminalmente punível (por dívidas), ou ainda, por um crime punível com pena de prisão até três anos, ou, com pena superior, mas cometido a título negligente, é ilegal, porque foi motivada por facto pelo qual a lei a não permite.

Por isso que, como é referido por GERMANO MARQUES DA SILVA, não baste a mera alegação formal de um motivo legal no despacho de aplicação de uma medida de coação, sendo necessária a descrição factual, ainda que necessariamente sucinta, dos factos e circunstâncias que a permitem[339].

c) *Manter-se para além dos prazos fixados pela lei ou por decisão judicial*

Os prazos *fixados pela lei* são os prazos máximos da prisão preventiva, previstos nos arts. 215º e 216º, a que nos já referimos supra.

---

[338] GERMANO MARQUES DA SILVA, *ob. cit.*, vol. II, 4ª Edição, p. 360.

[339] *Ob. cit.*, vol. II, 4ª Edição, p. 361.

DAS MEDIDAS DE COAÇÃO

Os prazos *fixados por decisão judicial*, são os relativos à duração da pena de prisão aplicada através de sentença condenatória.

A manutenção da prisão para além dos prazos referidos é ilegal. Igualmente ilegal é, também, a situação de manutenção da prisão, cuja execução, por força da extinção da responsabilidade criminal, devia ter cessado e não cessou, podendo, por isso, ser impugnada através da providência do *habeas corpus*, sem prejuízo do exercício, por parte do ofendido, do **direito de resistência** (art. 21º, da CRP).

Referimos supra que o fundamento jurídico da providência do *habeas corpus* é a *ilegalidade da prisão* mas também o *internamento ilegal*, no âmbito das medidas de segurança (arts. 91º e ss. do Código Penal), embora a lei preveja a providência expressamente apenas para a prisão ilegal. Porém, esta aplicação analógica justifica-se perfeitamente, em virtude de ambas as situações serem de privação da liberdade[340].

O nº 2 do art. 219º, introduzido pela revisão operada pela lei nº 48/2007, de 29 de agosto, dispõe que *não existe relação de litispendência ou de caso julgado entre o recurso da decisão que aplicar, mantiver ou substituir medidas de coação e a providência de habeas corpus, independentemente dos respetivos fundamentos*, contrariando, assim, a orientação de alguma doutrina[341] e da jurisprudência do Supremo Tribunal de Justiça[342] que vinha sendo seguida.

A relação de litispendência e de caso julgado referem-se à relação entre o recurso da decisão que aplicou medida privativa da liberdade (prisão preventiva) e a providência de *habeas corpus*. Assim, a interposição de recurso da decisão judicial que aplicou a prisão preventiva e este recurso esteja ainda pendente de decisão ou tenha até já sido decidido com trânsito em

---

[340] Acórdão do *STJ* de 10 de Outubro de 2001, proc. nº 3370/2001: A providência de *habeas corpus* é aplicável, por analogia fundada pelo menos na identidade de razão, aos casos de privação de liberdade resultante de aplicação de medida de internamento em estabelecimento psiquiátrico. Só assim se compatibilizam os mecanismos processuais penais com o espírito de segurança e ao instituto do *habeas corpus* (arts. 20º e 31º da CRP).

[341] MANUEL MAIA GONÇALVES, *Código de Processo Penal Português Anotado e Comentado e Legislação Complementar*, 12ª Edição, Almedina, 2001, anotação ao art. 222º, pp. 478-480.

[342] Acórdãos do STJ, de 12 de Fevereiro de 1992, *BMJ* nº 414, p. 379: «Não é admissível o pedido de *habeas corpus* quando haja ainda a possibilidade de interposição de recurso ordinário ou quando este se encontre já interposto...», e de 20 de Fevereiro de 1997, *Revista Portuguesa de Ciência Criminal* 10 (2000), p. 303: «II – A providência de *habeas corpus* reveste carácter excepcional, não podendo recorrer-se a ela se houver outro meio de reacção ou se a decisão causadora de prisão ilegal for passível de recurso ordinário».

julgado, não obsta ao conhecimento da providência de *habeas corpus*, mesmo que os fundamentos do recurso e da providência sejam os mesmos.

A inexistência de *litispendência* entre o recurso da decisão que aplicou medida privativa da liberdade (prisão preventiva) e a providência de *habeas corpus*, é compreensível. Tanto mais que, como referimos acima, nem todas as situações de ilegalidade da prisão constituem fundamento da providência de *habeas corpus*. Esta está apenas reservada aos casos de ilegalidade manifesta e grosseira e, consequentemente, insuportáveis, como os casos de ilegalidade referidos nas alíneas *a*) a *c*), do nº 2, do art. 222º.

A inexistência de relação de *caso julgado* é, no entanto, merecedora das maiores reservas. Com efeito, estando as medidas de coação, *maxime* a prisão preventiva, sujeitas a ser alteradas a cada momento, face a novo circunstancialismo fático ou de *iure* (arts. 212º e 213º), parece que só haverá caso julgado dentro do mesmo momento e do mesmo circunstancialismo, o que dificilmente se verificará.

Acresce que, «o *habeas corpus* não tem natureza residual mas sim a natureza de uma providência excecional e extraordinária abrangendo as situações de abuso que são distintas das situações de decisão discutível, impugnáveis pela via do recurso»[343].

3.2. *Legitimidade para requerer a providência do* habeas corpus

Tem legitimidade para requerer a providência do *habeas corpus*, em virtude de prisão ilegal, o ***preso ou qualquer cidadão*** no gozo dos seus direitos políticos, art. 222º, nº 2, do CPP[344].

3.3. *Procedimento e decisão*

A petição, formulada em duplicado (pelo preso ou por qualquer cidadão no gozo dos seus direitos políticos), é dirigida ao presidente do Supremo

---

[343] António Rodrigues Maximiano, *Habeas Corpus..., cit.*, p. 197.

[344] Manuel Maia Gonçalves, *Código de Processo Penal..., cit.*, 17ª Edição, 2009, anotação ao art. 222º, p. 539, entende que podem socorrer-se também desta providência os cidadãos estrangeiros, não obstante a limitação dos seus direitos políticos, a que aludem o nº 2 do art. 222º e o nº 2 do art. 220º.

DAS MEDIDAS DE COAÇÃO

Tribunal de Justiça, devendo, no entanto, ser apresentada à autoridade à ordem da qual o preso se mantenha e deve indicar o fundamento(s) da ilegalidade da prisão (art. 222º, nº 2).

A petição é enviada, pela autoridade à ordem da qual o preso se mantenha, imediatamente ao presidente do Supremo Tribunal de Justiça, com a informação sobre as condições em que foi efetuada ou se mantém a prisão (art. 223º, nº 1).

Se da informação dada pela autoridade referida constar que a prisão já se não mantém, o presidente do Supremo Tribunal de Justiça ordenará o arquivamento do processo de providência de *habeas corpus* por falta do requisito da atualidade[345].

Se, ao invés, da informação constar que a prisão se mantém, o presidente do STJ convoca a secção criminal, que delibera nos **oito dias** subsequentes, notificando o Ministério Público e o defensor e nomeando este, se não estiver já constituído (nº 2, do referido art. 223º).

O relator faz uma exposição da petição e da resposta, após o que é concedida a palavra, por **quinze minutos**, ao Ministério Público e ao defensor. Seguidamente, a secção reúne para deliberação, a qual é imediatamente tornada pública (nº 3, do mesmo preceito legal).

A deliberação pode ser tomada no sentido: *a)* indeferir o pedido por falta de fundamento bastante; *b)* Mandar colocar imediatamente o preso à ordem do Supremo Tribunal de Justiça e no local por este indicado, nomeando um juiz para proceder a averiguações, dentro do prazo que lhe for fixado, sobre as condições de legalidade da prisão, devendo o respetivo relatório ser apresentado à secção criminal, a fim de ser tomada a decisão que ao caso couber dentro do prazo de **oito dias**; *c)* mandar apresentar o preso no tribunal competente e no prazo de **24 horas**, sob pena de **desobediência qualificada**; ou *d)* Declarar ilegal a prisão e, se for caso disso, ordenar a libertação imediata (art. 223º números 4 e 5).

Se o Supremo Tribunal de Justiça julgar a petição de *habeas corpus* manifestamente infundada, condena o peticionante ao pagamento de uma soma entre seis e trinta UCs. (nº 6).

---

[345] Germano Marques da Silva, *ob, cit.*, vol. II, 4ª Edição, p. 363.

3.4. Incumprimento da decisão do STJ sobre a petição de habeas corpus

O incumprimento da decisão do Supremo Tribunal de Justiça sobre a petição de *habeas corpus*, relativa ao destino a dar à pessoa presa, é punível com as penas previstas no artigo 369º, números 4 e 5, do Código Penal, conforme o caso (art. 224º, do CPP)[346].

Subsecção V
Indemnização por Privação da Liberdade Ilegal ou Injustificada

1. Considerações gerais

Dispõe o art. 27º, nº 5, da Constituição da República que «*A privação da liberdade contra o disposto na Constituição e na lei constitui o Estado no dever de indemnizar o lesado nos termos que a lei estabelecer*». De modo semelhante dispõe, também, a Convenção Europeia dos Direitos do Homem, art. 5º, nº 5, aprovada pela lei nº 65/78, de 13 de outubro[347].

---

[346] *Código Penal* «Artigo 369º *(Denegação de justiça e prevaricação)* 1. O funcionário que, no âmbito de inquérito processual, processo jurisdicional, por contra-ordenação ou disciplinar, conscientemente e contra direito, promover ou não promover, conduzir, decidir ou não decidir, ou praticar ato no exercício de poderes decorrentes do cargo que exerce, é punido com pena de prisão até dois anos ou com pena de multa até 120 dias. 2. Se o fato for praticado com intenção de prejudicar ou beneficiar alguém, o funcionário é punido com pena de prisão até cinco anos. 3. Se, no caso do nº 2, resultar privação da liberdade de uma pessoa, o agente é punido com pena de prisão de um a oito anos. 4. Na pena prevista no número anterior incorre o funcionário que, sendo para tal competente, ordenar ou executar medida privativa da liberdade de forma ilegal, ou omitir ordená-la ou executá-la nos termos da lei. 5. No caso referido no número anterior, se o fato for praticado com negligência grosseira, o agente é punido com pena de prisão até dois anos ou com pena de multa».

[347] *CEDH*, art. 5º, nº 5: «Qualquer pessoa vítima de prisão ou detenção em condições contrárias às disposições deste artigo tem direito a indemnização». Cfr., também, art. 9º, nº 5, do Pato Internacional de Direitos Cívicos e Políticos de 1966.

DAS MEDIDAS DE COAÇÃO

Em obediência ao disposto nos referidos normativos, dispõe o art. 225º, do CPP[348]: «1. *Quem tiver sofrido detenção, prisão preventiva ou obrigação de permanência na habitação pode requerer, perante o tribunal competente, indemnização dos danos sofridos quando: a) A privação da liberdade for ilegal, nos termos do nº 1 do artigo 220º, ou do nº 2 do artigo 222º; b) A privação da liberdade se tiver devido a erro grosseiro na apreciação dos pressupostos de facto de que dependia; ou c) Se comprovar que o arguido não foi agente do crime ou atuou justificadamente. 2. Nos casos das alíneas b) e c) do número anterior o dever de indemnizar cessa se o arguido tiver concorrido, por dolo ou negligência, para a privação da sua liberdade».*

2. Fundamentos da indemnização

Dispõe a alínea *a*) do nº 1, do art. 225º referido, que há lugar a indemnização se a **detenção for ilegal** por algum dos seguintes fundamentos: *estar excedido o prazo para entrega do detido ao poder judicial; manter-se a detenção fora dos locais legalmente permitidos; ter sido a detenção efetuada ou ordenada por entidade incompetente; ou ser a detenção motivada por facto pelo qual a lei não permite* (nº 1, do art. 220º).

Haverá, igualmente, lugar a indemnização por **prisão ilegal** por algum dos fundamentos seguintes: *ter sido efetuada ou ordenada por entidade incompetente; ser motivada por facto pelo qual a lei a não permite; ou manter-se para além dos prazos fixados pela lei ou por decisão judicial* (nº 2 do artigo 222º).

A alínea *b*) prevê a indemnização por *privação da liberdade devida a erro grosseiro na apreciação dos pressupostos de facto de que dependia.*

Erro grosseiro é o erro escandaloso, em que um agente minimamente cuidadoso não incorreria.

Causa de indemnização é, também, a privação da liberdade, *comprovando-se que o arguido não foi agente do crime ou atuou justificadamente* (al. *c*)).

Esta situação ocorrerá quando, face aos indícios recolhidos, a privação da liberdade foi corretamente ordenada e executada, porém, posteriormente, veio a comprovar-se não ser o arguido agente do crime ou ter atuado justificadamente.

---

[348] A indemnização a atribuir ao arguido no caso de sentença absolutória no juízo de revisão, está prevista nos artigos 461º e 462º, do CPP.

Os casos de *absolvição por carência de prova* não são, a nosso ver, por via de regra, passíveis de indemnização, na medida em que, tal não significa que o arguido não tenha, necessariamente, praticado os factos, apenas se declara, em obediência ao princípio *in dubio pro reo*[349], não se provar que os praticou, não estando, assim, provado que o arguido não foi o agente do crime.

---

[349] O princípio *in dubio pro reo* significa que, um non liquet na questão da prova tem de ser sempre valorado a favor do arguido, não apenas em relação aos elementos constitutivos do tipo de crime, mas também quanto aos tipos justificadores. Em caso de dúvida em matéria probatória absolve-se o arguido.

O princípio *in dubio pro reo*, na medida em que prescreve que em caso de dúvida quanto à matéria probatória a decisão deve ser a mais favorável ao arguido, é um corolário do *princípio da presunção de inocência* do arguido.

Nas palavras de José SOUTO DE MOURA (A questão da Presunção de Inocência do Arguido, *RMP*, nº 42, ano 11º, pp. 45-46), «parte importante do fundamento da decisão reside na matéria de fato dada por provada, ou seja, nas provas. O «in dubio» é a dúvida, ou seja, a não prova, o infundado. Na "não prova" não se pode cimentar o quer que seja. Nem a absolvição nem a condenação. Mas porque o juiz não pode terminar o julgamento com um *non liquet* tem que optar por uma coisa ou outra. Porque é que vai optar pela absolvição? Porque as consequências da "não prova" devem ser sofridas por quem tinha a obrigação de fazer a prova.

Em primeiro lugar o Ministério Público, e subsidiariamente o juiz. Responsável pelo estado da dúvida não pode ser o arguido, porque a este não incumbe um esclarecimento no sentido de se dar por segura, logicamente, a sua inocência...».

Saliente-se que, e recorrendo, uma vez mais, às palavras de SOUTO MOURA, «num puro sistema acusatório conjugado com o princípio da inocência, a **acusação tem o ónus de provar os fatos que imputa ao arguido**. Se o não conseguir, nem por isso a defesa tem qualquer ónus de provar a inocência para que a absolvição surja. A absolvição surgirá, exactamente porque o juiz se não poderá substituir à acusação na prova dos fatos que a este interessam. O **princípio da inocência opera assim uma concentração do ónus da prova na acusação**, dispensando a defesa de qualquer ónus. E percebe-se: se se ficciona o arguido inocente, para que é que se vai provar... a inocência? A haver algo que careça de prova é o contrário, ou seja a culpa» (itálicos nossos).

A não prevalência do princípio *in dubio pro reo*, como princípio jurídico acerca da prova dos fatos, consigna a violação do *princípio da culpa* quando o juiz não convencido sobre a existência dos pressupostos de fato, pronuncia uma sentença de condenação.

O princípio *in dubio pro reo*, como corolário importante na materialização do princípio da presunção de inocência, apresenta-se-nos como limite normativo do princípio da livre apreciação de prova, pois impede o julgador de tomar uma decisão segundo o seu critério no que respeita aos fatos duvidosos desfavoráveis ao arguido, uma vez que os fatos favoráveis devem dar-se como provados, quer sejam certos ou duvidosos (CRISTINA LIBANO MONTEIRO, «Perigosidade de Inimputáveis e *In Dubio Pro Reo*», *B.F.D.* Studia Jurídica Universidade de Coimbra, Coimbra Editora, nº 24, 1997, pp. 51, 53 e 166).

DAS MEDIDAS DE COAÇÃO

O arguido atua justificadamente sempre que o faça ao abrigo de alguma causa de exclusão da ilicitude ou da culpa, quer prevista no Código Penal (legítima defesa, art. 32º, direito de necessidade, art. 34º, estado de necessidade desculpante, art. 35º, conflito de deveres, art. 36º, obediência indevida desculpante, art. 37º), quer prevista em qualquer outra lei[350].

Nos casos das alíneas *a*) e *b*) referidas, cessa o dever de indemnizar se o arguido tiver concorrido, por dolo ou negligência, para a privação da sua liberdade, o que, naturalmente, se compreende.

Como é referido por GERMANO MARQUES DA SILVA, a lei, ao que parece, considerou a circunstância de nas fases do processo em que é normalmente aplicada a prisão preventiva o comportamento do arguido pode ter muita influência na apreciação dos pressupostos, *v. g.*, porque fornece uma identificação errada, porque declara factos que não cometeu ou porque tendo a possibilidade de obstar ao erro, fornecendo provas, as omitiu dolosa ou culposamente. Por isso que tal limitação não existe no caso de sentença absolutória no juízo de revisão, pois que se pressupõe que o juízo de condenação é necessariamente mais exigente que o juízo de indiciação[351].

Trata-se, como refere MANUEL MAIA GONÇALVES, da responsabilidade do Estado por atos de gestão pública, mas integrados na função judicial do Estado, daí que a competência pertença ao foro comum e não ao administrativo[352-353].

O princípio *in dubio pro reo* é, pois, uma garantia subjectiva e, além disso, uma imposição dirigida ao juiz no sentido de este se pronunciar de forma favorável ao arguido, quando não tiver a certeza sobre os fatos decisivos para a solução da causa.

O princípio *in dubio pro reo* não só limita o exercício do *ius puniendi* do Estado, como legitima a sua intervenção. A comunidade jurídica jamais acataria uma condenação baseada em suspeitas, porque a mesma seria contrária à justiça.

[350] *Código Penal*, «Artigo 31º *(Exclusão da ilicitude)* 1. O fato não punível quando a sua ilicitude for excluída pela ordem jurídica considerada na sua totalidade. 2. Nomeadamente, não é ilícito o fato praticado: *a*) Em legítima defesa; *b*) No exercício de um direito; *c*) No cumprimento de um dever imposto por lei ou por ordem legítima da autoridade; ou *d*) Com o consentimento do titular do interesse jurídico lesado».

[351] *Curso de Processo Penal, cit.*, vol. II, 4ª Edição, p. 365.

[352] In *Código de Processo Penal..., cit.*, 17ª Edição 2009, anotação ao art. 225º, p. 559.

[353] Neste sentido, jurisprudência uniforme do Supremo Tribunal Administrativo. Vide Acórdão do Tribunal de Conflitos, de 18 de Janeiro de 1996, *BMJ*, 453, p. 152: «I – Se a prisão preventiva resulta de ato jurisdicional, o pedido de indemnização por danos dela decorrente

3. Prazo e legitimidade para o pedido da indemnização

Estabelece o art. 226º, do CPP que o pedido de indemnização não pode, em caso algum, ser proposto depois de decorrido um ano sobre o momento em que o detido ou preso foi libertado ou foi definitivamente decidido o processo penal respetivo (nº 1).

Em caso de morte do injustificadamente privado da liberdade e desde que não tenha havido renúncia da sua parte, pode a indemnização ser requerida pelo cônjuge não separado de pessoas e bens, pelos descendentes e pelos ascendentes. A indemnização arbitrada às pessoas que a houveram requerido não pode, porém, no seu conjunto, ultrapassar a que seria arbitrada ao detido ou preso (nº 2).

Tem, pois, legitimidade para requerer o pedido de indemnização a pessoa que foi privada ilegal ou injustificadamente da sua liberdade. Em caso de sua morte, e desde que não tenha havido renúncia ao direito da sua parte, tem legitimidade para requerer a indemnização o cônjuge não separado de pessoas e bens, os descendentes e os ascendentes. Neste caso, a indemnização não pode, porém, no seu conjunto, ultrapassar a que seria arbitrada ao detido ou preso.

O prazo para a formulação do pedido de indemnização caduca após o decurso de um ano sobre o momento em que o detido ou preso foi libertado ou foi definitivamente decidido o processo penal respetivo[354].

---

não respeita a litígio emergente de relação jurídica administrativa. II – O conhecimento da acção em que tal pedido se formula está assim excluído do âmbito da jurisdição administrativa, e cabe aos tribunais comuns».

[354] Acórdão do Supremo Tribunal de Justiça, de 30 de Outubro de 2001, *C.J. – Acórdãos do STJ* – Ano IX, 2001, Tomo III, p. 100: «Tendo o arguido sido restituído à liberdade antes do julgamento, por despacho que revogou a sua situação de prisão preventiva, o prazo de caducidade do direito a indemnização – previsto no art. 226º, nº 1, do CPP de 1987 – com fundamento em que a prisão foi injustificada, conta-se a partir da data da sua libertação e não da data do acórdão da Relação que confirmou esse despacho nem da data do trânsito em julgado do acórdão que conheceu do recurso da sentença».

DAS MEDIDAS DE COAÇÃO

Secção II
Das Medidas de Garantia Patrimonial

1. Considerações gerais

O Código de Processo Penal atual prevê apenas duas medidas de garantia patrimonial com função cautelar: a *caução económica* (art. 227º) e o *arresto preventivo* (art. 228º).

A aplicação das medidas de garantia patrimonial obedece às condições gerais, pressupostos e princípios que analisámos a propósito das medidas de coação, designadamente, os princípios da *legalidade* ou da *tipicidade* (art. 191º, nº 1), da *adequação* e da *proporcionalidade* (art. 193º) e da *necessidade* (art. 192º, nº 2), para aí se remetendo.

2. Caução económica

Estatui o art. 227º, do CPP que: «1. havendo fundado receio de que faltem ou diminuam substancialmente as garantias de pagamento da pena pecuniária, das custas do processo ou de qualquer outra dívida para com o Estado relacionada com o crime, o Ministério Público requer que o arguido preste caução económica. O requerimento indica os termos e modalidades em que deve ser prestada. 2. Havendo fundado receio de que faltem ou diminuam substancialmente as garantias de pagamento da indemnização ou de outras obrigações civis derivadas do crime, o lesado pode *requerer que o arguido ou o civilmente responsável prestem caução económica, nos termos do número anterior. 3. A caução económica prestada a requerimento do Ministério Público aproveita também o lesado. 4. A caução económica mantém-se distinta e autónoma relativamente à caução referida no artigo 197º e subsiste até à decisão final absolutória ou até à extinção das obrigações. Em caso de condenação são pagos pelo seu valor, sucessivamente, a multa, a taxa de justiça, as custas do processo e a indemnização e outras obrigações civis».*

A *caução económica*, enquanto medida de garantia patrimonial com função cautelar tem, assim, como finalidade processual, como aliás, o *arresto preventivo*, garantir o pagamento da pena pecuniária (multa), das custas

DAS MEDIDAS DE COAÇÃO E DE GARANTIA PATRIMONIAL

do processo ou de qualquer outra dívida para com o Estado relacionada com o crime, indemnização ou outras obrigações civis derivadas do crime (art. 227º, nºs 1 e 2).

A *caução económica* não deve confundir-se com a *caução* prevista no artigo 197º. A *caução económica* como medida de garantia patrimonial e a caução como medida de coação, distinguem-se, essencialmente, pela sua finalidade. Enquanto a caução económica destina-se a assegurar o pagamento da pena pecuniária (multa), das custas do processo ou de qualquer outra dívida ao Estado, indemnização ou outras obrigações civis derivadas do crime, a caução destina-se a acautelar o cumprimento, pelo arguido, das suas obrigações processuais, *v. g.*, comparência em ato processual a que deva comparecer, cumprimento de obrigações derivadas de medida de coação que lhe tiver sido imposta, etc. (art. 208º, nº 1).

Por outro lado, os critérios para a sua fixação não são também os mesmos. A *caução económica* é aplicável relativamente a qualquer crime, independentemente da sua gravidade e da pena aplicável, desde que se verifique a *probabilidade de um crédito sobre o requerido e fundado receio de que faltem ou diminuam substancialmente as garantias de pagamento*[355].

A *caução económica* mantém-se, assim, distinta e autónoma relativamente à *caução*, subsistindo até à decisão final absolutória ou até à extinção das obrigações (nº 4, do art. 227º).

Compreende-se este regime. Visando a caução económica uma função garantística relativamente ao pagamento de certas imposições pecuniárias (pena pecuniária, custas do processo ou qualquer outra dívida para com o Estado relacionada com o crime), a sua duração deve ficar dependente da plena prossecução dessa função, não fazendo sentido limitá-la a uma duração pré-determinada. O mesmo vale quanto ao arresto, com a agravante de que esta medida só tem plena justificação para o período durante o qual o arguido não prestar caução económica[356].

Em caso de condenação do arguido são pagos pelo seu valor, sucessivamente, a multa, a taxa de justiça, as custas do processo e a indemnização e outras obrigações civis (art. 227º, nº 4, 2ª parte).

---

[355] GERMANO MARQUES DA SILVA, *Curso de Processo Penal, cit.*, vol. II, 4ª Edição, p. 373.

[356] JOSÉ ANTÓNIO BARREIROS, «As Medidas de Coação e de Garantia Patrimonial no Novo Código de Processo Penal», *Boletim do Ministério da Justiça*, nº 371, 1987, p. 21.

DAS MEDIDAS DE COAÇÃO

A *caução económica* e o *arresto preventivo*, **só podem** ser decretadas pelo juiz, a requerimento do Ministério Público ou do lesado, quer durante o inquérito, quer durante as fases posteriores (arts. 194º, nº 1 e 227º, números 1 e 2). A caução económica prestada a requerimento do Ministério Público aproveita, no entanto, também o lesado (art. 227º, nº 3).

A *caução económica* pode revestir qualquer das modalidades através das quais pode ser prestada também a caução enquanto medida de coação: depósito, penhor, hipoteca, fiança bancária ou fiança, nos concretos termos em que o juiz o admitir (art. 206º, nº 1).

Como resulta do disposto nos números 1 e 2, do artigo 227º, a *caução económica*, e subsidiariamente o *arresto preventivo*, podem ser aplicados não apenas ao arguido, mas também a terceiros civilmente responsáveis pelo *pagamento da indemnização ou de outras obrigações civis derivadas do crime* (nº 2).

3. Arresto preventivo

Relativamente ao arresto preventivo dispõe o art. 228º, do CPP: «1. A requerimento do Ministério Público ou do lesado, pode o juiz decretar o arresto, nos termos da lei do processo civil; se tiver sido previamente fixada e não prestada caução económica, fica o requerente dispensado da prova do fundado receio de perda da garantia patrimonial. 2. O arresto *preventivo referido no número anterior pode ser decretado mesmo em relação a comerciante. 3. A oposição ao despacho que tiver decretado arresto não possui efeito suspensivo. 4. Em caso de controvérsia sobre a propriedade dos bens arrestados, pode o juiz remeter a decisão para o tribunal civil, mantendo-se entretanto o arresto decretado. 5. O arresto é revogado a todo o tempo em que o arguido ou o civilmente responsável prestem a caução económica imposta»*.

O *arresto preventivo*, como resulta do disposto no nº 5, do art. 228º, tem natureza subsidiária relativamente à caução económica, só podendo, por isso, ser decretado quando não tenha sido prestada a caução económica anteriormente imposta[357], sendo *revogado a todo o tempo em que o arguido ou o*

---

[357] «Decretando-se o arresto sem observância dessa formalidade prévia, comete-se irregularidade processual, de conhecimento oficioso, no momento em que o tribunal dela tomar conhecimento», Acórdão da Relação do Porto, de 20 de Novembro de 1996, *Colectânea de Jurisprudência*, XXI, tomo 5, p. 237.

civilmente responsável prestem a caução económica, o que se compreende. Não sendo prestada caução económica pelo arguido ou pelo civilmente responsável, o arresto subsiste até à decisão final absolutória ou até à extinção das obrigações que assegura (art. 227º, nº 4, por analogia).

O *arresto preventivo* distingue-se do *arresto*[358] aplicável no caso de declaração de contumácia, previsto no art. 337º, números 3 e 4, do CPP pelas finalidades a que se destinam. O *arresto preventivo* é uma garantia patrimonial, enquanto o arresto aplicável no caso de declaração de contumácia destina-se a compelir o arguido a comparecer na audiência.

O *arresto preventivo*, tal como a *caução económica*, também pode ser decretado não apenas ao arguido, mas também a terceiros civilmente responsáveis, mesmo em relação a comerciantes (nº 2, do art. 228º), pelo pagamento da indemnização ou de outras obrigações civis derivadas do crime.

Nos termos do art. 206, nº 4, também ao arguido que não prestar voluntariamente a caução que lhe for imposta como medida de coação (prevista no art. 197º), pode o juiz decretar o *arresto preventivo*, que será naturalmente revogado, *a todo o tempo em que o arguido preste a caução imposta* (art. 228º, nº 5, do CPP).

4. Recurso

Os despachos de aplicação da caução económica ou o arresto preventivo são impugnáveis pela via do recurso, nos termos gerais, sendo, assim, aplicáveis os princípios que referimos a propósito das medidas de coação.

---

[358] Que, GERMANO MARQUES DA SILVA designa de *arresto repressivo*, *ob. cit.*, vol. II, 4ª Edição, p. 373.

PARTE II

DA PROVA DO CRIME

Capítulo I
Conceito e Tema da Prova

1. Considerações gerais

O Código de Processo Penal regulamenta a matéria atinente à prova, em termos genéricos, no Livro III, arts. 124º a 190º. Da regulamentação desta matéria, resulta inequívoca a preocupação do legislador de respeito pelos imperativos constitucionais atinentes à dignidade da pessoa humana[359], à integridade pessoal[360] e à intimidade da vida privada e familiar[361], próprios de um Estado de Direito Democrático, como é o nosso[362].

---

[359] A *dignidade da pessoa humana* constitui uma das bases fundamentais da República Portuguesa. Na verdade, o art. 1º da *Constituição da República Portuguesa* dispõe que *«Portugal é uma República soberana, baseada na dignidade da pessoa humana e na vontade popular...»*.

[360] O direito à integridade pessoal está previsto no art. 25º da Lei Fundamental, nos seguintes termos: «1. A integridade moral e física das pessoas é inviolável. 2. Ninguém pode ser submetido a tortura, nem a tratos ou penas cruéis, degradantes ou desumanos».

[361] *Declaração Universal dos Direitos do Homem*, de 10 de Dezembro de 1948, *«ARTIGO 12º Ninguém sofrerá intromissões arbitrárias na sua vida privada, na sua família, no seu domicílio ou na sua correspondência, nem ataques à sua honra e reputação. Contra tais intromissões ou ataques toda a pessoa tem direito a proteção da lei».*

Convenção Europeia dos Direitos do Homem, aprovada, para ratificação, pela Lei nº 65/78, de 13 de Outubro, *«ARTIGO 8º 1 – Qualquer pessoa tem direito ao respeito da sua vida privada e familiar, do seu domicílio e da sua correspondência. 2 – Não pode haver ingerência da autoridade pública no exercício deste direito senão quando esta ingerência estiver prevista na lei e constituir uma providência que, numa sociedade democrática, seja necessária para a segurança nacional, para a segurança pública, para o bem--estar económico do país, a defesa da ordem e a prevenção das infrações penais, a proteção da saúde ou da moral, ou a proteção dos direitos e das liberdades de terceiros».* Na *Constituição da República Portuguesa*, vide arts. 34º e 32º, nº 8.

[362] *Constituição da República Portuguesa*, «*ARTIGO 2º (Estado de Direito Democrático) A República Portuguesa é um Estado de direito democrático, baseado na soberania popular, no pluralismo*

DA PROVA DO CRIME

O Processo Penal é o curso ou procedimento legalmente regulado por via do qual se efetua a administração da justiça do Estado.

O processo destina-se, pois, à aplicação do Direito. Ou, nas sapientes palavras de EDUARDO CORREIA[363], «o conjunto de regras que fixam os termos e o processo de averiguar se, num dado caso, se verificou o facto previsto na lei criminal e qual a pena que lhe compete, constitui justamente o *processo criminal*».

Por sua vez o, também grande, discípulo deste grande mestre de Coimbra, FIGUEIREDO DIAS, afirma que, «a justiça é, por certo, fim do processo penal, no sentido de que este não pode existir validamente se não for presidido por uma direta intenção ou aspiração de justiça. Isto não obsta, porém, a que institutos como o do caso "julgado" ou mesmo princípios como o *in dubio pro reo* indiscutivelmente de se reconhecer em processo penal, possam conduzir em concreto, a condenações e absolvições materialmente injustas. Continuar a afirmar, perante hipóteses destas, que a justiça, foi em absoluto, fim do processo penal respetivo, pode ser ainda ideal e teoricamente justificável»[364].

A aplicação do Direito, isto é, a conclusão de que é de afirmar como intervindo um efeito jurídico contido nas normas, depende da existência ou verificação dos factos aos quais a ordem jurídica alia a produção desse efeito. E, na medida em que tais factos não devam já ser dados como assentes no processo, terão eles de ser provados.

2. Conceito de prova

A *prova* consiste, pois, numa atividade apta a produzir no juiz a convicção da verdade ou não de uma afirmação. Porém, a palavra prova não significa apenas *atividade probatória* ou direção da prova, mas também o

---

de expressão e organização política democráticas e no respeito e na garantia de efetivação dos direitos e liberdades fundamentais».

[363] Com FIGUEIREDO DIAS, *Direito criminal*, Almedina, Coimbra 1996, Reimpressão, vol. I, p.13.

[364] FIGUEIREDO DIAS, *Direito Processual Penal*, cit., pp. 43, 44.

próprio *meio de prova*[365], como por exemplo, o depoimento de uma teste-munha[366].

Neste sentido TERESA BELEZA[367] ao referir que: «...as personagens envolvidas no processo – o M. P., o assistente, o arguido, o defensor, as próprias partes civis, quanto ao pedido civil (C.P.P. art. 124, nº 2 e art. 74º, nº 2 e nº 3) – todas elas poderão desenvolver uma atividade de con-vencimento do tribunal quanto à existência ou não de responsabilidade criminal por parte do arguido e as consequências dessa responsabilidade. A produção de prova é, fundamentalmente, isso mesmo, *convencer* alguém de uma certa versão das coisas».

Também GERMANO MARQUES DA SILVA[368] entende, que, «A ativi-dade probatória destina-se toda a convencer da existência ou não dos factos que são pressuposto da estatuição[369] da norma».

---

[365] «A *prova* – enquanto *atividade probatória* – é o *esforço metódico* através do qual são demons-trados os fatos relevantes para a existência do crime, a punibilidade do arguido e a determinação da pena ou medida de segurança aplicáveis (art. 124º, nº 1, do Código de Processo Penal). As *provas* – enquanto *meios de prova* – são os *elementos* com base nos quais os fatos relevantes podem ser demonstrados. A *prova* – enquanto *resultado da atividade probatória* – é a *motivação da convicção* da entidade decidente acerca da ocorrência dos fatos relevantes, contanto que essa motivação se conforme com os elementos adquiridos representativamente no processo e respeite as regras da experiência, as leis científicas e os princípios da lógica. As *provas* – enquanto *provas materiais* – são os *objetos* relacionados com a preparação e a prática do fato qualificado como crime» (PAULO DE SOUSA MENDES, «As Proibições da Prova no Processo Penal», *Jornadas de Direito Processual Penal e Direitos Fundamentais* cit., p. 133).

[366] J. RIBEIRO DE FARIA, «Processo Penal» e «Prova», in Polis, *Enciclopédia Verbo da Socie-dade e do Estado*, Volume 4, pp. 1546 e 1687, respetivamente.

[367] In «A Prova» *Apontamentos de Direito Processual Penal*, II Volume, Associação Académica da Faculdade de Direito de Lisboa, 1992, p. 147.

[368] *Curso de Processo Penal*, vol. II, 3ª Edição, Editorial Verbo, 2002, p. 96.

[369] A norma jurídico penal, quanto à sua estrutura é constituída por uma *previsão* e por uma *estatuição*. A previsão corresponde à situação típica da vida, ao «fato» ou conjunto de «fatos», cuja verificação, em concreto, desencadeia a consequência jurídica fixada na estatuição. *Exemplo:* o art. 131º do Código Penal, que prevê e pune o crime de homicídio, reza assim: *«Quem matar outra pessoa é punido com pena de prisão de 8 a 16 anos».* A expressão *«Quem matar outra pessoa»* corresponde à *previsão*, ou seja, à situação típica da vida, ao «fato» ou conjunto de «fatos», cuja verificação, em concreto, desencadeia a consequência jurídica fixada na *estatuição*: pena de prisão de 8 a 16 anos. A *estatuição* corresponde, portanto, à expressão *«é punido com pena de prisão de 8 a 16 anos».* Vide J. BATISTA MACHADO, *Introdução ao Direito e ao Discurso Legitimador*, Coimbra, 1985, p. 79.

A prova, para CAVALEIRO DE FERREIRA[370], é a demonstração da verdade ou realidade dos factos juridicamente relevantes.

Por seu turno, o art. 341º do Código Civil dispõe que *«As provas têm por função a demonstração da realidade dos factos»*.

O processo penal é um instrumento de procura da verdade material dos factos. Porém, como é salientado por JOSÉ NARCISO DA CUNHA RODRIGUES[371], a «...verdade em processo penal tem por objeto uma aproximação metodológica à realidade. Não assenta cientificamente na ideia de certeza mas na de probabilidade. Quando, no processo, se fala de verdade material, não há a pretensão de utilizar o termo em sentido ontológico ou em sentido filosófico. Reportamo-nos apenas a uma ideia de probabilidade.

Os juízes, os magistrados em geral, não têm, nem podem nunca ter, a pretensão de atingir a verdade total, porque mesmo perante ela nunca terão certezas, terão quando muito fortes convicções.

O que está em causa é uma ideia de probabilidade, que se quer que seja o mais elevada possível, mas que, em todo o caso, admite, se é que não pressupõe, a hipótese de erro.

Toda a atividade processual tem subjacente esta hipótese».

A prova constitui, pois, o pilar estruturante de qualquer processo.

3. Tema da prova

O *thema* corresponde aos factos a provar. Os factos a provar são, em geral, todos os factos jurídico criminalmente relevantes no processo; os factos juridicamente irrelevantes não só não constituem tema de prova, como podem ser prejudiciais à prossecução e justa decisão da causa.

O art. 124º do Código de Processo Penal é explícito neste sentido: *constituem objeto de prova todos os factos juridicamente relevantes para a existência ou inexistência do crime, a punibilidade ou não punibilidade do arguido e a determinação da pena ou da medida de segurança aplicáveis e ainda os factos relevantes para a determinação da responsabilidade civil, se tiver lugar pedido civil.*

---

[370] Citado por JOÃO CASTRO E SOUSA, *A Tramitação do Processo Penal*, 2ª tiragem, Coimbra Editora, 1985, nota 263, p. 197.

[371] In «Recursos» *Apontamentos de Direito Processual Penal*, II Volume, Associação Académica da Faculdade de Direito de Lisboa, 1992, p. 49.

Objeto ou tema de prova são também, como nos dá conta MARQUES FERREIRA[372], os *novos factos* que consubstanciem uma alteração substancial dos factos[373] descritos na acusação ou na pronúncia – consoante a fase em que tiver lugar a prova – e, eventualmente, comprovem a existência dum crime diverso[374].

Igualmente constituirão objeto de prova todos os factos juridicamente relevantes para a decisão dos diversos incidentes processuais, designadamente, aplicação de medidas de coação ou de garantia patrimonial (art. 128º, nº 2) e justificação da falta de comparecimento (art. 117º)[375].

Entre os factos probandos podem distinguir-se *factos principais* e *factos acessórios,* consoante sejam condicionantes da decisão, pressupostos da aplicação da lei substantiva, ou se referem à força probatória dos meios de prova que constituem o objeto do processo[376].

Podem distinguir-se também os *atos interiores* (dolo, erro, etc.) e os *factos exteriores* (ação, evento); os primeiros respeitam à vida psíquica, enquanto os segundos tomam forma no mundo exterior. A maior parte das vezes os *atos interiores* não se provam diretamente, mas por ilação de indícios ou factos exteriores[377].

Tema ou objeto da prova são, pois, *factos*, não argumentos, razões, pontos ou questões de direito. Os argumentos, razões, pontos ou questões de direito são objeto de *demonstração* e **não** de *atividade probatória*[378].

---

[372] *Ob. cit.*, pp. 222-223.

[373] *Código de Processo Penal*, «ARTIGO 1º *(Definições legais)* 1. (...) *f) Alteração substancial dos fatos*: aquela que tiver por efeito a imputação ao arguido de um crime diverso ou a agravação dos limites máximos das sanções aplicáveis».

[374] Sobre a relevância jurídico processual destes *"novos fatos"* nas fases de instrução e julgamento, vejam-se o art. 303º, nº 3, e arts. 359º e 379º al. *b)*, respetivamente e Frederico Isasca, *ob. cit.*, pp. 174 e ss..

[375] MARQUES FERREIRA, *ob. cit.*, p. 223.

[376] GERMANO MARQUES DA SILVA, *ob. cit.*, volume II, 3ª Edição (2002) p. 105 e MANUEL CAVALEIRO DE FERREIRA, *Curso de Processo Penal*, volume I, 1986, p. 206.

[377] GERMANO MARQUES DA SILVA, *ob. cit.*, volume II, 3ª Edição (2002) p. 105.

[378] JOÃO DE CASTRO MENDES, *apud.*, GERMANO MARQUES DA SILVA, *ob. cit.*, volume II, 3ª Edição (2002) p. 106.

Capítulo II
Princípios da Prova

1. Da legalidade da prova

Dispõe o art. 125º que *são admissíveis as provas que não forem proibidas por lei*. Permite, assim, este preceito legal, a admissibilidade de qualquer meio de prova, mesmo que não conste na lei, ou mesmo que seja atípico[379], *desde que não esteja proibido pela lei*, consagrando, pois, o princípio da *liberdade da prova.*

O princípio da *liberdade dos meios de prova*, nem sempre foi admitido.

Na verdade, como nos dá conta GERMANO MARQUES DA SILVA[380] na Baixa Idade Média e mais tarde no Estado Absoluto predominava o sistema da *prova tarifada* e da *prova legal* que teve por finalidade principal limitar o arbítrio dos juízes.

Nos sistemas ou princípios de *prova tarifada* e *prova legal* a lei indicava, de forma vinculativa, quais os meios de prova utilizáveis para formar a convicção do julgador, estabelecendo um *numerus clausus* de meios de prova.

---

[379] A propósito de um meio de prova atípico, decidiu o Tribunal da Relação do Porto: «Pode ser utilizada como meio de prova de um crime de ameaças a cassete que contém a gravação da mensagem ditada pelo arguido para o telemóvel do ofendido, para aí, ficar gravada». Cfr. Acórdão do Tribunal da Relação do Porto, de 1997.12.17, *Colectânea de Jurisprudência*, Ano XXII, Tomo V (1997), p. 240.

[380] *Ob. cit.*, volume II, 3ª Edição (2002) p. 120.

DA PROVA DO CRIME

O sistema ou princípio de *prova legal* era, no entanto, frequentemente empregado para designar a vinculação da prova à apreciação antecipada feita pelo próprio legislador, que estabelecia quando e como se deveriam considerar provados os factos[381].

Em suma: por força do referido art. 125º, só não podem ser utilizados em processo penal, os meios de prova que forem proibidos pela lei.

2. Proibições de prova

2.1. Considerações gerais

A proteção dos cidadãos contra quaisquer ingerências abusivas aos seus direitos é paradigma de um Estado de direito democrático. A **proibição de prova**[382] é, justamente, uma das "armas de defesa", fornecidas pela lei, para a realização de tal desiderato.

As **proibições de prova** são «barreiras colocadas à determinação dos factos que constituem objeto do processo»[383]. «Mais do que a modalidade do seu enunciado, o que define a proibição de prova é a prescrição de um *limite à descoberta da verdade* (...). Diferentemente, as *regras de produção da prova* visam apenas disciplinar o procedimento exterior da realização da prova na diversidade dos seus meios e métodos, não determinando a sua violação a reafirmação contrafática através da proibição de valoração»[384]. As *regras de produção da prova* são, pois, no dizer de PETERS [385] «ordenações do processo que devem possibilitar e assegurar a realização da prova. Elas visam dirigir o curso da obtenção da prova sem excluir a prova. As regras de produção da prova têm assim uma tendência oposta às proibições de prova. Do que aqui se trata não é de estabelecer limites à prova como sucede com as proibições de prova, mas apenas de disciplinar os processos e modos de como a prova deve ser regularmente levada a cabo».

---

[381] GERMANO MARQUES DA SILVA, *ob. cit.*, volume II, 3ª Edição (2002) pp. 120-121.

[382] Sobre esta matéria é fundamental a consulta da monografia de MANUEL DA COSTA ANDRADE, *Sobre as Proibições de Prova em Processo Penal*, Coimbra Editora, 1992.

[383] GOSSEL, *Bockelmann*, *apud* MANUEL DA COSTA ANDRADE, *ob. cit.*, p. 83.

[384] MANUEL DA COSTA ANDRADE, *loc. cit.*, pp. 83-84.

[385] *Apud* COSTA ANDRADE, *ob. cit.*, p. 85.

222

Com a *proibição de prova*, pode-se sacrificar, inquestionavelmente, a verdade, já que a prova proibida, seja qual for a causa da proibição, pode ser de extrema relevância para a reconstituição do facto histórico, pode até ser a única. Com efeito, um facto pode ter de ser julgado como não provado simplesmente porque o meio que o provaria não pode ser valorado no processo, é *um meio de prova proibido*. Porém, o legislador não considera a busca da verdade como um valor absoluto e por isso não admite que a verdade possa ser procurada, usando de quaisquer meios, mas tão somente através de meios justos, ou seja, legalmente admissíveis.

A verdade não é um valor absoluto e, por isso, não tem de ser investigada a qualquer preço, mormente quando esse «preço» possa ser o sacrifício dos direitos pessoais.

Como é referido por MARQUES FERREIRA[386], na prossecução da verdade material que se pretende atingir no processo penal não pode o julgador deixar de ter sempre presente o pensamento de Heidegger de que *"toda a verdade autêntica passa pela liberdade da pessoa"*».

2.2. Métodos proibidos de prova

Os métodos proibidos de prova encontram-se previstos nos arts. 32º, nº 8 da Constituição da República Portuguesa e 126º do CPP.

O artigo 32º, nº 8 da CRP, dispõe que «*São nulas todas as provas obtidas mediante tortura, coação, ofensa da integridade física ou moral da pessoa, abusiva intromissão na vida privada, no domicílio, na correspondência ou nas telecomunicações*»[387].

---

[386] *Ob. cit.*, p. 224.

[387] Sobre a inviolabilidade do domicílio e da correspondência, dispõe o art. 34º da Constituição da República Portuguesa que *1. O domicílio e o sigilo da correspondência e dos outros meios de comunicação privada são invioláveis. 2. A entrada no domicílio dos cidadãos contra a sua vontade só pode ser ordenada pela autoridade judicial competente, nos casos e segundo as formas previstos na lei. 3. Ninguém pode entrar durante a noite no domicílio de qualquer pessoa sem o seu consentimento, salvo em situação de flagrante delito ou mediante autorização judicial em casos de criminalidade especialmente violenta ou altamente organizada, incluindo o terrorismo e o tráfico de pessoas, de armas e de estupefacientes, nos termos previstos na lei 4. É proibida toda a ingerência das autoridades públicas na correspondência, nas telecomunicações e nos demais meios de comunicação, salvo os casos previstos na lei em matéria de processo criminal*».
Sobre os crimes de tortura e outros tratamentos cruéis, degradantes ou desumanos, vide arts. 243º a 246º do Código Penal, este último alterado pela Lei nº 31/2004, de 22 de Julho.

DA PROVA DO CRIME

Por seu turno, o art. 126º do Código de Processo Penal, sob a epígrafe *Métodos proibidos de prova*, dispõe que:

«*1. São nulas, não podendo ser utilizadas, as provas obtidas mediante tortura, coação ou, em geral, ofensa da integridade física ou moral das pessoas.*
2. *São ofensivas da integridade física ou moral das pessoas as provas obtidas, mesmo que com o consentimento delas, mediante:*

    a) Perturbação da liberdade de vontade ou de decisão através de maus tratos, ofensas corporais, administração de meios de qualquer natureza, hipnose ou utilização de meios cruéis ou enganosos;
    b) Perturbação, por qualquer meio, da capacidade de memória ou de avaliação;
    c) Utilização da força, fora dos casos e dos limites permitidos pela lei;
    d) Ameaça com medida legalmente inadmissível e, bem assim, com denegação ou condicionamento da obtenção de benefício legalmente previsto;
    e) Promessa de vantagem legalmente inadmissível.

3. *Ressalvados os casos previstos na lei, são igualmente nulas, não podendo ser utilizadas, as provas obtidas mediante intromissão na vida privada[388], no domicílio, na correspondência ou nas telecomunicações sem o consentimento do respetivo titular.*
4. *Se o uso dos métodos de obtenção de provas previstos neste artigo constituir crime, podem aquelas ser utilizadas com o fim exclusivo de proceder contra os agentes do mesmo.*

A enumeração dos *métodos proibidos de prova* a que se refere o aludido art. 126º é meramente enunciativa.

Como refere o Prof. COSTA ANDRADE[389] como métodos proibidos de prova «hão de igual e seguramente valorar-se os demais atentados que realizam a mesma danosidade social de afronta à dignidade humana, à liberdade de decisão ou de vontade ou à integridade física ou moral das pessoas».

---

[388] Sobre esta temática cfr. *Parecer da PGR* emitido no âmbito do processo 121/80, publicado no DR, II Série, nº 46 de 25 de Fevereiro de 1982.

[389] *Sobre as Proibições de Prova em Processo Penal*, Coimbra Editora, 1992, p. 216.

PRINCÍPIOS DA PROVA

Nos termos dos preceitos constitucional e legal referidos, a prova proibida é nula. «*As nulidades tornam inválido o ato em que se verificarem, bem como os que dele dependerem e aquelas puderem afetar*», art.122º, nº 1 do CPP[390].

As nulidades, como resulta da lei (arts. 119º e 120º) podem ser **insanáveis** ou **absolutas**, ou por outro lado **sanáveis** ou **relativas**.

---

[390] *Código de Processo Penal*, TÍTULO V – DAS NULIDADES –, «ARTIGO 118º *(Princípio da legalidade)*

1. A violação ou a inobservância das disposições da lei do processo penal só determina a nulidade do ato quando esta for expressamente cominada na lei.

2. Nos casos em que a lei não cominar a nulidade, o ato ilegal é irregular.

3. As disposições do presente título não prejudicam as normas deste Código relativas a proibições de prova.

ARTIGO 119º *(Nulidades insanáveis) Constituem nulidades insanáveis, que devem ser oficiosamente declaradas em qualquer fase do procedimento, além das que como tal forem cominadas em outras disposições legais:*

a) A falta do número de juízes ou de jurados que devam constituir o tribunal, ou a violação das regras relativas ao modo de determinar a respetiva composição;

b) A falta de promoção do processo pelo Ministério Público, nos termos do artigo 48º, bem como a sua ausência a atos relativamente aos quais a lei exigir a respetiva comparência;

c) A ausência do arguido ou do seu defensor, nos casos em a lei exigir a respetiva comparência;

d) A falta de inquérito ou de instrução, nos casos em que a lei determinar a sua obrigatoriedade;

e) A violação das regras de competência do tribunal, sem prejuízo do disposto no artigo 32º, nº 2;

f) O emprego de forma de processo especial fora dos casos previstos na lei.

ARTIGO 120º *(Nulidades dependentes de arguição) 1. Qualquer nulidade diversa das referidas no artigo anterior deve ser arguida pelos interessados e fica sujeita à disciplina prevista neste artigo e no artigo seguinte.*

2. Constituem nulidades dependentes de arguição, além das que forem cominadas noutras disposições legais:

a) O emprego de uma forma de processo quando a lei determinar a utilização de outra, sem prejuízo do disposto na alínea f) do artigo anterior;

b) A ausência, por falta de notificação, do assistente e das partes civis, nos casos em que a lei exigir a respetiva comparência;

c) A falta de nomeação de intérprete, nos casos em que a lei a considerar obrigatória;

d) A insuficiência do inquérito ou da instrução, por não terem sido praticados atos legalmente obrigatórios, e a omissão posterior de diligências que pudessem reputar-se essenciais para a descoberta da verdade.

3. As nulidades referidas nos números anteriores devem ser arguidas:

a) Tratando-se de nulidade de ato a que o interessado assista, antes que o ato esteja terminado;

b) Tratando-se da nulidade referida na alínea b) do número anterior, até cinco dias após a notificação do despacho que designar dia para a audiência;

DA PROVA DO CRIME

As nulidades insanáveis ou absolutas são de conhecimento oficioso e devem ser oficiosamente declaradas em qualquer fase do procedimento (nº 1 do art. 119º); as nulidades sanáveis ou relativas devem ser arguidas pelos interessados (nº 1 do art. 120º).

Assim sendo, a que tipo de nulidade corresponde a proibição da prova?

Para MAIA GONÇALVES[391], as proibições de prova têm sempre um relevante efeito dissuasor da violação dos direitos dos cidadãos, pois que as provas obtidas mediante a violação desses direitos não podem ser levadas em conta no processo penal, mesmo que assim seja sacrificada a obtenção da verdade material.

---

c) Tratando-se de nulidade respeitante ao inquérito ou à instrução, até ao encerramento do debate instrutório ou, não havendo lugar a instrução, até cinco dias após a notificação do despacho que tiver encerrado o inquérito;

d) Logo no início da audiência nas formas de processo especiais.

ARTIGO 121º *(Sanação das nulidades) 1. Salvo nos casos em que a lei dispuser de modo diferente, as nulidades ficam sanadas se os participantes processuais interessados:*

a) Renunciarem expressamente a argui-las;

b) Tiverem aceite expressamente os efeitos do ato anulável; ou

c) Se tiverem prevalecido de faculdade a cujo exercício o ato anulável se dirigia.

2. As nulidades respeitantes a falta ou a vício de notificação ou de convocação para ato processual ficam sanadas se a pessoa interessada comparecer ou renunciar a comparecer ao ato.

3. Ressalvam-se do disposto no número anterior os casos em que o interessado comparecer apenas com a intenção de arguir a nulidade.

ARTIGO 122º *(Efeitos da declaração de nulidade)*

1. As nulidades tornam inválido o ato em que se verificarem, bem como os que dele dependerem e aquelas puderem afectar.

2. A declaração de nulidade determina quais os atos que passam a considerar-se inválidos e ordena, sempre que necessário e possível, a sua repetição, pondo as despesas respetivas a cargo do arguido, do assistente ou das partes civis que tenham dado causa, culposamente, à nulidade.

3. Ao declarar uma nulidade o juiz aproveita todos os atos que ainda puderem ser salvos do efeito daquela.

ARTIGO 123 *(Irregularidades) 1. Qualquer irregularidade do processo só determina a invalidade do ato a que se refere e dos termos subsequentes que possa afetar quando tiver sido arguida pelos interessados no próprio ato ou, se a este não tiverem assistido, nos três dias seguintes a contar daquele em que tiverem sido notificados para qualquer termo do processo ou intervindo em algum ato nele praticado. 2. Pode, ordenar-se oficiosamente a reparação de qualquer irregularidade, no momento em que da mesma se tomar conhecimento, quando ela puder afectar o valor do ato praticado».*

[391] *Código de Processo Penal Anotado,* 17ª edição, 2009, Almedina, pp. 327-328.

PRINCÍPIOS DA PROVA

As nulidades resultantes da produção de prova proibida são sempre de conhecimento oficioso até ao trânsito em julgado da decisão final, sem prejuízo de eventual aproveitamento das provas consequenciais.

Embora em alguns quadrantes – prossegue o autor – se conteste que as proibições de prova possam ser enquadradas nas nulidades, e o ponto não tenha grande interesse prático, afigura-se-nos que a dúvida não tem fundamento, pois tanto a CRP, artigo 32º, nº 8, como o CPP, artigo 126º, consideram nulas as provas obtidas por tais meios, acrescentando este que as provas assim obtidas não podem ser utilizadas.

GERMANO MARQUES DA SILVA considera que, a nulidade correspondente à proibição da prova não se enquadra em nenhuma das nulidades referidas (insanáveis e dependentes de arguição). Segundo este autor, parece que o regime das proibições de prova não se reconduz pura e simplesmente ao regime das nulidades, pois se assim fora seria dificilmente explicável o nº 3 do artigo 118º, seguindo, porém, o regime das nulidades insanáveis. Por isso, a nulidade resultante da produção de prova proibida será de conhecimento oficioso até decisão final, só se convalidando com o trânsito em julgado da decisão[392].

Finalmente, também PAULO DE SOUSA MENDES[393] defende, a nosso ver bem, que, o título V *das nulidades* (arts. 118º a 123º, do Código de Processo Penal) não esgota as espécies da nulidade. De facto, o artigo 118º, nº 3, ao prescrever que *as disposições do presente título não prejudicam as normas deste Código relativas a proibições de prova*, sugere a possibilidade de haver um ou mais *regimes especiais* para as nulidades resultantes da violação das normas da prova, concluindo que, em bom rigor, o legislador criou pelo menos um regime especial a saber: as nulidades do artigo 126º, do Código de Processo Penal, cujo regime consiste que as mesmas podem ser atacadas excecionalmente depois do trânsito em julgado da decisão final, caso só fossem descobertas depois disso.

O que está em causa, em nosso entendimento, não é a questão de saber o tipo de nulidade, na medida em que quer a Constituição da República, quer o Código de Processo Penal, consideram que as provas obtidas através dos referidos meios são **nulas**, mas antes o seu regime especial. E o

---

[392] *Ob. cit.*, volume II, 3ª Edição (2002) p. 127.

[393] In «As Proibições da Prova no Processo Penal», *Jornadas de Direito Processual Penal e Direitos Fundamentais* cit., pp. 146-147.

DA PROVA DO CRIME

seu *regime especial*, como expressamente resulta da lei, consiste, em que as provas assim obtidas **não podem ser utilizadas**, a não ser para o fim único, ou exclusivo, como o Código refere, de proceder criminalmente contra os respetivos agentes, no caso do uso de tais métodos constituir crime, salvo as provas obtidas mediante intromissão na vida privada, no domicílio, na correspondência ou nas telecomunicações, no caso de haver consentimento do respetivo titular (art. 126º, nºs 1, 3 e 4).

O nº 2 do art. 126º citado, refere que são ofensivas da integridade física ou moral das pessoas as provas obtidas, **mesmo que com consentimento delas** mediante:

a) *Perturbação da liberdade de vontade ou de decisão através de maus tratos, ofensas corporais, administração de meios de qualquer natureza, hipnose ou utilização de meios cruéis ou enganosos.*

Como gravemente perturbadores da liberdade de formação e manifestação da vontade do arguido são, por exemplo, o **uso do polígrafo**, vulgo *detetor de mentiras* e da **narco análise**, chamados soros da verdade, contra a sua vontade, na exata medida em que, no primeiro caso, em virtude do método de interrogatório e da consequente exploração de reações dos sentimentos, que podem escapar ao controle da vontade do interrogado, apreciadas por meios mecânicos e, no segundo caso, em virtude da administração de substâncias alheias ao organismo humano que conduzem a alterações psíquicas[394].

O uso do **polígrafo** ou **detetor de mentiras** (*lie detector*), assume, como é sabido, uma relevância considerável na experiência processual americana. Na Alemanha, ao invés, conta com o repúdio tradicional e maioritário da doutrina. Isto, como nos dá conta o Prof. COSTA ANDRADE[395], «na esteira duma decisão, proferida já nos anos cinquenta pelo Tribunal Federal, que proclama esta "devassa sobre a alma e as pulsões inconscientes do arguido" incompatível com a dignidade humana, afastando-o sem exceções. Mesmo quando a sua utilização ocorre a coberto de consentimento do arguido».

---

[394] J. J. GOMES CANOTILHO e VITAL MOREIRA, *ob. cit.*, p. 218.
[395] *Ob. cit.*, pp. 217-219.

PRINCÍPIOS DA PROVA

Este entendimento, no entanto, e ainda segundo este autor, «vem conhecendo a contestação duma corrente doutrinal alternativa, minoritária mas em ostensivo ganho de peso, segundo a qual *não será de excluir em absoluto o recurso ao detetor de mentiras no interesse da defesa*. O seu uso há de, pelo contrário, ter-se como admissível e mesmo aconselhável naqueles extremados *casos dramáticos de conflito* em que tal configure a *ultima ratio* para obviar ao perigo duma condenação.

A controvérsia – prossegue o autor – acaba de ser avivada e de ver o seu relevo pragmático reforçado através de um pronunciamento recente do Tribunal Constitucional Federal. Na base da decisão, um caso impressivo: o arguido havia sido condenado a prisão perpétua como autor de um crime de homicídio qualificado e de tentativa de violação. Para infirmar a sentença condenatória, exclusivamente assente em prova indiciária, reclama o arguido, ele próprio, a sua submissão ao teste do *detetor de mentiras*. Atendo-se à orientação tradicional e dominante, decidiu o tribunal de Karlsruhe:

> «A utilização de um *detetor de mentiras (polígrafo)* com a finalidade de, a partir das reações do acusado, retirar conclusões sobre a credibilidade subjetiva das suas declarações, atinge de forma inadmissível o direito de personalidade do arguido protegido pela Lei Fundamental. Isto vale mesmo nos casos em que o arguido consente na utilização de tais métodos de prova». Na fundamentação pode ler-se: «uma tal "radioscopia", da pessoa, que desvirtua o sentido das suas declarações, como expressão da sua autonomia originária, e converte o arguido em mero apêndice de um aparelho, fere de forma intolerável o direito de personalidade tutelado pela Lei Fundamental, que deve constituir uma barreira intransponível à descoberta da verdade em processo penal». Acresce, sustenta ainda o Tribunal Constitucional Alemão, que dificilmente o teste do polígrafo poderá processar-se em condições de liberdade».

No contexto do direito português vigente é inadmissível, como vimos supra, a submissão duma pessoa, *maxime* do arguido, ao teste do *polígrafo* contra a sua vontade.

Porém, defende o Prof. COSTA ANDRADE: «não cremos subsistirem razões intransponíveis a ditar a proibição, sem exceções, do *detetor de mentiras* no interesse da defesa. A sua utilização pode mesmo revelar-se aconselhável naqueles casos extremados em que apareça como a *ultima ratio* para afastar uma condenação. Isto acautelada, por um lado, a sua

DA PROVA DO CRIME

efetivação em condições de plena liberdade. E afastado, por outro lado, o perigo de sacrifícios desproporcionados dos direitos ou interesses de terceiros».

De resto, o legislador português não inscreveu o *polígrafo* no elenco dos métodos proibidos de prova (art. 126º do CPP) mesmo, como salienta ainda o Prof. COSTA ANDRADE, contra o consentimento do interessado.

Esta questão, bem pouco linear, levanta concomitantemente muitas outras questões que podem pôr, nomeadamente, em causa o princípio da presunção da inocência do arguido. A considerar-se admissível e válido este meio de prova, o julgador sentir-se-á tendencialmente tentado a questionar-se, face a um arguido contra o qual estejam todas as provas, porque razão não se submeterá ao polígrafo. A tendência natural do juiz será no sentido de se "inclinar" pela culpabilidade do arguido.

Entre os ***meios cruéis*** encontram-se todos aqueles que produzem lesões ou dores físicas ou morais, *maxime* a coação moral suscitada por reação emocional do arguido colocado na presença dos efeitos do crime ou os interrogatórios conduzidos até ao forte cansaço do interrogado[396].

Meios enganosos constituirão em fornecer elementos falsos acerca de depoimentos ou outros elementos fáticos existentes nos autos para determinar o interrogado a modificar as suas declarações[397].

b) Perturbação, por qualquer meio, da capacidade de memória ou de avaliação.

São perturbadores da capacidade de memória ou de avaliação, por exemplo, os interrogatórios ou inquirições em que o fim das perguntas não é o esclarecimento da verdade material dos factos, mas apenas "enervar", "baralhar" ou "provocar" o interrogado com o fim de dificultar a apreciação da prova[398].

---

[396] Para CAVALEIRO DE FERREIRA, *in Curso de Processo Penal*, Lisboa, 1981, p. 324, não existe coação moral no fato de se suscitar um movimento emocional no arguido através da sua colocação perante os efeitos do crime, como por exemplo mostrar-lhe o cadáver da vítima, indicar-lhe a situação infeliz dos ofendidos, etc..

[397] MARQUES FERREIRA, *ob. cit.*, p. 226.

[398] *Idem, ibidem.*

PRINCÍPIOS DA PROVA

c) *Utilização da força, fora dos casos e dos limites permitidos pela lei*[399].

d) *Ameaça com medida legalmente inadmissível e, bem assim, com denegação ou condicionamento da obtenção de benefício legalmente previsto.*

Como sucederá, por exemplo, quando se faça depender a concessão de liberdade provisória, de declarações neste ou naquele sentido ou da assunção ou não da prática de determinados factos criminosos.

e) *Promessa de vantagem legalmente inadmissível.*

Incluem-se nesta alínea, *verbi gratia*, as promessas de liberdade, de atenuação especial da pena ou da sua exclusão do processo crime a arguido (ou arguidos) que (como autor, co autor, instigador ou cúmplice) foi detido em flagrante delito por ter cometido, por exemplo, um crime de tráfico de estupefacientes, se prestar declarações num determinado sentido ou da assunção ou não da prática de determinados factos.

2.3. Provas consequenciais ou efeito à distância das proibições de valoração da prova

Ainda a propósito das *proibições de prova* coloca-se a questão de saber qual o valor das provas consequenciais ou subsequentes das provas obtidas através dos métodos proibidos. Por exemplo, um arguido, *mediante promessa de vantagem legalmente inadmissível*, confessa em julgamento, livre e esclarecidamente, que havia adquirido um quilograma de um produto estupefaciente, metade do qual já havia vendido e o restante encontrava-se escondido em local que indicou.

Estabelece, como vimos, o artigo 32º, nº 8 da Constituição da República que, *"São nulas todas as provas obtidas mediante tortura, coação, ofensa da integridade física ou moral da pessoa, abusiva intromissão na vida privada, no domicílio,*

---

[399] Sobre o uso da força, vide ANTÓNIO HENRIQUE RODRIGUES MAXIMIANO, in *Os Parâmetros Jurídicos do Uso da Força*, Cadernos de Cidadania, Edição Câmara Municipal de Lisboa – Cultura, Biblioteca Museu República e Resistência.

na correspondência ou nas telecomunicações". As nulidades, *tornam inválido* **o a***to em que se verificarem, bem como os que dele dependerem e aquelas puderem afetar* (artigo 122º, nº 1, do CPP), o que significa que, o vício provocado pela nulidade de prova contamina os demais factos que da mesma estão dependentes ou foram originários[400].

Segundo a teoria da **árvore envenenada** ou dos *frutos da árvore envenenada (fruit of the poisonous tree doctrine)*, desenvolvida nos Estados Unidos da América, e a teoria da *nódoa (Makel-Theorie)*, desenvolvida na Alemanha, as provas obtidas mediante métodos proibidos de prova, ofensivos dos direitos, liberdades e garantias, contaminam, através do *efeito* **à distância** *(Fernwirkung)*, as provas consequenciais ou subsequentes, não podendo, também estas, ser utilizadas.

Através da teoria da **árvore envenenada** ou **árvore venenosa** (prova proibida) importa, pois, averiguar se a prova subsequente ou mediata constitui "fruto" daquela "árvore", estando, por isso, também ele (o "fruto") "envenenado"[401].

O *efeito à distância* consiste, pois, "na proibição de poderem ser tomados em conta pelo tribunal, certos meios de prova; proibição que se impõe pelo facto da valoração do meio de prova consistir numa intervenção no núcleo essencial dos direitos fundamentais ou porque foram obtidos por meios de obtenção de prova proibidos"[402].

A ausência do *efeito à distância* possibilitaria, em bom rigor, a recolha de "provas" através, pelo menos em boa parte dos casos, da **prática de crimes. Tenha-se em consideração,** *v.g.,* uma escuta telefónica, ilegalmente efetuada, totalmente inadmissível num processo penal **próprio de um Estado** de direito democrático como o nosso.

---

[400] ANA RAQUEL CONCEIÇÃO, *Escutas Telefónicas, Regime Processual Penal*, Quid Juris, p. 197.

[401] *Acórdão do Tribunal Constitucional* nº 198/2004, Processo nº 39/2004, de 2004.03.24, *Diário da República*, 2ª série, de 2 de junho de 2004, p. 8549, cuja metáfora, empregue pelo juiz do Supremo Tribunal Federal dos Estados Unidos, FELIX FRANKFURTER, na decisão Nardone *versus* United States, é universalmente conhecida.

[402] ANA RAQUEL CONCEIÇÃO, *Escutas Telefónicas, Regime Processual Penal*, Quid Juris, p. 199.

2.3.1. *Critério aferidor e âmbito do* efeito à distância

Se é certo que, relativamente ao critério aferidor do *efeito à distância* existe consenso entre a doutrina, quanto ao seu fundamento na teoria da imputação objetiva em direito penal, com recurso à teoria da *causalidade adequada*, os *processos hipotéticos e atípicos*, a *esfera da proteção da norma* e *causa virtual*[403], porém, quanto à sua suficiência (ou insuficiência), a divergência **é visível.**

FIGUEIREDO DIAS[404] elege como pressuposto do *efeito à distância* a dignidade humana. Assim, "(...) sempre que a proibição de valoração seja estabelecida com o intuito de ver protegida ou salvaguardada a dignidade humana, a prova mediata também seria afetada com o efeito da proibição de prova oriundo da prova imediata"[405].

MANUEL DA COSTA ANDRADE, por seu turno, entende que o *efeito à distância* parece configurar um momento nuclear do *fim de proteção da norma* (artigo 126º do CPP) na direção do arguido. Na verdade, e como assinala BEULKE[406], «a valoração de meios de prova tornados possíveis a partir de declarações obtidas à custa de coação ou meios enganosos, equivaleria a compelir o arguido a colaborar na sua própria condenação».

O mesmo se diga relativamente à generalidade dos *métodos proibidos de prova* a que se refere o artigo 126º do CPP: tortura, coação, ofensa da integridade física ou moral das pessoas ou meios enganosos. "É o que seguramente se dará na constelação paradigmática do detido em prisão preventiva em cuja cela se introduz um *homem de confiança*. A proibição de valoração que impende sobre as declarações do arguido terá de estender--se aos meios de prova que elas tornaram possíveis"[407].

O *fim de proteção da norma*, visa aferir sobre o que se pretende proteger com a proibição da prova. Qual a *ratio* subjacente a tal proteção. O *efeito à distância*, no que se refere ao testemunho de ouvir dizer, não se verifica, embora as normas processuais penais prescrevam a sua proibição, uma vez que estas têm como *ratio* fundamentalmente exigências próprias dos

---

[403] MANUEL DA COSTA ANDRADE, *Sobre as Proibições de Prova em Processo Penal*, Coimbra Editora, 1992, p. 313 e ANA RAQUEL CONCEIÇÃO, *Escutas Telefónicas ...* cit. pp. 199 e ss.

[404] Como nos dá conta ANA RAQUEL CONCEIÇÃO, *ob. cit.* p. 199.

[405] ANA RAQUEL CONCEIÇÃO, *Escutas Telefónicas ...* cit. p. 199.

[406] Citado por MANUEL DA COSTA ANDRADE, *Sobre as Proibições de Prova ...*, cit. p. 315.

[407] MANUEL DA COSTA ANDRADE, *ob. cit.*, pp. 315-316.

DA PROVA DO CRIME

princípios de *imediação*, de *igualdade de armas* e da regra da *cross examination*[408] e não normas relativas a direitos fundamentais, que a *proibição de prova* visa proteger.

O *efeito à distância* será de afastar igualmente, defende o ilustre penalista, "quando tal seja imposto por razões atinentes ao nexo de causalidade ou de «imputação objetiva» entre a violação da proibição de produção da prova e a prova secundária. Nomeadamente, e no que à «imputação objetiva» concerne, nas hipóteses de relevância dos *processos hipotéticos de investigação*"[409], os quais se encontram ligados **à conceção penalista** dos comportamentos lícitos alternativos. Assim, o *efeito à distância* seria afastado, quando a prova mediata pudesse ser obtida através de um meio lícito. Por outras palavras: não obstante a prova mediata ter sido obtida através de prova imediata proibida, o *efeito à distância* seria afastado se a prova mediata tivesse sido obtida licitamente, com *alto grau de probabilidade* (e não com mera probabilidade), nos termos do Código de Processo Penal[410].

Para se aferir da transmissão da proibição de prova, torna-se, pois, necessário averiguar, por um lado, se a prova imediata ou direta tem subjacente a proteção de direitos fundamentais, por ser essa a *ratio* face ao estabelecido no artigo 32º, nº 8 da CRP e no artigo 126º do CPP, como referimos, por outro, se a prova mediata, reflexa ou indireta, podia ser obtida, com *alto grau de probabilidade* (e não mera probabilidade) licitamente, de acordo com o estabelecido no CPP.

Em sentido semelhante, a doutrina e jurisprudência espanholas, as quais, no âmbito da transmissão da proibição da prova entre a prova imediata e a prova mediata, a relação é aferida através de duas doutrinas: a *causalidade natural* (nexo de causalidade adequada – imputação objetiva) e a conexão de *antijuridicidade*. A proibição afetará as provas mediatas sem-

---

[408] *Ibidem*, p. 317.

[409] *Idem*, p. 316.

[410] *Ibidem*, e Ana Raquel Conceição, *Escutas Telefónicas* ... cit. p. 200. Manuel Monteiro Guedes Valente, *Conhecimentos Fortuitos, A Busca de um Equilíbrio Apuleiano*, Almedina, 2006, p. 93, na esteira da tese da *interpretação restritiva*, acompanha, com Costa Andrade, a posição de Beulke, defendendo que, "o afastamento do *efeito à distância* só é admissível nos casos em que se verificar não apenas um *alto grau de probabilidade*, mas se for convicção idêntica à da sustentação da condenação de que a obtenção das provas secundárias se alcançaria sem a violação da lei. Teoria que ganha maior vigor quando o *efeito à distância* decorre de escutas telefónicas ilícitas, cuja devassa provoca uma elevada e qualificada danosidade social".

PRINCÍPIOS DA PROVA

pre que exista a conexão **natural tendo ainda de se aferir da lesão que o direito fundamental sofrerá com a valoração das provas mediatas**[411].

Face à desconexão de *antijuridicidade*, a doutrina e jurisprudência espanholas estabelecem exceções ao *efeito à distância* na prova mediata.

Para além da desconexão de *antijuridicidade*, o ordenamento jurídico espanhol, como nos informa ANA RAQUEL CONCEIÇÃO[412], admite, essencialmente, três exceções ao *efeito à distância*: a teoria da *fonte independente*; o *descobrimento inevitável* e o *nexo causal atenuado*. A primeira não é mais do que a quebra de conexão causal entre a prova imediata e a mediata, a prova imediata não foi a causa adequada que provocou a obtenção da prova mediata. A segunda é uma teoria semelhante à defendida por Costa Andrade, ou seja a ilicitude da prova imediata não se transmite para prova mediata; sempre que esta última seja um meio de prova cujo conhecimento é inevitável, justifica-se a admissão das provas mediatas, pois estas podiam, perfeitamente, ter sido obtidas sem a tal ilicitude inerente à proibição de prova – a prova mediata podia ter sido obtida de forma válida. O *nexo causal atenuado* prende-se com as situações em que, e **não obstante** existir conexão entre a prova imediata e a mediata, esta última poderá ser afastada da contaminação, sempre que surja através de um processo natural ou espontâneo. Por exemplo, a confissão ou a prova testemunhal, que apesar da base desses meios de prova ter sido um meio de obtenção de prova ilegal, uma prova imediata proibida, estas surgem de uma forma espontânea; critério aferidor dessa conexão atenuada é o lapso temporal que existe entre a prova imediata proibida e a prova mediata.

Também o Supremo Tribunal Norte Americano, através de uma longa elaboração jurisprudencial, particularizou as circunstâncias em que a prova mediata, secundária, indireta ou reflexa deve ser excluída do efeito à distância. São fundamentalmente três os grupos de circunstâncias: a teoria da *fonte independente*; a teoria da *descoberta inevitável* e a teoria da *mácula (nódoa) dissipada*.

A teoria da *fonte independente*, respeita a um recurso probatório destacado inválido, usualmente com recurso a meio de prova anterior que permite induzir, probatoriamente, aquele que o originário tendia, mas que foi impedido, ou seja, quando a ilegalidade não foi *conditio sine qua*

---

[411] ANA RAQUEL CONCEIÇÃO, *ob. cit.*, pp. 200 e ss.
[412] *Ob. cit.*, p. 202, nota de rodapé 436.

DA PROVA DO CRIME

non da descoberta da verdade. Exemplo: busca inicial ilegal na qual foram observados objetos próprios para o tráfico de estupefacientes, mas não os estupefacientes, seguida de uma busca com mandado, baseado numa causa provável anterior à primeira busca, em que o produto estupefaciente foi efetivamente encontrado. Tudo o que foi encontrado na primeira busca deve ser excluído como prova válida, o produto estupefaciente encontrado na segunda deve manter-se como elemento de prova válida.

A outra restrição à doutrina do *fruto da árvore venenosa* é a **descoberta inevitável**, que tem lugar quando se demonstre – pela acusação – que outra atividade investigatória legal, **não levada a cabo**, mas que seguramente iria ocorrer na concreta situação, não fora a descoberta através da prova proibida conducente inevitavelmente ao mesmo resultado, ou seja, quando inevitavelmente, apesar da proibição, o resultado seria inexoravelmente alcançado. Exemplo: um interrogatório ilegal, levou o suspeito a localizar o cadáver da vítima. Este, porém, sendo certo que ocorriam concomitantemente buscas no local onde foi encontrado, viria seguramente, embora eventualmente mais tarde, a ser descoberto.

Nesta teoria o que está em causa não é, ao contrário do que sucede no caso da teoria da *fonte independente*, a constatação de que através de uma atividade de investigação autónoma daquela que originou a prova ilegal se chegou à prova derivada, mas sim, como se referiu, a demonstração de que uma outra atividade investigatória não levada a cabo, mas que seguramente iria ocorrer naquela situação, não fora a descoberta através da prova proibida, conduziria inevitavelmente ao mesmo resultado.

Finalmente a teoria da *mácula dissipada*[413] que conduz a que uma prova, não obstante derivada de outra prova ilegal, seja aceite sempre que os meios de alcançar aquela representem uma forte autonomia relativamente a esta, em termos tais que produzam uma decisiva atenuação da ilegalidade precedente. Exemplos: a ilegalidade de uma detenção inicial, não assente em causa provável, não afeta uma posterior confissão voluntária e esclarecida quanto às suas consequências, tratando-se esta de um ato independente praticado de livre vontade; ou a decisão do suspeito de confessar o crime ou prestar declarações relevantes quanto a este, situação em que a invalidade da prova anterior não se projeta na prova posterior, por assentar em decisões autónomas e produto de uma vontade livre.

---

[413] Expressão usada no *Acórdão do Tribunal Constitucional*, nº 198/2004, cit. p. 8550.

PRINCÍPIOS DA PROVA

Segundo esta teoria, uma prova, não obstante derivada de outra prova ilegal, é aceite, sempre que os meios de alcançar aquela apresentem uma forte autonomia relativamente a esta, em termos tais que produzam uma decisiva atenuação da ilegalidade precedente[414].

Finalmente, duas últimas referências: nos termos do artigo 32º, nº 8 da CRP, *são nulas todas as provas obtidas mediante tortura, coação, ofensa da integridade física ou moral da pessoa, abusiva intromissão na vida privada, no domicilio, na correspondência ou nas telecomunicações*. Com este impositivo constitucional, visou o legislador constitucional a proteção dos direitos fundamentais da pessoa através, justamente, do reconhecimento da nulidade das provas obtidas mediante os meios referidos, bem como, do reconhecimento da nulidade da prova dela dependente ou originária que foi por ela contaminada (artigo 122º, nº 1). E o mesmo se diga relativamente à generalidade dos *métodos proibidos de prova* a que se refere o artigo 126º do CPP, como referimos já.

Assim, o *efeito à distância*, tem como finalidade a proteção dos direitos fundamentais, através das nulidades da prova obtida mediante os meios aludidos concordando, pois, com a teoria do *fim da proteção da norma* defendida por MANUEL DA COSTA ANDRADE, a qual visa, como vimos, aferir sobre o que se pretende proteger com a proibição da prova. Ora, se a norma jurídica proibitiva não tem como finalidade a proteção dos direitos fundamentais, as provas mediatas ou derivadas daquela não são objeto de contaminação por ela.

Relativamente aos *processos hipotéticos de investigação*, os quais se encontram ligados à conceção penalista dos comportamentos lícitos alternativos, o *efeito à distância* seria afastado, quando a prova mediata pudesse ser obtida através de um meio lícito. Por outras palavras: não obstante a prova mediata ter sido obtida através de prova imediata proibida, o *efeito à distância* seria afastado se a prova mediata tivesse sido obtida licitamente, com *alto grau de probabilidade* (e não com mera probabilidade), nos termos do Código de Processo Penal (*vergi gratia*, através de consentimento do respetivo titular, artigo 126º, nº 3).

No que se refere à teoria da *mácula dissipada* ou da *conexão atenuada*, esta conduz a que uma prova, não obstante derivada de outra prova ilegal, seja

---

[414] Cfr. *Acórdão do Tribunal Constitucional* nº 198/2004, cit. e *Acórdão do STJ*, de 20 de fevereiro de 2008, SASTJ, fevereiro 2008.

DA PROVA DO CRIME

aceite sempre que os meios de alcançar aquela representem uma forte autonomia relativamente a esta, em termos tais que produzam uma decisiva atenuação da ilegalidade precedente.

Como refere ANA RAQUEL CONCEIÇÃO[415], "esta conexão atenuada partirá do lapso temporal existente entre o meio de obtenção de prova proibido e o meio de prova dele resultante. Ou seja, são meios de prova que estão conectados com os proibidos, porém surgem de maneira natural e automática (...); ora, se há uma escuta telefónica ilegal e mais tarde o arguido confessa o crime, mesmo que tenha sido a escuta que levou o arguido à confissão, na realidade o importante é que esta tenha operado através do exercício livre e esclarecido da sua vontade, sobretudo, tal como defende a doutrina e jurisprudência espanholas, se entre a escuta telefónica e a confissão do arguido mediar um vasto lapso temporal. Ou seja, se o meio de prova surge de uma forma espontânea e natural não existirá a transmissão do vício, até porque, se surge de uma forma natural ou espontânea, no rigor, será independente e autónoma face ao meio de prova proibido".

3. Da livre apreciação da prova[416]

O Código de Processo Penal, acolhe o princípio da livre apreciação da prova no art. 127º, nos seguintes termos: «Salvo quando a lei dispuser diferentemente, a prova é apreciada segundo as regras da experiência e a livre convicção da entidade competente».

O artigo em análise impõe que a apreciação da prova se faça *segundo as regras da experiência e a livre convicção da entidade competente*.

Estes dois critérios de apreciação da prova são cumulativos, como resulta da copulativa *e*, utilizada pelo legislador, e não a disjuntiva ou, o que significa que as regras da experiência, só por si, não bastam para impor ao julgador que adquira uma convicção em determinado sentido[417].

---

[415] *Escutas Telefónicas* ... cit. p. 206.

[416] Acerca deste importante princípio vide *Acórdão 1165/96 do T.C.* proferido no âmbito do processo nº 142/96, publicado no *DR* nº 31, II Série, de 6/12/97.

[417] Acórdão do STJ de 9 de Novembro de 1994, in *BMJ* nº 441 (1994), pp. 145-154.

PRINCÍPIOS DA PROVA

Na expressão **regras da experiência** englobam-se as regras da lógica, princípios de experiência comum e conhecimentos científicos[418].

A **livre convicção ou apreciação** da entidade competente «não poderá nunca confundir-se com apreciação **arbitrária** da prova produzida nem com a mera **impressão** gerada no espírito do julgador pelos diversos meios de prova»[419].

A livre valoração da prova, nas palavras de GERMANO MARQUES DA SILVA «não deve, pois, ser entendida como uma operação puramente subjetiva pela qual se chega a uma conclusão unicamente por meio de impressões ou conjeturas de difícil ou impossível objetivação, mas valoração racional e crítica, de acordo com as regras comuns da lógica, da razão, das máximas da experiência e dos conhecimentos científicos, que permita objetivar a apreciação, requisito necessário para uma efetiva motivação da decisão»[420].

A livre convicção ou apreciação é, na expressão do Prof. FIGUEIREDO DIAS[421], a convicção da verdade dos factos para além de toda a dúvida razoável.

Daí que o Código de Processo Penal tivesse consagrado (arts. 97º, nº 5 e 374º, nº 2), o dever de fundamentação, de facto e de direito, dos atos decisórios[422] por forma a permitir um efetivo controlo da sua motivação.

---

[418] GERMANO MARQUES DA SILVA, *ob. cit.*, volume II, 3ª Edição (2002) p. 132.

[419] MARQUES FERREIRA, *ob. cit.*, p. 228.

[420] *Ob. cit.*, vol. II, 3ª Edição (2002), p. 132.

[421] *Apud* GERMANO MARQUES DA SILVA, ob. cit., vol. II, 3ª Edição (2002), p. 133.

[422] *Código de Processo Penal*, «ARTIGO 97º *(Atos decisórios)* 1 – Os atos decisórios dos juízes tomam a forma de: *a)* Sentenças, quando conhecerem a final do objeto do processo; *b)* Despachos, quando conhecerem de qualquer questão interlocutória ou quando puserem termo ao processo fora do caso previsto na alínea anterior. 2 – Os atos decisórios previstos no número anterior tomam a forma de acórdãos quando forem proferidos por um tribunal colegial. 3 – Os atos decisórios do Ministério Público tomam a forma de despachos. 4 – Os atos decisórios referidos nos números anteriores revestem os requisitos formais dos atos escritos ou orais, consoante o caso. 5 – Os atos decisórios são sempre fundamentados, devendo ser especificados os motivos de fato e de direito da decisão».

Código de Processo Penal, «ARTIGO 374º *(Requisitos da sentença)* 1. (...). 2. Ao relatório segue-se a fundamentação, que consta da enumeração dos fatos provados e não provados, bem como de uma exposição, tanto quanto possível completa, ainda que concisa, dos motivos, de fato e de direito, que fundamentam a decisão, com indicação e exame crítico das provas que serviram para formar a convicção do tribunal».

DA PROVA DO CRIME

O princípio da livre apreciação da prova está sujeito, no entanto, a algumas limitações, como claramente resulta do preceito legal aludido. Na verdade, aí se refere que a prova é apreciada segundo as regras da experiência e a livre convicção da entidade competente, *salvo quando a lei dispuser diferentemente.*

A lei dispõe diferentemente quanto ao valor da ***prova pericial***, art. 163º do CPP, que dispõe: «*1. O juízo técnico, científico ou artístico inerente à prova pericial presume-se subtraído à livre apreciação do julgador. 2. Sempre que a convicção do julgador divergir do juízo contido no parecer dos peritos, deve aquele fundamentar a divergência*»; quanto ao valor probatório dos ***documentos autênticos e autenticados***, art. 169º, do CPP: «*Consideram-se provados os factos materiais constantes de documento autêntico ou autenticado enquanto a autenticidade do documento ou a veracidade do seu conteúdo não forem fundadamente postas em causa*»[423]; quanto à ***confissão integral e sem reservas*** do arguido em audiência de julgamento, se o crime for punível com pena de prisão até cinco anos (art. 344º, do CPP), e quanto ao ***pedido cível***, art. 84º do CPP: «*A decisão penal, ainda que absolutória, que conhecer do pedido civil constitui caso julgado nos termos em que a lei atribui eficácia de caso julgado às sentenças civis*». Ou seja, a

---

[423] *Código Civil*, «Artigo 363º *(Modalidades dos documentos escritos)* 1. Os documentos escritos podem ser autênticos ou particulares. 2. Autênticos são os documentos exarados, com as formalidades legais, pelas autoridades públicas nos limites da sua competência ou, dentro do círculo de atividade que lhe é atribuído, pelo notário ou outro oficial público provido de fé pública; todos os outros documentos são particulares. 3. Os documentos particulares são havidos por autenticados, quando confirmados pelas partes, perante o notário, nos termos prescritos nas leis notariais».

Código Civil, «Artigo 369º *(Competência da autoridade ou oficial público)* 1. O documento só é autêntico quando a autoridade ou oficial público que o exara for competente, em razão da matéria e do lugar, e não estiver legalmente impedido de o lavrar. 2. Considera-se, porém, exarado por autoridade ou oficial público competentes o documento lavrado por quem exerça publicamente as respetivas funções, a não ser que os intervenientes ou beneficiários conhecessem, no momento da sua feitura, a falsa qualidade da autoridade ou oficial público, a sua incompetência ou a irregularidade da sua investidura».

Código Civil, «Artigo 373º *(Assinatura)* 1. Os documentos particulares devem ser assinados pelo seu autor, ou por outrem a seu rogo, se o rogante não souber ou não puder assinar. 2. Nos títulos emitidos em grande número ou nos demais casos em que o uso o admita, pode a assinatura ser substituída por simples reprodução mecânica. 3. Se o documento for subscrito por pessoa que não saiba ou não possa ler, a subscrição só obriga quando feita ou confirmada perante notário, depois de lido o documento ao subscritor. 4. O rogo deve igualmente ser dado ou confirmado perante notário, depois de lido o documento ao rogante».

PRINCÍPIOS DA PROVA

sentença penal que aprecie e julgue o pedido civil de indemnização[424] faz caso julgado material em processo civil.

4. Da investigação e da verdade processual

A lei nº 43/86, de 26 de setembro (lei de autorização legislativa em matéria de processo penal), art. 2º, al. 4), determinou o *estabelecimento da máxima acusatoriedade do processo penal, temperada com o princípio da investigação judicial.*

O princípio da investigação está consagrado no art. 340º, nº 1, que estatui que «*O tribunal ordena, oficiosamente ou a requerimento, a produção de todos os meios de prova cujo conhecimento se lhe afigure necessário à descoberta da verdade e à boa decisão da causa*». No mesmo sentido dispõe o art. 323º, als. *a*) e *b*), ainda em sede de julgamento e relativamente aos poderes-deveres que cabem ao presidente do tribunal em vista *a descoberta da verdade.*

Outras referências ao mesmo princípio podem ver-se nos arts. 53º, nº 1 «*Compete ao Ministério Público, no processo penal, colaborar com o tribunal na descoberta da verdade...*», 158º, 179º, nº 1, al. *c*), 181º, nº 1, 187º, nº 1 e 299º, todos do CPP.

O princípio da investigação significa que, em última instância, recai sobre o juiz o ónus de investigar e determinar oficiosamente o facto submetido a julgamento. Ele obsta, a que recaia sobre as partes qualquer ónus de afirmar, contradizer e impugnar e impõe-se ao tribunal que se socorra não apenas dos meios de prova apresentados pelos sujeitos processuais mas que recorra oficiosamente a outros meios de prova cujo conhecimento se afigura necessário à descoberta da verdade e boa decisão da causa.

A *verdade processual* não assenta numa ideia de certeza cientificamente comprovada, mas sim numa ideia de probabilidade.

Na expressão de GERMANO MARQUES DA SILVA, a verdade processual «não é senão o resultado probatório processualmente válido, isto é, a convicção de que certa alegação singular de facto é justificavelmente

---

[424] Sobre esta questão, vide JOSE MOURAZ LOPES, «Algumas notas sobre o pedido de indemnização cível formulado no processo penal», *R.P.C.C.*, ano 6, Fasc. 3, Coimbra Editora, Coimbra, p. 429 e ss.

aceitável como pressuposto da decisão, por ter sido obtida por meios pro-cessualmente válidos»[425].

O que está verdadeiramente em causa no processo penal não é a *verdade formal* mas bem diferentemente a *verdade material*, implicando tal desiderato que esta última se equacione num duplo sentido.

Por um lado que seja uma verdade imune às influências que a acusação e a defesa queiram exercer sobre ela *ex vi* dos respetivos comportamentos processuais. Por outro, que seja, uma «verdade judicial prática e, sobretudo, não uma verdade obtida a todo o preço mas processualmente válida»[426], e não uma verdade absoluta ou ontológica.

Em suma, o princípio da investigação ou da verdade material tem como características essenciais, nomeadamente:

- A competência acometida ao juiz para investigar e esclarecer *ex ofício* o facto sujeito a julgamento e a carrear para o processo todas as provas necessárias a uma justa decisão. São disso exemplo o disposto nos arts. 164º (Junção oficiosa de documentos); 288º nº 4 (Direcção da instrução); 290º nº 1 (Atos de instrução); 294º (Inquirição de testemunhas); 340º números 1 e 2 (Produção dos meios de prova); 348 nº 5 (Inquirição de testemunhas em julgamento).
- A inexistência do ónus de contradizer e impugnar.
- A irrelevância da falta de contestação – A não sujeição do tribunal à prova apresentada pelas partes.

Não obstante, os verdadeiros corolários do princípio da investigação são: O princípio *in dubio pro reo* e o princípio imediação.

5. O princípio *in dúbio pro reo*

Referimos, a propósito do princípio da investigação, que é sobre o juiz que recai o encargo de investigar e esclarecer oficiosamente o facto submetido a julgamento. Assim sendo, em processo penal, não impende sobre

---

[425] *Ob. cit.,* vol. II, 3ª Edição (2002), p. 115.

[426] Figueiredo Dias, *Direito Processual Penal, cit.,* pp. 193-194

PRINCÍPIOS DA PROVA

as partes – Ministério Público, enquanto acusador, e arguido, enquanto acusado – qualquer ónus de prova.

Tanto mais que, o Ministério Público encontra-se vinculado a critérios de estrita objetividade[427] e o direito ao silêncio é um direito processual do arguido, consagrado na al. *d*), do nº 1, do art. 61º do CPP.

Na opinião do Prof. FIGUEIREDO DIAS[428], no processo penal não se verifica o *ónus da prova formal* que requeira às partes o dever de produção da prova sob pena de não verem provados os factos em discussão.

O princípio *in dubio pro reo* significa que, um *non liquet* na questão da prova tem de ser sempre valorado a favor do arguido, não apenas em relação aos elementos constitutivos do tipo de crime, mas também quanto aos tipos justificadores[429]. Em caso de dúvida em matéria probatória absolve--se o arguido. O princípio *in dubio pro reo*, na medida em que prescreve que em caso de dúvida quanto à matéria probatória, a decisão deve ser a mais favorável ao arguido, é um corolário do ***princípio da presunção de inocência***[430, 431] do arguido. Vejamos: Efetivamente, como refere JOSÉ SOUTO DE MOURA[432] parte importante do fundamento da decisão reside na matéria de facto dada por provada, ou seja nas provas. O «*in dubio*» é a dúvida, ou seja a não prova, o infundado. Na "não prova" não se pode

---

[427] *Código de Processo Penal*, art. 53º, nº 1: «Compete ao Ministério Público, no processo penal, colaborar com o tribunal na descoberta da verdade e na realização do direito, obedecendo em todas as intervenções processuais a critérios de estrita objetividade». O que mostra que o Ministério Público não é parte no processo. Ele estará, assim, apenas interessado no resultado do processo, enquanto tal resultado corresponder à realização da Justiça e do Direito e não, forçosamente, porque se tenha realizado a sua pretensão. Por isso é que o Ministério Público pode interpor recursos no exclusivo interesse da defesa (arguido), al. *d*) do nº 2, do art. 53º e art. 401º, nº 1, al. *a*) do CPP.

[428] *Direito Processual Penal, cit.*, p. 212.

[429] MARQUES FERREIRA, *ob. cit.*, p. 233 e GERMANO MARQUES DA SILVA, «Princípios Gerais do Processo Penal e Constituição da República Portuguesa», *Revista Direito e Justiça da Universidade Católica Portuguesa*, volume III, 1987/1988, p. 166.

[430] Neste sentido, para além de JOSÉ SOUTO DE MOURA, GERMANO MARQUES DA SILVA, *Revista Direito e Justiça..., cit.* e J. J. GOMES CANOTILHO e VITAL MOREIRA, *ob. cit.*, anotação ao art. 32º, p. 215.

[431] O princípio da *presunção de inocência do arguido* está consagrado no art. 11º, nº 1, da Declaração Universal dos Direitos do Homem, no art. 6º, nº 2 da Convenção Europeia dos Direitos do Homem e no art. 32º, nº 2 da Constituição da República Portuguesa.

[432] «A Questão Da Presunção De Inocência Do Arguido» *Publicação desconhecida*, pp. 45-46.

cimentar o que quer que seja. Nem a absolvição nem a condenação. Mas porque o juiz não pode terminar o julgamento com um *non liquet* tem que optar por uma coisa ou por outra[433]. Porque é que vai optar pela absolvição? Porque as consequências da "não prova" devem ser sofridas por quem tinha a obrigação de fazer a prova.

Em primeiro lugar o Ministério Público, e subsidiariamente o juiz. Responsável pelo estado da dúvida não pode ser o arguido, porque a este não incumbe um esclarecimento no sentido de se dar por segura, logicamente, a sua inocência.

Num puro sistema acusatório conjugado com o princípio da inocência, a acusação tem o ónus de provar os factos que imputa ao arguido. Se o não conseguir, nem por isso a defesa tem qualquer ónus de provar a inocência para que a absolvição surja. A absolvição surgirá, exatamente porque o juiz se não poderá substituir à acusação na prova dos factos que a este interessam.

O princípio da inocência opera assim uma concentração do ónus da prova na acusação, dispensando a defesa de qualquer ónus, o que se compreende: se se ficciona o arguido inocente, para que é que se vai provar a inocência? A haver algo que careça de prova é o contrário, ou seja a culpa.

Tendo por base o referido princípio da investigação, bem se compreende, efetivamente, que todos os factos relevantes para a decisão (quer respeitem ao facto criminoso, quer à pena) que, apesar de toda a prova recolhida, não possam ser subtraídos à "dúvida razoável" do tribunal, também não possam considerar-se como "provados". E se, por outro lado, aquele mesmo princípio obriga em último termo o tribunal a reunir as provas necessárias à decisão, logo se compreende que a falta delas não possa, de modo algum, desfavorecer a posição do arguido[434].

O princípio *in dubio pro reo* é, pois, uma garantia subjectiva e além disso uma imposição dirigida ao juiz no sentido de este se pronunciar de forma favorável ao arguido, quando não tiver a certeza sobre os factos decisivos para a solução da causa[435].

---

[433] Neste sentido, FIGUEIREDO DIAS, *Direito Processual Penal, cit.*, p. 213.

[434] FIGUEIREDO DIAS, *Direito Processual Penal, cit.*, p. 213.

[435] J. J. GOMES CANOTILHO e VITAL MOREIRA, *ob. cit.*, p. 215.

PRINCÍPIOS DA PROVA

6. Princípio da imediação

O princípio da imediação, em sede de produção e valoração de provas, pode ser considerado sob duas perspetivas: o dever de apreciar ou obter os meios de prova mais diretos e na receção da prova pelo órgão legalmente competente.

No primeiro sentido a imediação traduz-se na utilização dos meios de prova originais. No segundo sentido a imediação pressupõe a oralidade do processo; os sujeitos processuais devem conhecer direta e pessoalmente das provas, para obterem uma visão conjunta dos fundamentos de facto da causa[436].

O princípio da imediação significa, pois, a relação de proximidade comunicante entre o tribunal e os participantes no processo, de modo tal que aquele possa obter uma perceção própria do material que haverá de ter como base de decisão[437].

O princípio da imediação atinge a sua expressão máxima na audiência de julgamento[438].

Embora não exista formulação expressa do princípio da imediação no Código de Processo Penal, no entanto, a sua validade pode extrair-se do disposto nos arts. 128º, nº 1, 129º, 130º, 140º, nº 2, 145º, nº 3 e 355º

7. Princípio da contraditoriedade

O princípio da contraditoriedade é um princípio fundamental do processo penal na produção e valoração da prova e tem assento constitucional no que respeita à audiência de julgamento.

Na verdade dispõe o nº 5, do art. 32º da CRP que «*O processo criminal tem estrutura acusatória, estando a audiência de julgamento e os atos instrutórios que a lei determinar subordinados ao princípio do contraditório*».

Este princípio traduz-se na estruturação da audiência de julgamento que compreende um debate ou discussão entre a acusação e a defesa.

---

[436] Neste sentido GERMANO MARQUES DA SILVA, *ob. cit.*, vol. II, pp. 134-135.

[437] Neste sentido, FIGUEIREDO DIAS, citado por JOSÉ ANTÓNIO BARREIROS, «O julgamento no Novo Código de Processo Penal», *Jornadas de Direito Processual Penal*, Centro de Estudos Judiciários, Almedina Coimbra, 1991, p. 277.

[438] Mais desenvolvidamente, JOSÉ ANTÓNIO BARREIROS, *ob. cit.*, pp. 277 e ss..

DA PROVA DO CRIME

Acusação e defesa são chamadas a apresentar as suas razões de facto e de direito, a oferecer as suas provas, a controlar as provas contra si oferecidas e a opinar sobre o valor e resultado de umas e de outras.

Este princípio define, assim, as "regras do jogo" a observar na audiência de julgamento, de modo a proporcionar a igualdade material de armas no processo, entre a acusação e defesa[439].

Já ensinava, o Prof. FIGUEIREDO DIAS, aos alvores da terceira República, que cabendo ao juiz penal, nos termos do princípio da investigação, cuidar em último termo do conseguimento das bases necessárias à sua decisão, não deve ele, todavia, levar a cabo a sua atividade solitariamente, mas deve para tanto ouvir quer a acusação quer a defesa. É este *prima facie*, o sentido e o conteúdo do *princípio do contraditório,* tradução moderna das velhas máximas *audiatur et altera pars* e (com especial atenção ao papel da defesa, historicamente o que mais vezes foi esquecido e alvitrado) *nemo potest inauditu damnari*[440].

Este princípio assume grande importância. Desde logo, porque se as provas hão de ser objeto de apreciação em contraditório na audiência de julgamento, fica excluída a possibilidade de condenação com base em elementos de prova que não tenham sido discutidos em audiência[441].

O princípio da contraditoriedade tem consagração expressa para os meios de prova apresentados em audiência (art. 327º, nº 2) e é aflorado, entre outros, nos arts. 301º, nº 2, 321º, nº 3, 322º, nº 2 e 323º, al. *f*).

---

[439] Sobre o princípio da igualdade de armas, vide JOSÉ NARCISO DA CUNHA RODRIGUES, *Revista Portuguesa de Ciência Criminal,* volume I, 1991, pp. 77-103.

[440] *Direito Processual Penal, cit.,* p. 149.

[441] GERMANO MARQUES DA SILVA, *ob. cit.,* vol. II, 3ª Edição (2002), p. 136.

Capítulo III
Dos Meios de Prova

1. Da prova testemunhal

A disciplina dos meios de prova ocupa o Título I, do Livro III, do Código de Processo Penal (arts. 124º a 170º).

Objeto da prova testemunhal são, essencialmente os factos juridicamente relevantes, de que a testemunha tenha conhecimento. O conhecimento, por via de regra, provém da visão ou audição, mas é igualmente testemunho o que provenha dos demais sentidos, quando apropriado para prova dos factos. A prova testemunhal, embora seja essencialmente constituída pela narração dos factos probandos ou dos meios de prova destes, incide também sobre as circunstâncias consideradas relevantes para valorar a credibilidade do testemunho, nomeadamente circunstâncias pessoais da testemunha[442].

A prova testemunhal é, talvez, o mais importante meio de prova em processo penal. As testemunhas são, na expressão de BENTHAM «os olhos e os ouvidos da justiça. É por meio delas que o juiz vê e ouve os factos que aprecia»[443].

---

[442] GERMANO MARQUES DA SILVA, *ob. cit.*, vol. II, 3ª Edição (2002), pp. 141-142..

[443] JOSÉ DA CUNHA NAVARRO DE PAIVA, *Tratado Theorico e Prático das Provas no Processo Penal*, p. 33, citado por GERMANO MARQUES DA SILVA, *ob. cit.*, vol. II, 3ª Edição (2002), p. 142.

DA PROVA DO CRIME

Na maioria dos processos, a prova testemunhal é o único meio de prova ou, pelo menos, o principal, o que obriga a uma grande atenção para os riscos de falibilidade que este meio de prova encerra. É conhecida a fragilidade humana perante determinadas circunstâncias, em que, tantas vezes, os interesses pessoais e materiais, se sobrepõem, aos valores e princípios da justiça e da verdade.

A complexidade das operações mentais que formam o testemunho deve alertar-nos, desde logo, para o perigo da sua fiabilidade já que, para além do depoimento intencionalmente falseado, a mentira, torna-se necessária a coordenação de vários fatores para que a testemunha possa comunicar com verdade a sua perceção dos factos[444].

1.1. Objeto e limites do depoimento testemunhal

Dispõe o nº 1 do art. 128º que *«A testemunha é inquirida sobre factos de que possua conhecimento direto e que constitua objeto da prova»*.

O primeiro limite do depoimento testemunhal respeita, desde logo, *aos factos de que a testemunha possua conhecimento direto.*

Conhecimento direto dos factos é aquele que resulta do conhecimento da própria testemunha que se tenha apercebido imediatamente deles através dos seus próprios sentidos.

Nestes termos, é proibida toda a inquirição que incida sobre **conclusões, questões de direito, juízos de valor** ou meras **convicções pessoais** da testemunha não alicerçados factualmente.

Esta limitação ao objeto do testemunho é, na prática, como salienta MARQUES FERREIRA[445], de difícil concretização quanto às testemunhas abonatórias ou de "obrigação" e aos testemunhos técnicos ou de "quase-peritos".

Daí que, a lei, embora proíba, como regra, o depoimento constituído *«por meras convicções pessoais sobre factos ou a sua interpretação»*, admite-o como válido, no entanto, nos seguintes casos, art. 130º, nº 2:

a) *Quando for impossível cindi-la do depoimento sobre factos concretos;*

---

[444] GERMANO MARQUES DA SILVA, *ob. cit.*, vol. II, 3ª Edição (2002), p. 142.
[445] *Ob. cit.*, p. 234.

248

DOS MEIOS DE PROVA

b) *Quando tiver lugar em função de qualquer ciência, técnica ou arte;*
c) *Quando ocorrer no estádio de determinação da sanção.*

Como consequência do estatuído no art. 128º, nº 1, é ainda proibido, por via de regra, o *depoimento indireto*.

Esta proibição compreende-se e justifica-se plenamente atendendo as exigências da contraditoriedade e do princípio da imediação caraterizadores de um processo penal de sistema acusatório, como o nosso. Na verdade, para que o debate ou discussão entre a acusação e a defesa, em que se traduz o princípio da contraditoriedade, cumpra plenamente a sua função de contribuição para o esclarecimento dos factos e consequente descoberta da verdade material, torna-se necessário que os depoimentos incidam sobre factos concretos e não sobre o que se ouviu dizer ou o que se diz, bem como a presença física da testemunha e do arguido durante o julgamento, por forma a puder existir, a relação de proximidade comunicante entre o tribunal e os participantes no processo, de modo tal que aquele possa obter uma perceção própria do material que haverá de ter como base de decisão, em que se traduz, o princípio da prova imediata, *maxime* da imediação.

O *depoimento indireto* abrange o testemunho *do que se ouviu dizer a pessoas determinadas* (art. 129º, nº 1) e, por maioria de razão, o depoimento que se limite a reproduzir *vozes ou rumores públicos* (art. 130º, nº 1).

Na situação descrita no nº 1, do art. 130º, a proibição do depoimento é absoluta, como inequivocamente resulta daquele preceito legal: «1. *Não é admissível* como depoimento a reprodução de vozes ou rumores públicos».

Na situação descrita no art. 129º, nº 1, o juiz *pode*[446] chamar a depor as pessoas a quem se referir a testemunha. O que se compreende, pois são elas que podem confirmar ou não o depoimento indireto. Se o juiz o não fizer, o depoimento produzido *não pode*, *naquela parte*, servir como meio de prova. Ou seja, não é permitido valorar como meio de prova a parte do depoimento baseado no que a testemunha ouviu dizer a outrem, mantendo-se válida, no entanto, a parte restante.

---

[446] Marques Ferreira, *ob. cit.*, p. 235, entende, com inteira razão, que o juiz *deve* chamar as pessoas a depor, atento o princípio da investigação.

DA PROVA DO CRIME

O depoimento indireto é, porém, admissível sempre que não for possível a inquirição das pessoas indicadas pela testemunha em virtude de (art. 129º, nº 1, última parte):

a) *morte;*
b) *anomalia psíquica superveniente;*
c) *impossibilidade de serem encontradas.*

As mesmas regras serão aplicadas no caso em que o depoimento resultar da leitura de documento da autoria de pessoa diversa da testemunha (art. 129º, nº 2). Compreende-se esta solução legal.

Com efeito, o ***depoimento indireto*** pode resultar, também, da leitura de documentos elaborados por outrem.

Refira-se, finalmente, que ***não pode***, em caso algum, servir como ***meio de prova*** o depoimento de quem recusar ou não estiver em condições de indicar a pessoa ou a fonte através das quais tomou conhecimento dos factos (art. 129º, nº 3).

1.2. Capacidade e dever de testemunhar

O art. 131º, nº 1, dispõe que *«Qualquer pessoa que se não encontrar interdita por anomalia psíquica tem capacidade para ser testemunha e só pode recusar-se nos casos previstos na lei».*

Nestes termos, qualquer pessoa que tenha ***capacidade*** para testemunhar, tem o ***dever*** de depor como testemunha só podendo recusar-se nos casos previstos na lei.

São ***incapazes*** para testemunhar as pessoas que se encontrarem ***interditas por anomalia psíquica.*** Este é o único caso de ***incapacidade*** previsto expressamente na lei. O testemunho de uma pessoa que se encontra interdita não deve ser admitido, não tendo a menor importância verificar, no caso concreto, se a pessoa interdita pode ou não contribuir para a descoberta da verdade. Não pode simplesmente depor; a lei não lhe reconhece capacidade[447].

---

[447] Neste sentido, GERMANO MARQUES DA SILVA, *ob. cit.*, vol. II, 3ª Edição (2002), p. 144.

DOS MEIOS DE PROVA

Pode suceder ainda que a pessoa esteja ***naturalmente*** incapacitada para testemunhar, por inaptidão física ou mental, incluindo a falta de maturidade própria da infância. Neste caso, a autoridade judiciária verifica a aptidão física ou mental da pessoa para prestar testemunho, usando dos meios que entender por convenientes, e decidirá sobre a credibilidade do depoimento (art. 131º, nº 2).

Tratando-se de depoimento de menor de dezoito anos em crimes contra a liberdade e autodeterminação sexual de menores, pode ter lugar perícia sobre a personalidade (art. 131º, nº 3).

O Código de Processo Penal não estabelece, agora, a distinção entre testemunhas e declarantes como fazia o Código de 1929, no seu art. 216º e bem, em nosso entender. A credibilidade da testemunha há de ser apreciada livremente pelo tribunal, tendo em conta todas as circunstâncias que podem contribuir para a sua maior ou menor credibilidade. Relativamente a algumas das pessoas que no CPP/29 podiam depor na qualidade de declarantes, a lei concede-lhes agora a faculdade de se recusarem a depor, mas se depuserem, o tribunal apreciará livremente os seus depoimentos, como sucedia, aliás, com os declarantes, na vigência do CPP/29)[448].

1.3. Impedimentos

Nos termos do art. 133º, estão impedidos de depor como testemunhas:

a) *O arguido e os coarguidos no mesmo processo ou em processos conexos, enquanto mantiverem aquela qualidade.*
b) *As pessoas que se tiverem constituído assistentes, a partir do momento da constituição.*
c) *As partes civis.*
d) *Os peritos, em relação às perícias que tiverem realizado.*

Claro que, no processo em que é arguido, este presta declarações sobre a matéria dos autos, querendo (arts. 61º, nº 1 al. *d*) e 343º, nº 1). Se prestar declarações, fá-lo-á sempre na qualidade de arguido e não de testemunha. O arguido está impedido de testemunhar, mesmo sobre factos apenas imputados aos coarguidos nesse mesmo processo ou em processos conexos.

---

[448] GERMANO MARQUES DA SILVA, *ob. cit.*, vol. II, 3ª Edição (2002), p. 144.

DA PROVA DO CRIME

Porém, se houver separação de processos, os arguidos de um mesmo crime ou de um crime conexo podem depor como testemunhas, *se nisso expressamente consentirem* (art. 133º, nº 2).

Nos termos do art. 145º, nº 1, podem os assistentes prestar declarações no processo, a requerimento seu ou do arguido ou sempre que a autoridade judiciária competente o entender conveniente. Prestam declarações na qualidade de assistentes e não na de testemunhas.

Também as partes civis podem prestar declarações no processo, a requerimento seu ou do arguido ou sempre que a autoridade judiciária competente o entender conveniente. Do mesmo modo que os assistentes prestam declarações na qualidade de partes civis e não na de testemunhas (art. 145º, nº 1).

1.4. Recusa de testemunho

Nos termos do art. 134º podem recusar-se a depor como testemunhas[449]:

a) *Os descendentes, os ascendentes, os irmãos, os afins até ao segundo grau, os adotantes, os adotados e o cônjuge do arguido.*

Também os arguidos do mesmo crime ou de um crime conexo, em caso de separação de processos, podem recusar-se a depor como testemunhas (art. 133º, nº 2).

b) *Quem tiver sido cônjuge do arguido, ou quem, sendo de outro ou do mesmo sexo, com ele conviver ou tiver convivido em condições análogas às dos cônjuges, relativamente a factos ocorridos durante o casamento ou a coabitação.*

A entidade competente para receber o depoimento adverte, *sob pena de nulidade,* as pessoas referidas anteriormente da faculdade que lhes assiste de recusarem o depoimento (art. 134º, nº 2, do CPP)[450].

---

[449] Sobre a recusa de depoimento por parte de familiar, cfr. Acórdão do *STJ* de 17 de Janeiro de 1996, comentado criticamente por A. MEDINA SEIÇA, in *Revista Portuguesa de Ciência Criminal*, Ano 6, Fasc. 3, Coimbra Editora, Coimbra 1996, p. 477 e ss.

[450] COSTA ANDRADE (*ob. cit.*, p. 90) considera que, o art. 134º, nº 2, do CPP (testemunhas não esclarecidas sobre a faculdade de recusa de depoimento), consagra uma *proibição de meio de prova.*

DOS MEIOS DE PROVA

1.5. Escusa e proibição de testemunho por dever de segredo

1.5.1. Segredo profissional e religioso

Nos termos do art. 135º, nº 1, os ministros de religião ou confissão religiosa, os advogados, os médicos os jornalistas, os membros de instituições de crédito e as demais pessoas a quem a lei permitir ou impuser que guardem segredo profissional *podem escusar-se* a depor *sobre os factos abrangidos por aquele segredo*[451].

Como afirma COSTA ANDRADE, as coisas são relativamente óbvias em relação às pessoas legitimadas pela lei processual penal (art. 135º do CPP) – e a isso mesmo compelidas pela lei penal substantiva, artigo 195º) – a recusar depoimento em nome do segredo profissional[452].

Nos termos do referido preceito legal, as pessoas aí aludidas podem legitimamente escusar-se a depor sobre factos abrangidos pelo segredo profissional. A não ser que o interesse a salvaguardar pela quebra do segredo seja sensivelmente superior ao interesse protegido pelo mesmo segredo – interesse sacrificado – (art. 34º, al. *b*), do Código Penal), ou então que vise *afastar um perigo atual e não removível de outro modo, que ameace a vida, a integridade física, a honra ou a liberdade do agente ou de terceiro e não seja razoável exigir-lhes, segundo as circunstâncias do caso, comportamento diferente* (art. 35º, nº 1, do Código Penal).

Em relação aos ministros de religião ou de confissão religiosa[453] a *faculdade escusa* não tem quaisquer limites (art. 135º, nº 5). Não assim, no entanto, relativamente aos demais.

---

[451] Já a Novíssima Reforma Judiciária dispunha, no seu artigo 966º, que os confessores, os advogados, médicos, cirurgiões e parteiras, depondo, não eram obrigados a revelar os segredos que houvessem obtido em virtude do seu estado ou profissão.

A questão do segredo, devido ao conflito de interesses públicos em causa, por um lado, a descoberta da verdade e consequente realização da justiça, e por outro a garantia da autonomia, independência e do pleno exercício da profissão, através do segredo, sempre foi, e continua a ser, muito controvertida.

[452] *Ob. cit.*, p. 300.

[453] Nos termos do art. 12º da Concordata, celebrada entre o Estado Português e a Santa Sé: «os eclesiásticos não podem ser perguntados pelos magistrados ou outras autoridades sobre fatos ou coisas de que tenham tido conhecimento por motivo do sagrado ministério».

Dada a importância que reveste para o estudo desta questão transcrevemos algumas considerações do parecer 119/90 de 10 de Janeiro, da Procuradoria Geral da República (PGR): «Pode dizer-se que, num sentido amplo e descomprometido, «religião» é todo um sistema ideológico

É verdade que as questões relacionadas com crenças e fé religiosas, pela sua importância e pelo seu melindre, merecem um tratamento especial de proteção por parte do Estado. No entanto, com a proliferação das religiões ou confissões religiosas, e o consequente facilitismo – em algumas delas – na nomeação de ministros ou equiparados, nomeadamente pastores e guias espirituais, corre a justiça elevados riscos ao conceder, de uma forma quase absoluta, tal direito. Não é menos verdade que a ser de modo diverso, isso levantaria melindrosos problemas de constitucionalidade nomeadamente por violação do princípio da igualdade, especialmente em relação à igreja católica.

Já não assim – e inquestionavelmente, bem – quanto às demais pessoas.

Na verdade, havendo dúvidas fundadas sobre a legitimidade da escusa, a autoridade judiciária, perante a qual o incidente se tiver suscitado, procede às averiguações necessárias. Se, após estas, concluir pela ilegitimidade da escusa, ordena, ou requer ao tribunal que ordene, a prestação do depoimento (art. 135º, nº 2).

Note-se que, quanto à decisão do incidente da legitimidade da escusa esta caberá exclusivamente ao tribunal. Apenas este pode decidir sobre o dever de testemunhar, mesmo no âmbito do inquérito, competindo ao juiz de instrução decidir nesta fase. Da decisão do tribunal cabe recurso nos termos gerais.

Acresce que o tribunal superior àquele onde o incidente se tiver suscitado, ou, no caso de o incidente se ter suscitado perante o Supremo Tribunal de Justiça, o plenário das secções criminais, pode decidir da prestação de testemunho com *quebra do segredo profissional* sempre que esta se mostre justificada, segundo o princípio da prevalência do interesse preponderante, nomeadamente tendo em conta a imprescindibilidade do depoimento para a descoberta da verdade, a gravidade do crime e a necessidade de proteção de bens jurídicos. Ou seja, face às normas e princípios aplicáveis

---

que busca uma explicação transcendental, metafísica, para a razão de ser do universo e da vida, exteriorizando-se em atos que traduzem uma relação do homem para com um ser seu superior Deus. Será, assim, religiosa toda a atitude, individual ou coletiva, exteriorizável em atos, pela qual os homens manifestem a sua fidelidade aos princípios em que creem, formando uma Comunidade ou Igreja (...). Adotando noções já perfilhadas por este órgão consultivo, poder-se-ia dizer que a «confissão religiosa» constituía «um todo complexo institucionalizado, comportando um núcleo de fiéis, um corpo de doutrina, bem como a exteriorização dos princípios ou prática confessional, integrando os chamados atos de culto, a tudo acrescendo, segundo certos autores, um elemento histórico consubstanciável na tradição».

DOS MEIOS DE PROVA

da lei penal, nomeadamente face ao princípio da prevalência do interesse preponderante (art. 34º, al. *b*), do Código Penal). A intervenção é suscitada pelo juiz, oficiosamente ou a requerimento (art. 135º, nº 3).

Nos casos previstos nos números 2 e 3 do art. 135º em apreço, ou seja, quer na hipótese em que o tribunal decide pela ilegitimidade da escusa de depor, quer quando ordena o depoimento com quebra do segredo profissional, deve ouvir *o organismo representativo da profissão relacionada com o segredo profissional em causa, nos termos e com os efeitos previstos na legislação que a esse organismo seja aplicável* (art. 135º, nº 4).

1.5.2. *Segredo dos funcionários públicos*[454]

Acerca desta matéria refere COSTA ANDRADE que, as proibições de prova podem resultar do primado reconhecido a valores ou interesses de índole supra individual como os subjacentes ao *Segredo de Funcionários* e *Segredo de Estado* (arts. 136º e 137º)[455].

Nos termos do art. 136º, nº 1, os funcionários **não podem ser inquiridos** sobre factos que constituam segredo e de que tiverem tido conhecimento no exercício das suas funções.

O Código Penal, prevê e pune no art. 383º[456] a violação de segredo por funcionário, estabelecendo no art. 386º o conceito de funcionário para efeitos penais[457].

---

[454] Sobre esta temática vide FARIA COSTA, «Os Meios de Comunicação (Correios, Telégrafos, Telefones ou Telecomunicações), o Segredo e a Responsabilidade Penal dos Funcionários, *Separata do Boletim da Faculdade de Direito*, Coimbra 1996, Vol. LXXII.

[455] *Ob. cit.*, p. 75.

[456] *Código Penal*, Artigo 383º *(Violação de segredo por funcionário):*

«1 – O funcionário que, sem estar devidamente autorizado, revelar segredo de que tenha tomado conhecimento ou que lhe tenha sido confiado no exercício das suas funções, ou cujo conhecimento lhe tenha sido facilitado pelo cargo que exerce, com intenção de obter, para si ou para outra pessoa, benefício, ou com a consciência de causar prejuízo ao interesse público ou a terceiros, é punido com pena de prisão até três anos ou com pena de multa.

2 – Se o funcionário praticar o fato previsto no número anterior criando perigo para a vida ou para a integridade física de outrem ou para bens patrimoniais alheios de valor elevado é punido com pena de prisão de um a cinco anos. 3 – O procedimento criminal depende de participação da entidade que superintender no respetivo serviço ou de queixa do ofendido».

[457] *Código Penal*, artigo 386º *(Conceito de funcionário)*

«*1 – Para efeito da lei penal a expressão funcionário abrange:*

DA PROVA DO CRIME

Esta situação é diversa da prevista no art. 135º, do CPP. Com efeito, enquanto as pessoas a que alude aquele preceito legal e sobre as quais recai o dever de segredo, não estão impedidas de testemunhar, podem, no entanto, escusar-se a fazê-lo, os funcionários não podem ser inquiridos sobre factos que constituam segredo, salvo decisão do tribunal, mas não têm a faculdade de se escusarem a testemunhar.

É correspondentemente aplicável o disposto nos números 2 e 3 do art. 135º, do CPP, a que já nos referimos supra.

Trata-se, nesta situação, de uma ***proibição de prova***.

---

a) O funcionário civil;

b) O agente administrativo; e

c) Os árbitros, jurados e peritos; e

c) Quem, mesmo provisória ou temporariamente, mediante remuneração ou a título gratuito, voluntária ou obrigatoriamente, tiver sido chamado a desempenhar ou a participar no desempenho de uma atividade compreendida na função pública administrativa ou jurisdicional, ou, nas mesmas circunstâncias, desempenhar funções em organismos de utilidade pública ou nelas participar.

2 – Ao funcionário são equiparados os gestores, titulares dos órgãos de fiscalização e trabalhadores de empresas públicas, nacionalizadas, de capitais públicos ou com participação maioritária de capital público e ainda de empresas concessionárias de serviços públicos.

3 – São ainda equiparados ao funcionário, para efeitos do disposto nos artigos 335º e 372º a 374º:

a) Os magistrados, funcionários, agentes e equiparados de organizações de direito internacional público, independentemente da nacionalidade e residência;

b) Os funcionários nacionais de outros Estados, quando a infração tiver sido cometida, total ou parcialmente, em território português;

c) Todos os que exerçam funções idênticas às descritas no nº 1 no âmbito de qualquer organização internacional de direito público de que Portugal seja membro, quando a infração tiver sido cometida, total ou parcialmente, em território português.

d) Os magistrados e funcionários de tribunais internacionais, desde que Portugal tenha declarado aceitar a competência desses tribunais;

e) Todos os que exerçam funções no âmbito de procedimentos de resolução extrajudicial de conflitos, independentemente da nacionalidade e residência, quando a infração tiver sido cometida, total ou parcialmente, em território português;

f) Os jurados e árbitros nacionais de outros Estados, quando a infração tiver sido cometida, total ou parcialmente, em território português.

4 – A equiparação a funcionário, para efeito da lei penal, de quem desempenhe funções políticas é regulada por lei especial».

DOS MEIOS DE PROVA

1.5.3. Segredo de Estado

Dispõe o art. 137º, nº 1, do CPP, *que as testemunhas **não podem ser inquiridas** sobre factos que constituam segredo de Estado.*

A proibição de testemunhar sobre factos abrangidos pelo segredo de Estado, recai sobre todas as pessoas que tenham conhecimento desses factos, independentemente do seu estado ou profissão. Daí que, o segredo de Estado não seja, propriamente, segredo profissional.

O segredo de Estado abrange, nomeadamente, os factos cuja revelação, ainda que não constitua crime, possa causar dano à segurança, interna ou externa do Estado Português ou à defesa da ordem constitucional (art. 137º, nº 2).

A invocação de segredo de Estado por parte da testemunha é regulada nos termos da lei que aprova o regime do segredo de Estado e da Lei Quadro do Sistema de Informação da República Portuguesa (art. 137º, nº 3)[458].

Trata-se, também, neste caso, de uma ***proibição de prova***.

1.6. Imunidades, prerrogativas e proteção das testemunhas

Têm aplicação em processo penal todas as imunidades e prerrogativas estabelecidas na lei quanto ao dever de testemunhar e ao modo e local de prestação dos depoimentos (art. 139º, nº 1, do CPP).

O art. 139º, nº 1 em apreço remete, pois, para as leis especiais que consagram tais regalias. Na ausência destas, haverá que ter presente o disposto nos arts. 503º, 504º e 505º do Código de Processo Civil, aprovado pela Lei nº 41/2013, de26 de junho[459].

---

[458] O Regime do segredo de Estado foi aprovado pela Lei Orgânica nº 2/2014, de 6 de agosto, alterada e republicada pela Lei Orgânica nº 1/2015, de 8 de janeiro. A Lei Quadro do Sistema de Informações da República Portuguesa foi aprovada pela Lei nº 30/84, de 5 de setembro, alterada e republicada pela Lei Orgânica nº 4/2014, de 13 de agosto.

[459] *Código de Processo Civil* (aprovado pela Lei nº 41/2013, de 26 de junho), "Artigo 503º *(Prerrogativas de inquirição)* Artigo 503º 1 – Gozam da prerrogativa de ser inquiridos na sua residência ou na sede dos respetivos serviços: *a)* O Presidente da República; *b)* Os agentes diplomáticos estrangeiros que concedam idêntica regalia aos representantes de Portugal. 2 – Gozam de prerrogativa de depor primeiro por escrito, se preferirem, além das entidades previstas no número anterior: *a)* Os membros do Conselho de Estado; *b)* Os membros dos

DA PROVA DO CRIME

Em relação às prerrogativas de inquirição concedidas ao bastonário da ordem dos advogados e presidente da câmara dos solicitadores parece--nos discriminatória na medida em que o preceito que as consagra exclui

órgãos de soberania, com exclusão dos tribunais, e dos órgãos equivalentes das Regiões Autónomas; *c*) Os juízes dos tribunais superiores; *d*) O Provedor de Justiça; *e*) O Procurador-Geral da República e o Vice-Procurador-Geral da República; *f*) Os membros do Conselho Superior da Magistratura, do Conselho Superior dos Tribunais Administrativos e Fiscais e do Conselho Superior do Ministério Público; *g*) Os oficiais generais das Forças Armadas; *h*) Os altos dignitários de confissões religiosas; *i*) O bastonário da Ordem dos Advogados e o presidente da Câmara dos Solicitadores. 3 – Ao indicar como testemunha uma das entidades designadas nos números anteriores, a parte deve especificar os fatos sobre que pretende o depoimento".

Artigo 504º *(Inquirição do Presidente da República)* 1 – Quando se ofereça como testemunha o Presidente da República, o juiz faz a respetiva comunicação ao Ministério da Justiça, que a transmite, por intermédio da Presidência do Conselho de Ministros, à Presidência da República. 2 – Se o Presidente da República declarar que não tem conhecimento dos fatos sobre que foi pedido o seu depoimento, este não tem lugar. 3 – Se o Presidente da República preferir, relata por escrito o que souber sobre os fatos; o tribunal ou qualquer das partes, com o consentimento do tribunal, podem formular, também por escrito e por uma só vez, os pedidos de esclarecimento que entenderem. 4 – Da recusa de consentimento prevista no número anterior não cabe recurso. 5 – Se o Presidente da República declarar que está pronto a depor, o juiz solicita à Secretaria Geral da Presidência da República a indicação do dia, hora e local em que deve ser prestado o depoimento. 6 – O interrogatório é feito pelo juiz; as partes podem assistir à inquirição com os seus advogados, mas não podem fazer perguntas ou instâncias, devendo dirigir-se ao juiz quando julguem necessário algum esclarecimento ou aditamento".

"Artigo 505º *(Inquirição de outras entidades)* 1 – Quando se ofereça como testemunha alguma pessoa das compreendidas na alínea *b*) do nº 1 do artigo 503º, são observadas as normas de direito internacional; na falta destas, se a pessoa preferir depor por escrito, aplica-se o regime dos números seguintes; se não, é fixado, de acordo com essa pessoa, o dia, hora e local para a sua inquirição, prescindindo-se da notificação e observando-se quanto ao mais as disposições comuns. 2 – Quando se ofereça como testemunha alguma pessoa das compreendidas no nº 2 do artigo 503º, é-lhe dado conhecimento pelo tribunal do oferecimento, bem como dos fatos sobre que deve recair o seu depoimento. 3 – Se alguma dessas pessoas preferir depor por escrito, remete ao tribunal da causa, no prazo de 10 dias a contar da data do conhecimento referido no número anterior, declaração, sob compromisso de honra, relatando o que sabe quanto aos fatos indicados; o tribunal e qualquer das partes podem, uma única vez, solicitar esclarecimentos igualmente por escrito, para a prestação dos quais se estabelece um prazo de 10 dias. 4 – A parte que tiver indicado a testemunha pode solicitar a sua audiência em tribunal, justificando devidamente a necessidade dessa audiência para completo esclarecimento do caso; o juiz decide, sem recurso. 5 – Não tendo a testemunha remetido a declaração referida no nº 3, não tendo respeitado os prazos ali estabelecidos, ou decidindo o juiz que é necessária a sua presença, é a mesma testemunha notificada para depor".

os outros bastonários das outras ordens profissionais (*v.g.* o exemplo do da ordem dos médicos), estando por isso, a nosso ver, ferido de inconstitucionalidade por violação do art. 13º da CRP.

Fica assegurada a possibilidade de realização do contraditório legalmente admissível no caso (art. 139º, nº 3, do CPP).

O nº 2, do referido art. 139º remete para lei especial, a proteção das testemunhas e de outros intervenientes no processo penal contra formas de ameaça, pressão ou intimidação, nomeadamente nos casos de terrorismo, criminalidade violenta ou altamente organizada. Esta matéria encontra-se regulada na lei nº 93/99, de 14 de Julho, alterada pelas leis números 29/2008, de 4 de julho e 42/2010, de 3 de setembro, que, por sua vez, foi regulamentada pelo decreto-lei nº 190/2003, de 22 de agosto, alterado pelo decreto-lei nº 227/2009, de 14 de setembro.

1.7. *Direitos e deveres das testemunhas*

1.7.1. *Direitos das testemunhas*

Como já referimos supra, a prova testemunhal é dos mais importantes meios de prova e o dever de testemunhar não é só um ***dever jurídico***, mas também um ***dever ético***. Como é referido por GERMANO MARQUES DA SILVA[460], as testemunhas para cumprirem o seu dever sofrem frequentemente, porém, graves incómodos e elevados prejuízos, não sendo menor a desconsideração com que são tratadas pelo tribunal, pelos advogados e funcionários. Por isso que muitas pessoas se retraiam em cumprir o dever de colaborar com a justiça, o que em muito pode contribuir para a sua degradação. Importa, por isso, não olvidar os direitos que assistem às testemunhas e que, ao contrário dos deveres, a lei não refere expressamente.

Os direitos das testemunhas são, pois, o direito de audiência, à correção do tribunal e a indemnização a título de compensação das despesas realizadas, nos termos do art. 317º[461].

---

[460] *Ob. cit.*, vol. II, 3ª Edição (2002), p. 162.

[461] *Código de Processo Penal «ARTIGO 317º (Notificação e compensação de testemunhas, peritos e consultores técnicos) 1* – As testemunhas, os peritos e os consultores técnicos indicados por quem se não tiver comprometido a apresentá-los na audiência são notificados para comparência,

DA PROVA DO CRIME

As testemunhas são chamadas ao processo a fim de colaborarem no esclarecimento dos factos relevantes, contribuindo, consequentemente, para a realização da justiça no caso concreto. Ao tribunal assiste, pois, o estrito dever de proteger a sua honra e consideração[462] e evitar, para com elas, qualquer atitude agressiva ou de menosprezo.

Mal se compreende pois, face a estes direitos, que uma testemunha de Leiria tenha sido recentemente condenada por um tribunal de Lisboa por ter faltado à chamada de um julgamento marcado pela oitava vez que, como nas anteriores sete não se chegou a realizar.

A testemunha sabia que o arguido iria faltar e por isso faltou também de modo a evitar os enormes transtornos que tal comparência, inútil, diga--se, lhe iria causar.

Sobre a testemunha já haviam recaído inelutavelmente e sem qualquer compreensão do tribunal ou do sistema, as sistemáticas faltas ao serviço, quebra de compromissos sociais entre outros incómodos próprios da situação.

Assim, à testemunha faltosa foi-lhe aplicada a respetiva multa, cujo montante corresponde a cerca de um quinto do seu vencimento mensal.

---

exceto os peritos dos estabelecimentos, laboratórios ou serviços oficiais apropriados, os quais são ouvidos por teleconferência a partir do seu local de trabalho, sempre que tal seja tecnicamente possível, sendo tão-só necessária a notificação do dia e da hora a que se procederá à sua audição. 2 – Quando as pessoas referidas no número anterior tiverem a qualidade de órgão de polícia criminal ou de trabalhador da Administração Pública e forem convocadas em razão do exercício das suas funções, o juiz arbitra, sem dependência de requerimento, uma quantia correspondente à dos montantes das ajudas de custo e dos subsídios de viagem e de marcha que no caso forem devidos, que reverte, como receita própria, para o serviço onde aquelas prestam serviço. 3 – Para os efeitos do disposto no número anterior, os serviços em causa devem remeter ao tribunal as informações necessárias, até cinco dias após a realização da audiência. 4 – Quando não houver lugar à aplicação do disposto no nº 2, o juiz pode, a requerimento dos convocados que se apresentarem à audiência, arbitrar-lhes uma quantia, calculada em função de tabelas aprovadas pelo Ministério da Justiça, a título de compensação das despesas realizadas. 5 – Da decisão sobre o arbitramento das quantias referidas nos números anteriores e sobre o seu montante não há recurso. 6 – As quantias arbitradas valem como custas do processo. 7 – A secretaria, oficiosamente ou sob a direção do presidente, procede a todas as diligências necessárias à localização e notificação das pessoas referidas no nº 1, podendo, sempre que for indispensável, solicitar a colaboração de outras entidades».

[462] Que são direitos da personalidade, protegidos pela Constituição da República, artigo 26º.

DOS MEIOS DE PROVA

1.7.1.1. O direito da testemunha em fazer-se acompanhar por advogado no ato da inquirição

Uma das mais relevantes inovações introduzidas pela 4ª revisão constitucional, operada através da Lei Constitucional nº 1/97, de 20 de Setembro, no âmbito dos direitos fundamentais, foi, justamente, o seguinte aditamento ao nº 2, do art. 20º, da Constituição da República: *«Todos têm direito, nos termos da lei, (...) a fazer-se acompanhar por advogado perante qualquer autoridade»*[463].

Após a revisão do Código de Processo Penal, operada pela lei nº 48/2007, de 29 de agosto, estabelecem os números 4 e 5 do artigo 132º, respetivamente, que, *sempre que deva prestar depoimento, ainda que no decurso de ato vedado ao público, a testemunha pode fazer-se acompanhar de advogado, que a informa, quando entender necessário, dos direitos que lhe assistem, sem intervir na inquirição*, e que, por razões óbvias, *não pode acompanhar testemunha, nos termos do número anterior, o advogado que seja defensor de arguido no processo.*

Antes, porém, da revisão aludida, já a doutrina entendia, com inteira razão, que o direito a fazer-se acompanhar por advogado perante qualquer autoridade não dependia sequer de determinada qualidade ou estatuto processual, designadamente, de arguido, suspeito, vítima, testemunha, ofendido, etc. Constitucionalizou-se, o direito de *todos*, sem apelo a um determinado estatuto, podendo até nem sequer haver processo[464].

---

[463] Este aditamento ao nº 2, do art. 20º da CRP, na discussão em Plenário da Assembleia da República (*Diário da Assembleia da República*, I Série, nº 94, de 16 de Julho de 1997), foi especialmente saudado – intervenções dos deputados Calvão da Silva, p. 3387, e Cláudio Monteiro, p. 3388 – tendo a nova redação sido aprovada por unanimidade (*Diário da Assembleia da República*, I Série, nº 95, de 18 de Julho de 1997, p. 34622).

[464] Cfr. Parecer da *PGR* nº P000371998, http://www.pgr.pt – Pareceres PGR; GERMANO MARQUES DA SILVA, *ob. cit.*, vol. II, 3ª Edição (2002), pp. 164 e 171 e Conselheiro ALBERTO AUGUSTO ANDRADE DE OLIVEIRA, *Parecer* referido (voto de vencido), que sustentavam: o comando constitucional em apreço insere-se na Parte I, referente aos Direitos e Deveres Fundamentais, tendo como epígrafe «Acesso ao direito e tutela jurisdicional efetiva». Trata-se de um dos componentes do acesso ao direito, a par do direito à informação e consulta jurídicas e ao patrocínio judiciário, mas mais amplo e de feição especial porque tem por finalidade essencial a prevenção contra os eventuais abusos das autoridades.

DA PROVA DO CRIME

Não obstante a sua importância como garantia do exercício de direitos dos cidadãos, o certo é que, até à referida revisão, o aludido preceito constitucional foi letra morta, quer para os tribunais quer para a Procuradoria--Geral da República, ora porque se entendia que faltava ainda a lei para a sua regulamentação e excessiva a sua extensão, ora porque se considerava

---

Ao contrário dos direitos de informação, consulta jurídica e patrocínio judiciário, o direito de *todos* – arguido, testemunha, ofendido, suspeito, visado e vítima – *a acompanhamento por advogado perante qualquer autoridade* é exequível por si mesmo, não exigindo qualquer mediação da lei, sendo diretamente aplicável e vincula as entidades públicas e privadas, nos termos do art. 18º, nº 1, da Constituição da República. O que não significa, naturalmente, que o seja em toda a sua extensão. Para plena realização do direito pode ser necessário regular por lei, *v.g.* quais os direitos e deveres do advogado que acompanha a pessoa. Esta regulamentação, no entanto, é uma questão posterior ao *direito de acompanhamento por advogado*. Quanto a este, foi o legislador constitucional o mais descritivo possível, de forma a permitir uma aplicabilidade imediata.

Acresce que nenhuma norma do Código de Processo Penal se opõe ao *acompanhamento por advogado* por parte da testemunha. Apenas impede a intermediação de procurador no depoimento, que é um ato pessoal, art. 138º, nº 1, do CPP. Ao invés, a razoabilidade de tal direito resulta de várias disposições do CPP, como por exemplo: arts. 132º, nº 2, 133º, nº 2, 134º, 135º e 59º, nº 2. Analisemos cada um destes preceitos legais.

Finalmente, um outro caso, não menos relevante, em que a assistência do advogado se revela particularmente necessária é, justamente, o do art. 59º, nº 2 (o direito da testemunha a ser constituída como arguido). Nesta hipótese, a constituição de arguido far-se-á a *pedido* da testemunha, a qual, na maior parte das vezes, desconhece este seu direito (e muito menos ainda o seu alcance) bem como a forma, o tempo e os termos em que o deve exercer. Nestas circunstâncias, o conselho jurídico do advogado é, obviamente, fundamental.

Defender-se a não consagração no processo penal do direito da testemunha ao acompanhamento por advogado para a afirmação do não direito será similar ao entendimento de que o que não é expressamente permitido é proibido. Por outro lado, haverá sempre que atender-se que é a lei que tem de se interpretar conforme a Constituição e não o inverso.

O direito do cidadão, na qualidade de interessado ou de testemunha, em ser assistido por advogado é uma consequência dos princípios do *processo justo* e do Estado de direito democrático (art. 2º da CRP).

Todas as pessoas têm o direito de evitar deparar-se perante as autoridades, ainda que as mais democráticas e respeitadoras da lei e do direito, em regime de solidão. É que os abusos são sempre possíveis, infelizmente reais e frequentes, e é bom que possam ser prevenidos e denunciados. O acompanhamento por advogado serve para informar, fiscalizar, prevenir, denunciar e perseguir pelos meios adequados, se necessário for; é sobretudo um meio expedito de proteção preventiva contra a prepotência, o arbítrio a e injustiça; é uma garantia de respeito da lei por todas as autoridades; é um princípio inerente ao Estado de direito democrático.

Esta doutrina, no entanto, tem apenas, felizmente, interesse histórico.

262

DOS MEIOS DE PROVA

que era incompatível com a disciplina do segredo de justiça, também com valor constitucional (art. 20º, nº 3, da CRP).

Conhecendo certamente esta circunstância, resolveu o legislador consagrar o direito da testemunha em fazer-se acompanhar por advogado sempre que deva prestar depoimento, no Código de Processo Penal, pondo, assim, termo às divergências, sobretudo jurisprudenciais, que se verificavam antes da revisão de 2007.

1.7.2. Deveres das testemunhas

Dispõe o art. 132º do CPP que, salvo quando a lei dispuser diferentemente, incumbem à testemunha os deveres de:

a) *Apresentar-se, no tempo e no lugar devidos, à autoridade por quem tiver sido legitimamente convocada ou notificada, mantendo-se à sua disposição até ser por ela desobrigada.*

Em caso de falta injustificada de comparecimento de pessoa (onde se inclui a testemunha) regularmente convocada ou notificada, no dia, hora e local designados, o juiz condena o faltoso ao pagamento de uma soma entre duas e dez UCs., podendo ainda o juiz ordenar, oficiosamente ou a requerimento, a **sua detenção** pelo tempo indispensável à realização da diligência e, bem assim, condenar o faltoso ao pagamento das despesas ocasionadas pela sua não comparência, nomeadamente das relacionadas com notificações, expediente e deslocação de pessoas. Tratando-se do arguido, pode ainda ser-lhe aplicada medida de prisão preventiva, se esta for legalmente admissível (art. 116º, números 1 e 2 do CPP). A condenação e a ordem de detenção referidas são sempre da competência do juiz, mesmo na fase de inquérito (arts. 116º, 257º e 268º, do CPP).

Para efeitos de notificação, a testemunha pode indicar a sua residência, o local de trabalho ou outro domicílio à sua escolha (art. 132º, nº 3). Trata-se de um dispositivo destinado a preservar certas testemunhas, por exemplo membros das forças e serviços de segurança, de eventuais constrangimentos e retaliações.

DA PROVA DO CRIME

b) *Prestar juramento, quando ouvida por autoridade judiciária*[465].

O juramento (da testemunha) nunca pode ser prestado perante os órgãos de polícia criminal, mas apenas perante a autoridade judiciária. Porém, o compromisso dos peritos e intérpretes pode ser prestado perante a autoridade judiciária ou a autoridade de polícia criminal competente, as quais advertem previamente quem os dever prestar das sanções que incorrem em caso de recusa ou falta (art. 91º, nº 3)[466].

A recusa de prestar juramento ou o compromisso equivale à recusa de depor ou a exercer funções (art. 91º, nº 4), criminalmente punida com a pena de prisão de 6 meses a 3 anos ou com pena de multa não inferior a 60 dias, nos termos do art. 360º, números 1 e 2 do Código Penal.

Os menores de dezasseis anos, os peritos e os intérpretes que forem funcionários públicos e intervierem no exercício das suas funções, não prestam juramento ou compromisso, mesmo perante a autoridade judiciária (art. 91º, nº 6, als. *a*) e *b*), do CPP).

O juramento e o compromisso, uma vez prestados, não necessitam de ser renovados na mesma fase de um mesmo processo, podendo, no entanto, sê-lo em fase diversa do mesmo processo, *v.g.*, na fase de inquérito e na fase de julgamento (art. 91º, nº 5).

c) *Obedecer às indicações que legitimamente lhe forem dadas quanto à forma de prestar depoimento.*

Estas indicações respeitam apenas à forma de prestar o depoimento e nunca quanto ao seu conteúdo que é inteiramente livre.

Sobre o conteúdo do depoimento não são, de forma alguma, legítimas quaisquer indicações de quem inquire. Quando o depoimento seja reduzido a auto, o que acontece com grande frequência, deve ser este redigido,

---

[465] *Código de Processo Penal*, «ARTIGO 91º nº 1 *(Juramento e compromisso)*: As testemunhas prestam o seguinte juramento: «Juro, por minha honra, dizer toda a verdade e só a verdade». O direito de se não incriminar a si próprio é uma decorrência necessária do princípio do processo equitativo.

[466] Os peritos e os intérpretes prestam, em qualquer fase do processo, o seguinte compromisso: «Comprometo-me, por minha honra, a desempenhar fielmente as funções que me são confiadas (art. 91º, nº 2).

DOS MEIOS DE PROVA

sempre que possível, com as próprias expressões da testemunha, a fim de evitar eventuais deturpações do conteúdo do depoimento. Acresce que, uma expressão diferente da proferida pela testemunha, embora com o mesmo significado, pode não ser compreendida por ela.

d) *Responder com verdade às perguntas que lhe forem dirigidas.*

A testemunha não só tem o dever de testemunhar (art. 131º, nº 1, do CPP), como também o de responder com verdade às perguntas que lhe forem dirigidas. O testemunho falso constitui crime, punível com pena de prisão de 6 meses a 3 anos ou com pena de multa não inferior a 60 dias. Se o testemunho falso for praticado depois de o agente ter prestado juramento e ter sido advertido das consequências penais a que se expõe, a pena é de prisão até 5 anos ou de multa até 600 dias (art. 360º, números 1 e 3 do Código Penal).

A testemunha **não é**, porém, «*obrigada a responder a perguntas quando alegar que das respostas resulta a sua responsabilização penal*» (art. 132º, nº 2, do CPP). O que se compreende, pois, ninguém tem o dever de se incriminar a si próprio[467].

1.8. Regras de Inquirição

O depoimento *é um **ato pessoal*** que não pode, em caso algum, ser feito por intermédio de procurador (art. 138º, nº 1 do CPP).

A inquirição deve incidir, primeiramente, sobre os elementos necessários à identificação da testemunha, sobre as suas relações de parentesco e as de interesse ou interesses com o arguido, o ofendido, o assistente, as partes civis e com outras testemunhas, bem como sobre quaisquer circunstâncias

---

[467] O direito de não responder ou prestar declarações e, bem assim, o de se *não incriminar a si mesmo* são decorrências necessárias do princípio do processo equitativo. Interesses de ordem pública (como os de manutenção da ordem e paz públicas e de boa administração da justiça), não podem servir de justificação para a existência e aplicação de disposições que contrariem os direitos do arguido de guardar silêncio ou de não contribuir para a sua própria incriminação (*Acórdão do Tribunal Europeu dos Direitos do Homem*, de 21 de Dezembro de 2000, Caso Heaney e McGuinness c. Irlanda, http://www.pgr.pt).

relevantes para avaliação da credibilidade do depoimento. Seguidamente, se a testemunha for obrigada a juramento, deve prestá-lo, e só depois inicia o depoimento (art. 138º nº 3).

O art. 138º, nº 2, estabelece uma regra de extrema importância: «*às testemunhas não devem ser feitas perguntas sugestivas ou impertinentes, nem quaisquer outras que possam prejudicar a espontaneidade e a sinceridade das respostas*».

A testemunha tem direito à **correção** por parte de todos os intervenientes processuais, magistrados, advogados e órgãos de polícia criminal, não podendo, assim, ser ofendida na sua honra e consideração quando é interrogada. Por isso a lei veda as perguntas impertinentes. **Pergunta impertinente** é não só aquela que é estranha ao assunto como também aquela que lesa. Lesa a clareza do processo, o esclarecimento do caso e a própria testemunha, molestando-a.

Às testemunhas não podem ser feitas, também, perguntas *que possam prejudicar a espontaneidade e a sinceridade das respostas*. A espontaneidade e sinceridade das respostas da testemunha podem ser prejudicadas pelas próprias perguntas, mas sobretudo pelo modo como são formuladas. A pergunta que contenha direta ou veladamente uma promessa ou ameaça pode suscitar na testemunha o temor de dizer a verdade ou o interesse em mentir; a que ponha em causa, ofensivamente, a credibilidade da testemunha, pode suscitar-lhe como reação o omitir factos relevantes de que tem efetivo conhecimento, o desejo de se libertar do tormento tão pronto quanto possa ou também o mentir como desforra ou autodefesa pela agressão de que está a ser vítima, etc. Não podem criar-se obstáculos, sejam eles quais forem, à espontaneidade da testemunha, nomeadamente a censura ou correção da linguagem por ela usada. É que pode suceder que a testemunha seja levada a omitir factos relevantes por receio de não se saber expressar convenientemente[468].

Às testemunhas não podem ser feitas, finalmente, perguntas sugestivas. **Perguntas sugestivas** são aquelas que inspiram, facilitam ou conduzem a uma determinada resposta.

Quando for conveniente, podem ser mostradas às testemunhas quaisquer peças do processo, documentos que a ele respeitem, instrumentos com que o crime foi cometido ou quaisquer outros objetos apreendidos (art. 138º, nº 4).

---

[468] GERMANO MARQUES DA SILVA, *ob. cit.*, vol. II, 3ª Edição (2002), p. 161.

Se a testemunha apresentar algum objeto ou documento que puder servir a prova, faz-se menção da sua apresentação e junta-se ao processo ou guarda-se devidamente (art. 138º, nº 5).

A **inquirição das testemunhas em julgamento** são inquiridas por quem as indicou, sendo depois sujeitas a contra interrogatório.

Quando neste forem suscitadas questões não levantadas no interrogatório direto, quem tiver indicado a testemunha pode reinquiri-la sobre aquelas questões, podendo seguir-se novo contra interrogatório com o mesmo âmbito.

Os juízes e os jurados (se os houver) podem, *a qualquer momento*, formular à testemunha as perguntas que entenderem necessárias para esclarecimento do depoimento prestado e para a boa decisão da causa (art. 348º, números 4 e 5 do CPP).

Mediante autorização do presidente do tribunal, podem as testemunhas indicadas por um co arguido ser inquiridas pelo defensor de outro co arguido (art. 348º, nº 6).

Note-se, porém, que a inquirição em julgamento de testemunhas *menores de dezasseis anos* é levada a cabo *apenas* pelo *presidente do tribunal*. Finda ela, os outros juízes, ou jurados, o Ministério Público, o defensor e os advogados do assistente e das partes civis podem pedir ao presidente que formule à testemunhas perguntas adicionais (art. 349º).

1.9. Valor probatório da prova testemunhal

A prova testemunhal é apreciada segundo as regras da experiência e a livre convicção da entidade competente (art. 127º).

2. Da prova por acareação

A acareação é um meio de prova que consiste no confronto direto e pessoal entre as pessoas que prestaram declarações contraditórias no processo, e tem por finalidade esclarecer depoimentos divergentes sobre um ou mais factos.

É admissível acareação entre co arguidos, entre o arguido e o assistente, entre testemunhas ou entre estas, o arguido e o assistente sempre que

DA PROVA DO CRIME

houver contradição entre as suas declarações e a diligência se afigurar útil à descoberta da verdade (art. 146º, nº 1). Ou seja, é admissível a acareação entre as pessoas que prestam declarações no processo, **com exceção dos peritos.**

Os pressupostos da admissibilidade da acareação são, pois, os seguintes: *a existência de declarações anteriores contraditórias das pessoas objeto da acareação; e que a diligência se afigure útil à descoberta da verdade.*

Na acareação, a entidade que presidir à diligência, após reproduzir as declarações que considera contraditórias, pede às pessoas acareadas que as confirmem ou modifiquem e, quando necessário, que contestem as das outras pessoas. Seguidamente, deve formular as perguntas que entender convenientes para o esclarecimento da verdade (art. 146º, nº 4).

Como salienta GERMANO MARQUES DA SILVA[469], importa ainda que as declarações contraditórias possam ser utilizadas como meio de prova na fase em que se procede à acareação, isto é, se as declarações anteriores não são utilizáveis na fase processual então não é admissível a acareação relativamente a essas declarações. Assim, por exemplo, se tiver havido contradição entre as declarações dos co arguidos ou destes e de testemunhas na fase do inquérito, como essas declarações não são admissíveis como meios de prova na fase de julgamento, não pode proceder-se à acareação relativamente a elas nesta fase processual, porque seria inútil.

A acareação pode ter lugar *oficiosamente* ou a *requerimento* dos sujeitos processuais interessados (art. 146º, nº 3).

Refira-se, finalmente, que a acareação pode ter lugar em qualquer fase do processo em que seja admitida a prova por depoimentos.

3. Da prova por reconhecimento de pessoas e de objetos

3.1. Reconhecimento de pessoas

O reconhecimento é um meio de prova que *consiste na confirmação, pela pessoa que procede ao ato, de uma pessoa ou coisa conhecida anteriormente.* Trata-se, pois, de um meio de prova confirmador, e não criador, de um elemento de prova já admitido processualmente.

---

[469] *Ob. cit.*, vol. II, 3ª Edição (2002), p. 193.

A prova por reconhecimento encontra-se regulada nos arts. 147º a 149º, do CPP.

Nos termos do nº 1, do art. 147º, antes de se proceder ao **reconhecimento físico de pessoas**, a pessoa que proceda à identificação, deverá:

a) *Descrever o identificando com a indicação de todos os pormenores de que se recorde.*
b) *Informar se já tinha visto o identificando e em que condições;*
c) *Acrescentar outras circunstâncias que possam influir na credibilidade da identificação.*

Só após estas diligências se efetuará o **reconhecimento físico das pessoas** e apenas quando pela forma descrita a identificação não tenha sido cabal[470].

Se a identificação por descrição não tiver sido cabal, afasta-se quem dever proceder a ela e chama-se pelo menos **duas pessoas** que apresentem as maiores semelhanças possíveis, inclusive de vestuário, com a pessoa a identificar. A pessoa a identificar é então colocada ao lado das duas, devendo, se possível, apresentar-se nas mesmas condições em que poderia ter sido vista pela pessoa que procede ao reconhecimento. Esta é então chamada (a pessoa que deve proceder à identificação) e questionada sobre se reconhece algum dos presentes e, em caso afirmativo, qual (art. 147º, nº 2). Estas pessoas, intervenientes neste processo de reconhecimento, são, se nisso consentirem, fotografadas, sendo as fotografias juntas ao auto (art. 147º, nº 4).

Se houver razão para crer que a pessoa chamada a fazer a identificação pode ser intimidada ou perturbada pela efetivação do reconhecimento e este não tiver lugar em audiência, deve o mesmo efetuar-se, se possível, **sem que aquela pessoa seja vista pelo identificando** (art. 147º, nº 3).

A lei permite o reconhecimento por fotografia, filme ou gravação realizada no âmbito da **investigação criminal**. Porém, este só pode valer como meio de prova quando for seguido do reconhecimento previsto no número 2, ou seja, quando a identificação não for cabal (art. 147º, nº 5).

---

[470] Neste sentido Acórdão do Supremo Tribunal de Justiça, de 22 de Novembro de 1989, in BMJ, nº 391 (1989), p. 433: «Na prova por reconhecimento, só quando a identificação não for cabal é que se torna necessário adotar o procedimento indicado no nº 2 do artigo 147º do Código de Processo Penal e o tribunal julga segundo a sua convicção e valoração».

DA PROVA DO CRIME

As fotografias, filmes ou gravações que se refiram apenas a pessoas que não tiveram sido reconhecidas podem ser juntas ao auto, mediante o respetivo consentimento (art. 147º, nº 6).

O reconhecimento que não obedecer aos requisitos referidos **não tem valor como meio de prova**, seja qual for a fase do processo em que mesmo ocorrer (art. 147º, nº 4), o que não impede, todavia, que se proceda a um novo reconhecimento efetuado com observância das formalidades legais (Acórdão do Tribunal Constitucional nº 199/2004, Processo nº 900/2003, *Diário da República – II SÉRIE*, nº 286, de 7 de Dezembro de 2004, p. 18 335)[471].

Neste particular, o sistema norte americano é bem mais exigente. Permite sempre a ocultação da pessoa, que procede ao reconhecimento como medida garantística contra intimidações, inibições ou perturbações conscientes ou subconscientes. O vestuário dos identificandos é-lhes fornecido pela polícia, visando evitar sugestões artificiais, criadas por qualquer peça de vestuário ou de ornamentação.

Além do mais, para a *"prova de reconhecimento"* são selecionadas pessoas cuja fisionomia seja a mais aproximada possível do suspeito.

3.2. Reconhecimento de objetos

Em relação ao reconhecimento de objetos, o art. 148º manda aplicar as regras estabelecidas para o reconhecimento de pessoas, atrás referidas, em tudo quanto for correspondentemente aplicável, sob pena de o reconhecimento **não ter valor como meio de prova**.

Se o reconhecimento deixar dúvidas, junta-se o objeto a reconhecer com pelo menos dois outros semelhantes e pergunta-se à pessoa se reconhece algum de entre eles e, em caso afirmativo, qual (art. 148º, nº 2).

---

[471] Acórdãos do Tribunal Constitucional números 137/2001 e 199/2004, Processo nº 900/2003, publicados, respetivamente, em *Acórdãos do Tribunal Constitucional*, 49º vol., p. 547, e *Diário da República – II SÉRIE*, nº 286, de 7 de Dezembro de 2004, p. 18 335: viola as garantias de defesa do arguido a norma do art. 127º do CPP «quando interpretada no sentido de admitir que o princípio da livre apreciação da prova permite a valoração em julgamento de um *reconhecimento do arguido realizado sem a observância de nenhumas das regras definidas pelo artigo 147º do Código de Processo Penal»*.

O Código de Processo Penal só disciplina o ato de reconhecimento de pessoas ou coisas. Porém, nada obsta, quanto a nós, que o reconhecimento incida sobre qualquer perceção suscetível de apreensão através dos sentidos (sons, cheiros e quaisquer outros fenómenos captáveis pelos sentidos), dado que a lei o não proíbe.

3.3. Pluralidade de reconhecimento

Quando houver necessidade de proceder ao reconhecimento da mesma pessoa ou do mesmo objeto *por mais de uma pessoa*, cada uma delas fá-lo-á separadamente, impedindo-se a comunicação entre elas (art. 149º, nº 1 do CPP).

Quando houver necessidade *de a mesma pessoa* reconhecer várias pessoas ou vários objetos, o reconhecimento é feito separadamente para cada pessoa ou cada objeto (art. 149º, nº 2).

É correspondentemente aplicável o disposto nos artigos 147º *(reconhecimento de pessoas)* e 148º *(reconhecimento de objetos)*, cujo regime referimos supra (nº 3 do art. 149º).

4. Da prova por reconstituição do facto

A reconstituição é um meio de prova que consiste na reprodução, tão fiel quanto possível, das condições em que se afirma ou se supõe ter ocorrido o facto e na repetição do modo de realização do mesmo e tem por finalidade determinar se um facto poderia ter ocorrido de certa forma (art. 150º, nº 1 do CPP). Quanto mais fiel for a reconstituição do facto maior será o grau de certeza do resultado que pretende atingir[472].

---

[472] *Acórdão do Tribunal da Relação de Coimbra*, de 11 de agosto de 2010, processo nº 199//09.0JAAVR.C1. "I – Através da reconstituição do fato visa-se conseguir a reprodução tão fiel quanto possível das condições em que se afirma ter ocorrido um determinado fato. II – A reconstituição, quando efetuada com a colaboração do arguido deve ser acompanhado pelo defensor. III – É válido com meio de prova autónoma, a reconstituição efetuada com a colaboração do arguido e na presença do defensor, independentemente de o arguido se ter remetido ao silêncio na audiência de julgamento".

DA PROVA DO CRIME

A reconstituição do facto não tem por finalidade a comprovação de um facto histórico, como acontece com a generalidade dos restantes meios de prova, mas sim verificar se *um facto* poderia ter ocorrido nas *condições em que se afirma ou se supõe ter ocorrido.*

O facto a que se refere a reconstituição é qualquer facto probando, podendo ser o próprio facto típico, uma parte ou um dos seus elementos ou circunstâncias, podendo mesmo ter por objeto um simples facto probatório, como por exemplo, para comprovar se uma testemunha poderia ter observado um dado facto em certas circunstâncias de tempo e do lugar; importa é que seja relevante para a prova[473].

O despacho que ordenar a reconstituição do facto deve conter uma indicação sucinta do seu objeto, do dia, hora e local em que ocorrerão as diligências e da forma da sua efetivação, eventualmente, com recurso a meios audiovisuais. No mesmo despacho pode ser designado *perito* para execução de operações determinadas (art. 150º, nº 2).

Determina o art. 150º, nº 3 que a publicidade da diligência deve, na medida do possível, ser evitada. E bem se compreende tal precaução, já que o segredo permite evitar que sejam, nomeadamente, feitas encenações prévias que consistam em "montar" uma reconstituição que depois seria fácil repetir para o tribunal. Nas reconstituições o fator impreparação e surpresa são essenciais para o mais fácil apuramento da verdade.

5. Da prova pericial

5.1. *Atividade e objeto da prova pericial*

Numa altura em que frequentemente a prova testemunhal desliza pelos caminhos sinuosos dos interesses ocultos, do medo, das cumplicidades e da falta de consciência cívica, a prova pericial (e documental) é cada mais decisiva no combate à criminalidade, *maxime*, a de maior danosidade social, como sejam a corrupção, a criminalidade fiscal, a criminalidade económico-financeira e os crimes contra a liberdade e a autodeterminação sexual.

---

[473] GERMANO MARQUES DA SILVA, *ob. cit.*, vol. II, 3ª Edição (2002), pp. 196-197.

A **perícia** é a *atividade de perceção ou apreciação dos factos probandos efetuada por pessoas dotadas de especiais conhecimentos técnicos, científicos ou artísticos*[474].

A prova pericial tem lugar quando a perceção ou a apreciação dos factos exigirem **especiais conhecimentos técnicos, científicos ou artísticos**, art. 151º do CPP.

5.2. Competência para ordenar e efetuar as perícias e respetivo processamento

As *perícias* são ordenadas, *oficiosamente* ou a *requerimento*, por despacho da autoridade judiciária[475], que conterá: *a indicação do objeto da perícia; os quesitos a que os peritos devem responder* e a *indicação da instituição, laboratório ou o nome dos peritos que realizarão a perícia* (art. 154º, nº 1 do CPP).

Sempre que o despacho que ordena a perícia não contiver os elementos referidos, os peritos devem obrigatoriamente requerer as diligências ou os esclarecimentos, que devem ser praticadas ou fornecidos, consoante os casos, no prazo máximo de cinco dias (art. 156º, nº 4).

A autoridade judiciária deve transmitir à instituição, ao laboratório ou aos peritos, consoante os casos, toda a informação relevante à realização da perícia, bem como a sua atualização superveniente, sempre que eventuais alterações processuais modifiquem a pertinência do pedido ou o objeto da perícia, aplicando-se o regime referido supra quanto à formulação dos quesitos (art. 154º, nº 2).

Quando se tratar de perícia sobre caraterísticas físicas ou psíquicas de pessoa que não haja prestado consentimento, o despacho é, por razões óbvias, da competência do juiz, que pondera a necessidade da sua realização, tendo em conta o direito à integridade pessoal e à reserva da intimidade do visado (art. 154º, nº 3).

Os despachos referidos são notificados ao Ministério Público, quando este não for o seu autor, ao arguido, ao assistente e às partes civis, com antecedência mínima de três dias sobre a data indicada para a realização da perícia, salvo nos seguintes casos: *em que a perícia tiver lugar no decurso do*

---

[474] GERMANO MARQUES DA SILVA, *ob. cit.*, vol. II, 3ª Edição (2002), p. 197.

[475] Juiz, o juiz de instrução e o Ministério Público, cada um relativamente aos atos processuais que cabem na sua competência (art. 1º, al. *b*), do CPP).

DA PROVA DO CRIME

inquérito e a autoridade judiciária que a ordenar tiver razões para crer que o conhecimento dela ou dos seus resultados, pelo arguido, pelo assistente ou pelas partes civis poderia prejudicar as finalidades do inquérito; e de urgência ou de perigo na demora, (art. 154º, números 4 e 5).

Ordenada a perícia, o Ministério Público, o arguido, o assistente e as partes civis podem designar para assistir à realização da mesma, se isso ainda for possível, um **consultor técnico** da sua confiança, o qual poderá propor a efetivação de determinadas diligências e formular observações e objeções, que ficam a constar do auto (art. 155º, números 1 e 2 do CPP).

A designação do consultor técnico e o desempenho da sua função não podem atrasar a realização da perícia e o andamento normal do processo (art. 155º, nº 4).

Em qualquer altura do processo pode a autoridade judiciária competente determinar, oficiosamente ou a requerimento, quando isso se revelar de interesse para a descoberta da verdade, que os peritos sejam convocados para prestarem esclarecimentos complementares, devendo ser-lhes comunicado o dia, a hora e o local em que se efetivará a diligência; ou que seja realizada nova perícia ou renovada a perícia anterior a cargo de outro ou outros peritos.

Os peritos dos estabelecimentos, laboratórios ou serviços oficiais são ouvidos por teleconferência a partir do seu local de trabalho, sempre que tal seja tecnicamente possível, sendo tão só necessária a notificação do dia e da hora a que se procederá a sua audição (art. 158º).

Aos peritos e consultores técnicos podem, naturalmente, ser tomadas declarações na audiência de julgamento. Também nesta sede são os peritos dos estabelecimentos, laboratórios ou serviços oficiais, ouvidos por teleconferência a partir do seu local de trabalho, sempre que tal seja tecnicamente possível, sendo tão só necessária a notificação do dia e da hora a que se procederá à sua audição (art. 350º do CPP).

O perito é obrigado a desempenhar a função para que tiver sido competentemente nomeado. Porém, pode pedir **escusa** com base na falta de condições indispensáveis para a realização da perícia. É aplicável ao perito o regime previsto no art. 39º do CPP (impedimentos relativos ao juiz *ex vi* do art. 47º do mesmo diploma legal. O perito pode ser **recusado**, pelos mesmos fundamentos, pelo Ministério Público, pelo arguido, pelo assistente ou pelas partes civis, sem prejuízo, no entanto, da realização da perícia se for **urgente** ou houver **perigo na demora** (art. 153º, números 1 e 2 do CPP).

DOS MEIOS DE PROVA

O perito pode ser **substituído** pela autoridade judiciária que o tiver nomeado quando não apresentar o *relatório pericial* no prazo previsto no art. 157º, ou quando desempenhar de forma negligente o encargo que lhe foi cometido. A decisão de substituição do perito é irrecorrível (art. 153º, nº 3).

Operada a substituição, o substituído é notificado para comparecer perante a autoridade judiciária competente e expor as razões por que não cumpriu a tarefa. Se a autoridade judiciária considerar existente grosseira violação dos deveres que ao substituído incumbiam, o juiz, oficiosamente ou a requerimento, condena-o ao pagamento de uma soma entre uma e seis Ucs (art. 153º, nº 4).

Os peritos prestam, em qualquer fase do processo, o seguinte compromisso: «*Comprometo-me por minha honra, a desempenhar fielmente as funções que me são confiadas*» (arts. 156º, nº 1 e 91º, nº 2 do CPP).

O compromisso é prestado perante a autoridade judiciária competente, a qual adverte, previamente, quem o dever prestar das sanções em que incorre se o recusar ou a ele faltar (art. 91º, nº 3).

A recusa a prestar o compromisso equivale à recusa a exercer as funções (art. 91º, nº 4). Neste caso ser-lhe-á aplicado o disposto no art. 116º do CPP, sem prejuízo da responsabilidade criminal que lhe possa caber, que a verificar-se, passaria pela aplicação do disposto nos artigos 348º (desobediência), 360º nº 2 e 381º (recusa de cooperação) todos do Código Penal.

O compromisso, uma vez prestado, não necessita de ser renovado na mesma fase de um mesmo processo (art. 91º, nº 5).

Não prestam o compromisso os peritos que forem funcionários públicos e intervierem no exercício das suas funções e os menores de dezasseis anos (art. 91º, nº 6, als. *a*) e *b*)).

A autoridade judiciária competente, oficiosamente ou a requerimento dos peritos ou dos consultores técnicos, pode formular quesitos quando a sua existência se revelar conveniente (art. 156º, nº 1).

A autoridade judiciária assiste, sempre que possível e conveniente, à realização da perícia, podendo a autoridade judiciária que a tiver ordenado permitir também a presença do arguido e do assistente, salvo se a perícia for suscetível de ofender o pudor (art. 156º, nº 2).

Se os peritos carecerem de quaisquer diligências ou esclarecimentos, requerem que essas diligências se pratiquem ou esses esclarecimentos lhes sejam fornecidos, para tanto lhes podendo ser mostrado quaisquer atos ou documentos do processo (art. 156º, nº 3).

DA PROVA DO CRIME

Os elementos de que o perito tenha tomado conhecimento na perícia só podem ser utilizados para as finalidades da mesma (art. 156º nº 5).

Finda a perícia, os peritos procedem à elaboração do **relatório pericial**, no qual mencionam e descrevem as suas respostas e conclusões devidamente fundamentadas e que não podem ser contraditadas, admitindo-se, no entanto, que sejam pedidos esclarecimentos pela autoridade judiciária, pelo arguido, pelo assistente, pelas partes civis e pelos consultores técnicos (art. 157º, nº 1 do CPP).

Estes esclarecimentos poderão ser formulados oficiosamente ou requeridos em qualquer altura do processo, quando isso se revelar de interesse para a descoberta da verdade, devendo ser comunicado aos peritos o dia, a hora e o local em que se efetivará a diligência (art. 158º, nº 1, al. *a*)).

Ainda oficiosamente, ou a requerimento e quando isso se revelar de interesse para a descoberta da verdade, poder-se-á realizar nova perícia ou renovada a perícia anterior por outro ou outros peritos (art. 158º, nº 1, al. *b*)).

O **relatório pericial** é elaborado logo de seguida à realização da perícia, podendo ser ditado para o auto (art. 157º, nº 2 do CPP). Se, no entanto, o **relatório pericial** não puder ser elaborado logo de seguida à realização da perícia, é marcado um prazo, **não superior a sessenta dias**, para a sua apresentação. Em casos de especial complexidade, o prazo pode ser prorrogado, a requerimento fundamentado dos peritos, **por mais trinta dias** (art. 157º, nº 3).

Se o conhecimento dos resultados da perícia não for indispensável para o juízo sobre a acusação ou sobre a pronúncia, pode a autoridade judiciária competente autorizar que o relatório pericial seja apresentado até à abertura da audiência (art. 157º, nº 4).

Se a perícia for realizada por mais de um perito e houver discordância entre eles, apresenta cada um o seu relatório, o mesmo sucedendo na perícia interdisciplinar. Tratando-se de perícia colegial, pode haver lugar a opinião vencedora e opinião vencida (art. 157º, nº 5).

5.3. Estabelecimentos onde é realizada a perícia

A perícia é realizada em estabelecimento, laboratório ou serviço oficial apropriado ou, quando tal não for possível ou conveniente, por perito

DOS MEIOS DE PROVA

nomeado de entre pessoas constantes de listas de peritos existentes em cada comarca, ou, na sua falta ou impossibilidade de resposta em tempo útil, por pessoa de honorabilidade e de reconhecida competência na matéria em causa e, ainda, por entidades terceiras que para tanto tenham sido contratadas por quem as tivesse de realizar, desde que aquelas não tenham qualquer interesse na decisão a proferir ou ligação com o assistente ou com o arguido (artigos 152º, nº 1 e 160º-A). Quando a perícia se revelar de especial complexidade ou exigir conhecimentos de matérias distintas, pode ela ser deferida a vários peritos funcionando em moldes colegiais ou interdisciplinares (art. 152º, nº 2).

As *perícias médico legais e forenses*[476] que se insiram nas atribuições do Instituto de Medicina legal são realizadas pelas delegações deste e pelos gabinetes médico legais. Excecionalmente, perante manifesta impossibilidade dos serviços, podem estas ser realizadas por entidades terceiras, públicas ou privadas, contratadas ou indicadas para o efeito pelo Instituto. Porém, nas comarcas não compreendidas na área de atuação das delegações e dos gabinetes médico legais em funcionamento, podem as mesmas ser realizadas por médicos a contratar pelo Instituto (art. 159º, números 1 a 3)[477].

As perícias *médico legais e forenses* solicitadas ao Instituto em que se verifique a necessidade de formação médica especializada noutros domínios e que não possam ser realizadas pelas delegações do Instituto ou pelos gabinetes médico legais, por aí não existirem peritos com a formação requerida ou condições materiais para a sua realização, podem ser efetuadas, por indicação do instituto, por serviço universitário ou de saúde público ou privado (art. 159º, nº 4).

As perícias *médico legais e forenses de natureza laboratorial* podem, sempre que necessário, ser realizadas por entidades terceiras, públicas ou privadas, contratadas ou indicadas pelo Instituto de Medicina Legal (art. 159º, nº 5).

As *perícias psiquiátricas* são efetuadas nos mesmos termos das perícias médico legais e forenses podendo, no entanto, nelas participar especialistas em psicologia e criminologia. A perícia psiquiátrica pode ser efetuada

---

[476] Sobre as perícias médico legais e forenses vide, ainda, a lei nº 45/2004, de 19 de agosto.

[477] Sobre *perícias médico legais*, pode ver-se o estudo de FERNANDO OLIVEIRA SÁ, «A Medicina Legal Portuguesa e a Peritagem Contraditória», in *Boletim do Ministério da Justiça*, nº 303 (1981), pp. 5-20.

DA PROVA DO CRIME

a requerimento do representante legal do arguido, do cônjuge não separado judicialmente de pessoas e bens ou da pessoa, de outro ou do mesmo sexo, que com o arguido viva em condições análogas às dos cônjuges, dos descendentes e adotados, ascendentes e adotantes, ou, na falta deles, dos irmãos e seus descendentes (art. 159º, números 6 e 7 do CPP).

As *perícias sobre a personalidade*, deverão ser efetuadas pelos serviços especializados, incluindo os serviços de reinserção social, institutos de criminologia ou outros institutos especializados, ou, quando isso não for possível ou conveniente, por especialistas em criminologia, em psicologia, em sociologia ou em psiquiatria e, ainda, por entidades terceiras que para tanto tenham sido contratadas por quem as tivesse de realizar, desde que aquelas não tenham qualquer interesse na decisão a proferir ou ligação com o assistente ou com o arguido (artigos 160º, nº 2 e 160º-A do CPP).

Os peritos podem requerer informações sobre os antecedentes criminais do arguido, se delas tiverem necessidade (art. 160º, nº 3).

5.4. Finalidades das perícias

A *perícia psiquiátrica* visa exclusivamente a análise das características patológicas da personalidade do arguido em vista à determinação da inimputabilidade ou grau de imputabilidade[478]. Assim, quando as características psíquicas do arguido, de índole patológica, suscitarem sérias dúvidas acerca da inimputabilidade do arguido, efetuar-se-á perícia psiquiátrica[479, 480].

---

[478] Acerca do problema da imputabilidade cfr. FIGUEIREDO DIAS, *Liberdade, Culpa, Direito Penal*, Coimbra Editora 1995 p. 65 e ss.

[479] *Código Penal*, «Artigo 20º (*Inimputabilidade em razão de anomalia psíquica*) 1 – É inimputável quem, por força de uma anomalia psíquica, for incapaz, no momento da prática do fato, de avaliar a ilicitude deste ou de se determinar de acordo com essa avaliação. 2 – Pode ser declarado inimputável quem, por força de uma anomalia psíquica grave, não acidental e cujos efeitos não domina, sem que por isso possa ser censurado, tiver, no momento da prática do fato, a capacidade para avaliar a ilicitude deste ou para se determinar de acordo com essa avaliação sensivelmente diminuída. 3 – A comprovada incapacidade do agente para ser influenciado pelas penas pode constituir índice da situação prevista no número anterior. 4 – A imputabilidade não é excluída quando a anomalia psíquica tiver sido provocada pelo agente com intenção de praticar o fato».

[480] Sobre a Inimputabilidade Penal, pode confrontar-se o estudo de MANUEL GONÇALVES, «A Inimputabilidade Penal e o Código de Processo Penal de 1987», in *Revista do Ministério Público*, Ano 11º, nº 44, pp. 189-194.

A **perícia sobre a personalidade** tem por finalidade, *a avaliação da personalidade e da perigosidade do arguido* a qual incidirá *sobre as suas características psíquicas independentes de causas patológicas, bem como o seu grau de socialização* e relevará, nomeadamente para: *a decisão sobre a revogação da prisão preventiva; a culpa do arguido, e a determinação da sanção* (art. 160º, nº 1).

Se as dúvidas sobre a integridade mental do arguido surgirem logo no decurso do inquérito, deverá o Ministério Público ordenar a realização das perícias **psiquiátrica** e **sobre a personalidade**, nos termos dos artigos 154º, números 1 e 3, 159º e 160º, a fim de poder concluir sobre o destino a dar aos autos: ***envio para julgamento***, para aplicação de pena ou medida de segurança de internamento em estabelecimento de cura, tratamento ou segurança, conforme se trate de situações de imputabilidade, ainda que diminuída ou inimputabilidade, respetivamente (artigos 20º e 91º do Código Penal) ou o ***arquivamento***, por *impossibilidade legal de procedimento*[481], nos termos do artigo 277º, nº 1, do CPP, nos casos de inimputabilidade a que se refere o art. 20º, nº 1, do Código Penal, ***mas apenas*** se não se justificar a aplicação da medida de internamento, nos termos do art. 91º do Código Penal[482].

Nestas situações não é correto, aliás, concluir-se pela existência de crime, pois, a inimputabilidade, seja em razão da idade ou em razão de anomalia psíquica, é uma *causa de exclusão da culpa do agente* e, nesse sentido, deverá o Ministério Público proceder ao arquivamento dos autos, nos termos do referido art. 277º, nº 1 do CPP: *«O Ministério Público procede, por despacho, ao arquivamento do inquérito, logo que tiver recolhido prova bastante de se não ter verificado crime...».*

Se a questão de inimputabilidade ou da imputabilidade diminuída for suscitada durante a audiência de julgamento o tribunal, ***oficiosamente ou a requerimento***, ordena a comparência de um perito para se pronunciar sobre o estado psíquico do arguido (art. 351º, números 1 e 2, respetivamente, do CPP) e apenas em casos justificados poderá o tribunal requisitar a perícia a estabelecimento especializado (art. 351º, nº 3).

---

[481] Casos de *impossibilidade legal de procedimento* (art. 277º, nº 1 do CPP) serão, entre outros, os de morte do arguido, prescrição do procedimento criminal, amnistia, *conhecimento superveniente da inimputabilidade do arguido*, ou a falta de legitimidade do Ministério Público, para, por si só, prosseguir na ação penal.

[482] Neste sentido, MANUEL GONÇALVES, *estudo citado*, pp. 191-193, embora fundamentando diferentemente.

DA PROVA DO CRIME

Se o perito não tiver ainda examinado o arguido ou a perícia for requisitada a estabelecimento especializado, o tribunal, para o efeito, interrompe a audiência ou, se for absolutamente indispensável, adia-a (art. 351º, nº 4).

O relatório pericial, deve ser elaborado logo de seguida à realização da perícia e ditado para a ata, art. 157º, nº 2, aplicável por analogia.

5.5. Valor probatório[483]

Nos termos do art. 163º, nº 1 *o juízo técnico, científico ou artístico inerente à prova pericial presume-se subtraído à livre apreciação do julgador*, dispondo o nº 2, do mesmo preceito legal que, *sempre que a convicção do julgador divergir do juízo contido no parecer dos peritos, deve aquele fundamentar a divergência.*

A presunção que o referido art. 163º, nº 1, consagra não é, conforme refere GERMANO MARQUES DA SILVA[484], uma verdadeira presunção, no sentido de *ilação que a lei tira de um facto conhecido para firmar um facto desconhecido*; o que a lei verdadeiramente dispõe é que, salvo com fundamento numa crítica material da mesma natureza, isto é, científica, técnica ou artística, o relatório pericial se impõe ao julgador. Não é necessária uma contraprova, basta a valoração diversa dos argumentos invocados pelos peritos e que são fundamento do juízo pericial.

MARQUES FERREIRA, por seu turno, considera tratar-se de uma presunção "natural" que, por conseguinte, cederá mediante contraprova, referindo que não faria sentido que, pelo menos nas perícias em que houvesse votos de vencido (art. 157º, nº 5), se pretendesse impor ao tribunal um juízo científico com valor probatório pleno – cedendo apenas perante a prova do contrário tratando-se de presunção *"Juris tantum"* – quando os próprios peritos manifestassem discordância na emissão do seu parecer[485].

---

[483] Sobre esta questão cfr. FIGUEIREDO DIAS, *Direito processual Penal* cit., pp. 208 e ss.

[484] *Ob. cit.,* vol. II, 3ª Edição (2002), p. 198.

[485] *Ob. cit.,* p. 259.

6. Da prova documental

6.1. Noção

O art. 164º, nº 1, do CPP define documento como a *«declaração, sinal ou notação corporizada em escrito ou qualquer outro meio técnico, nos termos da lei penal»*.

O Código Penal, no art. 255º, als. *a)*, *c)* e *b)*, para onde remete o nº 1, do aludido art. 164º, define, respetivamente, documento; documento de identificação e notação técnica, nos seguintes termos:

- **Documento:** «a declaração corporizada em escrito, ou registada em disco, fita gravada ou qualquer outro meio técnico, inteligível para a generalidade das pessoas ou para um certo círculo de pessoas, que, permitindo reconhecer o emitente, é idónea para provar facto juridicamente relevante, quer tal destino lhe seja dado no momento da sua emissão quer posteriormente; e bem assim o sinal materialmente feito, dado ou posto numa coisa para provar facto juridicamente relevante e que permite reconhecer à generalidade das pessoas ou a um certo círculo de pessoas o seu destino e a prova que dele resulta».
- **Documento de identificação ou de viagem:** «o cartão de cidadão, o bilhete de identidade, o passaporte, o visto, a autorização ou título de residência, a carta de condução, o boletim de nascimento, a cédula ou outros certificados ou atestados a que a lei atribui força de identificação das pessoas, ou do seu estado ou situação profissional, donde possam resultar direitos ou vantagens, designadamente no que toca a subsistência, aboletamento, deslocação, assistência, saúde ou meios de ganhar a vida ou de melhorar o seu nível».
- **Notação técnica:** «a notação de um valor, de um peso ou de uma medida, de um estado ou do decurso de um acontecimento, feita através de aparelho técnico que atua, total ou parcialmente, de forma automática, que permite reconhecer à generalidade das pessoas ou a um certo círculo de pessoas os seus resultados e se destina à prova de facto juridicamente relevante, quer tal destino lhe seja dado no momento da sua realização quer posteriormente».

DA PROVA DO CRIME

O nº 2 do art. 164 em referência proíbe a junção aos autos de «*documento que contiver declaração anónima, salvo se for, ele mesmo, objeto ou elemento do crime*».

Não se trata apenas de escrito anónimo, mas de qualquer declaração escrita ou não, em que não seja identificado o declarante.

Por outro lado, só os documentos que contenham *declarações* é que não podem servir de meio de prova, nada impedindo que sejam juntos e por consequência sirvam de meio de prova outros documentos que não contenham declarações (por exemplo, uma fotografia pode servir de meio de prova de um dado facto ainda que se desconheça o autor dela).

Documento que contenha declaração anónima é, aquele em que o autor da declaração não pode ser identificado, sendo irrelevante o facto de essa identificação constar ou não do documento.

Por outro lado, a declaração identificada falsamente deve considerar-se como anónima, pois a identificação não corresponde ao autor da declaração. Caso seja possível a identificação do autor da declaração, já o documento não pode ser considerado como anónimo[486].

Deste princípio geral de exclusão de documento anónimo ressalva-se a hipótese de o próprio documento ser, ele mesmo, **objeto ou elemento do crime**.

O **documento é objeto do crime** quando o crime incidiu sobre o próprio documento, como por exemplo, uma carta de condução falsa ou qualquer falsificação que incida sobre o documento.

O **documento é elemento do crime** quando o próprio documento constitui o *meio de realização ou o resultado do crime, v. g.*, uma carta anónima que imputa atos de corrupção ou de peculato a determinado funcionário público ou carta anónima que se obteve através de coação.

As reproduções fotográficas, cinematográficas, fonográficas ou por meio de processo eletrónico e, de um modo geral, quaisquer reproduções mecânicas **só valem como prova dos factos ou coisas reproduzidas** se **não forem ilícitas**, nos termos da lei penal (art. 167º, nº 1 do CPP)[487].

---

[486] Neste sentido, GERMANO MARQUES DA SILVA, *ob. cit.*, vol. II, 3ª Edição (2002), p. 200.

[487] Tribunal da Relação de Coimbra, *Acórdão* de 2 de novembro de 2011, Processo nº 106/09.0PAVNO: "A recolha de imagens dos arguidos, feita dentro de uma ourivesaria através de um sistema de vídeo gravação ali instalado, quando estes praticavam um furto é legítima, legal, e portanto os fotogramas retirados de tais gravações podem ser usados e considerados na sentença que julgar aquele crime".

DOS MEIOS DE PROVA

Se tais reproduções mecânicas forem obtidas através de meios que constituam ilícito penal, estamos perante casos especiais de *proibição de prova*[488].

Quando não se puder juntar ao auto ou nele conservar o original de qualquer documento legalmente admissível, mas unicamente a sua reprodução mecânica, esta tem o mesmo valor probatório do original, se com ele tiver sido identificada nesse ou noutro processo (art. 168º do CPP). O motivo da impossibilidade da junção do original é irrelevante. Pode ser uma impossibilidade legal, física, permanente ou até mesmo ocasional.

A identificação da reprodução mecânica com o original na maioria dos casos será feita, naturalmente, pela autoridade judiciária que dirige o ato ou a fase processual em que se torne necessário proceder a tal identificação. Noutros casos, no entanto, sê-lo-á através de exame.

6.2. Espécies de documentos: remissão

Os documentos podem ser *autênticos* e *particulares*. Os documentos particulares podem ser autenticados ou não autenticados (ver arts. 362º, 363º, 369º e 373º do Código Civil[489]).

Tribunal da Relação do Porto, *Acórdão* de 23 de novembro de 2011, Processo nº 1373.08.2PSPRT. "I – É legalmente admissível a obtenção de fotografias ou de filmagens, mesmo sem consentimento do visado, sempre que para isso exista justa causa, designadamente quando enquadradas em lugares públicos, visem a realização de interesses públicos ou hajam ocorrido publicamente. II – Não constitui, por isso, método proibido de prova a obtenção de fotogramas através do sistema de videovigilância montado numa garagem para proteção dos bens e da integridade física de quem aí se encontre, mesmo que se ignore se a instalação de tal sistema foi comunicada à Comissão Nacional de Proteção de Dados e aprovado pela assembleia de condóminos".

[488] Neste sentido, GERMANO MARQUES DA SILVA, *ob. cit.*, vol. II, 3ª Edição (2002), p. 200.

[489] A seguir se transcrevem os referidos preceitos civilistas respeitantes à Prova documental: «ARTIGO 362º (*Noção*) Prova documental é a que resulta de documento; diz-se documento qualquer objeto elaborado pelo homem com o fim de reproduzir ou representar uma pessoa, coisa ou fato».

«ARTIGO 363º (*Modalidades dos documentos escritos*) 1. Os documentos escritos podem ser autênticos ou particulares. 2. Autênticos são os documentos exarados, com as formalidades legais, pelas autoridades públicas nos limites da sua competência ou, dentro do círculo de atividades que lhe é atribuído, pelo notário ou outro oficial público provido de fé pública;

DA PROVA DO CRIME

6.3. Documento falso

O art. 170º, nº 1 do CPP, dispõe que o «tribunal pode, oficiosamente ou a requerimento, declarar no dispositivo da sentença, mesmo que esta seja absolutória, um documento junto dos autos como falso, devendo, para tal fim, quando o julgar necessário e sem retardamento sensível do processo, mandar proceder às diligências e admitir a produção da prova necessárias».

Do dispositivo relativo à falsidade de um documento pode recorrer-se autonomamente, nos mesmos termos em que poderia recorrer-se da parte restante da sentença (nº 2 do mesmo preceito legal).

Declarada a falsidade do documento, e ainda sempre que o tribunal tiver ficado com a fundada suspeita da falsidade de um documento, transmite cópia deste ao Ministério Público, para efeitos da lei, ou seja, para que o Ministério Público proceda criminalmente (nº 3, do referido art. 170º)[490].

---

todos os outros documentos são particulares. 3. Os documentos particulares são havidos por autenticados, quando confirmados pelas partes, perante notário, nos termos prescritos nas leis notariais».

Documentos autênticos: «ARTIGO 369º (*Competência da autoridade ou oficial público*) 1. O documento só é autêntico quando a autoridade ou oficial público que o exara for competente, em razão da matéria e do lugar, e não estiver legalmente impedido de o lavrar. 2. Considera-se, porém, exarado por autoridade ou oficial público competente o documento lavrado por quem exerça publicamente as respetivas funções, a não ser que os intervenientes ou beneficiários conhecessem, no momento da sua feitura, a falsa qualidade da autoridade ou oficial público, a sua incompetência ou a irregularidade da sua investidura».

Documentos particulares: «ARTIGO 373º (*Assinatura*) 1. Os documentos particulares devem ser assinados pelo seu autor, ou por outrem a seu rogo, se o rogante não souber ou não puder assinar. 2. Nos títulos emitidos em grande número ou nos demais casos em que o uso o admita, pode a assinatura ser substituída por simples reprodução mecânica. 3. Se o documento for subscrito por pessoa que não saiba ou não possa ler, a subscrição só obriga quando feita ou confirmada perante notário, depois de lido o documento ao subscritor. 4. O rogo deve igualmente ser dado ou confirmado perante notário, depois de lido o documento ao rogante».

[490] O crime de falsificação de documentos encontra-se previsto nos artigos 256º e 257º do Código Penal nos seguintes termos: «Artigo 256º (*Falsificação de documento*) 1 – Quem, com intenção de causar prejuízo a outra pessoa ou ao Estado, de obter para si ou para outra pessoa benefício ilegítimo, ou de preparar, facilitar, executar ou encobrir outro crime: *a*) Fabricar ou elaborar documento falso, ou qualquer dos componentes destinados a corporizá-lo; *b*) Falsificar ou alterar documento ou qualquer dos componentes que o integram; *c*) Abusar

DOS MEIOS DE PROVA

A falsidade do documento, pode revestir duas formas: *falsidade material* ou *externa* e *falsidade intelectual* ou *interna*.

A falsidade material ou externa consiste na *suposição do documento ou na viciação do seu contexto* (documento inteiramente forjado ou alterado na sua forma primitiva). A falsidade intelectual ou interna consiste na *inexatidão das atestações do funcionário documentador* (relativamente a ações ou perceções suas) [491].

6.4. Junção ao processo de documentos e pareceres

O art. 165º nº 1 do CPP dispõe que o «documento deve ser junto no decurso do inquérito ou da instrução e, não sendo isso possível, deve sê-lo até ao encerramento da audiência».

Fica assegurada, em qualquer caso, a possibilidade de contraditório, para a realização do qual o tribunal pode conceder um prazo não superior a oito dias (nº 2).

O disposto nos números anteriores é correspondentemente aplicável a pareceres de advogados, de jurisconsulto ou de técnico, os quais podem sempre ser juntos até ao encerramento da audiência (nº 3).

---

da assinatura de outra pessoa para falsificar ou contrafazer documento; *d*) Fizer constar falsamente de documento ou de qualquer dos seus componentes fato juridicamente relevante; *e*) Usar documento a que se referem as alíneas anteriores; ou *f*) Por qualquer meio, facultar ou detiver documento falsificado ou contrafeito; é punido com pena de prisão até três anos ou com pena de multa. 2 – A tentativa é punível. 3 – Se os fatos referidos no nº 1 disserem respeito a documento autêntico ou com igual força, a testamento cerrado, a vale do correio, a letra de câmbio, a cheque ou a outro documento comercial transmissível por endosso, ou a qualquer outro título de crédito não compreendido no artigo 267º, o agente é punido com pena de prisão de seis meses a cinco anos ou com pena de multa de 60 a 600 dias. 4 – Se os fatos referidos nos nºs 1 e 3 forem praticados por funcionário, no exercício das suas funções, o agente é punido com pena de prisão de um a cinco anos».

«Artigo 257º *(Falsificação praticada por funcionário)* O funcionário que, no exercício das suas funções: *a*) Omitir em documento, a que a lei atribui fé pública, fato que esse documento se destina a certificar ou autenticar; ou *b*) Intercalar ato ou documento em protocolo, registo ou livro oficial, sem cumprir as formalidades legais; com intenção de causar prejuízo a outra pessoa ou ao Estado, ou de obter para si ou para outra pessoa benefício ilegítimo, é punido com pena de prisão de 1 a 5 anos».

[491] GERMANO MARQUES DA SILVA, *Ob. cit.*, vol. II, 3ª Edição (2002), p. 203.

DA PROVA DO CRIME

Face ao regime estabelecido conclui-se que, a junção de documentos que constituam elementos de prova deverá ser feita, *oficiosamente* ou a *requerimento*, no decurso do inquérito ou da instrução. Porém, se tal não for possível, deverá sê-lo até ao encerramento da audiência (nº 1).

A prova deve ser indicada pelo acusador ou acusadores, consoante seja o Ministério Público ou o assistente ou ambos, na própria acusação, arts. 283º, nº 3, als. *d*) a *f*), 284º, nº 2 e 285º, nº 3 do CPP.

O arguido pode indicar os meios de prova de defesa nas fases de inquérito e instrução e juntamente com a sua contestação, arts. 61º, nº 1, al. *g*), 296º e 315º, do CPP.

Fora das fases processuais referidas poderão ainda, o arguido e acusador ou acusadores, proceder à junção de documentos até ao encerramento da audiência, se alegarem e provarem a impossibilidade de o terem feito antes. Compreende-se que a acusação tenha de demonstrar a impossibilidade de junção do documento nas fases anteriores à do julgamento. Caso contrário, poder-se-ia considerar que estava a guardar provas para surpreender o arguido na audiência o que seria inadmissível.

E se não for alegada e provada tal impossibilidade?

Se o tribunal considerar que o documento é relevante para a descoberta da verdade, deve ordenar **sempre**, e *oficiosamente*, a sua junção aos autos, em obediência ao princípio da investigação ou da verdade material[492].

Relativamente à junção de pareceres de advogados, de jurisconsulto ou de técnicos, podem sempre ser juntos até ao encerramento da audiência, sem necessidade de alegação e prova da impossibilidade de junção em momento anterior. Esta diferença de regimes é compreensível, já que se

---

[492] O princípio da investigação ou da verdade material está previsto no art. 340º do CPP, que reza assim: «1. O tribunal ordena, oficiosamente ou a requerimento, a produção de todos os meios de prova cujo conhecimento se lhe afigure necessário à descoberta da verdade e à boa decisão da causa. 2. Se o tribunal considerar necessária a produção de meios de prova não constantes da acusação, da pronúncia ou da contestação, dá disso conhecimento, com a antecedência possível, aos sujeitos processuais e fá-lo constar da ata. 3. Sem prejuízo do disposto no nº 3 do artigo 328º os requerimentos de prova são indeferidos por despacho quando a prova ou o respetivo meio forem legalmente inadmissíveis. 4. Os requerimentos de prova são ainda indeferidos se for notório que: *a*) As provas requeridas já podiam ter sido juntas ou arroladas com a acusação ou com a contestação, exceto se o tribunal entender que são indispensáveis à descoberta da verdade e boa decisão da causa; *b*) As provas requeridas são irrelevantes ou supérfulas; *c*) O meio de prova é inadequado, de obtenção impossível ou muito duvidosa; ou *c*) O requerimento tem finalidade meramente dilatória».

DOS MEIOS DE PROVA

trata de pareceres que, embora se destinem a esclarecer o julgador, não são meios de prova.

Refira-se, ainda, que também relativamente aos pareceres se aplica o princípio do contraditório (art. 165º, nº 3). Isto é, podem ser combatidos pela parte contrária os argumentos constantes do parecer ou simplesmente pode ser apresentado um "contra parecer" que negue as posições defendidas naquele.

6.5. Valor probatório da prova documental

O art. 169º dispõe que, «consideram-se provados os factos materiais constantes de documento autêntico ou autenticado enquanto a autenticidade do documento ou a veracidade do seu conteúdo não forem fundamentamente postas em causa». Estabelece, pois, este preceito legal um desvio ao princípio geral da livre apreciação da prova.

O valor probatório dos documentos particulares simples é livremente apreciado pelo tribunal (art. 127º).

Os documentos autênticos fazem prova plena dos factos que referem como praticados pela autoridade ou oficial público respetivo, assim como dos factos que neles são atestados com base nas perceções da entidade documentadora; os meros juízos pessoais do documentador só valem como elementos sujeitos à livre apreciação do julgador (art. 371º, nº 1, do Código Civil).

Os documentos particulares autenticados nos termos da lei notarial têm a força probatória dos documentos autênticos (art. 377º, do Código Civil).

Atento o disposto no art. 169º, apenas os *factos materiais* constantes do documento autêntico ou autenticado se consideram provados, enquanto não for posta em causa a veracidade do documento.

O que estes documentos provam especialmente, são, como salienta o Prof. GERMANO MARQUES DA SILVA[493], tão-somente os factos que referem como praticados pela entidade documentadora assim como dos factos que nele são atestados com base nas suas perceções; nada mais.

---

[493] *Ob. cit.*, vol. II, 3ª Edição (2002), pp. 204-205.

DA PROVA DO CRIME

Assim, se *A* declara numa escritura pública que pagou € 500 a *B* e este que os recebeu, a escritura pública só faz prova das *declarações* de *A* e *B* e não que *A* tenha efetivamente pago e *B* recebido; só a prova das declarações de *A* e *B* estão subtraídas à livre apreciação do julgador. Se o pagamento for feito ante o notário e esse facto for atestado pelo notário, então a escritura faz também prova subtraída à livre apreciação do julgador de que o pagamento foi feito por *A* a *B* perante o notário.

Existirá ***falsidade intelectual*** quando conste da escritura que *A* declarou que pagou a *B* e que este declarou ter recebido e tal declaração não se tenha efetivamente verificado ou quando o notário atesta que viu *A* pagar a *B* e efetivamente nada viu. Por seu turno, existirá ***falsidade material*** quando é a própria escritura que é "forjada", no todo ou em parte.

No caso de o documento ser uma *sentença* a prova legal plena constituída por tais documentos tem que ser entendida como abrangendo apenas as comprovações que caibam no âmbito do *caso julgado* (daí a importância que assume a descrição não só dos factos provados mas, em especial, dos não provados para a delimitação do caso julgado penal, art. 374º, nº 2 do CPP)[494, 495].

As *declarações escritas no decurso do inquérito e da instrução*, nomeadamente a ata relativa ao debate instrutório (art. 305º, nº 1 do CPP) são verdadeiros documentos autênticos (art. 363º, nº 2 do Código Civil), se bem que narrativos.

O valor probatório destes documentos quanto aos factos materiais atestados com base nas perceções da entidade documentadora é pleno. A força plena nestas situações refere-se apenas *à produção das declarações nos termos narrados no documento* e não à *veracidade do conteúdo dessas declarações*[496]. Só assim se compreende, aliás, o disposto no art. 355º, do CPP: «1. Não valem em julgamento, nomeadamente para o efeito de formação da convicção do tribunal, quaisquer provas que não tiverem sido produzidas ou examinadas em audiência. 2. Ressalvam-se do disposto no número anterior as provas contidas em *atos processuais cuja leitura, visualização ou audição em audiência sejam permitidas, nos termos dos artigos seguintes».*

---

[494] Marques Ferreira, *ob. cit.*, p. 262.
[495] Decisões penais que constituem caso julgado, vide arts. 84º e 467º do CPP.
[496] Marques Ferreira, *ob. cit.*, p. 263.

DOS MEIOS DE PROVA

Consagrou, pois, o referido artigo 355º, o princípio da *oralidade* e da *imediação*[497].

7. Da confissão do arguido

A lei nº 43/86, de 26 de setembro (Lei de Autorização Legislativa em Matéria de Processo Penal), art. 2º, nº 2, al. 69) ordenou o «Estabelecimento da possibilidade de a confissão total e sem reservas da culpabilidade pelo arguido – formalizada em momento inicial do julgamento em termos que não levantem dúvidas de autenticidade – evitar a produção da prova, permitindo que se passe imediatamente à determinação da sanção».

Foi dentro destes parâmetros que surgiu a regulamentação do regime da *confissão integral e sem reservas* constante no art. 344º do CPP.

O estabelecido neste artigo quanto aos efeitos da confissão integral e sem reservas nos casos aqui previstos foi inspirado no direito comparado, particularmente dos Estados Unidos (guilty-plea) da Inglaterra (pleabargaining) e em especial no da Espanha (Lei de 11 de Novembro de 1980).

No *início da audiência de julgamento*, se o arguido declarar que pretende confessar os factos que lhe são imputados, o presidente do tribunal, **sob pena de nulidade**, pergunta-lhe se o faz de livre vontade e fora de qualquer coação, bem como se se propõe fazer uma *confissão integral e sem reservas* (art. 344º, nº 1 do CPP).

Confissão integral é aquela que abrange todos os factos imputados ao arguido.

Confissão sem reservas é aquela que não acrescenta novos factos suscetíveis de dar aos imputados um tratamento diferente do pretendido (ex. confissão dos factos da acusação integradores do crime de ofensa à integridade física simples, mas com acrescentamento de novos factos configurativos de uma legítima defesa).

No caso de haver *uma confissão integral e sem reservas* por parte do arguido e se ao crime imputado não corresponder uma pena de prisão superior a cinco anos, renunciar-se-á à produção da prova relativa aos factos

---

[497] Sobre os princípios da oralidade e da imediação, cfr., entre outros, JOSÉ ANTÓNIO BARREIROS, «O Julgamento no Novo Código de Processo Penal», in *Jornadas... cit.*, pp. 273 e ss. e ROBALO CORDEIRO, « A Audiência de Julgamento », *in Jornadas...*, pp. 291 e ss..

DA PROVA DO CRIME

imputados, considerando-se, consequentemente, estes como provados, passando-se de imediato às alegações orais e, se o arguido não dever ser absolvido por outros motivos, à determinação da sanção aplicável, reduzindo-se o imposto de justiça em metade (art. 344º, números 1, 2 e 3, al. *c*), do CPP).

A *confissão integral e sem reservas*, feita nestas circunstâncias, é, pois, assumida como a "rainha de todas as provas", tendo, assim, valor probatório pleno.

Do mesmo modo, se se tratar de coarguidos e um deles declarar que pretende confessar os factos que lhe são imputados, nos termos atrás referidos, o presidente do tribunal, *sob pena de nulidade*, pergunta aos restantes se também pretendem fazer uma confissão integral e sem reservas e se o fazem de livre vontade e fora de qualquer coação.

Em caso afirmativo e averiguada pelo tribunal a coerência dos vários depoimentos, a confissão integral e sem *reservas* de todos os coarguidos deve ser considerada, atribuindo-se-lhe, consequentemente, força probatória plena (art. 344º, números 1 e 3, al. *a*), a contrário).

Já assim não será, não obstante a *confissão integral e sem reservas*, se o tribunal, em sua convicção, suspeitar do carácter livre da confissão, nomeadamente por dúvidas sobre a imputabilidade plena do arguido ou de um dos coarguidos ou da veracidade dos factos confessados (art. 344º, nº 3, al. *b*)). Neste caso, a confissão constituirá um meio de prova a apreciar livremente pelo tribunal.

Em todas as demais situações de confissão em audiência de julgamento, ou seja, nos casos de confissão integral mas com reservas, confissão parcial, confissão integral e sem reservas quanto a crimes puníveis com pena de prisão superior a cinco anos ou confissão integral e sem reservas de apenas algum ou alguns dos coarguidos, o tribunal decide segundo a sua livre convicção do seu valor probatório (arts. 344º, nº 4 e 127º).

7.1. Confissão do arguido no inquérito e na instrução

Durante o inquérito e a instrução a confissão integral e sem reservas ou qualquer outra forma de confissão será livremente apreciada.

DOS MEIOS DE PROVA

8. Das ações encobertas para fins de prevenção e investigação criminal

8.1. O agente provocador, agente infiltrado e agente encoberto[498]

8.1.1. O agente provocador: conceito e regime das provas assim obtidas

As modernas formas de criminalidade, designadamente, o terrorismo, a corrupção, o branqueamento de capitais e o tráfico de estupefacientes, frequentemente muito bem organizadas e estruturadas, são dotadas de meios tecnologicamente mais avançados e, por isso mesmo, particularmente eficazes no exercício das suas atividades criminosas, as quais atentam gravemente contra a segurança e interesses fundamentais dos Estados, bem como a saúde e o bem-estar dos cidadãos. Em face disto, e sobretudo devido à especial organiza**ção desta criminalidade grave,** as legislações dos vários países adotaram diversas medidas de combate a este verdadeiro flagelo, entre as quais a da figura do vulgo agente infiltrado.

Entre nós, o regime jurídico das ações encobertas para fins de prevenção e investigação criminal encontra-se previsto na lei nº 101/2001, de 25 de agosto, alterada pelas leis números 60/2013, de 23 de agosto e 61/2015, de 24 de junho, cujo artigo 3º, prevê os crimes, cujas ações encobertas são admissíveis.

Referindo-se ao conceito de agente provocador, ou «homens de confiança», Manuel da Costa Andrade[499], adota, como o próprio esclarece, um conceito extensivo, abrangendo todas as testemunhas que colaboram com as instâncias formais da perseguição penal, tendo como contrapartida a promessa da confidencialidade da sua identidade e atividade. Cabem aqui tanto os particulares (pertencendo ou não ao submundo da criminalidade) como os agentes das instâncias formais, nomeadamente da polícia que disfarçadamente se introduzem naquele submundo ou com ele entram em contacto; e que se limitam à recolha de informações, quer vão ao ponto de provocar eles próprios a prática do crime.

---

[498] Sobre o agente provocador, agente infiltrado e o agente encoberto, cfr. o nosso *Lei e Crime, o Agente Infiltrado, versus o Agente Provocador, os Princípios do Processo Penal*, Almedina, 2001, pp. 253 e seguintes.

[499] *Sobre as Proibições de Prova, cit.*, p.220.

DA PROVA DO CRIME

Também Germano Marques da Silva[500] considera que a provocação não é apenas informativa, mas sobretudo formativa, não revela o crime e o criminoso, mas cria o próprio crime e o próprio criminoso e, por isso, é contrária à própria finalidade da investigação criminal, uma vez que gera o seu próprio objeto.

Maria José Nogueira[501], por seu turno, considera o agente provocador como aquele que dirige a sua atividade de forma a induzir o suspeito à prática de atos ilícitos pelos quais possa ser incriminado, constituindo-se em verdadeiro instigador ou co autor do crime, com o objetivo único de conseguir reunir provas contra aquele.

Finalmente, Manuel Augusto Alves Meireis[502], considera como agente provocador aquele que, sendo um cidadão particular ou entidade policial, convence outrem à prática de um crime, não querendo o crime *a se*, e sim, pretendendo submeter esse outrem a um processo penal e, em último caso, a uma pena.

Para o autor, essencial para o direito penal e processual penal na atividade de provocação é, acima de tudo, o *animus* do provocador e do provocado, entendendo como irrelevante o facto de o provocador ser um agente de polícia, ou de qualquer outra força da autoridade pública, ou um cidadão particular. Exige-se, sim, por um lado, que o agente provocador tenha a vontade e intenção de, através da sua atuação, determinar outrem à prática de um crime e, por outro, que o agente provocador não queira o crime que determina outem a praticar. Por outras palavras, refere ainda o autor, o agente provocador deve ter dolo de determinar outrem à prática de um crime, deve querer convencer alguém a praticá-lo, mas não pode ter dolo do crime, ou seja, não pode querer a sua realização.

As motivações, ainda segundo o ilustre autor, podem ser várias: tratando-se de um agente da autoridade, poderá ser a progressão na carreira ou o simples combate ao crime; tratando-se de um particular poderá ser um desejo de vingança ou então a concretização de um plano urdido para

---

[500] *Bufos, Infiltrados, Provocadores e Arrependidos*, in *Direito e Justiça*, F.D.U. Católica, vol. VIII, T. 2, 1994, p. 29.

[501] No seu discurso proferido sobre as *Polícias: Segurança; Investigação Criminal; Limites*, no âmbito do Seminário Internacional sobre os Direitos Humanos e Eficácia Policial. Sistemas de Controlo da Atividade Policial, realizado no Centro Cultural de Belém – Lisboa, entre os dias 5 e 7 de novembro de 1998, promovido pela IGAI.

[502] *O Regime das Provas Obtidas pelo Agente Provocador em Processo Penal*, Almedina, 1999, p. 155.

que o provocador obtenha benefícios com a condenação do provocado, *v. g.*, excluí-lo da administração de um património em seu favor, havendo, no entanto, nos exemplos citados, um elemento comum: a submissão do provocado a um processo penal e, de preferência, a uma condenação.

Pela nossa parte, não podemos dar o nosso apoio, pelo menos em parte, a Manuel Meireis. Com efeito, na medida em que o agente provocador pretende submeter outrem a um processo penal e, em última instância, a uma pena, atuando, consequentemente com vontade e intenção de, através do seu comportamento, determinar outra pessoa à prática de um crime, agindo, deste modo, com dolo ao determinar outrem à prática de um crime, ele age, também, em nosso entender, com dolo relativamente à realização do crime. Por outras palavras: o agente provocador não pode deixar de querer, também, a própria consumação do crime levado a efeito, embora por outra pessoa, da qual depende a aplicação da pena. O agente provocador, em relação à consumação do crime, atua, em nossa opinião, pelo menos na maioria das vezes, com dolo necessário ou, no mínimo, dolo eventual (art. 14º do Código penal), não obstante as motivações pederem ser consideradas de relevante valor social ou moral.

Exemplo: se *A* convence *B* à prática de um crime, com intenção de o submeter, *maxime*, a um processo penal e, em último caso, a uma pena, então, em nosso entender, não poderá deixar de querer, também, a realização do facto que a tal conduza. Ora, o facto é, naturalmente, o próprio crime. Sem crime, por via de regra, não há processo, e muito menos pena, ou seja, ao pretender-se determinada consequência, há de querer-se também, porque se conhece, a sua própria causa.

Por isso, a provocação do crime, atendendo, desde logo, ao *princípio democrático*, é de excluir liminarmente, porque baseado e inspirado, justamente, em ideais permanentes: "o da suprema dignidade da pessoa humana e o da igualdade de todos os cidadãos, igualdade perante a lei, de direitos e deveres, mas também e essencialmente, igualdade de natureza, de dignidade"[503].

---

[503] GERMANO MARQUES DA SILVA, *Bufos ...*, *cit.*, p. 28.

A dignidade da pessoa humana constitui uma das bases estruturantes da República Portuguesa, proclamadas no artigo 1º da Constituição da República: *"Portugal é uma República soberana, baseada na dignidade da pessoa humana e na vontade popular empenhada na construção de uma sociedade livre, justa e solidária".*

DA PROVA DO CRIME

A provocação do crime não é só inadmissível face ao *princípio democrático*, mas também, ao *princípio da lealdade processual*.

A lealdade, como ensina Germano Marques da Silva[504], não é uma noção jurídica autónoma, é sobretudo de natureza essencialmente moral, e traduz uma maneira de ser da investigação e obtenção das provas em conformidade com o respeito dos direitos das pessoas e a dignidade da justiça. A atuação desleal como meio de investigação é sempre reprovável moralmente. A lealdade pretende imprimir toda uma atitude de respeito pela dignidade das pessoas e da justiça e é o fundamento das proibições de prova.

Daí que, sendo o agente provocador, como é, agente do próprio crime, este é sempre inadmissível face á ordem jurídica portuguesa. A lei, em circunstância alguma o prevê: nem a Constituição da República, nem o Código de Processo Penal, como, aliás, bem se compreende. De facto, é verdadeiramente intolerável que a justiça possa atuar por meios ilícitos e que o combate da criminalidade se possa fazer através de meios criminosos, o que redundaria em que a justiça e os criminosos se distinguissem apenas pela quantidade e não pela qualidade dos seus atos, sendo que bem poderia suceder serem mais os atos criminosos da justiça do que aqueles que buscam ou conseguem combater[505].

A ordem pública é, seguramente, mais perturbada pela violação das regras fundamentais da dignidade e retidão da atuação judiciária, pilares fundamentais da sociedade democrática, do que pela não repressão de alguns crimes, por mais graves que sejam, pois são sempre muitos, porventura a maioria, os que não são punidos, por não descobertos, sejam quais forem os métodos de investigação utilizados[506].

O agente provocador, na medida em que, dolosamente, determina outra pessoa (comparticipante) à prática de um crime, é um verdadeiro instigador do crime[507], como tal devendo ser punido. Na verdade, a sua atuação faz "nascer" e "alimenta" o delito o qual não seria praticado não fosse a sua intervenção.

---

[504] In *Bufos ..., cit.*, p. 30.

[505] Neste sentido, GERMANO MARQUES DA SILVA, *Bufos ..., cit.*, p. 31.

[506] *Idem, ibidem*, p. 29

[507] É instigador quem, nos termos da 3ª parte do artigo 26º do Código Penal, *"dolosamente, determina outra pessoa à prática do fato, desde que haja execução ou começo de execução"*.

DOS MEIOS DE PROVA

O agente provocador é, assim, sempre punido como autor. Só assim não acontecerá nos casos em que não haja execução do crime, por parte do respetivo comparticipante, ou começo de execução[508], nos termos do artigo 26º, 3ª parte do Código Penal. E é punido como autor, independentemente das suas motivações, que podem ser (e serão nalguns casos) de relevante valor social ou moral, *v. g.*, a provocação desencadeada tendo em vista o combate ao crime. Porém, não obstante as motivações do provocador puderem assumir relevância em sede de culpa (e até mesmo de ilicitude), entendemos que as mesmas devem ser consideradas e valoradas como circunstâncias atenuantes gerais e especiais (artigos 71º e 72º do Código Penal) ou modificativas especiais, uma vez que, em nossa opinião, dificilmente terão o mérito de excluírem a culpa ou a ilicitude do provocador.

No que se refere ao regime das provas obtidas com recurso ao agente provocador, atenta a ilicitude da atividade do agente provocador, como referimos, as provas assim obtidas são provas proibidas, por inadmissíveis face, desde logo, ao artigo 125º do Código de Processo Penal, ao estabelecer que apenas *"são admissíveis as provas que n*ão forem proibidas por lei".

Acresce que, as provas assim obtidas são ainda recondutíveis aos "métodos proibidos de prova", face ao disposto na última parte da alínea *a*) do nº 2, do artigo 126º do CPP – utilização de meios enganosos – sendo, por isso, nulas, não podendo ser utilizadas (nº 1 do art. 126º), a não ser para o seguinte e exclusivo fim: proceder criminalmente contra quem as produziu (agente provocador), nos termos do nº 4 do mesmo preceito legal[509].

8.1.2. O agente infiltrado: conceito

A figura do agente infiltrado está atualmente consagrada em praticamente todos os ordenamentos jurídicos, designadamente europeus, como,

---

[508] Os atos de execução estão previstos no nº 2 do artigo 22º do Código Penal.

[509] Neste sentido *Acórdão do Tribunal Constitucional* nº 578/98, Processo nº 835/98, publicado no *DR*, 2ª série, nº 48, de 26 de fevereiro de 1999, p. 2950, ao considerar que "é inquestionável a inadmissibilidade da prova obtida por agente provocador, pois seria imoral que, num Estado de direito, se fosse punir aquele que um agente estadual induziu ou instigou a delinquir. Uma tal desonestidade seria de todo incompatível com o que, num Estado de direito, se espera que seja o comportamento das autoridades e agentes da justiça penal, que deve pautar-se pelas regras gerais da ética ...".

DA PROVA DO CRIME

v. g., Espanha, França, Itália, Alemanha, embora com mais ou menos restrições, maior ou menor amplitude.

A figura do agente infiltrado, bem como o uso de outros meios preventivos do crime, por exemplo, a observância contínua de uma pessoa, a vigilância eletrónica, os informadores secretos, etc., têm suscitado, no entanto, acesa discussão doutrinária. Na Alemanha, por exemplo, como nos dá conta Harthmuth Horst, a discussão a este propósito é dominada pela "preocupação de que um aumento dos poderes da polícia (...) possa acabar por perturbar o equilíbrio entre o poder da polícia e o poder dos tribunais e possa tornar-se indiretamente numa ameaça dos direitos humanos ..."[510].

Em sentido oposto concluiu, há já duas décadas, o nono congresso das Nações Unidas para a prevenção do crime e tratamento dos delinquentes que teve lugar na cidade do Cairo de 29 de abril a 8 de maio de 1995, ao declarar que a polícia e outros serviços de ordem pública têm de se socorrer das novas tecnologias de ponta como meio necessário para combater eficazmente a criminalidade organizada que também ela se socorre e domina essas mesmas tecnologias.

Agente infiltrado é, pois, o funcionário de investigação criminal ou terceiro, por exemplo, o cidadão particular, que atue sob o controlo da Polícia Judiciária que, com ocultação da sua qualidade e identidade, e com o fim de obter provas para a incriminação do suspeito, ou suspeitos, ganha a sua confiança pessoal, para melhor o observar, em ordem a obter informações relativas às atividades criminosas de que é suspeito e provas contra ele(s) com as finalidades exclusivas de prevenção ou repressão criminal, sem contudo, o(s) determinar à prática de novos crimes[511].

A figura do agente infiltrado é, pois, substancialmente diferente da do agente provocador. O agente provocador cria o próprio crime e o próprio criminoso, porque induz o suspeito à prática de atos ilícitos, instigando-o e alimentando o crime, agindo, nomeadamente, como comprador ou

---

[510] Vide *Os Limites da Prevenção Criminal à Luz dos Direitos do Homem*, in *Revista Portuguesa de Ciência Criminal*, ano 8, 1998, p. 384.

[511] Nos termos do nº 2, do artigo 1º da lei nº 101/2001, de 25 de agosto, *"Consideram-se ações encobertas aquelas que sejam desenvolvidas por funcionários de investigação criminal ou por terceiro atuando sob o controlo da Polícia Judiciária para prevenção ou repressão dos crimes indicados nesta lei, com ocultação da sua qualidade e identidade"*.

O artigo 2º da mesma lei prevê os tipos de crime no âmbito dos quais são admissíveis as ações encobertas.

DOS MEIOS DE PROVA

fornecedor de bens os serviços ilícitos. O agente infiltrado, por seu turno, através da sua atuação limita-se, apenas, a obter a confiança do suspeito(s), tornando-se aparentemente num deles para, como refere Manuel Augusto Meireis, "desta forma, ter acesso a informações, planos, confidências ... que, de acordo com o seu plano constituirão as provas necessárias à condenação"[512].

No mesmo sentido, o Tribunal Constitucional, ao considerar que, "o que verdadeiramente importa, para assegurar essa legitimidade – intervenção do agente infiltrado – é que o funcionário de investigação criminal não induza ou instigue o sujeito à prática de um crime que de outro modo não praticaria ou que não estivesse já disposto a praticar, antes se limite a ganhar a sua confiança para melhor o observar, e acolher informações a respeito das atividades criminosas de que ele é suspeito. E, bem assim, que a intervenção do agente infiltrado seja autorizada previamente ou posteriormente ratificada pala competente autoridade judiciária"[513].

A este propósito reveste de grande interesse o douto acórdão do Supremo Tribunal de Justiça, de 15 de janeiro de 1997[514].

No aresto referido foi, com interesse *in casu*, dada como provada a seguinte matéria fática: "1 – No dia 9 de setembro de 1995, cerca das 22 horas, no lugar de Mariz (...) o arguido encontrava-se junto de diversos indivíduos conotados com o consumo de estupefacientes; 2 – Estavam, todos, na via pública perto de uma paragem dos transportes públicos; 3 – Nesse momento e nesse local encontravam-se dentro de uma viatura aí estacionada, dois agentes da PSP, trajando à civil, viatura essa não identificada como da PSP (...); 6 – Ao observarem aquele ajuntamento, um dos agentes, de nome Paulo Sérgio, *dirigiu-se* ao arguido, a *quem perguntou* se tinha droga para vender; 7 – O arguido, desconhecendo que o Paulo Sérgio era agente da PSP, disse que não tinha droga mas sabia onde arranjá-la; 8 – Então o agente Paulo Sérgio *solicitou-lhe* que lhe obtivesse uma grama de heroína; 9 – O arguido negou-se a tal; 10 – O agente Paulo Sérgio *voltou a pedir* ao arguido que lhe conseguisse a heroína *tendo insistido* com ele para que lha obtivesse; 11 – Ao fim de algum tempo o arguido acedeu ir, com eles, buscar a droga; 12 – dirigiram-se, o arguido e os dois agentes da

---

[512] *Ob. cit.*, p. 164.

[513] *Acórdão cit.*, p. 2951.

[514] *In Coletânea de Jurisprudência*, Ano V, Tomo I, pp. 185-188.

DA PROVA DO CRIME

PSP, no veículo destes, para próximo da Ponte do Freixo; 13 – Aí chegados o arguido saiu do carro, onde ficaram os agentes, e foi buscar a droga a um indivíduo que não foi possível identificar em concreto; 14 – Quando o arguido voltou para junto do veículo e dos agentes da PSP, a fim de lhes entregar a heroína que havia ido adquirir para eles, estes identificaram-se como agentes de autoridade e de imediato detiveram o arguido; 15 – Na revista que então lhe foi feita apreenderam-lhe 6 embalagens (...) de heroína ...; 16 – Destas 6 embalagens, uma delas, (...) era destinada aos agentes da PSP – *conforme solicitado*, e as restantes 5 embalagens (...) destinavam-se ao seu consumo pessoal" (itálicos e negritos nossos).

Face ao circunstancialismo fático descrito, a decisão do Supremo Tribunal de Justiça, a qual merece a nossa inteira concordância, foi a de confirmar o acórdão recorrido, que absolveu o arguido, devido ao facto de os agentes da PSP, através da sua atuação, *determinarem* o arguido à prática do crime, induzindo-o e instigando-o, sem a qual o crime não seria cometido. Os agentes atuaram, pois, como verdadeiros agentes provocadores, sendo, por isso, considerada ilícita, com a consequente nulidade de todas as provas assim obtidas e a punição dos mesmos, como se referiu supra.

Na verdade, e como é referido no douto aresto, a atuação dos agentes da polícia, "não foi destinada a encontrar ou criar uma situação em que se pudesse surpreender o arguido no desenvolvimento de uma atividade criminosa *que já viesse de trás*, essa abordagem, bem como a *insistência persistente* que se lhe seguiu, foi, pelo contrário (...), uma atuação à sorte a ver se se topava por acaso, com um indivíduo que estivesse ligado a meios de tráfico (...). Não havendo qualquer elemento que referenciasse o arguido a anteriores atividades de tráfico, foi a atividade policial *que o impeliu* enganosamente (...) a uma atividade pontual e desgarrada, concluindo que, a atuação policial foi nula (...), e os seus resultados não podem ser considerados. A justiça não pode ser feita à custa da moral; se o for, é uma falsa justiça" (itálicos e negritos nossos).

À guisa de conclusão, e como é ainda referido no número III do sumário do mesmo acórdão, "é ilícita a atuação policial e nulas as provas obtidas, quando os agentes se acercam do arguido, em relação ao qual não era referido qualquer conotação como consumidor ou traficante, *lhe perguntou se tem droga para vender* e perante a resposta de que não tinha mas sabia onde a poderiam adquirir, acedeu a ir com eles até um local onde ficando eles no automóvel, o arguido foi junto da pessoa desconhecida trazendo 6 embalagens, uma das quais para ceder a esses agentes".

No mesmo sentido, Acórdão do Tribunal Europeu dos Direitos do Homem. Caso Teixeira de Castro C. Portugal (44/1997/828/1034), de 9 de junho de 1998. Este aresto condenou o Estado português a pagar a título de indemnização, a quantia de dez milhões de escudos a um cidadão português, condenado pelos tribunais portugueses por tráfico de droga, por concluir que os agentes da PSP, aí referidos, com ocultação da sua qualidade, ao procederem à detenção do cidadão, no momento em que lhes entregou certa porção de heroína, *que insistiram comprar*, não atuaram como agentes infiltrados, mas sim como verdadeiros agentes provocadores do crime.

O regime jurídico das ações encobertas para fins de prevenção e investigação criminal está previsto, como referimos já, na lei nº 101/2001, de 25 de agosto, alterada pelas leis números 60/2013, de 23 de agosto e 61/2015, de 24 de junho.

O artigo 2º prevê os tipos de crime, no âmbito dos quais são admissíveis as ações encobertas[515].

Nos termos do artigo 3º, as ações encobertas devem ser *adequadas* aos fins de prevenção e repressão criminais identificadas em concreto, nomea-

---

[515] Lei nº 101/2001, de 25 de agosto, "Artigo 2º *(âmbito de aplicação)* As ações encobertas são admissíveis no âmbito da prevenção e repressão dos seguintes crimes: *a)* Homicídio voluntário, desde que o agente não seja conhecido; *b)* Contra a liberdade e contra a autodeterminação sexual a que corresponda, em abstrato, pena superior a 5 anos de prisão, desde que o agente não seja conhecido, ou sempre que sejam expressamente referidos ofendidos menores de 16 anos ou outros incapazes; *c)* Relativos ao tráfico e viciação de veículos furtados ou roubados; *d)* Escravidão, sequestro e rapto ou tomada de reféns; *e)* Tráfico de pessoas; *f)* Organizações terroristas, terrorismo, terrorismo internacional e financiamento do terrorismo; *g)* Executados com bombas, granadas, matérias ou engenhos explosivos, armas de fogo e objetos armadilhados, armas nucleares, químicas ou radioativas; *h)* Roubo em instituições de crédito, repartições da Fazenda Pública e correios; *i)* Associações criminosas; *j)* Relativos ao tráfico de estupefacientes e de substâncias psicotrópicas; *l)* Branqueamento de capitais, outros bens ou produtos; *m)* Corrupção, peculato e participação económica em negócio e tráfico de influências; *n)* Fraude na obtenção ou desvio de subsídio ou subvenção; *o)* Infrações económico-financeiras cometidas de forma organizada ou com recurso à tecnologia informática; *p)* Infrações económico-financeiras de dimensão internacional ou transnacional; *q)* Contrafação de moeda, títulos de créditos, valores selados, selos e outros valores equiparados ou a respetiva passagem; *r)* Relativos ao mercado de valores mobiliários".

DA PROVA DO CRIME

damente a descoberta de material probatório, e ***proporcionais*** quer àquelas finalidades quer à gravidade do crime em investigação (nº 1). Compreende-se a sujeição das ações encobertas aos princípios da *adequação* e da *proporcionalidade*, na medida em que o recurso à figura do agente infiltrado consubstancia, intrinsecamente em si mesma, uma técnica de investigação de moral duvidosa, uma vez que é o próprio suspeito que, atuando em erro sobre a qualidade do funcionário de investigação criminal produz, involuntariamente, a prova da sua própria condenação.

Da mesma forma se compreende que ninguém seja obrigado a participar em ação encoberta (nº 2).

A realização de uma ação encoberta, no âmbito do inquérito, depende de prévia autorização do competente magistrado do Ministério Público, enquanto *dominus* do inquérito, sendo obrigatoriamente comunicada ao juiz de instrução, considerando-se a mesma validada se não for proferido despacho de recusa nas setenta e duas horas seguintes (nº 3 do referido art. 3º).

Caso a ação encoberta decorra no âmbito da prevenção criminal, a autorização é da competência do juiz de instrução criminal, do Tribunal Central de Instrução Criminal, mediante proposta do Ministério Público, junto do Departamento Central de Investigação e Ação Penal (números 4 e 5).

A Polícia Judiciária deverá fazer o relato da intervenção do agente encoberto à autoridade judiciária competente no prazo máximo de quarenta e oito horas após o termo daquela (nº 6).

Em conformidade com a referida lei, atua o agente infiltrado legitimamente, não sendo punível a sua conduta que consubstancie a prática de atos preparatórios ou de execução de uma infração em qualquer forma de comparticipação diversa da ***instigação*** e da ***autoria mediata***, sempre que guarde a devida proporcionalidade com a finalidade da mesma (art. 6º, nº 1 da mesma lei).

Fora destes casos, o recurso à figura do agente infiltrado é legalmente inadmissível sendo, consequentemente ilícito e, por isso, as provas assim obtidas são provas proibidas face, desde logo, ao artigo 125º do Código de Processo Penal, que estabelece que só são admissíveis as provas que não forem proibidas por lei.

Acresce ainda que, as provas assim obtidas são recondutíveis aos "métodos proibidos de prova", de acordo com o disposto na última parte da alínea *a*), do nº 2 do art. 126º do mesmo diploma legal – utilização de meios enga-

DOS MEIOS DE PROVA

nosos – sendo, por isso, nulas, **não podendo ser utilizadas**, nº 1 do mesmo preceito legal, a não ser para o seguinte e exclusivo fim: proceder criminalmente contra quem as produziu, nos termos do nº 4 do referido art. 126º.

8.1.3. O agente encoberto

Embora mais próxima, a figura do agente encoberto, não deve confundir-se com a do agente infiltrado e, muito menos, com a do agente provocador.

O elemento caraterizador da figura do agente encoberto é "a sua absoluta passividade relativamente à decisão criminosa"[516].

Agente encoberto é, pois, um órgão de polícia criminal (da PSP, GNR ou PJ) ou o particular que, de forma concertada com ele atua, que, sem revelar a sua qualidade ou identidade, frequenta os lugares conotados com o crime, *v. g.*, cafés, bares, supermercados, estações de caminho de ferro e outros lugares abertos ao público, com a finalidade de identificar, e eventualmente deter, possíveis suspeitos da prática de crimes, mais ou menos graves, de natureza pública ou semipública[517], sem contudo, determinar a prática de qualquer crime ou conquistar a confiança de alguém.

A presença do agente encoberto nos lugares conotados com o crime e a sua qualidade "é indiferente para determinar o rumo dos acontecimentos; naquele lugar e naquele momento poderia estar qualquer outra pessoa e as coisas aconteceriam da mesma forma; aqui o risco corre, no todo, por conta do deliquente (...) o agente encoberto nunca teve nem o domínio absoluto nem o domínio funcional do facto"[518].

Será agente encoberto, por exemplo, o agente da PSP, a desempenhar funções de investigação criminal, que, trajando à civil, se dirige a um café ou bar, onde sabe que se vendem objetos de ouro, provenientes de furtos ou roubos, com o intuito de que algum dos suspeitos o aborde nesse sentido, para proceder à respetiva detenção, ou ainda o mesmo agente "que trajando

---

[516] MANUEL AUGUSTO MEIREIS, *ob. cit.*, p. 192.

[517] Nos crimes particulares, na fase de inquérito, não há lugar à detenção, mesmo em flagrante delito, mas apenas à identificação do infrator, como resulta do disposto no artigo 255º, nº 4, do CPP.

[518] MANUEL AUGUSTO MEIREIS, *ob. cit.*, pp. 192-193.

DA PROVA DO CRIME

à civil, se dirige a um bar, onde sabe que se trafica droga com o intuito de que alguém o aborde nesse sentido. Senta-se a uma mesa e alguém se lhe dirige perguntando-lhe se quer comprar 10 gramas de heroína. O agente reage detendo essa pessoa em flagrante delito"[519].

A atuação do agente encoberto é totalmente lícita e legalmente admissível, ao abrigo dos princípios da liberdade, da atipicidade dos meios de prova que não forem proibidos por lei (art. 125º do CPP), da oficialidade e da investigação, sendo, consequentemente, as provas assim obtidas válidas, nada impedindo que a prova assim obtida seja aceite e livremente valorada pelo tribunal.

O recurso à figura do agente encoberto é, pois, "uma verdadeira medida de profilaxia criminal"[520].

---

[519] MANUEL AUGUSTO MEIREIS, *ob. cit.*, p. 192.
[520] MANUEL AUGUSTO MEIREIS, *ob. cit.*, p. 193.

Capítulo IV
Dos Meios de Obtenção da Prova

1. Questões gerais

Os Capítulos I a IV do Título III do Livro III do Código de Processo Penal, incluem os artigos 171º a 190º e estabelecem a regulamentação dos exames, das revistas, das buscas, das apreensões e das escutas telefónicas, enquanto *meios de obtenção da prova.*

Os *meios de obtenção da prova* são instrumentos de que se servem as autoridades judiciárias, para investigar e recolher meios de prova; não são instrumentos de demonstração do *thema probandi*, são instrumentos para recolher no processo esses meios[521].

Enquanto os *meios de prova*, a que nos referimos supra, caracterizam-se por serem, por si mesmos, fonte de convencimento do tribunal, os *meios de obtenção da prova*, ao invés, apenas possibilitam a obtenção desses mesmos meios de prova.

Nalguns casos, no entanto, o *meio de obtenção da prova* acaba por ser também um meio de prova. É o que acontece, por exemplo, na escuta telefónica em que, ela própria, é um meio de obtenção de prova, mas as gravações são já um meio de prova.

Nos termos dos números 1 e 2, do art. 249º do CPP, compete aos órgãos de polícia criminal, mesmo antes de receberem ordem da autoridade

---

[521] GERMANO MARQUES DA SILVA, *ob. cit.*, vol. II, 3ª Edição (2002), p. 209.

DA PROVA DO CRIME

judiciária competente para procederem a investigações, praticar os *atos cautelares necessários e urgentes* para assegurar os meios de prova, designadamente: *a*) Proceder a exames dos vestígios do crime, em especial às diligências previstas no art.171º, nº 2, e no art. 173º, assegurando a manutenção do estado das coisas e dos lugares; *b*) Colher informações das pessoas que facilitem a descoberta dos agentes do crime e a sua reconstituição; e *c*) Proceder a apreensões no decurso de revistas ou buscas em caso de urgência ou perigo na demora, bem como adotar as medidas cautelares necessárias à conservação ou manutenção dos objetos apreendidos.

Mesmo após a intervenção da autoridade judiciária, cabe aos órgãos de polícia criminal assegurar novos meios de prova de que tiverem conhecimento, sem prejuízo de deverem dar deles notícia imediata àquela autoridade, nº 3, do mesmo preceito legal.

2. Exames

2.1. Conceito e finalidades

Aos exames se referem os artigos 171º a 173º do Código de Processo Penal. Dispõe o nº 1, do art. 171º que «*Por meio de exames das pessoas, dos lugares e das coisas, inspecionam-se os vestígios que possa ter deixado o crime e todos os indícios relativos ao modo como e ao lugar onde foi praticado, às pessoas que o cometeram ou sobre as quais foi cometido*».

Exame é, pois, um *meio de obtenção de prova*, através do qual se inspecionam e registam documentalmente todos os vestígios que possa ter deixado o crime e todos os indícios relativos ao modo como e ao lugar onde foi praticado, às pessoas que o cometeram ou sobre as quais foi cometido.

O exame pode, pois, ser realizado em *pessoas*, em *lugares* e em *coisas*, como resulta do nº 1, do art. 171º.

Em relação ao exame, a lei prescreve particulares *providências cautelares*, nomeadamente: logo que houver notícia da prática de crime, providencia-se para evitar, quando possível, que os seus vestígios se apaguem ou alterem antes de serem examinados, proibindo-se, se necessário, a entrada ou o trânsito de pessoas estranhas ao local do crime ou quaisquer outros atos que possam prejudicar a descoberta da verdade, nº 2, do art. 171º.

DOS MEIOS DE OBTENÇÃO DA PROVA

Se os vestígios deixados pelo crime se encontrarem alterados ou tiverem desaparecido, descreve-se o estado em que se encontram as pessoas, os lugares e as coisas em que possam ter existido, procurando-se, quanto possível, reconstituí-los e descrevendo-se o modo, o tempo e as causas da alteração ou do desaparecimento, nº 3, do art. 171º.

Compete às autoridades judiciárias ou aos órgãos de polícia criminal, ordenar a realização de exames [522]. Porém, incumbe a qualquer agente da autoridade tomar provisoriamente as providências cautelares referidas, se de outro modo houver *perigo iminente* para a obtenção da prova, enquanto não estiver presente no local a autoridade judiciária ou o órgão de polícia criminal competentes, nº 4, do mesmo preceito legal.

2.2. Sujeição a exame: formalidades

Se alguém pretender eximir-se ou obstar a qualquer exame devido, ou a facultar coisa que deva ser examinada, pode ser compelido a fazê-lo por decisão da *autoridade judiciária competente*, nº 1, do art. 172º.

A decisão sobre a sujeição a exame que respeitar a caraterísticas físicas ou psíquicas de pessoa que não haja prestado consentimento, é da competência do juiz, que deverá ponderar a necessidade da sua realização, tendo em conta o direito à integridade pessoal e à reserva da intimidade do visado. Estes exames são realizados por médico ou por outra pessoa legalmente autorizada e não podem criar perigo para a saúde do visado. Tratando-se de análises de sangue ou de outras células corporais, os exames efetuados e as amostras recolhidas só podem ser utilizados no processo em curso ou em outro já instaurado, devendo ser destruídos, mediante despacho do juiz, logo que não sejam necessários (arts. 172º, nº 2, 154º, nº 3 e 156º, nºs 6 e 7).

Os exames suscetíveis de ofender o pudor das pessoas devem respeitar a dignidade e, na medida do possível, o pudor de quem a eles se submeter.

Ao exame só assistem quem a ele proceder e a autoridade judiciária competente, podendo o examinando fazer-se acompanhar de pessoa da sua confiança, se não houver perigo na demora, e devendo ser informado de que possui essa faculdade, nº 3 do mesmo preceito legal. Coisa que entre

---

[522] Durante o inquérito e a instrução os exames são, normalmente, efetuados pelos órgãos de polícia criminal.

DA PROVA DO CRIME

nós nem sempre se pratica e é até, por vezes, objeto de esquecimento por parte dos órgãos de policia criminal.

2.3. *Injunções oponíveis a pessoas encontradas no local do exame*

A autoridade judiciária ou o órgão de polícia criminal competentes podem determinar que alguma ou algumas pessoas se não afastem do local do exame e obrigar, com o auxílio da força pública, se necessário, as que pretenderem afastar-se a que nele se conservem enquanto o exame não terminar e a sua presença for indispensável, nº 1, do art. 173º.

Enquanto não estiver presente no local a autoridade judiciária ou o órgão de polícia criminal competentes, cabe a qualquer agente da autoridade proceder provisoriamente à preservação referida, nos termos do nº 4, do art. 171º, aplicável *ex vi* do art. 173º, nº 2.

O procedimento referido pode ainda ter lugar quanto a pessoas que se encontrem no lugar sujeito a busca, podendo ser compelidas a permanecer no local, durante esta (art. 176º nº 3, última parte).

2.4. *Exame ao local do crime quando corre a audiência de discussão e julgamento*

Em audiência de discussão e julgamento, pode o tribunal, quando o considerar necessário à boa decisão da causa, deslocar-se ao local onde tiver ocorrido qualquer facto cuja prova se mostre essencial e convocar para o efeito os participantes processuais cuja presença entender conveniente, art. 354º, do CPP.

A deslocação do tribunal ao local, para exame, depende, assim, da verificação dos seguintes pressupostos: *a)* que a prova de determinado facto se mostre essencial; *b)* que, o exame ao local onde ocorreu esse facto se torne necessário à boa decisão da causa.

2.5. *Distinção entre exame e perícia*

A distinção feita pelo Código de Processo Penal assenta na exigência de especiais conhecimentos técnicos, científicos ou artísticos ou não.

DOS MEIOS DE OBTENÇÃO DA PROVA

Porque se exigem aqueles conhecimentos especiais, *o juízo técnico, científico ou artístico inerente à prova pericial presume-se subtraído à livre apreciação do julgador* (art. 163º, nº 1). Nos exames, inspecionam-se os vestígios que possa ter deixado o crime, mas esta inspeção não só não exige especiais conhecimentos técnicos, científicos ou artísticos, como os vestígios ou são depois objeto de perícia ou valorados direta e livremente pela autoridade judiciária[523].

3. Das revistas

3.1. Conceito

A revista consiste em examinar ou inspecionar minuciosamente uma pessoa, a fim de se certificar se ela oculta ou não quaisquer objetos relacionados com um crime ou que possam servir de prova, *v. g.*, armas ou outros objetos com os quais possa praticar atos de violência.

A revista só pode ser efetuada, naturalmente, a *pessoas*, a qualquer hora do dia ou da noite.

3.2. Tipos de revista

Quanto à sua finalidade, as revistas podem ser consideradas:

a) Revistas como meio de obtenção de prova;
b) Revistas preventivas ou de segurança.

As revistas como meio de obtenção de prova são aquelas que são efetuadas nos termos dos artigos 174º e 251º, nº 1, al. *a*), do CPP e art. 53º do Decreto-Lei nº 15/93, de 22 de Janeiro (lei do combate à droga).

Como revistas preventivas ou de segurança temos, *v. g.*, as previstas no art. 251º, nº 1 al. *b*), do CPP.

---

[523] GERMANO MARQUES DA SILVA, *ob. cit.*, vol. II, 3ª Edição (2002), p. 213.

DA PROVA DO CRIME

3.3. Regime jurídico

Pressuposto da revista é, desde logo, a existência de *indícios* de que alguém oculta na sua pessoa quaisquer objetos relacionados com um crime ou que possam servir de prova, n.º 1, do art. 174.º.

Pode também proceder-se a revista de pessoas, que se encontrem no lugar sujeito a busca, durante esta, se quem ordenar ou efetuar a busca tiver razões para presumir que estas ocultam na sua pessoa quaisquer objetos relacionados com um crime ou que possam servir de prova, arts. 176.º, n.º 3 e 174.º, n.º 1.

A revista deve respeitar a dignidade pessoal e, na medida do possível, o pudor do visado (art. 175.º, n.º 2).

Antes de se proceder a revista, deve ser entregue ao visado cópia do despacho que a determinou, no qual se faz menção de que aquele pode indicar, para presenciar a diligência, pessoa de sua confiança e que se apresente sem delonga, salvo nos casos em que a mesma não depende de autorização ou ordem prévia, arts. 175.º e 174.º, n.º 5.

As revistas são **autorizadas ou ordenadas** por despacho pela autoridade judiciária competente, devendo esta, sempre que possível, presidir à diligência. Este despacho, no entanto, tem um prazo de validade máxima de *trinta dias*, sob pena de *nulidade* (art. 174.º, n.ºs 3 e 4).

O n.º 5 do art. 174.º estabelece, no entanto, um regime excecional, ao permitir aos órgãos de polícia criminal a efetivação de tais revistas **sem prévia autorização ou ordem da autoridade judiciária**, nos seguintes casos:

a) *Terrorismo, criminalidade violenta ou altamente organizada*[524], ***desde que haja fundados indícios da prática iminente de crime que ponha em grave risco a vida ou a integridade de qualquer pessoa.***

---

[524] Considera-se *terrorismo*, as condutas que integram os crimes de organizações terroristas, terrorismo, terrorismo internacional e financiamento do terrorismo; considera-se *criminalidade violenta*, as condutas que dolosamente se dirigirem contra a vida, a integridade física, a liberdade pessoal, a liberdade e autodeterminação sexual ou a autoridade pública e forem puníveis com pena de prisão de máximo igual ou superior a cinco anos; considera-se *criminalidade especialmente violenta*, as condutas integradas no conceito de criminalidade violenta, puníveis com pena de prisão de máximo igual ou superior a oito anos; considera-se *criminalidade altamente organizada*, as condutas que integrarem crimes de associação criminosa, tráfico de pessoas, tráfico de armas,

DOS MEIOS DE OBTENÇÃO DA PROVA

A alusão a "grave risco" refere-se à vida ou integridade física de qualquer pessoa e não a quaisquer outros bens jurídicos, como por exemplo, o património.

Este "grave risco" é constatado pelo agente, antecipadamente, mediante uma análise *ex ante* das circunstâncias que o rodeiam e das suas possibilidades concretas.

O "grave risco" para a vida ou a integridade física de qualquer pessoa, deverá, assim, ser constatável antes de ser iniciada a revista.

O risco há de, pois, ser relevante, sério, de dimensão bastante ou suficientemente importante, tendo em conta a pessoa média comum, colocada em condições idênticas e possuindo as mesmas aptidões e capacidades pessoais do órgão de polícia criminal, para justificar a revista sem prévia autorização ou ordem da autoridade judiciária[525].

b) Em que os visados consintam, desde que o consentimento prestado fique, por qualquer forma, documentado; ou

c) Aquando da detenção em flagrante delito por crime a que corresponda pena de prisão.

d) À revista de suspeitos em caso de **fuga iminente** *ou de* **detenção** *e a buscas no lugar em que se encontrarem, salvo tratando-se de busca domiciliária, sempre que tiverem* **fundada razão** *para crer que neles se ocultam objetos relacionados com o crime, suscetíveis de servirem de prova e que, de outra forma, poderiam perder-se, art. 251º, nº 1, al. a), do CPP;*

e) À revista de pessoas que tenham de participar ou pretendam assistir a qualquer ato processual ou que, na qualidade de suspeitos, devam ser conduzidos a posto policial, sempre que houver razões para crer que ocultam armas ou

---

tráfico de estupefacientes ou de substâncias psicotrópicas, corrupção, tráfico de influência, participação económica em negócio ou branqueamento (art. 1º, als. *i*) a *m*), do CPP).

Acerca da criminalidade organizada cfr. WINFRIED HASSEMER, *História das Ideias Penais na Alemanha do Pós Guerra e a Segurança Pública no Estado de Direito*, Associação Académica da FDL, 1995, p. 91.

[525] MARIA LEONOR ASSUNÇÃO, *Contributo Para a Interpretação do Art. 219º do Código Penal, Boletim da Faculdade de Direito da Universidade de Coimbra, Nº 6 da Stvdia Ivrídica*, Coimbra Editora, p. 95.

DA PROVA DO CRIME

outros objetos com os quais possam praticar atos de violência, al. *b)*, do nº 1, do art. 251º citado[526].

Como exemplos podemos referir: pessoa que participem ou pretendam assistir a uma audiência de julgamento; pessoas que se dirijam a uma Esquadra, Divisão ou Departamento de investigação criminal da PSP, GNR ou PJ, a fim de serem inquiridas; um suspeito antes de entrar num carro de patrulha a fim de ser conduzido à Esquadra para identificação, etc..

Em todos estes casos, com exceção dos casos referidos, nas alíneas *b)* e *c)* do nº 5 do art. 174º, a realização da revista é, *sob pena de nulidade*, imediatamente comunicada ao juiz de instrução para este a apreciar em ordem à sua validação (arts. 174º, nº 6 e 251º, nº 2).

A validação respeita, naturalmente, à verificação dos pressupostos e dos requisitos da validade da revista efetuada. Em caso de recusa da validação da revista, efetuada sem prévia autorização ou ordem da autoridade judiciária, por inexistência de fundamentos, a consequência processual é a *nulidade* da mesma, ou seja, a recusa de validação tem como efeito a *proibição de prova*, por força do disposto no art. 32º, nº 8 da Constituição da República, e arts.126º, nº 3 e 118º, nº 3, do Código de Processo Penal, para além da eventual responsabilidade criminal, civil e disciplinar de quem efetuou a diligência[527].

---

[526] Esta alínea *b)* foi objeto de revisão operada pela lei nº 48/2007, de 29 de agosto, que veio possibilitar, também, a revista de suspeitos que devam ser conduzidos a posto policial. Porém, nós próprios, entendíamos que à luz da redação anterior, tais revistas podiam ser efetuadas, na medida em que já permitia a *revista de pessoas* (quaisquer pessoas incluindo o suspeito) que tivessem de participar em qualquer ato processual. Cfr. o nosso *Os Tribunais As Polícias e o Cidadão, cit.,* 2ª edição, Almedina, 2002, p. 199.

Alguma doutrina considera as revistas e as buscas autorizadas pelo artigo 251º aludido como medidas cautelares de polícia urgentes, certamente por o mesmo preceito legal encontrar-se inserido no capítulo II – *das medidas cautelares e de polícia* – do título I, do livro VI, da parte II, do CPP. Neste sentido, Manuel Maia Gonçalves, *ob. cit.,* anotação ao artigo 251º, p. 602 e Manuel Monteiro Guedes Valente, *Processo Penal,* Tomo I, 2ª edição, Almedina, 2009, p. 358.

[527] *Constituição da República Portuguesa,* «ARTIGO 32º *(Garantias de processo criminal)* (...) 8: *São nulas todas as provas obtidas mediante tortura, coação, ofensa da integridade física ou moral da pessoa, abusiva intromissão na vida privada, no domicílio, na correspondência ou nas telecomunicações».*

Código de Processo Penal, «ARTIGO 126º *(Métodos proibidos de prova)* (...) *3. Ressalvados os casos previstos na lei, são igualmente nulas, não podendo ser utilizadas, as provas obtidas mediante intromissão na vida privada, no domicílio, na correspondência ou nas telecomunicações sem o consentimento do respetivo titular».*

DOS MEIOS DE OBTENÇÃO DA PROVA

Relativamente aos arts. 174º, nº 5 e 251º, nº 1[528], o Tribunal Constitucional, no Acórdão nº 7/87, publicado no *DR – I Série*, nº 33, de 9 de Fevereiro de 1987, pronunciou-se pela sua constitucionalidade.

Durante o inquérito, não se vislumbram razões para que não deva ser o Ministério Público – também autoridade judiciária competente nos termos do art. 1º alínea *b*) e 270º nº 2, alínea *d*), do CPP – a proceder à apreciação e validação das revistas (e a buscas não domiciliárias), uma vez que tem competência para as autorizar (art. 174º, nº 3) e tal ato não consta do elenco dos que competem exclusivamente ao juiz de instrução em sede de inquérito (arts. 268º e 269º), ao contrário do que estabelecem os artigos 177º, nº 1 e 187º, nº 1, a propósito das buscas domiciliárias e escutas telefónicas, respetivamente, que fazem depender tal autorização do juiz de instrução.

A distinção terminológica não foi feita em vão. É que no que toca às revistas e buscas não domiciliárias, como não estarão diretamente em causa alguns dos direitos fundamentais constitucionalmente consagrados, o legislador autorizou que estas possam ser ordenadas não pelo juiz de instrução mas sim pelo M.P. que, repetimos, é no âmbito do inquérito uma autoridade judiciária competente (arts. 53º, nº 2, alínea *b*), 263º, nº 1, e 267º do CPP).

Quer isto dizer que o poder de ordenar revistas e buscas não domiciliárias será da competência exclusiva do M.P., com uma única possibilidade de intervenção do Juiz de Instrução[529]. De facto verifica-se apenas a exceção contida no nº 6 do art. 174º que determina nos casos de terrorismo, criminalidade violenta ou altamente organizada, que os órgãos de polícia criminal ao efetuarem revistas e buscas não domiciliárias, sem para tal estarem devidamente autorizados, comuniquem ao juiz de instrução.

3.4. Revistas e perícias efetuadas no âmbito da Lei do combate à droga

Quando houver indícios de que alguém oculta ou transporta no seu corpo estupefacientes ou substâncias psicotrópicas, é ordenada revista e, se necessário, procede-se a perícia, art. 53º, nº 1, do Decreto-Lei nº 15/93, de 22 de Janeiro (Regime jurídico do tráfico e consumo de estupefacientes).

---

[528] Com a redação anterior à alteração de 1998.

[529] José Miguel Sardinha, *O Terrorismo e a Restrição dos Direitos Fundamentais em Processo Penal*, Coimbra Editora, p. 96.

DA PROVA DO CRIME

Para a realização da perícia, pode o visado ser conduzido a unidade hospitalar ou a outro estabelecimento adequado e aí permanecer pelo tempo estritamente necessário à realização da mesma (n.º 2, do mesmo preceito legal).

A realização da revista ou perícia depende do **consentimento do visado** ou **de prévia autorização da autoridade judiciária competente** (juiz de instrução ou Ministério Público), na ausência de tal consentimento, devendo esta, sempre que possível, presidir à diligência (n.º 3).

Se, depois de devidamente advertido das consequências penais do seu ato, o visado se recusar a ser submetido a revista ou a perícia, autorizada pela autoridade judiciária competente, será punido com pena de prisão até 2 anos ou com pena de multa até 240 dias (n.º 4, do referido preceito e diploma legais).

4. Das buscas

4.1. Das buscas não domiciliárias

4.1.1. Pressupostos

Pressuposto da busca não domiciliária é, também, a existência de *indícios* de que o arguido, qualquer outra pessoa que deva ser detida, ou objetos que se relacionem com um crime ou que possam servir de prova deste, se encontrem em *lugar reservado ou não livremente acessível ao público*, art. 174.º, n.º 2.

Lugar reservado ou não acessível ao público é todo aquele que, embora possa revelar factos da vida privada do arguido ou de qualquer outra pessoa que deva ser detida, não seja considerado domicílio destes, nomeadamente, garagens, barracões ou outras dependências para guarda de materiais de construção, alfaias agrícolas, ferramentas ou outros utensílios domésticos, veículos automóveis, etc..

4.1.2. Formalidades

Antes de se proceder à busca é entregue, salvo nos casos em que a mesma não depende de autorização ou ordem prévia da autoridade judiciária (n.º 5, do art. 174º), a quem tiver a disponibilidade do lugar em que a diligência se realiza cópia do despacho que a determinou, na qual se faz menção de que pode assistir à diligência e fazer-se acompanhar ou substituir por pessoa da sua confiança e que se apresente sem delonga. Na falta destas pessoas, a cópia é, sempre que possível, entregue a alguém direta ou indiretamente relacionado com o visado podendo pois, ser entregue a um parente, a um vizinho, ao porteiro ou alguém que o substitua, números 1 e 2, do art. 176º.

Embora o referido art. 176º não o refira, também a busca deve respeitar a dignidade pessoal e, na medida do possível, o pudor do visado, aplicando--se analogicamente o n.º 2, do art. 175º.

4.1.3. Regime jurídico

As buscas não domiciliárias (e as revistas) são autorizadas ou ordenadas por despacho pela autoridade judiciária competente, devendo esta, sempre que possível, presidir à diligência, art. 174º, n.ºs 3 e 4.

O n.º 5, do mesmo preceito legal estabelece, no entanto, o mesmo regime excecional das revistas, a que nos referimos supra, para aí se remetendo.

Refira-se, finalmente, que, à semelhança das revistas, as buscas não domiciliárias podem ser efetuadas a qualquer hora do dia ou da noite.

4.2. Das buscas domiciliárias

4.2.1. Regime Jurídico

Sob o apertado espartilho da Constituição da República, *ex vi* do art. 32º n.º 8, consideram-se **nulas** toda as provas[530] resultantes da **abusiva** intromissão na vida privada, estabelecendo, concomitantemente o art. 34º n.º 1, a inviolabilidade do domicílio. Acontece, porém, que tal regime, ainda que apertado, não está isento de exceção desde logo prevista no n.º 2 do mesmo artigo que prevê que a entrada no domicílio possa ser autorizada pela autoridade judiciária competente.

---

[530] «A nulidade da busca domiciliária é uma nulidade relativa do art. 120º n.º 3 do CPP e não uma nulidade do art. 119º do mesmo diploma» (Ac. do STJ, de 23-4-92, *Col. Jur.*, XVII, 2, 22).

DA PROVA DO CRIME

Teve o legislador em vista proteger *prima facie* o direito fundamental à reserva da intimidade da vida privada e familiar expresso no art. 26º, nº 1 da lei fundamental.

A busca em casa habitada[531] ou numa sua dependência fechada *só pode*, por via de regra, ser efetuada entre as *sete e as vinte e uma horas*, *sob pena de nulidade*, art. 177º, nº 1.

O nº 2, do mesmo preceito legal, introduzido pela lei nº 48/2007, de 29 de agosto, permite, no entanto, excecionalmente, a realização da busca domiciliária entre as *vinte e uma e as sete horas*[532], nos casos seguintes: *terrorismo ou criminalidade especialmente violenta ou altamente organizada*[533]; *consentimento do visado, documentado por qualquer forma e em flagrante delito pela prática de crime punível com pena de prisão superior, no seu máximo, a três anos.*

Regra geral, a busca domiciliária só pode ser ordenada ou autorizada pelo juiz, sob pena de nulidade (art. 177º, nº 1). Esta exigência legal resulta do disposto no art. 32º, nº 4, da Constituição da República, nos termos do qual a prática de atos instrutórios que se prendam diretamente com os direitos fundamentais é da competência do juiz.

Porém, permite o nº 3 do mesmo preceito legal, conjugado com o nº 5 do art. 174º, que, as buscas domiciliárias possam, também, ser ordenadas pelo Ministério Público ou ser efetuadas por órgãos de polícia criminal, sem prévia autorização ou ordem do juiz de instrução, nos seguintes casos: *Terrorismo, criminalidade violenta ou altamente organizada*, **desde que haja fundados indícios da prática iminente de crime que ponha em grave risco a vida ou a integridade de qualquer pessoa**; *em que os visados consintam, desde que o consentimento prestado fique, por qualquer forma, documentado* e *aquando de detenção em flagrante delito por crime a que corresponda pena de prisão.* Em todos

---

[531] O Acórdão da Relação de Évora, de 15 de Abril de 1986, in *BMJ* nº 358 (1986), p. 625, considerou que, «O quarto de um hotel, ocupado por um hóspede, constitui «sua habitação» e quem nele se introduzir, contra vontade expressa ou presumida daquele, comete um crime do artigo 176º do Código Penal (atual 190º – Violação de domicílio –), o mesmo acontecendo a quem nele permaneça depois de intimado a retirar-se».

[532] Na sequência, aliás, da revisão da Constituição, operada pela lei constitucional nº 1/2001, de 12 de dezembro, que alterou o nº 3, do art. 34º.

[533] E não nos casos de criminalidade violenta. Sobre os conceitos de terrorismo, criminalidade violenta, criminalidade especialmente violenta e criminalidade altamente organizada, ver alíneas *i*) a *m*), do art. 1º, do CPP.

estes casos, a busca só pode ser efetuada entre as *7 e as 21 horas* (al. a), do nº 3, do referido art. 177º).

No entanto, caso haja consentimento do visado e em caso de flagrante delito pela prática de crime punível com pena de prisão superior, no seu máximo, a três anos, pode esta ser realizada entre as *21 e as 7 horas* (e igualmente ordenadas pelo Ministério Público ou ser efetuadas por órgãos de polícia criminal, sem prévia autorização ou ordem do juiz de instrução) (al. *b*), do nº 3 do art. 177º, com referência às alíneas *b*) e *c*) do nº 2, do mesmo preceito legal). Já não poderá ser efetuada no mesmo período noturno a busca domiciliária nos casos de terrorismo ou criminalidade especialmente violenta ou altamente organizada fora do flagrante delito.

A busca domiciliária efetuada por órgão de polícia criminal, e não a ordenada pelo Ministério Público, *sem o consentimento do visado e fora do flagrante delito* é, sob pena de nulidade, *imediatamente comunicada* ao juiz de instrução, para este a apreciar em ordem à sua validação (nº 4, do art. 177º, conjugado com o nº 6 do art. 174º).

Também neste caso, a consequência processual da *recusa de validação* da busca domiciliária, efetuada sem prévio despacho judicial, por inexistência de fundamento é a *nulidade*. Ou seja, a recusa da validação tem como efeito a *proibição de prova*, por força do art. 32º, nº 8 da Constituição da República e arts. 126º, nº 3 e 118º, nº 3 do CPP[534].

À busca domiciliária são, obviamente, aplicáveis os arts. 176º (*formalidades da busca*) e, por analogia, o nº 2 do art. 175º, supra referidos: a busca deve respeitar a dignidade pessoal e, na medida do possível, o pudor do visado.

Embora o art. 177º não faça a exigência de o juiz que autoriza a busca domiciliária a ela deva presidir, deve entender-se, por maioria de razão, extensivo a esta busca o princípio consagrado no art. 174º, nº 3, devendo, portanto, essa autoridade presidir à diligência, sempre que possível.

O Tribunal Constitucional, no referido Acórdão nº 7/87, manifestou-se pela constitucionalidade do nº 2 do art. 177º, correspondente ao atual nº 3.

O Supremo Tribunal de Justiça[535] considerou que a inobservância do disposto no nº 1 do artigo 177º referido, no que respeita à falta de mandado

---

[534] Neste sentido, MARQUES FERREIRA, *ob. cit.*, pp. 265-266, e GERMANO MARQUES DA SILVA, *ob. cit.*, vol. II, 3ª edição, p 216.

[535] *Acórdão* de 23 de abril de 1992, in *BMJ* nº 416 (1992), pp. 536, 540 e 541.

DA PROVA DO CRIME

para a busca domiciliária configura-se como nulidade relativa, cuja arguição está sujeita a prazo, nos termos do art. 120º, nº 3, do CPP, recorrendo ao argumento meramente formal, nos termos do qual "... a nulidade da busca domiciliária, não se integra no art. 119º daquele diploma legal ...".

Discordamos, frontalmente, deste entendimento, conforme referimos supra, a propósito das *proibições de prova*, para aí se remetendo.

Refira-se, finalmente, que, a jurisdicionalização de todas as medidas instrutórias que diretamente contendam com as liberdades das pessoas é ela própria um pressuposto da liberdade, e uma garantia do Estado de direito[536].

4.2.2. Conceito de domicílio

A propósito do conceito de domicílio, entende o Tribunal Constitucional[537] que, a inviolabilidade do domicílio a que se refere o art. 34º da Constituição, exprime, numa área muito particular, a garantia do direito à reserva da intimidade da vida privada e familiar, genericamente afirmada no art. 26º, nº 1 da Constituição da República. Por isso mesmo, tal garantia não se limita a proteger o domicílio, entendido este em sentido estrito, no sentido civilístico de residência habitual; antes e de acordo com a interpretação que dela tradicionalmente é feita, tem uma **dimensão mais ampla**, isto é, e mais especificamente, tem por objeto a **habitação humana**, aquele espaço fechado e vedado a estranhos, onde, recatadamente e livremente se desenvolve toda uma série de condutas e procedimentos característicos da vida privada e familiar.

Na verdade, certas componentes materiais dos grupos e caravanas de pessoas, ou seja, as componentes com vocação habitacional ainda que precária (caso, por exemplo, do habitáculo das autovivendas, *roulottes*, carroções e tendas), quando estacionadas ou armadas, constituem necessariamente o seu domicílio, beneficiando tais pessoas, aí verdadeiramente domiciliadas, e, por tal facto, da garantia constante do artigo 34º da Constituição.

---

[536] FIGUEIREDO DIAS, *A Revisão Constitucional, O Processo Penal e os Tribunais*, Livros Horizonte, 1981, p. 88.

[537] *Acórdão TC* nº 452/89, de 28 de junho de 1989, Processo nº 15/87, 1ª Secção, in *BMJ*, nº 388 (1989), p. 199 e s..

DOS MEIOS DE OBTENÇÃO DA PROVA

Essa possibilidade resulta também do disposto no artigo 82º do Código Civil: «*1. A pessoa tem domicílio no lugar da sua residência habitual; se residir alternadamente em diversos lugares, tem-se por domiciliada em qualquer deles. 2. Na falta de residência habitual, considera-se domiciliada no lugar da sua residência ocasional ou, se esta não puder ser determinada, no lugar onde se encontra*».

No que se refere, porém, aos segmentos materiais, com vocação habitacional, dos grupos e caravanas de nómadas, já é questionável se, em trânsito, ainda poderão ser consideradas, numa perspetiva civilística, como seu domicílio. Mas se, em movimento, as autovivendas, *roulottes*, carroções e veículos similares não poderão porventura ser havidos como domicílio, em sentido civilístico, de tais nómadas, isso não significará, necessariamente, que aquelas infra estruturas móveis não hajam de estar, ao cabo e ao resto, igualmente abrangidas pela garantia constitucional da inviolabilidade do domicílio. É que, para efeitos do artigo 34º da Constituição, o domicílio equivale a habitação, «*enquanto projeção espacial da pessoa*» (Amortth, *La Costituzione Italiana*, pág. 62), ou, mais incisivamente ainda, enquanto «instrumento necessário de uma completa manifestação da liberdade individual».

Ora, esses segmentos habitacionais dos grupos e caravanas de nómadas, **mesmo a rodar nas estradas, mesmo sem gente dentro, constituem a habitação dos nómadas** que os conduzem ou rebocam, e, por isso mesmo, não podem deixar de estar tutelados, ainda nessas circunstâncias, pelo artigo 34º da Constituição.

Mais recentemente, e ainda a propósito, defendeu o mesmo Tribunal[538] que, tendo em conta o sentido constitucional deste direito (inviolabilidade do domicílio e da correspondência tutela do direito à intimidade pessoal, previsto no art. 26º da Constituição), tem de entender-se como domicílio desde logo o local onde se habita, a habitação **seja permanente seja eventual, seja principal ou secundária**. Por isso, ele não pode equivaler ao sentido civilístico, que restringe o domicílio à residência habitual (mas certamente incluindo também as **habitações precárias, como tendas, roulottes, embarcações**, e, dizemos nós, **veículos automóveis**), abrangendo também a **residência ocasional**, como o **quarto do hotel**, ou ainda os **locais de trabalho**[539].

---

[538] *Acórdão TC* nº 507/94, de 14 de Julho de 1994, Processo nº 129/93 – 1ª Secção, in *BMJ* nº 439 (1994), p. 173.

[539] Consideramos, aliás, preocupante o aumento do número de casos em que o local de trabalho é transformado, todos os dias, em domicílio. Veja-se o caso dos imigrantes, nomeadamente de países de Leste, que trabalham nos estaleiros de construção civil, transformados, ao cair da

DA PROVA DO CRIME

Dada a sua função constitucional, esta garantia deve estender-se, segundo o mesmo Tribunal, quer ao domicílio voluntário geral quer ao domicílio profissional (Código Civil, artigos 82º e 83º).

A proteção do domicílio é também extensível à *sede das pessoas coletivas*. Também um quarto de um hotel, ocupado por um hóspede, constitui sua habitação, cometendo o crime de violação de domicílio (artigo 190º, do Código Penal), quem nele se introduzir, contra vontade expressa ou presumida daquele, o mesmo acontecendo a quem nele permaneça depois de intimado a retirar-se[540].

---

noite, em autênticos dormitórios, voltando à sua função originária assim que começam a raiar os primeiros alvores de um novo dia. Neste caso particular levanta-se uma delicada questão de criação e extinção da figura jurídica *domicílio*. Em primeiro lugar porque não há um elemento ou acontecimento ou ao menos uma hora concreta para a mutação, não se sabendo, pois, quando começa a operar a proteção jurídica. Em segundo lugar porque sendo o espaço físico o mesmo, o único caráter relevante que permite operar a distinção são os atos dos titulares do direito. Assim, será local de trabalho enquanto nele laboram e será domicílio enquanto descansam.

Há um outro problema a acrescer a esta imbricada questão que aumenta a indefinição já que essas pessoas normalmente trabalham mais de doze horas por dia sem sujeição a um horário concreto.

Por apurar estão ainda aqueles casos em que, devido à fragilidade estrutural da própria habitação, as suas paredes e teto mudem repentinamente de lugar. Afigura-se-nos paradigmático o exemplo de uma intervenção policial, levada a cabo pela PSP, em que os agentes policiais empurram, encosta abaixo, um contentor, sem fundo, que servia de habitação a um casal de toxicodependentes.

Empurrado o contentor, o casal foi surpreendido, às duas horas da madrugada, quando dormia sobre um colchão. O contentor, que materializava as paredes e teto, encontrava-se a vinte metros de distância, no sopé da pequena colina. A Polícia, considerando que o domicílio era o contentor, não hesitou e procedeu a uma verdadeira busca, quanto a nós ilegal, ao local. Essa busca culminou com a detenção do casal por posse de estupefacientes. A nosso ver, a inviolabilidade do domicílio, lugar sacrossanto, pressupõe, em si mesma, a garantia contra ataques e agressões por parte das forças policiais, por forma a evitar que estas não possam, ignorando o mínimo ético para "apresentar serviço" a qualquer preço. A ser de outra forma correríamos o risco de ver as Polícias deitar-nos a casa abaixo com um boldozer só porque não tinham obtido autorização judicial para efetuar a busca e dispunham daquele meio alternativo.

Parece-nos claramente violado, neste caso, o princípio da lealdade a que as polícias se encontram vinculadas. Embora nobres, os fins não podem justificar os meios quando estes são ética e moralmente reprováveis.

[540] Neste sentido, *Acórdão* da Relação de Évora, de 15 de Abril de 1986, *BMJ* nº 358 (1986), p. 625.

DOS MEIOS DE OBTENÇÃO DA PROVA

Porém, já não é considerado domicílio um quarto anexo a uma discoteca destinado à prática momentânea de atos sexuais remunerados, na medida em que o domicílio não pode ser desprendido do conceito de residência, correspondendo, aliás, ao sentido comum[541].

4.2.2.1. Consentimento no caso de pluralidade de habitantes

Questão relevante, que se coloca, ainda a propósito do domicílio, refere--se à situação de pluralidade de pessoas que habitam a mesma residência. Será que a Constituição impõe que o consentimento provenha apenas de alguma(s) delas, nomeadamente dos titulares do direito à habitação, como proprietários, usufrutuários, arrendatários, comodatários, etc., ou, pelo contrário, de todas elas, ou ainda do visado por qualquer medida de processo criminal?

Da melhor interpretação dos números 2 e 3 do artigo 34º da Constituição resulta que o titular do direito à inviolabilidade do domicílio é qualquer pessoa que disponha de uma residência independentemente das relações jurídicas subjacentes (ex: propriedade, arrendamento, posse) e da respetiva nacionalidade (português, estrangeiro, apátrida) e abrange todos os membros da família. Na realidade, o domicílio tem de se ver como uma projeção espacial da pessoa que reside em certa habitação, uma forma de uma pessoa afirmar a sua dignidade humana. Daí que, no caso de várias pessoas partilharem a mesma habitação, ***deva ser exigido o consentimento de todas***[542].

Reportando-se à hipótese de buscas domiciliárias consentidas por um dos habitantes na mesma casa – e depois de sublinhar que este consentimento é bastante para legitimar no plano penal substantivo a conduta – refere Amelung: «cada um dos que habitam na mesma casa é portador de um direito fundamental na forma de exigência de omissão dirigida ao Estado e só pode dispor-se de um direito alheio na base de autorização bastante. Na medida em que falta uma autorização no mínimo concludente,

---

[541] Neste sentido *Acórdão do Tribunal Constitucional* nº 364/2006, de 8 de junho, Processo nº 289/06, http://www.tribunalconstitucional.ptacordaos.

[542] COSTA ANDRADE, *Sobre as Proibições de Prova em Processo Penal*, Coimbra, 1992, págs. 51-52.

DA PROVA DO CRIME

o consentimento de uma só pessoa não basta para legitimar as buscas na casa habitada por várias. Quando um dos membros da casa autoriza que outro dos habitantes permita a entrada de pessoa particular ou do homem do gás, daí não pode concluir-se que o autorize também a franquear a porta a quem vem preparar a sua condenação, isto é, a *inflição de um mal*»[543].

Segundo GIUSEPPE GUARNERI[544], o direito ao respeito pela vida privada é o direito que uma pessoa tem de gerir a sua própria existência da forma que entender vendo garantido em "mínimo máximo" de ingerências externas quer por parte de outros cidadãos quer por parte de organizações. E de um vasto leque de direitos sob proteção elenca o direito de não ingerência na vida privada, familiar e doméstica, como um dos mais importantes do seu âmbito.

4.3. Buscas em escritório de advogado, em consultório médico e em estabelecimento oficial de saúde

As buscas em escritório de advogado ou em consultório médico são, **sob pena de nulidade,** presididas pessoalmente pelo juiz, o qual avisa previamente o presidente do conselho local da Ordem dos Advogados ou da Ordem dos Médicos, para que o mesmo ou um seu representante, possa estar presente, artigos 177º, nº 5 e 268º, nº 1, al. *c*), do CPP.

Tratando-se de busca em estabelecimento oficial de saúde, o aviso é feito ao presidente do conselho diretivo ou de gestão do estabelecimento, ou a quem legalmente o substituir, art. 177º, nº 6. Neste caso, já não é obrigatória a presença pessoal do juiz.

5. Das apreensões

5.1. Das apreensões em geral

O art. 178º, nº 1 do CPP, ordena que sejam apreendidos *os objetos que tiverem servido ou estivessem destinados a servir a prática de um crime, os que cons-*

---

[543] *Acórdão do Tribunal Constitucional* nº 507/94 citado.

[544] *In La Protection de La Vie Privée Dans Les Instrumensts Internacionaux*, Grafo Editor, 1995, pp– 58-59.

DOS MEIOS DE OBTENÇÃO DA PROVA

tituírem o seu produto, lucro, preço ou recompensa, e bem assim todos os objetos que tiverem sido deixados pelo agente no local do crime ou quaisquer outros suscetíveis de servir de prova.

Os objetos apreendidos são juntos ao processo, quando possível, e, quando não, serão confiados à guarda do funcionário de justiça adstrito ao processo ou de um depositário, de tudo se fazendo menção no auto de apreensão, nº 2, do referido art. 178º.

As apreensões, regra geral, são autorizadas, ordenadas ou validadas por despacho da **autoridade judiciária** (juiz ou Ministério Público, consoante os casos, art. 1º, nº 1, al. *b*), do CPP) (nº 3)..

Os órgãos de polícia criminal podem, ***sem autorização ou ordem prévia*** da autoridade judiciária, efetuar apreensões, mas apenas no decurso de ***revistas*** ou ***buscas*** ou então quando haja ***urgência ou perigo na demora***, bem como adotar as medidas cautelares necessárias à conservação ou manutenção dos objetos apreendidos, artigos 178º, nº 4 e 249º, nº 2, al. *c*), do CPP. Estas apreensões são comunicadas à autoridade judiciária, com vista à sua validação, no prazo máximo de ***setenta e duas horas***, nº 5, do mesmo preceito legal.

Os titulares de bens ou direitos objeto de apreensão podem requerer ao juiz de instrução a modificação ou revogação da medida, nº 6, do art. 178º referido.

Se os objetos apreendidos forem suscetíveis de ser declarados perdidos a favor do Estado e não pertencerem ao arguido, a autoridade judiciária ordena a presença do interessado e ouve-o. A autoridade judiciária prescinde da presença do interessado quando esta não for possível, nº 7, do mesmo comando legal.

Importa distinguir a *apreensão* de objetos do *arresto preventivo*. O arresto preventivo, previsto no art. 228º, do CPP (bem assim a *caução económica*, prevista no art. 227º), enquanto medida de garantia patrimonial que é, destina-se a garantir o *pagamento de pena pecuniária, das custas do processo ou de qualquer outra dívida para com o Estado relacionada com o crime* e ainda *o pagamento de indemnização ou de outras obrigações civis derivadas do crime* (art. 227º, números 1 e 2, do CPP)[545]; a apreensão, enquanto meio de obtenção

---

[545] Sobre o *arresto preventivo* e a *caução económica*, vide o nosso «*A Prisão Preventiva e as Restantes Medidas de Coação – A Providência do Habeas Corpus Em Virtude de Prisão Ilegal*», 2ª Edição, Almedina, 2004, pp. 189 e ss.

DA PROVA DO CRIME

da prova, destina-se, fundamentalmente, a conservar as provas materiais do crime, bem como os objetos que, em razão do crime, podem ser declarados perdidos a favor do Estado.

Refira-se, no entanto, que, a apreensão pode ser convertida em *arresto preventivo*, nos termos do art. 186º, nº 5, do CPP.

5.2. Apreensão de correspondência: pressupostos

De acordo com a intenção manifestada na alínea 28, do nº 2, do art. 2º da lei nº 43/86, de 26 de Setembro (lei de autorização legislativa em matéria de processo penal)[546], estabelece o nº 1, do art. 179º, do CPP, que, *sob pena de nulidade, o juiz* (e só este, pois estas diligências são da sua competência exclusiva a qual não pode delegar, art. 269º, nº 1, al. b)) *pode autorizar ou ordenar, por despacho, a apreensão, mesmo nas estações de correios e de telecomunicações, de cartas, encomendas, valores, telegramas ou qualquer outra correspondência, quando tiver fundadas razões para crer que: a) a correspondência foi expedida pelo suspeito ou lhe é dirigida, mesmo que sob nome diverso ou através de pessoa diversa; b) está em causa crime punível com pena de prisão superior, no seu máximo, a três anos; e c) a diligência se revelará de grande interesse para a descoberta da verdade ou para a prova.*

Estes pressupostos materiais são **cumulativos**, como resulta, inequivocamente, de cada uma das alíneas referidas e ainda do facto de, no final da alínea *b*) se utilizar a copulativa *e*, e não a disjuntiva *ou*.

O juiz que tiver autorizado ou ordenado a diligência é a **primeira pessoa** a tomar conhecimento do conteúdo da correspondência apreendida. Se a considerar relevante para a prova, fá-la juntar ao processo; caso contrário, restitui-a a quem de direito, não podendo ela ser utilizada como meio de prova, e fica ligado por dever de segredo relativamente àquilo de que tiver tomado conhecimento e não tiver interesse para a prova, arts. 179º, nº 3 e 252º, nº 1, do CPP.

O regime descrito comporta, no entanto, uma exceção. Na verdade, tratando-se de **encomendas** ou **valores fechados** suscetíveis de serem apre-

---

[546] Lei nº 43/86, de 26 de setembro, «ARTIGO 2º *(Sentido e extensão) (...) 2 – A autorização referida no artigo anterior tem o seguinte sentido e extensão: (...) 28) Restrição absoluta em favor do juiz instrutor da competência para ordenar apreensão ou qualquer outro meio de controle de correspondência e proibição de interceção, no caso de correspondência entre o arguido e o seu defensor».*

DOS MEIOS DE OBTENÇÃO DA PROVA

endidos, e sempre que tiverem fundadas razões para crer que eles podem conter informações úteis à investigação de um crime ou conduzir à sua descoberta, e que podem perder-se em caso de demora, *os órgãos de polícia criminal* informam do facto, pelo meio mais rápido, o juiz, o qual *pode* autorizar a sua abertura imediata, art. 252º, nº 2, do CPP.

O nº 3, do art. 252º permite ainda que, os órgãos de polícia criminal, verificadas as razões do nº 2, do art. 252º, atrás referidas, possam ordenar a suspensão da *remessa de qualquer correspondência* nas estações de correios e de telecomunicações. Se, no prazo de *quarenta e oito horas*, a ordem não for convalidada por despacho fundamentado do juiz, a correspondência é remetida ao destinatário.

É proibida, *sob pena de nulidade*, a apreensão e qualquer outra forma de controlo da correspondência entre o arguido e o seu defensor, salvo se o juiz tiver fundadas razões para crer que aquela constitui objeto ou elemento de um crime, art. 179º, nº 2.

Marques Ferreira[547] vem, muito justamente, chamar à atenção para a forma vaga como a lei vem permitir a apreensão de correspondência entre o advogado e o arguido é de molde a causar sérias reservas na parte em que poderá colidir com o exercício integral do direito de defesa pelo que só muito excecionalmente deverá ser autorizada, restringindo-a aos casos em que o defensor participe na atividade criminosa.

Fora desses casos, e em respeito ao princípio da confiança que deve presidir à relação arguido e defensor, tal não deve ser permitido.

5.3. Apreensão em escritório de advogados ou em consultório médico

Nos termos do nº 1, do art. 180º, à apreensão operada em escritório de advogado ou em consultório médico é correspondentemente aplicável o disposto no art. 177º, números 5 e 6, a que já nos referimos supra, a respeito das buscas em escritório de advogado, em consultório médico e em estabelecimento oficial de saúde, para aí se remetendo.

Nestes locais não é permitida, *sob pena de nulidade* (*proibição de prova*), a apreensão de documentos abrangidos pelo segredo profissional, ou abrangidos pelo segredo profissional médico, salvo se eles mesmos constituírem

---

[547] *Ob. cit.*, p. 269.

DA PROVA DO CRIME

objeto ou elemento de um crime, nº 2, do referido art. 180º, o que bem se compreende, dado os bens jurídicos em causa.

Também nestes casos, o juiz que tiver autorizado ou ordenado a diligência *é a primeira pessoa* a tomar conhecimento do conteúdo da correspondência aprendida. Se a considerar relevante para a prova, fá-la juntar ao processo; caso contrário, restitui-a a quem de direito, não podendo ela ser utilizada como meio de prova, e fica ligado por dever de segredo relativamente àquilo de que tiver tomado conhecimento e não tiver interesse para a prova, art. 180º, nº 3 conjugado com o art. 179º, nº 3.

5.4. *Apreensão em estabelecimento bancário*

À apreensão em estabelecimento bancário se refere o art. 181º, do CPP, nos seguintes termos:

*O juiz procede à apreensão, em bancos ou outras instituições de crédito, de documentos, títulos, valores, quantias e quaisquer outros objetos, mesmo que em cofres individuais, quando tiver **fundadas razões** para crer que eles estão relacionados com um crime e se revelarão de **grande interesse** para a descoberta da verdade ou para a prova, mesmo que não pertençam ao arguido ou não estejam depositados em seu nome, nº 1.*

O juiz pode examinar a correspondência e qualquer documentação bancárias para descoberta dos objetos a apreender nos termos do número anterior. O exame é feito **pessoalmente pelo juiz**, coadjuvado, quando necessário, por órgãos de polícia criminal e por técnicos qualificados, ficando ligados por dever de segredo relativamente a tudo aquilo de que tiverem tomado conhecimento e não tiver interesse para a prova, nºs 2 e 3.

5.5. *Apreensão de documentos ou objetos em poder de pessoas sujeitas a segredo profissional*

Os ministros de religião ou confissão religiosa, os advogados, os médicos, os jornalistas, os membros de instituições de crédito, os funcionários e as demais pessoas a quem a lei permitir ou impuser que guardem segredo profissional apresentam à autoridade judiciária, quando esta o ordenar, os documentos ou quaisquer objetos que tiverem na sua posse e devam ser

DOS MEIOS DE OBTENÇÃO DA PROVA

apreendidos, *salvo se invocarem, por escrito, segredo profissional, segredo de funcionário, ou segredo de Estado*, artigos 182º, nº 1, e 135º a 137º, todos do CPP.

Se a recusa se fundar em segredo profissional ou de funcionário são-lhes aplicáveis – mudando o que deve ser mudado – as regras relativas ao segredo profissional previstas nos números 2 e 3 do art. 135º, bem como as relativas ao segredo de funcionários, previstas no nº 2 do art. 136º.

Havendo dúvidas *fundadas* sobre a legitimidade da escusa, a autoridade judiciária perante o qual o incidente se tiver suscitado procede às averiguações necessárias. Se, após estas, concluir pela ilegitimidade da escusa, ordena, ou requer ao tribunal *imediatamente superior* que ordene, a entrega dos documentos ou objetos que devam de ser apreendidos, artigos 182º, nº 2, 135º, nº 2.

O tribunal superior àquele onde o incidente se tiver suscitado, ou, no caso de o incidente se tiver suscitado perante o Supremo Tribunal de Justiça, o plenário das secções criminais pode decidir da entrega dos documentos ou objetos com quebra do segredo profissional sempre que esta se mostre justificada, segundo o princípio da prevalência do interesse preponderante, nomeadamente tendo em conta a imprescindibilidade da entrega para a descoberta da verdade, a gravidade do crime e a necessidade de proteção de bens. A intervenção é suscitada pelo juiz, oficiosamente ou a requerimento, art. 135º, nº 3.

A decisão deste incidente é tomada, ouvido o organismo representativo da profissão relacionada com o segredo profissional em causa (Ordem dos Advogados, Ordem dos Médicos, sindicato dos Jornalistas, etc.), nos termos e com os efeitos previstos na legislação a que esse organismo seja aplicável, nº 4, do art. 135º.

Este regime é inaplicável ao segredo religioso, nº 5, do art. 135º.

Quanto à recusa que se funda em segredo de Estado, é, nos termos do art. 182º, nº 3, correspondentemente aplicável o disposto no art. 137º, nº 3: *a invocação de segredo de Estado por parte da testemunha é regulada nos termos da lei que aprova o regime do segredo de Estado e da Lei Quadro do Sistema de Informações da República Portuguesa*[548] .

---

[548] O regime do segredo de Estado foi aprovado pela Lei Orgânica nº 2/2014, de 6 de agosto, alterada pela Lei Orgânica nº 1/2015, de 8 de janeiro. A Lei Orgânica nº 3/2014, de 6 de agosto, criou a Entidade Fiscalizadora do Segredo de Estado. A Lei nº 30/84, de 5 de setembro,

DA PROVA DO CRIME

5.6. Apreensão de coisas perecíveis ou perigosas

Se a apreensão respeitar a coisas sem valor, perecíveis, perigosas, deterioráveis, ou cuja utilização implique perda de valor ou qualidades, a autoridade judiciária pode ordenar, conforme os casos, a sua venda ou afetação a finalidade pública ou socialmente útil, a medidas de conservação ou manutenção necessárias ou a sua destruição imediata art. 185º, nº 1.

Salvo disposição legal em contrário, a autoridade judiciária determina qual a forma a que deve obedecer a venda, de entre as previstas na lei processual civil, revertendo o produto apurado para o Estado após a dedução das despesas resultantes da guarda, conservação e venda (nºs 2 e 3, do mesmo preceito legal).

O Código de Processo Penal de 1929 não curou sobre esta questão. Esta regulamentação *nova* exige que, a decisão relativa ao destino a dar aos bens apreendidos tenha em conta especialmente a natureza daquilo que foi apreendido.

Podem ocorrer circunstâncias que obstem, ou pelo menos desaconselhem, a venda do produto apreendido. Aliás, como determina o próprio preceituado, a venda nem sequer é o único destino possível a dar ao produto apreendido que pode, em alternativa, ser destruído ou afetado a um fim útil à sociedade, *v. g*, a entrega do produto apreendido numa instituição de solidariedade social.

5.7. Junção aos autos de cópias e certidões dos documentos apreendidos

Aos autos pode ser junta cópia dos documentos apreendidos, restituindo-se, nesse caso, o original. Tornando-se necessário conservar o original, dele pode ser feita cópia ou extraída certidão e entregue a quem legitimamente o detinha. Na cópia e na certidão *é feita menção expressa da apreensão*, art. 183º, nº 1, do CPP.

---

alterada e republicada pela Lei Orgânica nº 4/2014, de 13 de agosto, aprovou a Lei Quadro do Sistema de Informações da República Portuguesa.

Código de Processo Penal, «ARTIGO 137º (*Segredo de Estado*) (...) 2. O segredo de Estado a que se refere o presente artigo abrange, nomeadamente, os fatos cuja revelação, ainda que não constitua crime, possa causar dano à segurança, interna ou externa, do Estado Português ou à defesa da ordem constitucional».

DOS MEIOS DE OBTENÇÃO DA PROVA

Do auto de apreensão *é entregue cópia*, **sempre que solicitada**, a quem legitimamente detinha o documento ou o objeto apreendidos, art. 183º, nº 2.

A recusa em entregar cópia do auto de apreensão a quem detinha o documento ou o objeto apreendido pode, na opinião de COSTA PIMENTA, configurar o crime de denegação de justiça, previsto no artigo 416º[549] do Código Penal, e aí punido com prisão até um ano ou multa até 30 dias[550].

Esta disposição, sem correspondente no Código de 1929, pretende garantir os interesses das pessoas afetadas pela apreensão no caso de virem a necessitar desses documentos. As cópias extraídas e integradas no processo têm o mesmo valor probatório do original nos termos do art. 168º, do CPP.

5.8. *Aposição e levantamento de selos*

Sempre que possível, os objetos apreendidos *são selados*. Ao levantamento dos selos assistem, sendo possível, as mesmas pessoas que tiverem estado presentes na sua aposição, as quais verificam se os selos não foram violados nem foi feita qualquer alteração nos objetos apreendidos, art. 184º, do CPP.

Segundo SIMAS SANTOS, LEAL HENRIQUES e BORGES DE PINHO, estatui-se na norma a selagem dos objetos apreendidos como regra geral de atuação possível, o que traduz uma inovação relativamente ao direito anterior.

Já o estabelecido quanto às pessoas que devem estar presentes no momento do levantamento dos selos, verificação de eventual violação dos mesmos ou alteração nos objetos, não passa de uma mera reprodução do conteúdo do art. 207º do CPP/1929, mesmo no que tange à exigência "sendo possível"[551].

A imposição de selos constitui, segundo COSTA PIMENTA, uma imposição legal cuja não realização só pode ocorrer quando se verifique uma impossibilidade justificativa. Quanto ao levantamento, por sua vez, defende

---

[549] Atual art. 369º.

[550] *Código de Processo Penal Anotado*, 2ª edição, Rei dos Livros, Lisboa, 1991, p. 473.

[551] *Ob. cit.* vol I, p. 707.

DA PROVA DO CRIME

ainda este autor, devem estar presentes todos aqueles que assistiram à selagem, com o propósito de verificar se os selos foram violados ou se foi feita alguma alteração nos objetos apreendidos[552].

5.9. Restituição dos objetos apreendidos

Logo que se tornar desnecessário manter a apreensão para efeito de prova ou logo que transite em julgado a sentença, os objetos apreendidos são restituídos a quem de direito, *salvo se tiverem sido declarados perdidos a favor do Estado*[553], arts. 186º, números 1 e 2, do CPP.

---

[552] *Ob. cit.*, p. 472.

[553] *Código Penal, Artigo 109º (Perda de instrumentos e produtos) «1 – São declarados perdidos a favor do Estado os objetos que tiverem servido ou estivessem destinados a servir para a prática de um fato ilícito típico, ou que por este tiverem sido produzidos, quando, pela sua natureza ou pelas circunstâncias do caso, puserem em perigo a segurança das pessoas, a moral ou a ordem públicas, ou oferecerem sério risco de ser utilizados para o cometimento de novos fatos ilícitos típicos.*

2 – O disposto no número anterior tem lugar ainda que nenhuma pessoa determinada possa ser punida pelo fato.

3 – Se a lei não fixar destino especial aos objetos perdidos nos termos dos números anteriores, pode o juiz ordenar que sejam total ou parcialmente destruídos ou postos fora do comércio».

Código Penal, Artigo 110º (Objetos pertencentes a terceiro) «1 – Sem prejuízo do disposto nos números seguintes, a perda não tem lugar se os objetos não pertencerem, à data do fato, a nenhum dos agentes ou beneficiários, ou não lhes pertencerem no momento em que a perda foi decretada.

2 – Ainda que os objetos pertençam a terceiro, é decretada a perda quando os seus titulares tiverem concorrido, de forma censurável, para a sua utilização ou produção, ou do fato tiverem retirado vantagens; ou ainda quando os objetos forem, por qualquer título, adquiridos após a prática do fato, conhecendo os adquirentes a sua proveniência.

3 – Se os objetos consistirem em inscrições, representações ou registos lavrados em papel, noutro suporte ou meio de expressão audiovisual, pertencentes a terceiro de boa fé, não terá lugar a perda, procedendo-se à restituição depois de apagadas as inscrições, representações ou registos que integrarem o fato ilícito típico. Não sendo isso possível, o tribunal ordena a destruição, havendo lugar à indemnização nos termos da lei civil».

Código Penal, Artigo 111º (Perda de vantagens):

«1 – Toda a recompensa dada ou prometida aos agentes de um fato ilícito típico, para eles ou para outrem, é perdida a favor do Estado.

2 – São também perdidos a favor do Estado, sem prejuízo dos direitos do ofendido ou de terceiro de boa fé, as coisas, direitos ou vantagens que, através do fato ilícito típico, tiverem sido diretamente adquiridos, para si ou para outrem, pelos agentes e representem uma vantagem patrimonial de qualquer espécie.

3 – O disposto nos números anteriores aplica-se às coisas ou aos direitos obtidos mediante transação ou troca com as coisas ou direitos diretamente conseguidos por meio do fato ilícito típico.

DOS MEIOS DE OBTENÇÃO DA PROVA

As pessoas a quem devam ser restituídos os objetos são notificados para procederem ao seu levantamento no prazo de 90 dias, findo o qual passam a suportar os custos resultantes do seu depósito. No caso de não procederem ao levantamento no prazo de um ano a contar da notificação referida, os objetos consideram-se perdidos s favor do Estado, salvo no caso em que a apreensão de objetos do arguido ou ao responsável civil deva ser mantida, nos termos do art. 228º, a título de arresto preventivo (art. 186º, nºs 3 a 5).

Este regime obedece em traços gerais ao que já estipulava o art. 208º do Código de Processo Penal de 1929.

O comando em apreço torna claro e inequívoco que, cessando os fundamentos em que se fundou a apreensão, deve esta, de imediato, ser levantada e efetuada a correspondente restituição dos objetos apreendidos aos legais titulares.

Tendo em conta que a apreensão em processo penal se legitima apenas pelo interesse para a instrução do processo ou para garantia da perda sendo esta admissível, importa dizer-se que a manutenção da apreensão excecionalmente poderá ocorrer como garantia patrimonial a título de arresto preventivo, de acordo com os termos do art. 228º[554].

O legislador, na verdade, não pretende que a apreensão dure por tempo indefinido. Como refere COSTA PIMENTA[555] consagrou-se o princípio de que se deve proceder à restituição dos objetos apreendidos logo que ela se mostre desnecessária para efeitos de prova, sem precisar obrigatoriamente chegar à audiência. Em regra, examinados e avaliados, os objetos apreendidos deixam de ser necessários para efeito de prova.

A restituição dos objetos apreendidos dá-se o mais tardar, depois do *trânsito em julgado* da decisão final, devendo nesta ser ordenada, nos termos do art. 374º, nº 3, al. *c*), do CPP.

---

4 – Se a recompensa, os direitos, coisas ou vantagens referidos nos números anteriores não puderem ser apropriados em espécie, a perda é substituída pelo pagamento ao Estado do respetivo valor».

Código Penal, Artigo 112º (Pagamento diferido ou a prestações e atenuação) «1 – Quando a aplicação do artigo anterior vier a traduzir-se, em concreto, no pagamento de uma soma pecuniária, é correspondentemente aplicável o disposto nos nºs 3 e 4 do artigo 47º.

2 – Se, atenta a situação sócio económica da pessoa em causa, a aplicação do nº 4 do artigo anterior se mostrar injusta ou demasiado severa, pode o tribunal atenuar equitativamente o valor referido naquele preceito».

[554] SIMAS SANTOS, LEAL HENRIQUES e BORGES DE PINHO, *ob. cit.*, vol I., p. 709.
[555] *Ob. cit.*, p. 473.

DA PROVA DO CRIME

Não haverá qualquer restituição, evidentemente, se na sentença, ou acórdão, os objetos apreendidos foram declarados *perdidos a favor do Estado*.

6. Das escutas telefónicas

6.1. Considerações gerais

As escutas telefónicas, enquanto instrumento oculto de investigação, são, sem dúvida, o meio de obtenção de prova mais devassador dos direitos e liberdades fundamentais das pessoas, designadamente: *reserva da intimidade da vida privada, inviolabilidade das telecomunicações*, direito à *palavra falada, honra, bom nome e reputação, imagem* e *liberdade de expressão*[556].

Os danos são imprevisíveis e lesam sempre muitos mais bens jurídicos do que aqueles que se pretendiam lesar[557]. Através de uma escuta telefónica toma-se conhecimento da vida privada de uma multiplicidade de pessoas: a pessoa escutada, as pessoas para quem ela fala e as pessoas que para ela falam. Com a escuta telefónica, não é só a intimidade e as relações familiares (como as doenças de que padecem, as convicções religiosas e políticas e as orientações sexuais), que são profundamente devassadas, mas também o segredo do confessor, do médico ou do advogado, que a lei protege.

Compreende-se, pois, a necessidade de uma interpretação restritiva do regime jurídico das escutas telefónicas.

A Constituição da República Portuguesa, art. 34º, nºs 1 e 4, determina, respetivamente, que «O domicílio e o sigilo da correspondência e de outros meios de comunicação p*rivada são invioláveis»* e que «*É proibida toda a ingerência das autoridades públicas na correspondência e nas telecomunicações, salvo os casos previstos na lei em matéria de processo criminal*».

Pode dizer-se, assim, que, pela via constitucional se permite que o legislador processual penal admita em contados casos, que a autoridade judicial – na circunstância apenas o juiz de instrução – ordene a realização de escutas telefónicas.

---

[556] Sobre os direitos fundamentais restringidos com a escuta telefónica, ver ANA RAQUEL CONCEIÇÃO, *Escutas telefónicas, Regime Processual Penal*, Quid Juris, 2009, pp. 71 e ss.

[557] Trata-se, nas palavras de MANUEL DA COSTA ANDRADE (*I Congresso de Processo Penal*, Almedina, 2005, p. 216), de "uma danosidade social polimórfica".

DOS MEIOS DE OBTENÇÃO DA PROVA

Nestes termos, a lei nº 43/86, de 26 de setembro (Lei de autorização legislativa em matéria de processo penal), art. 2º, nº 2, al. 25, ordenou a regulamentação rigorosa da admissibilidade de, interceção de correspondência e escutas telefónicas, mediante a salvaguarda de autorização judicial prévia e a enumeração restritiva dos casos de admissibilidade, limitados quanto aos fundamentos e condições, não podendo em qualquer caso abranger os defensores, exceto se tiverem participação na atividade criminosa.

Foi sob estes parâmetros que foram estruturados os arts. 187º a 190º, inseridos no Livro III, Título III, Capítulo IV, do Código de Processo Penal. Embora a epígrafe deste capítulo se refira a escutas telefónicas, ele regulamenta igualmente todas as demais conversações ou comunicações transmitidas por qualquer meio técnico diferente do telefone, designadamente, correio electrónico ou outras formas de transmissão de dados por via telemática, bem como à intercepção das comunicações entre presentes, art. 190º, do CPP.

6.2. Pressupostos materiais

Nos termos do art. 187º, nº 1, a interceção e a gravação de conversações ou comunicações telefónicas, *só podem* ser autorizadas durante o inquérito, se houver razões para crer que a diligência é indispensável para a descoberta da verdade ou que a prova seria, de outra forma, impossível ou muito difícil de obter, por despacho fundamentado do juiz de instrução (e só deste, pois estas diligências são da sua competência exclusiva, a qual não pode delegar, art. 269º, nº 1, al. *e)* e mediante requerimento do Ministério Público, quanto aos seguintes crimes:

a) *Puníveis com pena de prisão superior, no seu máximo, a três anos;*
b) *Relativos ao tráfico de estupefacientes;*
c) *De detenção de arma proibida e de tráfico de armas;*
d) *De contrabando;*
e) *De injúria, de ameaça, de coação, de devassa da vida privada e perturbação da paz e sossego, quando cometidos através do telefone;*
f) *De ameaça com prática de crime ou de abuso e simulação de sinais de perigo; ou*
g) *De evasão, quando o arguido haja sido condenado por algum dos crimes previstos nas alíneas anteriores.*

DA PROVA DO CRIME

O regime estabelecido no n.º 1 do artigo 187.º faz depender a admissibilidade das escutas telefónicas dos pressupostos e requisitos seguintes:

A limitação deste meio de obtenção de prova à *fase de inquérito*[558], o que se compreende, dado tratar-se da fase de investigação criminal por excelência. A fase de instrução é, aliás, facultativa (artigo 286.º, n.º 2). Jamais poderá, assim, ser ordenada ou autorizada escuta telefónica para averiguar da existência ou não de suspeita da prática de crime, fora do âmbito de um inquérito.

Por outro lado, a *autorização* para a realização da escuta telefónica ou para a interceção de outras gravações ou comunicações é, como referimos supra, da competência do juiz de instrução, a qual não pode delegar, através de despacho fundamentado, especificando os motivos de facto e de direito (artigo 97.º, n.º 5), mediante requerimento do Ministério Público.

O despacho autorizador da escuta, para além de nele dever constar os pressupostos e limites da escuta telefónica: o delito, o tempo, o espaço, a pessoa e o procedimento, a sua motivação deverá demonstrar o raciocínio e o juízo de ponderação que levaram o juiz a optar pelo sacrifício dos diretos fundamentais em causa, devendo, em concreto, delimitar os factos em relação aos quais se autoriza a escuta telefónica[559].

A existência de razões para crer que a diligência é indispensável para a descoberta da verdade ou que a prova seria, de outra forma, impossível ou muito difícil de obter. As razões hão de ser objetivas ou suficientemente idóneas para criar a convicção, tendo em conta o homem médio colocado nas circunstâncias do juiz e com idênticos conhecimentos, que a diligência é indispensável para a descoberta da verdade ou que a prova seria, de outra forma, impossível ou muito difícil de obter, em virtude de tatar-se, por exemplo, de um conhecido suspeito de liderar uma associação criminosa que se dedica à prática de crimes de tráfico internacional de estupefacientes, que se desloca pelas capitais europeias.

Assim, a escuta telefónica, enquanto *"bomba atómica"* da investigação criminal, deve obedecer aos princípios da *excecionalidade* e da *subsidiarie-*

---

[558] MANUEL MONTEIRO GUEDES VALENTE, *Processo Penal ... cit.*, p. 467, considera demasiado redutor a prescrição legal desta diligência à fase de inquérito, nos crimes de especial complexidade e elevadíssima gravidade.

[559] Neste sentido, ANA RAQUEL CONCEIÇÃO, *Escutas telefónicas, Regime Processual Penal*, Quid Juris, 2009, pp. 234-235.

DOS MEIOS DE OBTENÇÃO DA PROVA

dade[560]. Só se deve recorrer à escuta telefónica se ela se revelar indispensável para a descoberta da verdade ou que a prova seria, de outra forma, impossível ou muito difícil de obter e não seja possível obter a mesma eficácia probatória através de outros meios de prova menos gravosos.

A existência de um dos crimes referidos (o designado crime do catálogo). Os crimes do catálogo abrangem, no entanto, qualquer forma de comparticipação criminosa, e também, em certos casos, a recetação e o favorecimento pessoal.

As escutas telefónicas só podem ser autorizadas, independentemente da titularidade do meio de comunicação, contra: o *suspeito ou arguido*; a *pessoa que sirva de intermediário, relativamente à qual haja fundadas razões para crer que recebe ou transmite mensagens destinadas ou provenientes do suspeito ou arguido;* ou, *a vítima de crime, mediante o respetivo consentimento, efetivo ou presumido* (art. 187º, nº 4).

Por outro lado, a autorização judicial para a interceção e a gravação de conversações ou comunicações é válida pelo prazo máximo de ***três meses***, renovável por períodos sujeitos ao mesmo limite, desde que se verifiquem os respetivos requisitos de admissibilidade (art. 187º, nº 6).

O nº 2 do mesmo art. 187º prevê que a autorização para as diligências referidas possa, alternativamente, ser solicitada ao juiz dos lugares onde eventualmente se puder efetivar a conversação ou comunicação telefónica ou da sede da entidade competente para a investigação criminal, ***quando se tratar dos seguintes crimes:***

a) *Terrorismo, criminalidade violenta ou altamente organizada;*
b) *Sequestro, rapto, e tomada de reféns;*
c) *Contra a identidade cultural e integridade pessoal, previstos no título III do livro II do Código Penal e previstos na Lei Penal Relativa às Violações do Direito Internacional Humanitário;*

---

[560] *Acórdão* do Tribunal da Relação de Lisboa, de 10 de maio de 2011, processo nº 65/11: «I – Constituindo as escutas telefónicas uma diligência de investigação que restringe direitos fundamentais com tutela constitucional, há que respeitar os princípios da proporcionalidade, da adequação e da necessidade, referidos no art. 18º da Constituição da República Portuguesa. II – Não constando dos autos mais que uma denúncia anónima contra determinada pessoa, a circunstância desta ter antecedentes criminais da mesma natureza do ilícito denunciado, não é suficiente para a mesma ser considerada suspeita por novo crime, razão por que não ocorrem os requisitos mínimos legalmente exigíveis para ser autorizada uma escuta telefónica».

DA PROVA DO CRIME

d) *Contra a segurança do Estado previstos no capítulo I do título V do livro II do Código Penal;*

e) *Falsificação de moeda ou títulos equiparados a moeda prevista nos artigos 262º, 264º, na parte em que remete para o artigo 262º, e 267º, na parte em que remete para os artigos 262º e 264º, do Código Penal;*

f) *Abrangidos por convenção sobre segurança da navegação aérea ou marítima.*

Nestes casos, a autorização é levada, no prazo máximo de **setenta e duas horas**, ao conhecimento do juiz do processo, a quem cabe praticar os atos jurisdicionais subsequentes (art. 187º, nº 3).

Refira-se, por fim, que, o Tribunal Constitucional, no referido Acórdão nº 7/87, manifestou-se pela constitucionalidade do artigo 187º, nº 1.

6.3. *Conversações entre o arguido e o seu defensor*

À semelhança do estabelecido pelo art. 179º, nº 2, a propósito da apreensão de correspondência, o nº 5 do art. 187º proíbe a interceção e a gravação de conversações ou comunicações entre o arguido e o seu defensor, excecionando os casos em que o *juiz tiver fundadas razões para crer que elas constituem objeto ou elemento de crime*. Protege-se, assim, a relação defensor – arguido, tendo em vista a especial relação de *confiança* que está em causa.

O objeto ou elemento do crime há de ser aquele que legitimou a interceção e gravação e não qualquer outro. Assim, a suspeita de favorecimento pessoal, auxílio material ou recetação, não poderão, sem mais, justificar a escuta entre o defensor e ao arguido[561].

O legislador constitucional e o processual penal, surpreendentemente, nada contemplaram no tocante às escutas telefónicas que colidam com outras relações de segredo e confiança. Parece-nos, seguindo MANUEL DA COSTA ANDRADE[562] e GERMANO MARQUES DA SILVA[563], que o

---

[561] MANUEL DA COSTA ANDRADE, *Proibições de Prova ..., cit.,* p. 299 e GERMANO MARQUES DA SILVA, *Curso de Processo Penal II, cit.,* p. 223.

[562] *Proibições de Prova ..., cit.,* p. 300 e *Sobre o Regime Processual das Escutas Telefónicas,* Revista Portuguesa de Ciência Criminal, ano I, fasc. 3, pp. 396-397.

[563] *Curso de Processo Penal II, cit.,* p. 223.

DOS MEIOS DE OBTENÇÃO DA PROVA

fundamento da interceção e gravação das conversações telefónicas com o defensor vale também em relação às demais pessoas legitimadas pela lei processual penal a recusar o depoimento em nome do segredo profissional, nomeadamente os ministros de religião ou de confissão religiosa, os médicos e jornalistas, nos termos do artigo 135º. Assim, os portadores do segredo profissional só podem ser objeto de escuta em relação a conversações que constituam *objeto ou elemento de crime*.

Já não assim relativamente àquelas outras pessoas que, ao abrigo do artigo 134º, podem recusar-se a depor como testemunhas, pois, não valem aqui as razões que justificam a proibição relativamente às obrigadas a segredo profissional, sem prejuízo de, pela via da *proporcionalidade* da admissibilidade de limitação do direito, se dever ponderar as razões da atribuição do direito a recuar o depoimento.

6.4. Formalidades das operações

O artigo 188º, com a nova redação dada pela lei nº 48/2007, de 29 de agosto, regula as formalidades das operações de interceção e gravação das comunicações telefónicas, significativamente mais pormenorizadas e exigentes que a da versão anterior.

O órgão de polícia criminal que efetuar a interceção e a gravação a que se refere o artigo 187º, lavra o correspondente auto – **auto de interce**ção – e elabora **relatório**, no qual indica as passagens relevantes para a prova, descrevendo, de modo sucinto o respetivo conteúdo e explica o seu alcance para a descoberta da verdade, sem embargo, no entanto, de o órgão de polícia criminal que proceder à investigação, poder tomar previamente conhecimento do conteúdo da comunicação intercetada a fim de poder praticar os atos cautelares necessários e urgentes para assegurar os meios de prova (art. 188º, nºs 1 e 2).

O órgão de polícia criminal aludido, a partir da primeira interceção efetuada no processo, leva ao conhecimento do Ministério Público, de *quinze em quinze dias*[564], os correspondentes suportes técnicos, bem como

---

[564] *Acórdão* do Tribunal da Relação de Évora, de 12 de agosto de 2008, processo nº 1569/08-1: «O prazo de 15 dias para apresentação dos resultados das interceções telefónicas (...) inicia-se com o respetivo acionamento e corre a partir de cada apresentação desses elementos para controlo judicial».

DA PROVA DO CRIME

os respetivos relatórios. O Ministério Público, por seu turno, leva estes elementos ao conhecimento do juiz no prazo máximo de **quarenta e oito horas** (n.ºs 3 e 4).

O juiz, para se inteirar do conteúdo das conversações ou comunicações, pode ser coadjuvado, caso entenda conveniente, por órgão de polícia criminal, e nomeia, se necessário, intérprete. Uma vez inteirado do conteúdo das conversações ou comunicações, o juiz deve determinar a destruição imediata dos suportes técnicos e dos relatórios manifestamente estranhos ao processo: *a*) que disserem respeito a conversações em que não intervenham o suspeito ou arguido, a pessoa que sirva de intermediário ou a vítima (art. 187.º, n.º 4); *b*) que abranjam matérias cobertas pelo segredo profissional, de funcionário ou de Estado; ou *c*) cuja divulgação possa afetar gravemente direitos, liberdades e garantias. Todos os intervenientes ficam vinculados ao **dever de segredo** relativamente às conversações de que tenham tomado conhecimento (art. 188.º, n.ºs 5 e 6).

A destruição aludida não prejudica o facto de o juiz, durante o inquérito, poder, a requerimento do Ministério Público, determinar a transcrição e junção aos autos das conversações e comunicações indispensáveis para fundamentar a aplicação de medidas de coação ou de garantia patrimonial, à exceção do termo de identidade e residência (n.º 7)[565].

A partir do encerramento do inquérito, o assistente e o arguido podem examinar os suportes técnicos das conversações ou comunicações e obter, à sua custa, cópia das partes que pretendam transcrever para juntar ao processo, bem como dos relatórios aludidos, até ao termo dos prazos previstos para requerer a abertura da instrução ou apresentar a contestação, respetivamente (n.º 8 do aludido art. 188.º).

O facto de o arguido, para ter acesso às conversações escutadas e gravadas (sem o seu consentimento), ter de pagar o preço das gravações, estipulado pela administração, constitui, a nosso ver, uma diminuição das

---

[565] O *Acórdão* do Supremo Tribunal de Justiça, n.º 13/2009, de 1 de outubro de 2009, fixou a seguinte jurisprudência: «Durante o inquérito, o juiz de instrução criminal pode determinar, a requerimento do Ministério Público, elaborado nos termos do n.º 7 do artigo 188.º do Código de Processo Penal, a transcrição e junção aos autos das conversações e comunicações indispensáveis para fundamentar a futura aplicação de medidas de coação ou de garantia patrimonial, à exceção do termo de identidade e residência, não tendo aquele requerimento de ser cumulativo com a promoção para aplicação de uma medida de coação, mas devendo o Ministério Público indicar nele a concreta medida que tenciona vir a promover».

DOS MEIOS DE OBTENÇÃO DA PROVA

garantias de defesa do arguido no processo penal sendo, consequentemente, relativamente a esta parte, inconstitucional por violação do disposto nos art.s nº 32º nº 1 e 18º, nº 2 da CRP.

Só podem valer como prova as conversações ou comunicações que: *a)* o Ministério Público mandar transcrever ao órgão de polícia criminal que tiver efetuado a interceção e a gravação e indicar como meio de prova na acusação; *b)* o arguido transcrever a partir das cópias referidas e juntar ao requerimento de abertura da instrução ou à contestação; ou *c)* o assistente transcrever a partir das cópias aludidas e juntar ao processo no prazo previsto para requerer a abertura da instrução, ainda que a não requeira ou não tenha legitimidade para o efeito (nº 9, do art. 188º).

O tribunal pode proceder à audição das gravações para determinar a correção das transcrições já efetuadas ou a junção aos autos de novas transcrições, sempre, como se compreende, que o entender necessário à *descoberta da verdade e à boa decisão da causa* (nº 10).

Até ao encerramento da audiência, podem as pessoas cujas conversações ou comunicações tiverem sido escutadas e transcritas, examinar os respetivos suportes técnicos (nº 11).

Os suportes técnicos referentes a conversações ou comunicações que não forem transcritos para servirem como meio de prova são guardados em envelope lacrado, à ordem do tribunal, e destruídos *após o trânsito em julgado da decisão* que puser termo ao processo. São igualmente guardados em *envelope lacrado*, junto ao processo, os suportes técnicos que não forem destruídos após o trânsito em julgado da mesma decisão, só podendo ser utilizados em caso de interposição de recurso extraordinário (nºs 12 e 13).

6.5. *Conhecimentos fortuitos*[566]

Conhecimentos fortuitos são, como o próprio nome sugere, conhecimentos imprevistos, casuais ou acidentais. Ou seja, no âmbito da realização

---

[566] Sobre os conhecimentos fortuitos, vide, entre outros, FRANCISCO AGUILAR BRANCO, *Dos Conhecimentos Fortuitos Obtidos Através de Escutas Telefónicas, Contributo para o seu Estudo nos Ordenamentos Jurídicos Alemão e Português*, Almedina, 2004; ANA RAQUEL CONCEIÇÃO, *Escutas Telefónicas ..., cit.* pp. 221 e ss. e MANUEL MONTEIRO GUEDES VALENTE, *Escutas Telefónicas Da Excecionalidade à Vulgaridade*, 2ª edição, Almedina, 2008.

DA PROVA DO CRIME

de uma escuta telefónica válida, conhecem-se outros factos que não cabem no objeto da escuta telefónica, cuja descoberta não era expectável[567].

Embora a matéria dos *conhecimentos fortuitos* seja abordada no âmbito das escutas telefónicas, porém, não é delas exclusiva. O problema coloca-se, igualmente, em outros meios de obtenção de prova, como, *v. g.* a apreensão de correspondência e as buscas.

A escuta telefónica, como já referimos, enquanto *instrumento oculto* de investigação é um meio de obtenção de prova de elevadíssima danosidade social, atentos os direitos fundamentais que, através da mesma, são restringidos, direta ou indiretamente, designadamente: *reserva da intimidade da vida privada, inviolabilidade das telecomunicações,* direito à *palavra falada, honra, bom nome e reputação, imagem* e *liberdade de expressão.* Compreende--se, pois, que a escuta telefónica só possa ser realizada para investigar certo tipo de criminalidade (catalogada), a que se refere o artigo 187º, carecendo sempre de autorização judicial. Embora da autorização judicial deva constar a concreta delimitação do objeto da mesma, ou seja, os factos, relativamente aos quais se autoriza a escuta, e que devem integrar um ou mais crimes do catálogo, o certo é que não é tecnicamente possível a limitação das interceções telefónicas apenas às conversas relativas ao crime ou crimes legitimadores da escuta telefónica, tomando-se, assim, conhecimento de outros factos alheios à investigação que se pretende com a escuta telefónica.

Esta impossibilidade de controlo, que se repercute na interceção de conversas alheias ao crime ou crimes sob investigação, mas sim a outros factos ou crimes que com aqueles se relacionam, ou não, coloca o problema da distinção entre **conhecimentos da investigação** e **conhecimentos fortuitos**. Esta diferença concetual é extremamente relevante na medida em que dela depende a sua valoração ou não valoração.

Os **conhecimentos de investigação** englobam todos os factos ocasionalmente conhecidos no decurso de uma escuta telefónica, legalmente efetuada, que se reconduzam ao crime que legitimou a intervenção nas comunicações telefónicas ou que, consubstanciando um outro crime, pertencente ou não ao catálogo legal (art. 187º), apresente uma **conexão** com o crime que fundamentou o despacho judicial autorizador da escuta

---

[567] ANA RAQUEL CONCEIÇÃO, *Escutas Telefónicas ..., cit.* p. 222.

DOS MEIOS DE OBTENÇÃO DA PROVA

telefónica, nos termos do artigo 24º, nº 1 do CPP[568], aplicável analogicamente[569].

Através do recurso às regras da conexão processual[570] enunciadas no nº 1 do artigo 24º concretiza-se o conceito de **unidade da investigação criminal**, na qual se integra, porque conexionados com o crime que originou a autorização judicial para a escuta telefónica, as constelações típicas que mais não são do que os critérios objetivos e subjetivos da conexão processual, previstos no aludido nº 1 do artigo 24º[571].

Porém, como muito bem salienta ANA RAQUEL CONCEIÇÃO[572], este critério não é isento de críticas. Com efeito, para poder funcionar a *conexão processual* e, consequentemente, concluir-se que o conhecimento obtido é um *conhecimento de investigação*, terá de haver um *nexo de conexão*, o que significa que ambos tenham de constar na acusação. Com efeito, só através da acusação se pode afirmar a *unidade em sentido processual* entre o crime objeto da escuta e o facto que é conhecido através dela. Ou seja, só com a acusação é que se pode concluir se os conhecimentos obtidos serão *conhecimentos de investigação* ou *conhecimentos fortuitos*. Assim, poderá acontecer que se valorem certos factos, fundamentadores da acusação, que não poderiam ser conhecidos, porque o delito que originou a escuta telefónica dela não

---

[568] *Código de Processo Penal* "Artigo 24º *(casos de conexão)* 1 – Há conexão de processos quando: *a)* O mesmo agente tiver cometido vários crimes através da mesma ação ou omissão; *b)* O mesmo agente tiver cometido vários crimes, na mesma ocasião ou lugar, sendo uns causa ou efeito dos outros, ou destinando-se uns a continuar ou a ocultar ou outros; *c)* O mesmo crime tiver sido cometido por vários agentes em comparticipação; *d)* Vários agentes tiverem cometido diversos crimes em comparticipação, na mesma ocasião ou lugar, sendo uns causa ou efeito dos outros, ou destinando-se uns a continuar ou a ocultar os outros; ou *e)* Vários agentes tiverem cometido diversos crimes reciprocamente na mesma ocasião ou lugar".

[569] CLÚDIO LIMA RODRIGUES, *Da valorização dos conhecimentos fortuitos obtidos durante a realização de uma escuta telefónica*, Verbojurídico, p. 226. Em sentido semelhante, ANA RAQUEL CONCEIÇÃO, *Escutas telefónicas ... cit.*, p. 235. Para MANUEL DA COSTA ANDRADE, *Sobre as Proibições de Prova ..., cit.* p. 306, são *conhecimentos de investigação* os fatos que estejam numa relação de *concurso ideal* e *aparente* com o crime que motivou e legitimou a escuta, os *delitos alternativos* que com ele estejam numa relação de *comprovação alternativa de fatos*, crimes que constituem a finalidade ou atividade de uma *associação criminosa* e ainda as diferentes formas de comparticipação criminosa (autoria e cumplicidade), bem como as diferentes formas de favorecimento pessoal, auxílio material ou recetação.

[570] O recurso às regras da conexão processual, como critério legal.

[571] Neste sentido, FRANCISCO AGUILAR, *Dos conhecimentos fortuitos ..., cit.* e ANA RAQUEL CONCEIÇÃO, *Escutas telefónicas ..., cit.* p.232.

[572] *Escutas Telefónicas ..., cit.*, pp. 232-233.

DA PROVA DO CRIME

consta, originando uma acusação nula, a qual infetará todos os demais atos processuais dela direta ou indiretamente decorrentes.

Concordando com a autora diremos que a acusação não é o ato processual adequado ou vantajoso. Na verdade, se é a acusação que delimita a possibilidade de valoração dos conhecimentos obtidos com a escuta, então só no final do inquérito se poderá aferir da legalidade da valoração dos conhecimentos, o qual poderá ter uma duração longa.

O ato processual adequado é, pois, o ***despacho judicial autorizador*** da escuta telefónica, a que se refere o artigo 187º, devidamente fundamentado, devendo o juiz, na motivação, como referimos já, delimitar em concreto os factos objeto da escuta, os quais, e só estes, poderão, consequentemente, ser valorados se conhecidos no âmbito da mesma, nada obstando que o juiz se socorra das regras de conexão previstas no nº 1 do artigo 24º do CPP para o efeito[573].

Refira-se que, nada obsta à utilização de mais de uma escuta telefónica no mesmo processo, uma vez que, o que importa é a definição do objeto da investigação inerente a cada uma das escutas telefónicas[574].

Os ***conhecimentos fortuitos*** são todos os factos integradores de crimes ocasionalmente descobertos, no decurso de uma escuta telefónica legal, que não se situem na mesma *unidade de investigação* do crime que legitimou a medida de interceção e gravação das conversações ou comunicações telefónicas[575].

No que respeita à valoração probatória e no que concerne aos ***conhecimentos de investigação***, uma vez que integram a mesma *unidade de inves-*

---

[573] Também assim, CLÁUDIO LIMA RODRIGUES, *Da valorização dos conhecimentos fortuitos...*, *cit.*, p. 228, ao referir: " Por outro lado entendemos que a conexão deve operar entre o crime ocasionalmente descoberto e o direito que legitimou o recurso à escuta telefónica, individualizado no ***despacho de autorização da medida***, sem que desta forma se potenciem situações de abuso por parte das autoridades formais de controlo, uma vez que tal abuso só se verificará nos casos em que o próprio despacho de autorização da interceção das conversações ou comunicações telefónicas seja ilegal, sendo o abuso, nestas situações, afastado pela proibição de valoração que impende sob a prova obtida. A esta circunstância acresce o fato de que é o despacho de autorização da escuta telefónica o seu fundamento material imediato" (negrito nosso).

[574] Neste sentido, ANA RAQUEL CONCEIÇÃO, *Escutas telefónicas...*, *cit.*, p. 235, concluindo, que são ***conhecimentos de investigação*** "todos os conhecimentos que se traduzam nos fatos que constam do auto de autorização judicial legitimador da escuta telefónica ...".

[575] Para ANA RAQUEL CONCEIÇÃO, uma vez que a autorização do juiz delimita o objeto da escuta telefónica, o conhecimento fortuito é o fato que *altera substancialmente* esse objeto. *Escutas telefónicas... cit.*, p. 235.

DOS MEIOS DE OBTENÇÃO DA PROVA

tigação criminal, como já se referiu supra, é legítima, e consequentemente válida, a produção e valoração probatória, no **próprio processo** em que a escuta telefónica foi autorizada[576].

No que concerne aos *conhecimentos fortuitos*, defende ANA RAQUEL CONCEIÇÃO[577] que, qualquer conhecimento fortuito **não** pode ser valorado no processo em curso, por extravasar a autorização judicial legitimadora da escuta. É a autorização do juiz que fixa o objeto da escuta, Porém, para instruir ou iniciar um processo autónomo a valoração parece-lhe possível uma vez que, a proibição de valoração é relativa àquele processo penal e a autorização judicial para escutar quem e sobre o quê, é referente àquele específico processo. Em relação a outros processos que existam ou possam existir, a sua valoração é válida pois, nada impede que se utilizem provas obtidas num processo num noutro processo autónomo, podendo inclusivamente e posteriormente, entre eles, operar a *conexão processual* nos termos do artigo 24º do CPP[578].

---

[576] CLÁUDIO LIMA RAMOS, *ob. cit.*, p.227, entende que "nada impede que os mesmos sejam valorados em outro processo, uma vez que o artigo 188º, nº 6 do CPP apenas admite a destruição dos suportes técnicos que contenham material probatório manifestamente estranho ao objeto do processo em investigação, o que não sucede com este tipo de descobertas ocasionais". Entende ainda o mesmo autor que, "no que diz respeito à sua valoração subjetiva, os mesmos tanto podem ser valorados contra o suspeito escutado, como contra qualquer terceiro e, independentemente das pessoas que participaram na conversação intercetada, o que à luz da nossa lei se justifica pelo fato de tais conhecimentos apresentarem uma elevada conexão com o delito motivador da escuta telefónica e pela circunstância do artigo 188º, nº 6 do CPP apenas permitir a destruição dos suportes técnicos e relatórios que sejam manifestamente estranhos à matéria factual sob investigação".

[577] *Escutas telefónicas ...*, *cit.*, pp. 226-235.

[578] A autora, *Escutas Telefónicas ...*, *cit.*, p. 231, nota de rodapé nº 504, no entanto, parece admitir as seguintes exceções a este regime: os casos de investigação de criminalidade violenta, altamente organizada ou terrorismo, em que face à necessidade de redefinir as linhas de equilíbrio entre a intervenção processual penal do Estado e os direitos fundamentais dos cidadãos, pesa mais o prato da balança da paz e tranquilidade comunitárias e da própria eficácia de investigação e se restrinjam, com outra amplitude, os direitos fundamentais dos suspeitos arguidos. Assim, tratando-se de escutas telefónicas realizadas num processo penal tendente à repressão e prevenção do referido tipo de criminalidade, os conhecimentos fortuitos obtidos com a mesma poderão ser valorados no **processo em curso**, desde que pertencentes ao crime do catálogo, entendendo que a doutrina de Costa Andrade e Germano Marques da Silva apenas se poderá aplicar neste tipo de criminalidade. Podem ainda ser valorados no **processo em curso** os crimes que traduzam a finalidade ou atividade da organização criminosa, mesmo que não se consiga provar a sua prática, embora a autora entenda, como nós entendemos, que não são conhecimentos fortuitos mas antes conhecimentos de investigação.

DA PROVA DO CRIME

Pela nossa parte, afastamo-nos das teses extremadas, defendendo umas a valoração incondicional e outras a sua total recusa, de acordo, aliás com o entendimento expresso pelo legislador processual penal, ao estabelecer no nº 7 do art. 187º do CPP, que, «*Sem prejuízo do disposto no artigo 248º, a gravação de conversações ou comunicações só pode ser utilizada em outro processo, em curso ou a instaurar, se tiver resultado de interceção de meio de comunicação utilizado por pessoa referida no nº 4 e na medida em que for indispensável à prova de crime previsto no nº 1*».

Entendemos, pois, que os conhecimentos fortuitos devem ser valorados verificados, **cumulativamente**, os seguintes pressupostos materiais: *a*) a escuta telefónica de onde os mesmos surgiram deve ter sido legalmente autorizada e efetuada; *b*) o crime consubstanciado no conhecimento fortuito tem de pertencer ao catálogo do art. 187º, nº 1 do CPP; *c*) a sua valoração tem de mostrar-se *indispensável* para a prova do crime (do catálogo) no **novo** processo[579], como, aliás, bem se compreende, atentos os princípios da *excecionalidade* e da *subsidiariedade* da escuta telefónica, enquanto meio de obtenção de prova; *d*) a decisão sobre a valoração dos conhecimentos fortuitos é da competência do juiz de instrução, titular do processo no âmbito do qual foi autorizada e efetuada a escuta; *e*) na escuta telefónica de onde surgiram os conhecimentos fortuitos tenha participado um sujeito alvo da mesma: suspeito ou arguido, intermediário ou vítima do crime (art. 187º, nº 4), referenciado no respetivo despacho autorizador do juiz, o qual, como referimos supra, fixa o objeto da escuta. Este pressuposto não impede, naturalmente, que os conhecimentos fortuitos possam ser valorados contra qualquer pessoa, incluindo um terceiro, relativamente ao sinalizado na escuta que lhe deu origem. Uma coisa é a escuta telefónica legalmente efetuada, outra são os conhecimentos fortuitos que dela surgiram.

A não observância dos pressupostos aludidos ou de um deles, gerará a proibição de valoração dos conhecimentos fortuitos, que dele ou deles

---

[579] Contra, GERMANO MARQUES DA SILVA, *Curso de Processo Penal*, Vol. II, 2ª edição, 1999, p. 205, entendendo ser possível a valoração dos conhecimentos fortuitos no **processo em curso**, bastando para tal que os mesmos respeitem a um dos crimes do catálogo. Pela nossa parte discordamos deste entendimento, por o autor aplicar, ao que parece, o regime das escutas telefónicas aos conhecimentos fortuitos, desrespeitando, assim, o objeto da escuta telefónica, a autorização judicial que a legitima, tornando mais fácil a valoração dos conhecimentos fortuitos do que os próprios conhecimentos de investigação, já que estes últimos estão sujeitos aos juízos de proporcionalidade, adequação e necessidade de investigação, juízos de que se prescindiria com a valoração automática dos conhecimentos fortuitos respeitantes a crimes do catálogo. Neste sentido, ANA RAQUEL CONCEIÇÃO, *Escutas Telefónicas ..., cit.*, p. 231.

DOS MEIOS DE OBTENÇÃO DA PROVA

depende, face os direitos fundamentais da reserva da intimidade da vida privada, inviolabilidade das telecomunicações, direito à palavra falada, honra, bom nome e reputação, imagem e liberdade de expressão, tutelados pela lei fundamental.

A não verificação dos pressupostos referidos não obsta, no entanto, que os conhecimentos fortuitos possam valer como *notitia criminis*, de acordo com o disposto na primeira parte do aludido nº 7 do artigo 187º, do CPP, com a consequente abertura de novo inquérito com vista à investigação do respetivo crime, face à distinção entre *efeitos probatórios* e *efeitos investigatórios*. Com efeito, apenas os primeiros se encontram vedados pela proibição da valoração da prova, nada impedindo os segundos.

Exemplo: na base da suspeita de *A* ter cometido um crime de homicídio (art. 131º do Código Penal), *crime do catálogo*, punível com a pena de prisão de oito a dezasseis anos, é ordenada a escuta do seu telefone. A audição de uma conversação entre o suspeito *A* e a testemunha *B*, permite apurar que *A* terá cometido o crime de furto simples, crime não pertencente ao catálogo, porquanto punido com pena de prisão até três anos ou com pena de multa (art. 203º do CP).

Relativamente, ao crime de furto simples, como se trata de um crime fora do catálogo, o seu conhecimento (fortuito) não pode ser valorado, porém, é inteiramente válido para efeitos de *notitia criminis*.

A posição da jurisprudência[580], de forma geral, segue o entendimento de Costa Andrade[581], admitindo a valoração dos conhecimentos fortuitos

---

[580] Acórdão do *STJ*, de 8 de fevereiro de 2012, processo nº 157.09.5JAFAR.E1.S1: «I – Os conhecimentos fortuitos decorrentes de escutas telefónicas estão sujeitos ao critério formal das pessoas escutadas integrarem a qualidade inscrita no catálogo legal subjetivo dos alvos (suspeito, arguido, intermediário ou vítima), tanto no processo de origem, como no processo de destino, e ao critério material de essas escutas se mostrarem indispensáveis. II – Nas escutas transferidas que resultem de conhecimentos fortuitos, quando estão em causa suspeitos ou arguidos, basta que essa condição subjetiva resulte da própria escuta transferida, por já o ser ou por poderem vir a ter esse estatuto».

Acórdão do *STJ*, de 4 de maio de 2006, *CJ*, Acs. do *STJ*, ano XIV, tomo 2, p. 175: «I – Os conhecimentos fortuitos obtidos por via de escutas telefónicas apenas poderão ser considerados como prova válida desde que haja autorização judicial, digam respeito, tanto no processo originário, como no subsequente, a um crime dito de catálogo, e se apresentem como indispensáveis à investigação em curso».

[581] *In Sobre as Proibições de Prova ..., cit.*, pp. 308 e ss.

DA PROVA DO CRIME

no processo em curso desde que o crime deles surgido seja um dos crimes do catálogo e se verifique a *necessidade de investigação*.

6.6. Nulidade. Proibição de prova

Ordena o art. 190º que, os requisitos e condições referidos nos artigos 187º, 188º e 189º *são estabelecidos,* **sob pena de nulidade.** Que tipo de nulidade?

MAIA GONÇALVES[582] considera que, salvo o caso de falta de ordem ou de autorização judicial, em que a nulidade é insanável, tatar-se-á de nulidade sanável.

Pela nossa parte cremos, com o Prof. GERMANO MARQUES DA SILVA[583], tratar-se de ***proibição de prova***. O artigo 126º, nº 3, dispõe que, *ressalvados os casos previstos na lei, são igualmente nulas as provas obtidas mediante intromissão nas telecomunicações,* a não ser com o fim exclusivo de proceder criminalmente contra os respetivos agentes, se tais métodos de obtenção de provas constituírem crime (art. 126º, nº 4).

Dispondo a lei que as condições de admissibilidade e os requisitos das escutas são estabelecidos *sob pena de nulidade,* deve entender-se que a sua inobservância acarreta ***a proibição de prova****,* imposta pelo art. 32º, nº 8 da CRP e artigos 126º, nº 3 e 118º, nº 3[584].

Face às condicionantes legais apontadas, impõe-se a questão de saber porque motivo terá o legislador adotado uma posição menos flexível em matéria de escutas telefónicas do que nas buscas domiciliárias. Estando, como estamos, também neste caso, perante a forma mais grave de criminalidade – a violenta – seria também, à primeira vista, defensável que para as escutas telefónicas se adotasse a solução equacionada no art. 174º para as buscas domiciliárias e não domiciliárias.

Discordando da tese sustentada por JOSÉ MIGUEL SARDINHA, que aponta como justificação, a prudência do legislador ante o cada vez mais avançadíssimo e sofisticado processo tecnológico das comunicações e, por sua vez, na possibilidade de interceção das mesmas por processos igual-

---

[582] *Código de Processo Penal Anotado cit..,* 17ª edição, p. 473.

[583] *Ob. cit.,* volume II, p. 226.

[584] *Código de Processo Penal,* «Artigo 118º *(Princípio da legalidade)* (...) 3 – As disposições do presente título não prejudicam as normas deste Código relativas a proibições de prova».

DOS MEIOS DE OBTENÇÃO DA PROVA

mente avançados e sofisticados[585]. Quanto a nós, a diferença de regimes ocorre essencialmente por razões de ordem prática. É que, em certos casos de terrorismo, criminalidade violenta ou altamente organizada, quando haja fundados receios da sua prática eminente de molde a pôr em risco grave a vida ou integridade de qualquer pessoa, a urgência da intervenção policial não é compaginável com o formalismo da autorização prévia da autoridade judiciária competente. Ao contrário, as escutas telefónicas – meio de investigação e prova – podem e devem ser previamente jurisdicionalizadas, tendo especialmente em conta a fragilidade do utilizador deste meio de comunicação, muito em especial o que, nada tendo a ver com o crime, estabelece conversação com o suspeito.

Além do mais, e nas palavras do Prof. FARIA COSTA, habitualmente proferidas nos seminários da parte curricular dos mestrados em Ciências Juridico-Criminais, na Faculdade de Direito da Universidade de Coimbra, a conversação telefónica é despida de algumas inibições próprias da conversação entre pessoas que se olham frontalmente.

Além da proteção dada à reserva da vida privada, e segundo o Prof. COSTA ANDRADE[586] citando uma conhecida formulação do Tribunal Constitucional Federal Alemão, o que aqui se protege é o direito que assiste "a toda a pessoa – e só ela – de decidir quem pode gravar a sua voz bem como, e uma vez registada num gravador, se e perante quem a sua voz pode ser, de novo ouvida".

6.7. *Extensão*

Estabelece o art. 189º que, o disposto nos artigos 187º e 188º é correspondentemente aplicável às conversações ou comunicações transmitidas por qualquer meio técnico diferente do telefone, designadamente o correio eletrónico ou outras formas de transmissão de dados por via telemática, mesmo que se encontrem guardadas em suporte digital, e à interceção das comunicações entre presentes.

A obtenção e junção aos autos de dados sobre a *localização celular* ou de registos da realização de conversações ou comunicações *só podem* ser ordenadas ou autorizadas, em qualquer fase do processo, por despacho

---

[585] *Ob. cit.*, p. 104.

[586] *In Liberdade de Imprensa e Inviolabilidade Pessoal*, Coimbra Editora, Coimbra 1996, p. 125.

DA PROVA DO CRIME

do juiz, quanto a crimes previstos no nº 1 do artigo 187º e em relação às pessoas referidas no nº 4 do mesmo artigo (nº 2 do art. 189º).

Porém enquanto medida cautelar, estabelece o artigo 252-A que, as autoridades judiciárias e as autoridades de polícia criminal podem obter dados sobre a localização celular quando forem necessários para *afastar perigo para a vida ou de ofensa à integridade física grave* (nº 1).

Se estes dados sobre a localização celular se referirem a um processo em curso, a sua obtenção deve ser comunicada ao juiz no prazo máximo de 48 horas. Se não se referirem a nenhum processo em curso, a comunicação deve ser dirigida ao juiz da sede da entidade competente para a investigação criminal (nºs 2 e 3).

A obtenção de dados sobre a localização celular com violação do disposto no referido artigo 252º-A, é nula – *proibição de prova* (nº 4).

O nº 1 do artigo 189º veio por termo às dificuldades de interpretação que o preceito vinha criando[587].

Em síntese, a expressão "designadamente", alarga o regime previsto para as escutas telefónicas a todos os meios de comunicação análoga. Esta previsão não tem nem podia ter correspondência no direito anterior ao CPP de 87, atento o quase alucinante avanço tecnológico registado de então para cá.

Refira-se por fim que, o Tribunal Constitucional, no referido Acórdão nº 7/87, manifestou-se pela constitucionalidade dos artigos 187º, nº 1 e 190º.

---

[587] *Cfr. parecer 91/92, de 30 de Março, da Procuradoria Geral da Republica, que considerava «tal consideração implica no entanto que se englobem no elenco dos meios técnicos, apenas aqueles que se incluam nos processos de comunicação oral, isto é, aqueles que transmitam ou difundam a palavra falada ficando implicitamente de fora o telex e o fax, entre outros».*

BIBLIOGRAFIA

AGOSTINHO, Santo, *Civitas dei*, volume I, Fundação Calouste Gulbenkian, 1991.

BAGINA, Francisco António Carrilho, "Da queixa", *Reforma Penal e Processo Penal, Jornadas de 2008, Politeia, Revista do Instituto Superior de Ciências Policiais e Segurança Interna, Ano VI/Ano VII, 2009-2010*.

BARREIROS, José António, «O Julgamento no Novo Código de Processo Penal», *Jornadas de Direito Processual Penal/O Novo Código de Processo Penal*, Centro de Estudos Judiciários, Almedina Coimbra, 1991.

BARREIROS, José António, «As Medidas de Coação e de Garantia Patrimonial no Novo Código de Processo Penal», *Boletim do Ministério da Justiça*, nº 371, 1987.

BELEZA, Teresa Pizarro, *Direito Penal, 2º Volume*, Associação Académica da Faculdade de Direito de Lisboa.

BELEZA, Teresa Pizarro, «A Prova», *Apontamentos de Direito Processual Penal, II Volume*, Associação Académica da Faculdade de Direito de Lisboa, 1992.

BELEZA, Teresa Pizarro, «As Medidas de Coação e de Garantia Patrimonial», *Apontamentos de Direito Processual Penal, II Volume*, Associação Académica da Faculdade de Direito de Lisboa, 1992.

BRANCO, Francisco Aguilar, *Dos Conhecimentos Fortuitos Obtidos Através de Escutas Telefónicas, Contributo para o seu Estudo nos Ordenamentos Jurídicos Alemão e Português*, Almedina, 2004.

CABRAL, Rita Amaral, *O Direito à Intimidade da Vida Privada (Breve reflexão acerca do artigo 80º do Código Civil), Separata dos Estudos em Memória do Prof. Doutor Paulo Cunha*, Lisboa, 1988.

CANOTILHO, Gomes e Vital Moreira, *Constituição da República Portuguesa Anotada, 2ª Edição*, 1984 (2 volumes).

CRIME. MEDIDAS DE COAÇÃO E PROVA

CANOTILHO, Gomes e Vital Moreira, *Constituição da República Portuguesa Anotada*, Coimbra Editora, 1993.

CANOTILHO, Gomes, *Direito Constitucional e Teoria da Constituição*, 7ª Edição Almedina – Coimbra,

CONCEIÇÃO, Ana Raquel, "As Garantias de Defesa do Arguido", *Reforma Penal e Processo Penal, Jornadas de 2008, Politeia, Revista do Instituto Superior de Ciências Policiais e Segurança Interna, Ano VI/Ano VII, 2009-2010*.

CONCEIÇÃO, Ana Raquel, *Escutas Telefónicas, Regime Processual Penal*, Quid Juris, 2009.

CORDEIRO, Robalo, «A Audiência de Julgamento», *Jornadas de Direito Processual Penal/O Novo Código de Processo Penal*, Centro de Estudos Judiciários, Almedina Coimbra, 1991.

COSTA ANDRADE, Manuel da, *Sobre as Proibições de Prova em Processo Penal*, Coimbra Editora, 1992.

COSTA ANDRADE, Manuel da, «Sobre o Regime Processual Penal das Escutas Telefónicas», *Revista Portuguesa de Ciência Criminal, I*.

COSTA ANDRADE, Manuel da, *Consentimento e Acordo em Direito Penal*, Coimbra Editora, 1991.

COSTA ANDRADE, Manuel da, *Liberdade de Imprensa e Inviolabilidade Pessoal*, Coimbra Editora, Coimbra 1996.

COSTA ANDRADE, Manuel da, *Sobre os Crimes de «Devassa da Vida Privada» (art. 192º CP) e «Fotografias Ilícitas» (art. 199º CP)* Apreciação critica ao Acórdão do S.T.J., de 6 de Novembro de 1996, *Revista de Legislação e Jurisprudência*, nº 3885, ano 130º, Coimbra 1998.

COSTA ANDRADE, Manuel da, «Consenso e Oportunidade» *Jornadas de Direito Processual Penal/O Novo Código de Processo Penal*, Centro de Estudos Judiciários, Almedina, 1991.

COSTA, Eduardo Maia, *Fundamento e Posição do Defensor*, RMP nº 49, ano 13, 1992.

COSTA PIMENTA, *Código de Processo Penal Anotado*, 2ª edição, Rei dos Livros, Lisboa, 1991.

CUNHA, José Manuel Damião da, *O Ministério Público e os Órgãos de Policia Criminal no Novo Código de Processo Penal*, Universidade Católica-Editora, Porto 1993.

CUNHA, Maria da Conceição Ferreira da, *Constituição e Crime (Uma Perspectiva da Criminalização e da Descriminalização)* Universidade Católica Portuguesa – Editora, Porto 1995.

CUNHA RODRIGUES, José Narciso, «Liberdade e Segurança», *Comunicação* apresentada no Seminário promovido pela Associação dos Cursos de Auditores de Defesa, realizada no Funchal em 4 e 5 de Fevereiro de 1994, sob o tema «Segurança, Defesa e Desenvolvimento».

BIBLIOGRAFIA

CUNHA RODRIGUES, José Narciso, «Recursos», *Apontamentos de Direito Processual Penal*, II Volume, Associação Académica da Faculdade de Direito de Lisboa, 1992.

CUNHA RODRIGUES, José Narciso, «Sobre o Princípio da Igualdade de Armas», *Revista Portuguesa de Ciência Criminal*, Volume I, 1991.

DIAS, Manuel Domingos Antunes, *Liberdade, Cidadania e Segurança*, Almedina – Coimbra 2001.

EDUARDO CORREIA, com a colaboração de Figueiredo Dias, *Direito Criminal*, Almedina, Coimbra 1996, Reimpressão, 2 vol..

FARIA COSTA, José Francisco de, *O Perigo em Direito Penal*, Coimbra Editora, 1992.

FARIA COSTA, José Francisco de, *A Caução de Bem Viver*, Separata do Boletim da Faculdade de Direito da Universidade de Coimbra, Coimbra 1980, Vol. XXI.

FARIA COSTA, José Francisco de, *Os Meios de Comunicação (Correios, Telégrafos, Telefones ou Telecomunicações), o Segredo e a Responsabilidade Penal dos Funcionários*, Separata do Boletim da Faculdade de Direito, Coimbra 1996, Vol. LXXII.

FARIA, Jorge Ribeiro de, «Processo Penal» e «Prova», *Polis, Enciclopédia Verbo da Sociedade e do Estado*, Volume 4.

FERREIRA, Manuel Cavaleiro de, *Curso de Processo Penal*, Volume I, 1986.

FERREIRA, Marques, «Meios de Prova», *Jornadas de Direito Processual Penal/O Novo Código de Processo Penal*, Centro de Estudos Judiciários, Almedina Coimbra, 1991.

FIGUEIREDO DIAS, Jorge de, *A Revisão Constitucional, o Processo Penal e os Tribunais*, Livros Horizonte, 1981.

FIGUEIREDO DIAS, Jorge de, e Costa Andrade, *Criminologia – O Homem Delinquente e a Sociedade Criminógena*, Coimbra Editora, 1992.

FIGUEIREDO DIAS, Jorge de, *Liberdade, Culpa, Direito Penal*, Coimbra Editora 1995.

FIGUEIREDO DIAS, Jorge de, *«As associações Criminosas no Código Penal Português de 1982*, Coimbra Editora, 1988.

FIGUEIREDO DIAS, Jorge de, Liberdade, Culpa, Direito Penal, Coimbra Editora, Coimbra 1993, 3ª Edição.

FIGUEIRDO DIAS, Jorge de, *O Problema da Consciência da Ilicitude em Direito Penal*, Coimbra Editora, Coimbra 1995, 4ª Edição.

FIGUEIREDO DIAS, Jorge de, *Direito Processual Penal*, Coimbra Editora, Coimbra 1974 e 1981.

FIGUEIREDO DIAS, Jorge de, *«A Revisão Constitucional e o Processo Penal»*, Textos de Direito Processual Penal, coligidos por Teresa Pizarro Beleza e Frederico Isasca, AA FDL, 1991/1992.

FIGUEIREDO DIAS, Jorge de, «Sobre os Sujeitos Processuais no Novo Código de Processo Penal», Jornadas de Direito Processual Penal, CEJ, Almedina – Coimbra, 1991.

CRIME. MEDIDAS DE COAÇÃO E PROVA

FIGUEIREDO DIAS, Jorge de, «Do Princípio da Objectividade ao Princípio da Lealdade do Comportamento do Ministério Público no Processo Penal», Anotação ao Acórdão do *STJ* nº 5/94, RLJ, Ano 128, nº 3860.

FIGUEIREDO DIAS, Jorge de, *Direito Processual Penal*, Lições coligidas por Maria João Antunes, Coimbra Editora, 1988-9.

FUKUYAMA, Francis, O Fim da História e o Ultimo Homem, Gradiva 1992.

GASPAR, António Henriques, «Processos Especiais» *Jornadas de Direito Processual Penal/O Novo Código de Processo Penal*, Centro de Estudos Judiciários, Almedina Coimbra, 1991.

GOMES, Januário, «O Problema da Salvaguarda da Privacidade Antes e Depois do Computador», *Boletim do Ministério da Justiça* nº 340, 1984.

GONÇALVES, Fernando e Manuel João Alves, *Os Tribunais, as Polícias e o Cidadão – O Processo Penal* – 2ª Edição, Almedina, Coimbra, 2002.

GONÇALVES, Fernando e Manuel João Alves, *A Prova do Crime Meios Legais Para a Sua Obtenção,* Amedina, 2009.

GONÇALVES, Fernando, Manuel João Alves e Manuel Monteiro Guedes Valente, *Lei e Crime, o Agente Infiltrado Versus o Agente Procurador, Os Princípios do Processo Penal,* Almedina – Coimbra, 2001.

GONÇALVES, Manuel, «A inimputabilidade Penal e o Código de Processo Penal de 1987, *Revista do Ministério Público*, nº 44, Ano 11º.

GUIMARÃES, Isaac Saabá, *Habeas Corpus, Críticas e Perspectivas*, Juará Editora, Curitiba.

HASSEMER, Winfried, «Processo Penal e Direitos Fundamentais» *Jornadas de Direito Processual Penal e Direitos Fundamentais*, organizadas pela Faculdade de Direito da Universidade de Lisboa e pelo Conselho Distrital de Lisboa da Ordem dos Advogados, com a colaboração do Goethe Institut e coordenação científica de Maria Fernanda Palma, Almedina Coimbra, 2004.

ISASCA, Frederico, *Alteração Substancial dos Factos e Sua Relevância no Processo Penal Português*, 2ª Edição Almedina Coimbra, 1995.

JESUS, Francisco Marcolino de, *Os Meios de Obtenção da Prova em Processo Penal*, 2ª edição, Almedina, 2015.

KAFKA, Franz, *O Processo*, Livros do Brasil, Lisboa.

LARGUIER, Jean, *La Procédure Pénal*, Presses Universitaires de France, 1976.

LOPES DA MOTA, José Luís, *Crimes Contra a Autoridade Pública*, Publicação desconhecida.

MACHADO, J. Baptista, *Introdução ao Direito e ao Discurso Legitimador*, Coimbra, 1985.

MAIA GONÇALVES, Manuel Lopes da, *Código de Procersso Penal Português, Anotado e Comentado e Legislação Complementar,* 12ª Edição, Almedina, Coimbra, 2001.

BIBLIOGRAFIA

MAIA GONÇALVES, Manuel Lopes da, *Código de Procersso Penal Português, Anotado e Comentado e Legislação Complementar*, 17ª Edição, Almedina, Coimbra, 2009.

MAIA GONÇALVES, Manuel Lopes da, «Os Meios de Prova», *Jornadas de Direito Processual Penal/O Novo Código de Processo Penal*, Centro de Estudos Judiciários, Almedina, Coimbra, 1991.

MARTINS, António Carvalho, *O Debate Instrutório no Código de Processo Penal Português de 1987*, Coimbra Editora, 1989.

MIRANDA, Jorge, *Manual de Direito Constitucional, Direitos Fundamentais*, Tomo IV, Coimbra Editora.

MEIREIS, Manuel Augusto Alves, *O Regime das Provas Obtidas pelo Agente Provocador em Processo Penal*, Almedina, 1999.

MONTE, Mário Ferreira, "O Segredo de Justiça na Revisão de 2007 do CPP e do CP", *Reforma Penal e Processo Penal, Jornadas de 2008, Politeia, Revista do Instituto Superior de Ciências Policiais e Segurança Interna, Ano VI/Ano VII, 2009-2010*.

MONTE, Mário Ferreira e Pedro Miguel Freitas, "Recursos em Processo Penal: em particular, as novidades da revisão de 2007", *Reforma Penal e Processo Penal, Jornadas de 2008, Politeia, Revista do Instituto Superior de Ciências Policiais e Segurança Interna, Ano VI/Ano VII, 2009-2010*.

MONTEIRO, Cristina Líbano «Perigosidade de Inimpatriáveis e In Dubio Pro Reo, B.F.D. Studia Jurídica Universidade de Coimbra, nº 24, 1997, Coimbra Editora.

MOREIRA, Adriano, Revista da Ordem dos Advogados, ano 10º, n.ºs 3 e 4.

MOURA, Souto de, «A Questão da Presunção de Inocência do Arguido», *RMP*, nº 42, ano11º.

MOURA, Souto de, «Inquérito e Instrução» *Jornadas de Direito Processual Penal/O Novo Código de Processo Penal*, Centro de Estudos Judiciários, Almedina Coimbra, 1991.

NABAIS, José Casalta, «Os Direitos na Constituição Portuguesa», *Boletim do Ministério da Justiça*, nº 400, 1990.

NUNES, Carlos Alberto Casimiro, "Dos Meios de Obtenção de Prova: O Caso das Buscas Domiciliárias e das Intercepções Telefónicas", *Reforma Penal e Processo Penal, Jornadas de 2008, Politeia, Revista do Instituto Superior de Ciências Policiais e Segurança Interna, Ano VI/Ano VII, 2009-2010*.

NEVES, Alfredo Castanheira, "Dos Meios de Obtenção de Prova: O Caso das Buscas Domiciliárias – Breve Sinopse Legislativa e Doutrinal", *Reforma Penal e Processo Penal, Jornadas de 2008, Politeia, Revista do Instituto Superior de Ciências Policiais e Segurança Interna, Ano VI/Ano VII, 2009-2010*.

OLIVEIRA, Odete Maria de, «As Medidas de Coação no Novo Código de Processo Penal», *Jornadas de Direito Processual Penal/O Novo Código de Processo Penal*, Centro de Estudos Judiciários, Almedina Coimbra, 1991.

CRIME. MEDIDAS DE COAÇÃO E PROVA

PALMA, Maria Fernanda, (Declaração de voto) *Acórdão do T.C., nº 116/2002, D.R. – II Série,* nº 106, de 8 de Maio de 2002.

PALMA, Maria Fernanda, «O Problema Penal do Processo Penal», *Jornadas de Direito Processual Penal e Direitos Fundamentais,* organizadas pela Faculdade de Direito da Universidade de Lisboa e pelo Conselho Distrital de Lisboa da Ordem dos Advogados, com a colaboração do Goethe Institut e coordenação científica de Maria Fernanda Palma, Almedina Coimbra, 2004.

PEREIRA, Rui, «O Domínio do Inquérito pelo Ministério Público» *Jornadas de Direito Processual Penal e Direitos Fundamentais,* organizadas pela Faculdade de Direito da Universidade de Lisboa e pelo Conselho Distrital de Lisboa da Ordem dos Advogados, com a colaboração do Goethe Institut e coordenação científica de Maria Fernanda Palma, Almedina Coimbra, 2004.

PEREIRA, Rui, «Entre o "Garantismo" e o "Securitismo" – A Revisão de 2007 do Código de Processo Penal», Simpósio de Homenagem a Jorge de Figueiredo Dias por ocasião dos 20 Anos do Código de Processo Penal, *Separata de Que Futuro para O Direito Processual Penal,* Coimbra Editora, 2009.

PARECER 119/90 de 10 de Janeiro da Procuradoria-Geral da República, Gabinete de Documentação e Direito Comparado da P.G.R. pp. 428 e 429.

PINHEIRO, Alexandre Sousa e Jorge Menezes de Oliveira, «O Bilhete de Identidade e os Controlos de Identidade», *Revista do Ministério Público,* nº 60, Ano 15, Outubro/Dezembro, 1994.

PINHO, David Valente Borges de, *Da Acção Penal, Tramitação e Formulários,* Almedina Coimbra, 1994.

RIBEIRO, Diaulas Costa, «Habeas Corpus no Brasil – Casos Práticos», *Revista Direito e Justiça,* Vol. XI, Tomo I, 1997.

RODRIGUES, Anabela Miranda, «O Inquérito no Novo Código de Processo Penal», *Jornadas de Direito Processual Penal/O Novo Código de Processo Penal,* Centro de Estudos Judiciários, Almedina Coimbra, 1991.

RODRIGUES, Anabela Miranda, «A Celeridade do Processo Penal – Uma Visão de Direito Comparado», *Actas de Revisão do Código de Processo Penal,* Vol. II, Tomo II, 1999, A.R. – Divisão de Edições.

RODRIGUES, Cláudio Lima, *Da valorização dos conhecimentos fortuitos obtidos durante a realização de uma escuta telefónica,* Verbojurídico.

RODRIGUES MAXIMIANO, António Henrique da, *Os Parâmetros Jurídicos do Uso da Força,* Cadernos de Cidadania, Edição Câmara Municipal de Lisboa – Cultura, Biblioteca Museu República e Resistência.

RODRIGUES MAXIMIANO, António Henrique, «Habeas Corpus, em virtude de prisão ilegal – art. 222º, do CPP, 1987 – Da Jurisprudência do Supremo Tribunal de Justiça. Reflexões Subsídios para a Comissão Revisora do Código de Processo Penal», *Revista Direito e Justiça,* UCP, Vol. XI, Tomo I, 1997.

BIBLIOGRAFIA

SÁ, Fernando Oliveira, «A Medicina Legal Portuguesa e a Peritagem Contraditória», *Boletim do Ministério da Justiça*, n.º 303, 1991.

SANTOS, Cláudia Cruz, *Habeas Corpus – Revista Portuguesa de Ciência Criminal*, n.º 10, (2000), anotação ao Acórdão do STJ, de 20 de Fevereiro de 1997.

SARDINHA, José Miguel, «O Terrorismo e a Restrição dos direitos Fundamentais em Processo Penal, Coimbra Editora, 1989.

SIMAS SANTOS, Leal Henriques e D. Borges Pinho, Código de Processo Penal Anotado, Rei dos Livros, Lisboa, 1996.

SILVA, Germano Marques da, *Curso de Processo Penal*, Editorial Verbo, Volumes I, 1993 e Volume III, 1994.

SILVA, Germano Marques da, «Princípios Gerais do Processo Penal e Constituição da República Portuguesa», *Revista Direito e Justiça*, Universidade Católica Portuguesa, Volume III, 1987/1988.

SILVA, Germano Marques da, «Bufos, Infiltrados, Provocadores e Arrependidos», *Revista Direito e Justiça*, F.D.U. Católica, Vol. VIII, Tomo II, 1994.

SILVA, Germano Marques da, *Curso de Processo Penal*, Vol. I, 4ª Edição, Editorial Verbo, 2000.

SILVA, Germano Marques da, *Curso de Processo Penal*, Vol. III, 2ª Edição, Editorial Verbo, 2000.

SILVA, Germano Marques da, *Curso de Processo Penal*, Vol. II, 3ª Edição, Editorial Verbo, 2002.

SILVA, Germano Marques da, *Curso de Processo Penal*, Vol. II, 4ª Edição, Editorial Verbo, 2008.

SILVEIRA, Jorge Noronha e, «O Conceito de Indícios Suficientes no Processo Penal Português» *Jornadas de Direito Processual Penal e Direitos Fundamentais*, organizadas pela Faculdade de Direito da Universidade de Lisboa e pelo Conselho Distrital de Lisboa da Ordem dos Advogados, com a colaboração do Goethe Institut e coordenação científica de Maria Fernanda Palma, Almedina Coimbra, 2004.

SOUSA, João Castro e, *A Tramitação do Processo Penal*, Coimbra Editora, 1985.

SOUSA, João Castro e, «Os Meios de Coação no Novo Código de Processo Penal», *Jornadas de Direito Processual Penal/O Novo Código de Processo Penal*, Centro de Estudos Judiciários, Almedina, 1991.

SOUSA, João Castro e, «A Prisão Preventiva e outros Meios de Coação (A sua Relação com a Investigação Criminal)» *Boletim do Ministério da Justiça* n.º 337, 1984.

SOUSA, Pedro Miguel Lopes Ferreira Lourenço de, "Ministério Público, Órgãos de Polícia Criminal e Medidas Cautelares e de Polícia", *Reforma Penal e Processo Penal, Jornadas de 2008, Politeia, Revista do Instituto Superior de Ciências Policiais e Segurança Interna, Ano VI/Ano VII, 2009-2010*.

CRIME. MEDIDAS DE COAÇÃO E PROVA

SOUSA, Pedro Miguel Lopes Ferreira Lourenço de, "Do Inquérito: Direcção Total ou Direcção Mitigada", *Reforma Penal e Processo Penal, Jornadas de 2008, Politeia, Revista do Instituto Superior de Ciências Policiais e Segurança Interna, Ano VI/Ano VII, 2009-2010.*

SOUSA, Pedro Miguel Lopes Ferreira Lourenço de, "Relação entre os OPC e o MP no inquérito e na instrução e a LOIC", *Reforma Penal e Processo Penal, Jornadas de 2008, Politeia, Revista do Instituto Superior de Ciências Policiais e Segurança Interna, Ano VI/Ano VII, 2009-2010.*

STEFANI, Gaston, Georges Levasseur e Bernard Bouloc, *Procédur Pénale*, Dalloz, Paris, 17ª Edition.

TEIXEIRA, Joaquim de Sousa, «Liberdade», *Polis, Enciclopédia Verbo da Sociedade e do Estado*, Volume 3.

TRIBUNAL CONSTITUCIONAL, «Sobre a Hierarquia das Normas Constitucionais e a Sua Função na Protecção dos Direitos Fundamentais», Relatório para a VIII Conferência dos Tribunais Constitucionais Europeus (Ankara, 7/9 de Maio de 1990), *Boletim do Ministério da Justiça*, nº 396, 1990.

VALENTE, Manuel Monteiro Guedes, «Os Princípios Democrático e da Lealdade: Vectores de Orientação dos Órgãos de Polícia Criminal, *Revista Polícia Portuguesa*, Ano LXIII, Série II, nº 124, 2000.

VALENTE, Manuel Monteiro Guedes, *Revistas e Buscas*, Almedina-Coimbra, 2003.

VALENTE, Manuel Monteiro Guedes, *Conhecimentos Fortuitos, A Busca de um Equilíbrio Apuleiano*, Almedina, 2006.

VALENTE, Manuel Monteiro Guedes, *Escutas Telefónicas, da Excecionalidade à Vulgaridade*, 2ª Edição, Almedina, 2008.

VALENTE, Manuel Monteiro Guedes, *Regime Jurídico da Investigação Criminal e Anotado*, Almedina – Coimbra, 2003.

VALENTE, Manuel Monteiro Guedes, *Processo Penal*, Tomo I, 2ª Edição, Almedina, 2009.

VALENTE, Manuel Monteiro Guedes, *Teoria Geral do Direito Policial*, 4ª edição, Almedina, 2014.

VALENTE, Manuel Monteiro Guedes, *Segurança um Tópico Jurídico em Reconstrução*, Âncora, 2013.

VALENTE, Manuel Monteiro Guedes, *Do Ministério Público e da Polícia – Prevenção Criminal e Acção Penal como Execução de uma Política Criminal do Ser Humano*, Universidade Católica Editora, 2013.

VALENTE, Manuel Monteiro Guedes e outros, *Prova Penal – Estado Democrático de Direito*, Rei dos Livros, 2015.

VEIGA, Raul Soares, «O Juiz de Instrução e a Tutela de Direitos Fundamentais», *Jornadas de Direito Processual Penal e Direitos Fundamentais*, organizadas pela

Faculdade de Direito da Universidade de Lisboa e pelo Conselho Distrital de Lisboa da Ordem dos Advogados, com a colaboração do Goethe Institut e coordenação científica de Maria Fernanda Palma, Almedina, 2004.

VILELA, Alexandra, *Considerações Acerca da Presunção de Inocência em Direito Processual Penal*, Coimbra, Editora, 2000.

ÍNDICE

PREFÁCIO   5

SIGLAS   7

PARTE I
DAS MEDIDAS DE COAÇÃO

CAPÍTULO I – FINALIDADES E PRESSUPOSTOS
DO PROCESSO PENAL   11

SECÇÃO I – FINALIDADES DO PROCESSO PENAL   11
1. Considerações gerais   11
2. A descoberta da verdade material e a realização da justiça   13
3. A proteção dos direitos fundamentais dos cidadãos perante o Estado   14
4. O restabelecimento da paz jurídica   15

SECÇÃO II – PRESSUPOSTOS PROCESSUAIS   16
1. Conceito e considerações gerais   16
2. Pressupostos processuais relativos aos sujeitos   17
   2.1. Relativos ao tribunal   17
   2.2. Relativos ao Ministério Público   18
   2.3. Relativos ao arguido   20
3. Pressupostos processuais relativos ao objeto do processo   20

CRIME. MEDIDAS DE COAÇÃO E PROVA

3.1. O caso julgado material: o princípio *non bis in idem*	21
3.2. A litispendência	22
3.3. A prescrição do procedimento criminal	22
3.4. A extinção da responsabilidade criminal por renúncia ou caducidade do direito de queixa ou por desistência da queixa	23

SECÇÃO III – PRINCÍPIOS ESTRUTURANTES
DO PROCESSO PENAL PORTUGUÊS   24

1. Considerações gerais	24
2. Princípio da Separação de funções ou do acusatório e inquisitório	27
2.1. Concetualização	27
2.2. O Código de Processo Penal Português não consagra uma estrutura acusatória pura	31
3. Princípio do contraditório	33
4. O princípio da investigação e a verdade processual	39
5. Princípio *in dubio pro reo*	40
6. Princípio da imediação	43
7. Princípio da igualdade de armas	44
7.1. Noção e considerações gerais	44
7.2. Igualdade instrumental e não matemática	45
7.3. O processo penal português não é um processo de partes	47
7.4. As investigações privadas da defesa	49
8. Princípio da presunção de inocência	52
8.1. Considerações gerais	52
8.2. Sentido normativo-constitucional	53
8.2.1. Inadmissibilidade da presunção de culpa	54
8.2.2. Proibição da inversão do ónus da prova	56
8.2.3. O arguido não é um meio de prova	57
8.2.4. A presunção da inocência como regra política e direito subjetivo público	59
8.2.5. A celeridade processual	60
9. Princípio democrático	61
9.1. O princípio democrático como princípio processual penal	61
10. Princípio da lealdade	63
10.1. Considerações gerais	63
10.2. Natureza	64
11. Princípio da oficialidade	67

ÍNDICE

11.1. Concetualização e evolução histórica | 67
11.2. Fundamento do princípio da oficialidade | 69
11.3. O princípio da oficialidade no direito processual penal português | 70
11.4. Limitações ao princípio da oficialidade | 71
12. Princípio da legalidade | 73
  12.1. Concetualização | 73
  12.2. O princípio da legalidade como fundamento do Estado de direito | 75
  12.3. Controlo do exercício da ação penal | 75
13. Princípio da jurisdição e do juiz natural | 77
  13.1. Considerações gerais | 77
  13.2. O princípio da Jurisdição ou da garantia judiciária | 78
    13.2.1 Manifestação do princípio da jurisdição na fase de inquérito | 79
  13.3. O juiz natural ou legal | 80
14. Princípio da publicidade | 83

CAPÍTULO II – FORMAS DE PROCESSO: COMUM E ESPECIAIS | 85

SECÇÃO I – O PROCESSO COMUM | 85
1. Considerações gerais | 85
2. Quando tem lugar | 86

SECÇÃO II – O PROCESSO SUMÁRIO | 87
1. Quando tem lugar | 87
2. Do Acórdão do Tribunal Constitucional nº 174/2014 | 90
3. Audiência de julgamento | 92
4. Detenção e apresentação do detido ao Ministério Público e a julgamento | 97
5. Libertação do arguido | 99
6. Notificação das testemunhas, do ofendido e do arguido | 100
7. Princípios e regras gerais do julgamento em processo sumário | 100
8. Recurso da sentença | 103

SECÇÃO III – O PROCESSO ABREVIADO | 104
1. Considerações gerais | 104

CRIME. MEDIDAS DE COAÇÃO E PROVA

2. Quando tem lugar	104
6. Acusação do Ministério Público	106
7. Saneamento do processo	107
8. Reenvio para outra forma processual	108
9. Princípios e regras gerais do julgamento em processo abreviado	108

SECÇÃO IV – O PROCESSO SUMARÍSSIMO	109
1. Considerações gerais	109
2. Quando tem lugar	109
3. Partes civis	111
4. Rejeição do requerimento	112
5. Notificação e oposição do arguido	113
6. Decisão	113
7. Processo sumaríssimo: uma ideia ressocializadora e de consenso	113

CAPÍTULO III – DAS MEDIDAS DE COAÇÃO E DE GARANTIA PATRIMONIAL	115

SECÇÃO I – DAS MEDIDAS DE COAÇÃO	115

SUBSECÇÃO I – CONSIDERAÇÕES GERAIS	115
1. Conceito de medidas de coação	115
2. Finalidades das medidas de coação	116
3. Condições gerais de aplicação das medidas de coação	116
4. Pressupostos de aplicação das medidas de coação	120
4.1. Indícios da prática de crime	120
4.2. Requisitos ou condições gerais constantes no artigo 204º	121
4.2.1. Fuga ou perigo de fuga	122
4.2.2. Perigo de perturbação do decurso do inquérito ou da instrução do processo e, nomeadamente, perigo para a aquisição, conservação ou veracidade da prova	123
4.2.3. Perigo, em razão da natureza e das circunstâncias do crime ou da personalidade do arguido, de que este continue a atividade criminosa ou perturbe gravemente a ordem e a tranquilidade públicas	125
5. Princípios subjacentes à aplicação das medidas de coação	126
5.1. Princípio da legalidade ou da tipicidade	126

5.2.	Princípio da adequação e da proporcionalidade	127
5.3.	Princípio da precariedade	129
5.4.	Princípio da necessidade	129
5.5.	O Princípio da subsidiariedade da prisão preventiva e da obrigação de permanência na habitação	129
6.	Execução das medidas de coação	133
7.	Aplicação das medidas de coação: determinação da pena aplicável ao crime que justifica a medida	133
8.	Competência para a aplicação das medidas de coação; prévia audição do arguido e notificação do despacho	134
8.1.	Prévia audição do arguido	136
8.2.	Notificação e fundamentação do despacho de aplicação da medida de coação	138

SUBSECÇÃO II – MEDIDAS DE COAÇÃO PREVISTAS NO CPP		141
1.	Considerações gerais	141
2.	Termo de identidade e residência	142
2.1.	Competência para a aplicação do termo de identidade e residência	143
3.	Caução	146
4.	Obrigação de apresentação periódica	151
5.	Suspensão do exercício de profissão, de função, de atividade e de direitos	152
6.	Proibição e imposição de condutas	156
7.	Obrigação de permanência na habitação	157
7.1.	Fiscalização do cumprimento da obrigação de permanência na habitação: a vigilância eletrónica	160
7.2.	Desconto na pena	164
8.	Prisão preventiva	166
8.1.	Conceito	166
8.2.	Pressupostos específicos de aplicação	166
8.3.	Competência para a aplicação da prisão preventiva	168
8.4.	Suspensão da execução da prisão preventiva	168
8.5.	Desconto na pena: remissão	168
9.	Violação das obrigações impostas por aplicação de uma medida de coação	169

CRIME. MEDIDAS DE COAÇÃO E PROVA

SUBSECÇÃO III – REVOGAÇÃO, SUBSTITUIÇÃO, EXTINÇÃO
E PRAZOS DE DURAÇÃO DAS MEDIDAS DE COAÇÃO 170
1. Revogação e substituição das medidas de coação. Recurso da decisão
de manutenção da prisão preventiva ou da obrigação de permanência
na habitação 170
2. Extinção das medidas de coação 175
3. Prazos de duração das medidas de coação 178
   3.1. Prazos de duração máxima da prisão preventiva 178
      3.1.1. Suspensão do decurso dos prazos de duração máxima
          da prisão preventiva 182
      3.1.2. Libertação do arguido sujeito a prisão preventiva 182
   3.2. Prazos de duração máxima de outras medidas de coação 183

SUBSECÇÃO IV – MODOS DE IMPUGNAÇÃO DAS MEDIDAS
DE COAÇÃO: O RECURSO E A PROVIDÊNCIA
DO *HABEAS CORPUS* 184
1. Do recurso 184
2. Da providência do *Habeas corpus* em virtude de prisão ilegal 187
   2.1. O *Habeas corpus* como direito fundamental 187
   2.2. Natureza e finalidade 188
   2.3. Antecedentes históricos 189
3. O Acto de 1640: as Bases Processuais do *Habeas Corpus* 194
   3.1. Pressupostos e fundamentos da providência do *habeas corpus*
      em virtude de prisão ilegal 198
   3.2. Legitimidade para requerer a providência do *habeas corpus* ... 201
   3.3. Procedimento e decisão 201
   3.4. Incumprimento da decisão do STJ sobre a petição
      de *habeas corpus* 203

SUBSECÇÃO V – INDEMNIZAÇÃO POR PRIVAÇÃO
DA LIBERDADE ILEGAL OU INJUSTIFICADA 203
1. Considerações gerais 203
2. Fundamentos da indemnização 204
3. Prazo e legitimidade para o pedido da indemnização 207

SECÇÃO II – DAS MEDIDAS DE GARANTIA PATRIMONIAL 208
1. Considerações gerais 208

2. Caução económica	208
3. Arresto preventivo	210
4. Recurso	211

PARTE II
DA PROVA DO CRIME

CAPÍTULO I – CONCEITO E TEMA DA PROVA	215
1. Considerações gerais	215
2. Conceito de prova	216
3. Tema da prova	218

CAPÍTULO II – PRINCÍPIOS DA PROVA	221
1. Da legalidade da prova	221
2. Proibições de prova	222
2.1. Considerações gerais	222
2.2. Métodos proibidos de prova	223
2.3. Provas consequenciais ou efeito à distância das proibições de valoração da prova	231
2.3.1. Critério aferidor e âmbito do efeito à distância	233
3. Da livre apreciação da prova	238
4. Da investigação e da verdade processual	241
5. O princípio in dúbio pro reo	242
6. Princípio da imediação	245
7. Princípio da contraditoriedade	245

CAPÍTULO III – DOS MEIOS DE PROVA	247
1. Da prova testemunhal	247
1.1. Objeto e limites do depoimento testemunhal	248
1.2. Capacidade e dever de testemunhar	250
1.3. Impedimentos	251
1.4. Recusa de testemunho	252
1.5. Escusa e proibição de testemunho por dever de segredo	253
1.5.1. Segredo profissional e religioso	253
1.5.2. Segredo dos funcionários públicos	255
1.5.3. Segredo de Estado	257

CRIME. MEDIDAS DE COAÇÃO E PROVA

1.6.	Imunidades, prerrogativas e proteção das testemunhas	257
1.7.	Direitos e deveres das testemunhas	259
	1.7.1. Direitos das testemunhas	259
	1.7.2. Deveres das testemunhas	263
1.8.	Regras de Inquirição	265
1.9.	Valor probatório da prova testemunhal	267
2. Da prova por acareação		267
3. Da prova por reconhecimento de pessoas e de objetos		268
3.1.	Reconhecimento de pessoas	268
3.2.	Reconhecimento de objetos	270
3.3.	Pluralidade de reconhecimento	271
4. Da prova por reconstituição do facto		271
5. Da prova pericial		272
5.1.	Atividade e objeto da prova pericial	272
5.2.	Competência para ordenar e efetuar as perícias e respetivo processamento	273
5.3.	Estabelecimentos onde é realizada a perícia	276
5.4.	Finalidades das perícias	278
5.5.	Valor probatório	280
6. Da prova documental		281
6.1.	Noção	281
6.2.	Espécies de documentos: remissão	283
6.3.	Documento falso	284
6.4.	Junção ao processo de documentos e pareceres	285
6.5.	Valor probatório da prova documental	287
7. Da confissão do arguido		289
7.1.	Confissão do arguido no inquérito e na instrução	290
8. Das ações encobertas para fins de prevenção e investigação criminal		291
8.1.	O agente provocador, agente infiltrado e agente encoberto	291
	8.1.1. O agente provocador: conceito e regime das provas assim obtidas	291
	8.1.2. O agente infiltrado: conceito	295
	8.1.3. O agente encoberto	301

CAPÍTULO IV – DOS MEIOS DE OBTENÇÃO DA PROVA	303
1. Questões gerais	303
2. Exames	304

2.1. Conceito e finalidades	304
2.2. Sujeição a exame: formalidades	305
2.3. Injunções oponíveis a pessoas encontradas no local do exame	306
2.4. Exame ao local do crime quando corre a audiência de discussão e julgamento	306
2.5. Distinção entre exame e perícia	306
3. Das revistas	307
3.1. Conceito	307
3.2. Tipos de revista	307
3.3. Regime jurídico	308
3.4. Revistas e perícias efetuadas no âmbito da Lei do combate à droga	311
4. Das buscas	312
4.1. Das buscas não domiciliárias	312
4.1.1. Pressupostos	312
4.1.2. Formalidades	312
4.1.3. Regime jurídico	313
4.2. Das buscas domiciliárias	313
4.2.1. Regime Jurídico	313
4.2.2. Conceito de domicílio	316
4.3. Buscas em escritório de advogado, em consultório médico e em estabelecimento oficial de saúde	320
5. Das apreensões	320
5.1. Das apreensões em geral	320
5.2. Apreensão de correspondência: pressupostos	322
5.3. Apreensão em escritório de advogados ou em consultório médico	323
5.4. Apreensão em estabelecimento bancário	324
5.5. Apreensão de documentos ou objetos em poder de pessoas sujeitas a segredo profissional	324
5.6. Apreensão de coisas perecíveis ou perigosas	326
5.7. Junção aos autos de cópias e certidões dos documentos apreendidos	326
5.8. Aposição e levantamento de selos	327
5.9. Restituição dos objetos apreendidos	328
6. Das escutas telefónicas	330
6.1. Considerações gerais	330

CRIME. MEDIDAS DE COAÇÃO E PROVA

6.2.	Pressupostos materiais	331
6.3.	Conversações entre o arguido e o seu defensor	334
6.4.	Formalidades das operações	335
6.5.	Conhecimentos fortuitos	337
6.6.	Nulidade. Proibição de prova	344
6.7.	Extensão	345

BIBLIOGRAFIA   347